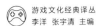

游戏文化经典译丛

李洋 张宇清 主编

说服性游戏

电子游戏的表达力

[美] 伊恩·博格斯特 著　丁幼晗 译

Ian Bogost

Persuasive Game

The Expressive Power of Videogames

中国国际广播出版社

游戏文化经典译丛

主编：李　洋　张宇清

编委会（按姓氏首字母排序）：

Espen Aarseth（香港城市大学）

曹　琪（北京大学）

耿弘明（清华大学）

耿游子民（北京大学）

韩宇华（北京大学）

姜宇辉（华东师范大学）

蓝　江（南京大学）

李典峰（北京大学）

李　洋（北京大学）

李雨谏（中国传媒大学）

Matthew Thomas Payne（美国圣母大学）

王洪喆（北京大学）

王晓宇（北京大学）

Mark J. P. Wolf（美国协和大学威斯康辛分校）

熊　硕（华中科技大学）

张宇清（中国国际广播出版社）

总　序

　　电子游戏作为数字时代最具代表性的文化现象之一，早已超越了单纯的娱乐功能，逐渐渗透到人类社会生活的方方面面，重塑了人类的感知、交流与行为模式。面对如此庞大的受众群体和深远的社会影响，中国学术界却尚未形成与之相适配的研究范式和理论体系。电子游戏研究在中国的匮乏与滞后，既是技术主义取向长期主导的结果，也是传统人文学科对这个领域的漠视所致。与电影研究在中国学术界的成熟与完善相比，电子游戏研究至今仍处在边缘与替代性的位置，缺乏专业的理论建构和人文学科的介入。如此学术上的缺位，已无法适应电子游戏所带来的深刻文化变迁，迫切需要我们重新审视电子游戏的意义与价值，并积极构建具有历史性和超越性的人文学视野。

　　电子游戏研究在西方学术界已有 30 余年的历史，其演进脉络清晰可辨。自 20 世纪 90 年代以来，电子游戏研究经历了从游戏本体论探索到游戏化（gamification）现实等重要阶段。2001 年，埃斯本·阿尔塞斯（Espen Aarseth）创办《游戏研究》（*Game Studies*）杂志，标志着电子游戏研究的独立学科地位正式确立。此后，以贡萨拉·弗拉斯卡（Gonzalo Frasca）、杰斯珀·朱尔（Jesper Juul）等学者为代表的"游戏学"（Ludology）学派，强调电子游戏自身的形式特性和交互机制，试图从叙事理论的影响下摆脱出来，建立一种内部研究的形式主义范式。与此同时，珍妮特·穆雷（Janet Murray）、亨利·詹金斯（Henry Jenkins）等学者则从文化理论角度出发，强调电子游戏的叙事维度，提出电子游戏也是一种讲述故事的媒介，"叙事学"（Narratology）与"游戏学"的对立构成了西方电子游戏研究早期的重要理论论证。2015 年，伊恩·博格斯特（Ian Bogost）的《游戏研究十五年》（"Game Studies Year Fifteen"）批判了叙事学与游戏学的二元对立，指出二者本质上都是形式主义的变体，提出游戏研究应当更加开放地与社会学、哲学、心理学等其他人文学科展开对话。

事实上，电子游戏并非突然出现的新事物，而是人类悠久的游戏活动传统与现代信息技术相结合的产物。早在古希腊时期，柏拉图和亚里士多德便已指出游戏在模仿、休闲与教育方面的重要性，而德国理性主义美学则进一步将游戏提升为审美活动与人性实现的必要条件。康德与席勒的游戏美学思想，强调游戏是一种自由的审美体验，这种体验超越了感官与道德需求，成为人类实现完整人性的方式。这个冲动与本能的理论假设与 19 世纪晚期卡尔·谷鲁斯（Karl Groos）、赫伯特·斯宾塞（Herbert Spencer）等学者的进化论和心理学结合，形成了带有进化论与等级化色彩的游戏冲动学说。朱光潜先生曾对这一波游戏美学的理论进行了精彩的总结。

游戏理论在 20 世纪逐渐分化为科学与人文两个谱系，以约翰·赫伊津哈（Johan Huizinga）与罗杰·凯卢瓦（Roger Caillois）为代表的人类学谱系，关注游戏作为文化现象的特征与分类。而欧根·芬克（Eugen Fink）、汉斯-格奥尔格·伽达默尔（Hans-Georg Gadamer）和科斯塔斯·阿克塞洛斯（Kostas Axelos）等人的现象学存在论，则将游戏提升到存在论的高度，认为游戏是存在进行自我揭示的超越性场域，是理解人类存在本质的重要途径，因此把游戏的地位提高到艺术之上。此外，被游戏研究所忽视的法国哲学家雅克·亨里约（Jacques Henriot）将游戏的本质归结为一种精神态度，即"玩感"所代表的游戏精神，强调游戏根植于玩家主体对自我的反思与创造性行动。这些理论传统共同奠定了电子游戏研究丰富而厚重的人文学基础。当然，与此同时，以约翰·冯·诺依曼（John von Neumann）、格雷戈里·贝特森（Gregory Bateson）等人为代表的科学系统论谱系，则从规则、计算机语言、程序与机制的角度分析游戏的认知与交流特征。

从人文学与艺术理论的视角来看，电子游戏研究绝不能停留于单纯的技术与机制分析，也应深入哲学、历史、艺术史等人文学科的核心问题之中。电子游戏不仅是一种娱乐方式，更是一种独特的存在显现的场域。它以数字技术为基础，重新定义了主体与客体、真实与虚拟之间的关系，挑战了传统的人文学科范畴与理论框架。例如，从艺术理论的视角出发，电子游戏要求玩家借助动觉（kinaesthesia）而非仅凭视觉或听觉来进行审美体验，这种动觉性的主体参与，与传统艺术的静观式审美完全不同。此外，电子游戏以交互性与程序性为基础，在历史和文化记忆的建构中发挥着重要作用，许多电子游戏不仅再现了历史，更借助游戏机制创造出一种新的历史叙事方式，重塑了我们对历史事件与文化遗产的理解。电子游戏的历史也伴随着社会空间的建构与演化，从社会公共空间里的街机到依托客厅文化的家庭游戏机，电子游戏不断切割和创造人与人之间新的社会关系和场域。电子游戏研究的人文学维度还体现为对伦理问题与主体性问题的深入反思。在人工智能技术高速发展的背景下,电子游戏中的AI角色逐渐展现出类似主体性的特征,这种数字主体性不仅挑战了我们对传统主体观念的认知,也迫使我们重新思考伦理与道德的界限。电子游戏的人文学研究,正是要深入探讨这些由技术变革带来的深刻哲学、历史与伦理议题。从数字人类学的视角审视,电子游戏创造的新型"后人类存在形态",实质上正在重塑人类的主体性定义,其研究价值亟待从人文学科拓展至数字文明整体框架。

本套"游戏文化经典译丛"正是基于上述的紧迫性与必要性而推出的。译丛精选了西方电子游戏研究领域最具代表性和影响力的经典著作,希望通过翻译介绍这些重要的思想成果,弥补国内电子游戏研究在人文学科视野和理论深度上的不足。我们期望通过这套译丛,不仅能够为国内学界提供丰富的理论资源,引发更深入、更具创造性的学术讨论,更能够推动电子游戏研究从技术主义的狭隘视角走向更加开放的人文学视野,真正实现从历史、哲学、艺术理论等多重维度对电子游戏的全面理解,并期待得到学者和游戏爱好者的支持,推动我们通过电子游戏更深刻地理解技术时代的人类处境,回应数字文化带来的种种挑战与机遇。

李　洋

北京大学艺术学院教授

目 录

前　言

电子游戏是一种表达媒介。它们展示了现实和虚构系统的运作方式，并邀请玩家与这些系统互动，形成对它们的判断。作为理解这一媒介并推动其进一步发展的持续过程中的一员——无论是作为玩家、开发者还是评论者——我们亟须探索如何构建和批判以电子游戏形式呈现的关于我们世界的表征。

尽管电子游戏在商业上取得了成功，但它们作为一种文化形式仍然难以获得广泛认可。[①] 评论家詹姆斯·纽曼（James Newman）提出了两个可能的解释。他认为，第一个解释即电子游戏被看作儿童的媒介，"轻易被贬为微不足道的——'长大后即会抛弃'的事物——因此不需要深入探究"[②]。我们常常听到父母、教育工作者和政策制定者将玩电子游戏等同于虚掷光阴，认为这些时间原本可以用于更有意义的事情。然而，即便电子游戏仅仅就是一种儿童的媒介（事实上它从来不是），这一理由并不能充分解释为什么它们难以获得尊

[①] 也就是说，2004 年约为 73 亿美元。参见 the Entertainment Software Association，"Essential Facts about the Computer and Video Game Industry"（Washington，D.C.：The Entertainment Software Association，2005）.

[②] James Newman，*Videogames*（London：Routledge，2004），5.

重。[①] 儿童文学在流行文化和学术领域都颇受欢迎。例如，美国现代语言协会（Modern Language Association，简称 MLA）设有儿童文学小组，并出版年刊《儿童文学》（*Children's Literature*）。该刊"发表基于理论的文章，探讨该领域的重要议题"[②]；霍林斯大学（Hollins University）提供儿童文学研究与写作的硕士学位。[③] 即便是在 1954 年《漫画法典》（Comics Code）实施之前拥有大量儿童和成人读者的漫画，而今仍偶尔获得评论界的赞誉和关注。[④] 佛罗里达大学支持漫画研究，该校的英语教授唐纳德·奥尔特（Donald Ault）近期创办了一本关于漫画和图像小说的同行评议期刊——*ImageTexT*（《图像文本》）。[⑤] 因此，即使将电子游戏视为儿童文化的观点是准确的，也不足以解释它们在评论界受到的忽视。

---

① 全球第一款电子游戏《太空大战》（*Spacewar!*）是史蒂夫·罗素（Steve Russell）于 1962 年在麻省理工学院创造的。此后，诺兰·布什内尔（Nolan Bushnell）于 1971 年开发的改编自《太空大战》的投币式街机游戏——《电脑空间》（*Computer Space*）和雅达利公司后来推出的《乓》（*Pong*）主要出现在酒吧和台球厅之类的场所。在诸如此类的成人活动场所中，20 世纪 70 年代的街机文化逐渐成型。尽管 20 世纪 70 年代末至 80 年代初的电子游戏厅和家用游戏机目标受众是儿童而非成年人，但电子游戏的前史（20 世纪 50 年代至 70 年代）使得将电子游戏当作儿童的媒介而进行创作的基础款游戏无法长久盛行。Steve Russell, *Spacewar!*, Cambridge, Mass.: Massachusetts Institute of Technology, 1962. Nolan Bushnell, *Computer Space*, Mountain View, Calif.: Nutting Associates, 1971. Atari, *Pong*, Sunnyvale, Calif.: Atari, 1972.

② 参见 http://muse.jhu.edu/journals/childrens_literature/.

③ 参见 http://www.hollins.edu/grad/childlit/childlit.htm/.

④ 参见 Les Daniels, *Comix: A History of Comic Books in America* (New York: Outerbridge and Deinstfrey, 1971).

⑤ 参见 http://www.english.ufl.edu/comics/; http://www.english.ufl.edu/imagetext/.

一个更令人信服的困境源于电子游戏与儿童文化之间的关联。这个困境便是平凡性 [①]（triviality）。电子游戏被认定为无足轻重，因为它们被认为除了在最好的情况下提供消遣或在最坏的情况下导致道德卑劣，没有其他文化或社会功能。纽曼将这种平凡性视为电子游戏难以获得合法性的第二个解释。他认为，电子游戏被视作"微不足道的消遣——一种低级艺术（low art）——缺乏传统媒介所具有的分量、严肃性或可信度" [②]。这并非文化史上的新问题。漫画、电视甚至电影都曾遭受大众与评论界的轻视。各个媒介的相对成熟度部分地解释了这一问题。知名电子游戏（兼漫画）评论家亨利·詹金斯（Henry Jenkins）指出："如果你在 1910 年问'电影的现状如何？'，我会说主要是追逐戏和馅饼大战。到了 1915 年——大卫·格里菲斯（D. W. Griffith）拍出《一个国家的诞生》（*The Birth of a Nation*）时，我就会说电影是一种成熟的叙事媒介，具有塑造文化辩论的巨大力量。" [③] 詹金斯与游戏研究领域日益壮大的评论家群体正试图在电子游戏中识别并培养类似的趋势。在我的前一本书《单元操作：电子游戏批评导论》（*Unit Operations: An Approach to Videogame Criticism*）中也提出了类似的观点，主张对电子游戏进行比较批评，将它们与所谓的高级艺术——尤其是诗歌、文学和

---

① 原书中所有斜体单词，除作品名称外，在译文中均以楷体展示，以作区分。——译者注

② Newman，*Videogames*，5.

③ Atticus XI（pseudonym），*A Conversation with Dr. Henry Jenkins*（2004 [cited February 4, 2005]）; available from http://www.penny-arcade.com/lodjenkins.php/.

电影——联系起来。①

　　然而，电子游戏作为一种合法媒介的成长，需要的不仅仅是与其他媒介的比较。詹金斯的漫谈可能让人误以为时间本身足以解决电子游戏相对不成熟的问题。但开发者群体的创意突破、学术和新闻界的批评进步，都需要对电子游戏的运作方式有更深入的了解——确切地说，我们需要理解电子游戏如何实现我们希望其实现的功能，以成为具有表达能力的文化产物。

　　本书的目的是分析电子游戏如何建立论点并影响玩家。借鉴已有 2500 年历史的修辞学（rhetoric）——对说服性表达的研究——我提出了一种普遍的方法，探讨修辞在软件中，尤其是电子游戏中独特的运作方式。在古典时期，修辞学被视作演讲的艺术。从那时起，一些领域对修辞有了更广泛的理解。例如，传媒学的研究现在常常涵盖视觉修辞（visual rhetoric），即通过图像与视觉表征进行说服的艺术，以理解摄影和电影的修辞功能。遵循这种传统，本书提出，电子游戏依凭其核心表征模式——程序性（procedurality），为说服开辟了一个新的领域。

　　我将这种新形式称为程序性修辞（procedural rhetoric），即通过基于规则的表征和互动，而非通过口头语言、文字、图像或动态画面进行说服的艺术。这种类型的说服，与计算机的核心可供性密切相关：计算机运行程序，执行计算与基于规则的符号操作。但我想指出，与其他一些形式的计算说服不同，电子游戏具有独特的说服力。虽然像文字处理

① Ian Bogost, *Unit Operations: An Approach to Videogame Criticism*（Cambridge, Mass.: MIT Press, 2006）.

器、照片编辑应用程序这样的"普通"软件常常被用来创造具有表达力的作品，但这些作品在完成后通常并不依赖计算机来承载意义。而电子游戏作为计算性产物（computational artifact），它们的文化意义恰恰源于其计算属性。此外，它们作为一种流行的计算产物形态，或许是最普遍的表达性计算形式。因此，电子游戏是与计算说服和表达最相关的一种媒介。

在计算机软件中，我认为电子游戏具有独特的说服力。当前游戏产业的潮流，尤其是我在下文将讨论的严肃游戏运动，试图通过创作电子游戏来支持现有的社会和文化立场。但是，电子游戏的潜力远不止于此。除了成为实现制度目标的工具，电子游戏还能够颠覆和改变人们对世界的根本态度和信念，从而引发潜在深远的社会变革。我认为，这种力量并不像严肃游戏倡导群体所声称的那样，等同于游戏的内容，而是在于电子游戏通过程序性修辞构建主张的方式。因此，从大众市场的商业产品到小众的艺术作品，所有类型的电子游戏都具有实现重要表达的能力。基于这一视角，在接下来的章节中，我将探讨电子游戏已在实践中展现说服力并仍具有巨大潜力的三个领域：政治、广告和教育。

在政治领域，我聚焦政治和公共政策，首先探讨意识形态在电子游戏中的运作方式，继而分析基于规则的系统如何揭示被乔治·莱考夫（George Lakoff）称为政治话语"框架"的内容。不像口头的话语那样依赖于人们习以为常的深层隐喻，电子游戏通过更抽象的表征来展现世界应有或实际的运作方式。我追溯了这些框架在政治游戏、艺术游戏和商业游戏中的功能。随后，探讨获得官方认可的那些政治游戏，研究游戏在公共政策与政治竞选话语中的作用。

在广告领域，我首先提出开启广告新纪元，摒弃"联想性"广告的趋势，即通过暗示品牌与消费者愿望之间的联系来制造需求。相反，我重新审视并修订了"示范性"广告的概念，即试图将广告信息与商品和服务的实际特性、功能联系起来。我探索并分类研究游戏中的多种广告形式，从品牌游戏到游戏内置产品植入，指出那些能够阐明产品或服务功能的游戏最能发挥程序性修辞的作用。

在教育领域，我首先批判教育实践的现状，特别是教授脱离语境的具体知识或脱离具体知识的抽象原则这一趋势。接着，研究游戏如何讨论价值观和理想，其中包括对消费主义、企业培训和道德的审视。我认为，电子游戏的用处不在于传递社会或职场技能，而在于为消费者和工作者提供批判商业、社会和道德原则的手段。最后，我探讨了所谓的运动游戏（exergames），即鼓励玩家进行体育活动的电子游戏，认为这些游戏中最复杂的例子并非简单复刻私人教练形象，而是转化其训练逻辑的修辞内核。

本书的研究由两方面内容组成。一方面，我是一名研究电子游戏的学者，通过玩游戏研究它们的历史和影响，并记录我有关游戏意义的理解和主张；另一方面，我是一名电子游戏设计师，致力于创作能对本书所涉及的三个领域产生影响的游戏。我联合创办的电子游戏工作室——Persuasive Games（说服性游戏）与本书同名，我希望这项工作能同时反映理论探索和游戏设计的目标。书中讨论的少量案例源自我的工作室。我选择它们并不是为了自我宣传，而是因为它们直接指涉核心议题，是我尝试理论化和践行程序性修辞原则的直接产物。尽管我在书中没有为游戏设计师提供直接的建议，但我希望这本书对设计师、评论家和玩家都能有所帮助。

我对众多学术和业界同人心怀感激，因为他们的直接支持、合作以及反馈对本书的完成至关重要。由衷地感谢我的长期研究伙伴贡萨洛·弗拉斯卡（Gonzalo Frasca）和迈克尔·马特亚斯（Michael Mateas），帮助我形成对电子游戏和修辞学的思考。尼克·蒙特福特（Nick Montfort）和诺亚·沃德里普 - 弗瑞恩（Noah Wardrip-Fruin）对本书的多版草稿提供了细致的反馈。此外，感谢马泰奥·比坦蒂（Matteo Bittanti）、桑德拉·布拉曼（Sandra Braman）、苏珊娜·德·卡斯特尔（Suzanne de Castell）、凯瑟琳·伊斯比斯特（Katherine Isbister）、莉兹·洛什（Liz Losh）、托马斯·马拉比（Thomas Malaby）、莎伦·马扎雷拉（Sharon Mazzarella）、简·麦戈尼格尔（Jane McGonigal）和珍妮特·默里（Janet Murray）对各章的反馈。我还要感谢杰伊·博尔特（Jay Bolter）、泰德·卡斯特罗诺瓦（Ted Castronova）、玛丽·弗拉纳根（Mary Flanagan）、吉米·吉（Jim Gee）、斯图尔特·莫尔索普（Stuart Moulthrop）、迈克尔·尼切（Michael Nitsche）、肯·佩林（Ken Perlin）、辛迪·波伦巴（Cindy Poremba）和库特·斯奎尔（Kurt Squire）与我展开富有成效的讨论，并给予总体性的反馈和持续不断的支持。

我还需要明确，本书部分章节中的内容此前曾发表于不同刊物：第三章曾以《电子游戏与意识形态框架》（Videogames and Ideological Frames）为题，发表于《大众传播》(*Popular Communication*) 2006 年第 4 卷第 2 期[1]；该章节的部分内容还曾以《政治游戏的框架与隐喻》(Frame and Metaphor in Political Games) 为题，收录于苏珊娜·德·卡斯特尔与简·詹森 (Jen Jenson) 合编的《游戏中的世界》(*Worlds in Play*)[2]；第八章的早期版本曾以《电子游戏与教育的未来》(Videogames and the Future of Education) 为题，发表于《在地平线上》(*On the Horizon*) 2005 年第 13 卷第 2 期[3]；第四章的初版也曾以《玩转政治》(Playing Politics) 为题，发表于托马斯·马拉比和桑德拉·布拉曼主编的《首周一》(*First Monday*) 2006 年第 11 卷第 9 期。[4]

同样，我衷心感谢游戏开发领域的同人。特别感谢 Persuasive Games 工作室的同事们，包括杰拉德·拉丰 (Gerard LaFond)、亚历杭德罗·夸托 (Alejandro Quarto) 和尼古拉斯·马西 (Nicolas Massi)。没有他们，本书中讨论的许多例子都不可能实现。还要感谢西蒙·卡莱斯 (Simon Carless)、布莱恩·克雷森特 (Brian Crecente)、迈克尔·格斯纳 (Michael Gesner)、拉夫·科斯特 (Raph Koster)、亚历克斯·克洛托斯基 (Aleks Krotoski)、埃里克·马尔库利尔 (Eric Marcoullier) 和本·索耶 (Ben Sawyer) 给予我的支

[1] Ian Bogost, "Videogames and Ideological Frames," *Popular Communication* 4, no. 2 (2006).

[2] Ian Bogost, "Frame and Metaphor in Political Games," in *Worlds in Play*, ed. Suzanne de Castell and Jen Jenson (Berlin and New York： Peter Lang, forthcoming).

[3] Ian Bogost, "Videogames and the Future of Education," *On the Horizon* 13, no. 2 (2005).

[4] Ian Bogost, "Playing Politics：Videogames for Politics, Activism, and Advocacy," *First Monday* 11, no. 9 (2006).

持和鼓励。同时感谢每年在游戏开发者大会上发言的开发者们，他们关于游戏创作的洞见让我受益匪浅。特别鸣谢迈克尔·博伊斯（Michael Boyce）、藤本彻（Toru Fujimoto）、丹尼尔·奥尔森（Daniel Olson）、内特·奥尔森（Nate Olson）与香农·汤森（Shannon Townsend），他们为获取书中许多图片的重印授权完成了重要而艰巨的工作。我还需要感谢所有访问 Water Cooler Games（"饮水机游戏"）网站的读者们。这是我和贡萨洛·弗拉斯卡自 2003 年以来共同编辑运营的一个关于"别有意图的电子游戏"的网站。[①] 读者们的回应、反馈与支持，对我非常有帮助。

最后，我要感谢家人一直以来给予的支持：感谢我的妻子艾比（Abbey），容忍我拒绝将录像机接到电视上却坚持让电视机始终连着十台游戏主机；感谢我的孩子特里斯坦（Tristan）和弗兰纳里（Flannery），他们帮助我看到了我可能会忽略的东西。

---

① 参见 http://www.watercoolergames.org/.

第一章 程序性修辞

    1975 年，欧文·盖德（Owen Gaede）为 PLATO（"柏拉图"）计算机辅助教育系统设计了一款名为《终身教职》（*Tenure*）的游戏。[1] 这个游戏围绕教师第一年在学校开展教学的故事展开，旨在让新入职的高中教师了解看似微不足道的决定对教学工作的影响。游戏设定的目标是顺利完成第一年的教学，并且获得下一年的续约合同。在游戏过程中，玩家必须做出一系列决策，每个选择都会给不同的角色带来不同的影响。有些决策可能会让学生满意，但与校长的教育理念相悖；另一些决策可能意味着更高质量的个人教学工作，但是给其他同事增加了绩效压力，导致职场冲突的产生。玩家可以通过倾听学生的反馈、申请与校长面谈或是在教师休息室偷听八卦，来掌握剧情的发展。

    游戏的玩法主要是对各种各样的多选题做出选择，被玩家决策选中的回答，会影响校长、教师和学生的态度。比如，

---

[1] Owen Gaede, *Tenure*（Minneapolis：Control Data Corporation，1975）. PLATO（"柏拉图"）是一种计算机指令系统，于 1960 年在伊利诺伊大学首次开发。该名称是"计算机辅助教学编程逻辑"（Programmed Logic for Automatic Teaching Operations）的首字母缩写词。该系统由控制数据公司（Control Data Corporation，简称CDC）进行商业生产直至 20 世纪 90 年代。尽管最后以失败告终，但 PLATO 仍被公认为开发当今人们熟知的软件工具的先驱，比如在线论坛、即时通信和多人游戏。我很感激诺亚·法尔斯登（Noah Falstein）向我介绍了这个特别的 PLATO 指令系统。

在游戏故事伊始，玩家必须接受潜在用人单位校长的面试。校长可能会询问玩家的教育理念或者是否愿意承担学生社团指导老师的工作等问题。此外，玩家还必须针对成绩标准、课堂规则、学生座位安排和课程设置做出选择。之后游戏会模拟出各种非常具体的问题场景，例如，如何在学校集会上管理其他老师的学生，是否参加教师工会，处理课上传纸条的行为，面对不满意孩子成绩的父母，甚至是处理更为棘手的比如遭遇虐待等学生的个人问题。

在这个游戏里，没有简单直接的正确选项，一系列决策相互作用，形成有关社会、教育和职场的复杂事态。以至教师的性别、校长的影响力、学生的学习风格等各种微妙的社会因素，都在不同程度上影响着模拟场景中的事态发展。我最近一次在电脑上玩桌面版的《终身教职》时，我最优秀的学生之一杰克上课迟到了。[1] 我可以选择不记杰克的迟到、私下找他谈话或者让他留堂以示惩戒。于是，我选择和杰克就迟到的事情单独谈话。这让我得到了校长的表扬，因为他秉承的开明理念，恰恰鼓励与学生直接接触以及对学生保持同理心。然而在与学生交谈后，我得知他迟到是因为教数学的格林老师在下课铃声响后没有结束授课，而是要求同学们完成黑板上的最后一道题。现在我需要面对一个新的选择题：直接和格林老师对质，给杰克迟到的相应处分并把其他问题留给他自行解决，或者向校长投诉。让学生承担责任可以避免与同事和校长产生冲突，但是会让杰克陷入窘境，也许会导致他改变对为人师表的我的看法。与格林老师对质则可能

---

① 欧文·盖德还编写了 Windows 版本的《终身教职》，参见 http://home. earthlink.net/~tenure/abouttenure.html/.

会使我们之间的关系变得紧张，而且休息室里飞短流长，可能会影响我和其他老师的关系。向校长投诉或许会带来同样的后果，甚至还有可能让我显得优柔寡断。当然，所有可能的后果，还会随着游戏中其他决策的结果以及同事和校长的性格区别而发生变化。

《终身教职》对高中教育工作如何开展提出了自己的主张。最重要的一项就是，它认为教育实践与个人倾向和职场政治息息相关。新任教师和怀有理想主义的父母都希望孩子的教育主要甚至是完全受教学目标的驱动。《终身教职》却指出，学校的现实环境——职场政治、个人冲突和流言蜚语等——让理想很难成为现实。游戏没有为这些问题提供解决方案，相反，它主张教育不仅发生在课堂里，更是在职业、教育和社会认知驱动的不同目标之间持续不断的磨合进行。《终身教职》笼统地呈现了高中的真实运作过程，并通过游戏过程论证个体的倾向和决策给教育和学习经历带来的深远影响。

我建议使用程序性修辞（procedural rhetoric）来形容出现在例如《终身教职》里的这种具有说服和表达性质的实践。程序性（procedurality）指的是一种建构、解释或理解过程的方式。而过程定义了事物的运作方式，也就是驱动其运行的方法、技术和逻辑，像机械系统（如发动机）、组织架构系统（如学校）、概念意义系统（如宗教信仰）等。修辞（rhetoric）指的是有效且有说服力的表达。因此，程序性修辞概括了使用过程进行说服的实践。更具体地说，是通过广义的过程和具象的计算机程序来进行说服。正如口语的修辞之于演说家和听众、书面的修辞之于作者和读者同样有用一样，程序性修辞对程序员和用户、游戏设计师和玩家同样有效。程序性修辞实际上就是一种用计算系统进行论证和解析他人提出的计算论证的技巧。

程序性和修辞是可能造成歧义和混淆的术语。在认真尝试将两者组合在一起使用之前，我想先对它们进行逐一讨论。

程序性

"程序"这个词常常给人带来负面的联想。我们时常将程序理解为根深蒂固、难以改变的做事方式。每每提及，它总会让人联想到严肃刻板的官场，甚至是官僚主义：一个程序就等同于一个静态的，甚至是亟须修订的、过时的行动方案。我们经常只在程序出错时才谈论它们："在收到众多投诉后，我们决定重新审查现有的关于设立新账户的程序。"不过事实上，从这个维度来理解的话，程序在塑造行为。只有当我们质疑一个程序的时候，才会"看到"它。[1] 同样，程序和法律常常紧密联系在一起。法院和执法机关遵守的程序规定了允许采取和不被允许的行动边界。由于它的这些常见用法，我们倾向于认为程序是固定的、不容置疑的。它与权威挂钩，一经制定便自上而下实施，用于规范行为和判定违规行为。程序有时与意识形态有关。它会使我们一叶障目，失去思辨的能力。比如，有些警察或军队士兵在做出明显有违道德的行为后会辩称："我是在按程序办事。"2004 年，美军在阿布格莱布监狱虐待伊拉克战俘事件曝光之后，就出现了这个问

---

[1] 这类似于马歇尔·麦克卢汉（Marshall McLuhan）的观点，即只有当我们超越一种媒介时，我们才会感知到它的影响。

题。派驻的士兵声称，他们是服从命令，而军官则坚称军队从不支持严刑拷打，那只是个别士兵不受控的行为。无论真相如何，事件引发了大众对于驱动军事行为的程序的广泛质疑。唐纳德·莱德少将（Major General Marshal Donald Ryder）在监狱有关行为的调查报告中，指出了改变"设施程序以框范军事情报部门的审讯条件"的可能性。[1] 在该事件中，被质疑的相关程序就决定着审讯因犯的方法。人们可能会联想到，类似的情况在零售场所与店员的互动中也会出现。当被要求做一些非常规的任务时，员工可能会遵循指示，用诸如"这不是我们的政策"之类的借口婉拒。在许多情况下，政策是程序的同义词：一种方式方法，一种约定俗成，一套维护客户关系的流程。在上文提及的两种情况下，程序都限制了在特定情况下可以或应该采取的行动类型。

珍妮特·默里在她颇具影响力的著作《全息甲板上的哈姆雷特》（Hamlet on the Holodeck）中，定义了数字作品的四个核心属性：程序性、参与性、空间性和百科全书式的场域性。[2] 默里使用"程序性"一词，来指代计算机"执行一系列规则的能力"[3]。从这个意义上来说，程序性是软件开发的核心实践。软件由模拟事物行为方式的算法组成。为了实现程序性，开发者通过编写执行规则的代码以生成某种表征，而不是直接创建表征本体。程序化系统基于规则模型生成行为：

---

[1] Seymour M. Hersh, "Torture at Abu Ghraib," *New Yorker*, May 10, 2004.

[2] Janet Murray, *Hamlet on the Holodeck*（New York：Free Press, 1997), 71.

[3] Janet Murray, *Hamlet on the Holodeck*（New York：Free Press, 1997), 71.

它们是能够产出许多结果的机器，且每个结果都符合同一套宏观准则。程序性作为计算机的核心价值，通过算法的交互来塑造意义。尽管默里将程序性与其他三个属性放在一起，但是这些属性并不相互等同。她写道，电脑"被设计成……使其能够呈现复杂的、不断根据条件变化的行为。要成为一名计算机科学家，就要从算法和启发式的角度进行思考——不断识别所有描述任意过程的、笼统抑或是具体的行为规则，从发放工资到驾驶飞机"①。这种执行一系列规则的能力，从根本上将电脑和其他媒介区分开。

从计算机科学层面理解的程序性与前文讨论的人们更熟悉的程序之间保持着某种关联性。就像是法院和机关单位一样，计算机软件中设置着各种规则，界定可以执行和不能执行的任务与行动。我在其他地方提到过，程序性既可以在计算性的框架下进行解读，也可以在非计算性的框架下被理解。②作为文化评论家，我们可以审视文学、艺术、电影甚至日常生活，追溯它们之中暗藏的过程。但计算学主导的程序性更加强调由执行规则赋予的表达能力。计算机运行的过程会触发对于现实世界中过程的阐释。

在我看来，程序性表达必然涉及对符号的处理和使用——对一个可以主导人的思想或行动的符号系统的建构和解析。正如史蒂文·哈纳德（Stevan Harnad）③所说，计算

---

① Janet Murray, *Hamlet on the Holodeck*（New York：Free Press，1997），72.

② Ian Bogost, *Unit Operations: An Approach to Videogame Criticism*（Cambridge, Mass.：MIT Press, 2006）.

③ 原书中将哈纳德的名字误写为 Steven Harnad，此处已做更正。——译者注

就是"可解释的符号处理"，即对符号"按照基于形状设定的规则执行操作，而形状并不会限制符号可以被解读出的意义"[1]。哈纳德还说，所有的解读都"不是系统固有的，而是解读者投射到系统上的"[2]。计算是关于表征的，而计算的程序性则是实现这种表达的手段。默里同样认为，计算机过程都是具象的，因此程序性是计算表达的基础。计算机是根据程序运作的，它们特别适合呈现那些以某种特定方式运行的，或者可以说是根据一系列过程步骤运行的，真实存在或想象中的系统。可以说，计算机让生成各种过程的表征变得更加轻而易举。

我在此想研究的是那些呈现或探究人类社会固有过程的程序。并非所有程序都像文学作品和艺术创作一样富有表达力。但是那些看似毫无表达力、缺乏符号处理的过程，事实上可能拥有着更高层级的表达力。例如，官僚主义对行为的约束实际上源于政治、社会和文化价值观。关于对过程的触发和调用，可以用零售行业的客户服务举个例子。想象一下，你从当地的商店里买了一台新的 DVD 播放器，回到家把它装好后却发现，虽然托盘可以正常打开和关闭，但电视上不显示图像。你理所当然地认为，这是个残次品。大多数商店针对这种情况都有相应的退货政策，所以你可以将播放器送回店里换一台新的。

现在重新想象一下，你在某晚下班回家的路上购买了 DVD 播放器。在忙碌的生活中，拆封这个播放器并不是最重

---

① Stevan Harnad, "Computation Is Just Interpretable Symbol Manipulation; Cognition Isn't," *Minds and Machines* 4, no. 4 (2004): 379.

② Stevan Harnad, "Computation Is Just Interpretable Symbol Manipulation; Cognition Isn't," *Minds and Machines* 4, no. 4 (2004): 379.

要的事情。在搁置了一两个星期后，你终于想起来把播放器拿出来安装，却发现它不能正常工作。你大失所望，但是直到又过了一周才有时间拿回商店退货。商店本来很乐意接受退货，但他们注意到你是在 14 天前购买的该商品，而商店的既定政策是仅在购买后两周内接受电子产品的退货。在这种情况下，店员可能会遵从过程的既定规则，执行商店的退货政策。但你可能会试图和店员讲道理，或者大吵大闹，要求见主管，抑或通过提及你在这个商店的过往购买记录来陈情。不管是受逻辑、同理心的影响或只是想速战速决的权宜之计，商店可能会通融并同意接受退货。我们有时将这种情况称为破坏程序。

现在，让我们用计算机程序替换过程中的人为因素。设想一下，你从一个线上电商平台购买了 DVD 播放器。退货过程仍然有其程序，但这次你要打交道的对象是计算机而非人类。你收到包裹后和前面的故事一样，过了一段时间才拆开包装并安装它。你意识到商品有问题时，已经超过了规定的退货期限。这一次的退货流程由电商网站的软件管理。取代和店员沟通的步骤是，访问网站并在退货授权页面输入你的订单号。网站服务器上的计算机程序会执行一个基础指令，把当前日期和快递服务商的计算机跟踪系统自动提供的订单送达日期进行对比。如果日期间隔超过 14 天，计算机程序会拒绝该退货申请。

生活中的类似经历，让我们时常讨厌计算机在我们生活中扮演的角色。它们是刻板的系统，没有同理心，试图对所有人一视同仁。在一定程度上，确实如此。但是，这并不能充分地解释计算性程序表达。当商店店员和主管同意不严格执行政策时，他们并不是真的"违反程序"。他们其实是在启动新的流程——比如培养"回头客"或者避免现场发生混乱的流程，并将其与商品退货的程序无缝衔接。这种区别，凸显了一个关于所有过程（尤其是计算过程，或者说进程）的重要观点：我们往往认为，程序是用于界定诸种情况的边界的测试。"两周后禁止退货""尽快化解客户矛盾"，这样的例子也解释了为什么我们将程序视为限制行为的约束。马克斯·韦伯（Max Weber）悲观地将社会的理性主义官僚化描述为一个"铁笼"。韦伯认为，当清教徒的禁欲主义延展到日常生活——

> 它就已经参与到宏大现代经济秩序架构下世界的建构当中。如今，这种受限于机械生产的技术和经济条件的现代经济秩序，决定着该架构下诞生的所有个体的生活。在加尔文主义者理查德·巴克斯特（Richard Baxter）看来，对外在之物的在意，只应该像是放在"圣人肩上的一件随时可卸下的轻便斗篷"。但命中注定，"斗篷"会变成"铁笼"。①

韦伯认为，机械化过分强调理性主义。但事实上，是程序找到了在所有情况下构建行为的逻辑。而工业化的机器只是充当了表达这些逻辑的具象物质媒介。斗篷的隐喻暗示着摆脱程序或许很容易，但圣人必须立即穿上新斗篷，即接受新的逻辑。斗篷和笼子都在"摆弄"过程，只不过一个比另一个更灵活。

---

① Max Weber, *The Protestant Ethic and the Spirit of Capitalism*, trans. Talcott Parsons（London：Unwin Hyman，1930），181.

虽然我们常认为规则多少是在拘束行为，但约束的存在也会创造新的表达。在前面举的例子里，问题商品退换的概念就是相应规则框定下的产物。如果流程不存在，人们可能永远不会想到有问题或不需要的商品可以退货。而这种情况其实也有对应的程序——通常被称为"货物售出，概不退换"（caveat emptor），或者说，买者责任自负。当我们做事情的时候，会按照某种逻辑去完成。这种逻辑，就构成了一般意义上的过程。

这意味着，我们同样可以对更复杂的、以人为本的退货中发生的情况进行计算建模。举例来说，计算机系统可以调出过往购买记录，在面对老顾客时不使用严格的退货日期限制政策。甚至可以基于对同类型购买者的未来购买习惯预测模型，合理推断该顾客的未来订单。我们不是因为计算机执行既定进程，就觉得它们令人沮丧、过于循规蹈矩和简单化，而是因为计算机执行的过于简化的进程往往是机械预设的。针对客户关系编写一个简化进程的这一选择，揭示了其他过程的存在，例如，公司在信息技术方面的运行模式，或是受限于财务或专业知识方面的不足，迫使公司购买现成的软件解决方案，而不是搭建定制的解决方案。

像军事审讯和客户关系等流程包含文化的作用。我们往往认为它们是灵活多变的，但其实它们是在众多旷日持久、相互交融的文化过程影响下塑造而成的。我给那些最常见的以物质、文化、表征形态实现的流程起了个名字：单元操作（unit operations）。[1] 单元操作的特点，是它们对表征的压缩程度越来越高。这是 20 世纪从结构主义人类学向计算学发展的

①　Bogost, *Unit Operations*, 3.

普遍趋势。我用这个术语来指代一般意义上的过程，例如，文化过程和它的计算性表征的结合体。我也用单元操作来区分交错或嵌套程序系统中的单个过程，例如在处理退货的流程中，"顾客忠诚度"有别于"交易日期"。

由于流程是用来呈现简单抑或是复杂的事项的，因此它们有时并不明显。在某些情况下，我们希望让程序变得隐蔽。例如，许多人把美军对阿布格莱布事件模棱两可的反应理解为军方高级官员（有权制定程序的官员）支持严刑拷打的迹象。在另一些情况下，过程或许复杂得多，无法立刻被理解。面对这类过程，我们往往会提出"这个是怎么回事？""这个怎么运作？"的疑问。这种疑惑经常在面对腕表之类的机械设备时发生。就它们而言，理解其程序意味着将整组齿轮拆开，研究零部件是怎样啮合到一起的。但是，程序性也可以意味着文化的、社会的和历史的系统运作。在这样的情况下，关于"如何运作"的问题意味着拆解一系列文化系统，探究其背后驱动人类行为的逻辑。

还可以举一个著名的例子，它来自微生物学家贾雷德·戴蒙德（Jared Diamond）获得了普利策奖的著作——《枪炮、病菌与钢铁》（*Guns, Germs, and Steel*）。该书提供了解读历史的另类方法，我将在第九章中进一步讨论它。[①] 戴蒙德并没有书写人类历史的种种事件，而是着眼于地理和自然资源等物质条件的配置，并探索它们如何带来结构性、政治性和社会性的结果。这些结果与形成它们的物质条件交互融汇，从而导致新的历史时刻出现。例如，新月沃地（the Fertile

---

① Jared Diamond, *Guns, Germs, and Steel* (New York: W. W. Norton, 1999).

Crescent）先天的农业优势，及其所处的欧亚大陆东西走向轴线上的相似气候条件，为整个大陆农业的快速发展奠定了基础。农业发展带来的充足粮食储备，使欧亚国家能够有力推动政治和科技的发展。这种看待历史的方法，并不局限于同时期发生的事件之间的关系，而是着眼于探索形成这些事件的机制。

史蒂文·D.莱维特（Steven D. Levitt）的微观经济学著作中也谈到其研究领域所涉及的相关过程。他与斯蒂芬·J.杜伯纳（Stephen J. Dubner）共同撰写了《纽约时报》畅销书《魔鬼经济学》（*Freakonomics*）。该书用通俗易懂的语言，阐释了莱维特有时不同寻常的微观经济分析。他认为，人类行为从根本上是由激励驱动的。[1]莱维特将他的这个论断运用到解释房产中介、相扑选手甚至犯罪分子等众多群体中存在的那些表面上外人难以理解的行动。莱维特提出的另一个主张则更具争议性。他认为，20世纪90年代全美国犯罪率大幅下降，原因可以追溯到1973年的堕胎合法化。[2]莱维特和杜伯纳解释道：

罗诉韦德案之后出生的第一批孩子在（20世纪）90年代初进入青年初期。虽然十七八岁的少年正处于"犯

---

[1] Steven D. Levitt and Stephen J. Dubner, *Freakonomics: A Rogue Economist Explores the Hidden Side of Everything*（New York：William Morrow，2005），7.（原书中注释将史蒂文·D.莱维特的名字误写为Steven J. Levitt，此处已做更正。——译者注）

[2] Steven D. Levitt and Stephen J. Dubner, *Freakonomics: A Rogue Economist Explores the Hidden Side of Everything*（New York：William Morrow，2005），137-141.

罪黄金年龄段"，但当时的犯罪率开始下降。可以说，这一代青少年中不存在那些最有可能成为罪犯的小孩。因为没有不被母亲希望带到这个世界上的孩子出生，犯罪率随着这一代人的长大成年而持续下降。**堕胎合法化减少了不想要的孩子出生的情况；这种不想要的情况会导致高犯罪率；因此，堕胎合法化降低了犯罪率。**[①]

莱维特和杜伯纳利用书面修辞向读者解释了他们所主张的堕胎合法化与减少犯罪之间的因果关系。他们描述的是一个社会性过程。这个过程，实际上就是法律政策和社会福祉之间相互关联的运作。值得注意的是，两位作者在解释的结尾用了一个形式逻辑三段论（formal logical syllogism），即前面原文段落中黑体的部分。我将在后面探讨修辞学的时候再次回顾这种形式结构。

不论是手表齿轮之类物质性的，还是犯罪之类文化性的，所有抽象的过程都可以通过表征进行再现。但是，程序性表征的形式和书面或口头表征不尽相同。程序性表征用过程解释过程。这是一种不通过语言，而是用过程实现的以符号象征为主的表达形式。戴蒙德和莱维特提出了关于历史和犯罪等程序性系统的主张，但他们并没有将这些观点编写进任何程序。就像我在这一章中写到的关于商品退货的描述一样，他们只是把论点写了出来。实际上，我在本书中对基于电子游戏的程序性修辞进行的所有分析都必须要描述相关过

[①] Steven D. Levitt and Stephen J. Dubner，*Freakonomics: A Rogue Economist Explores the Hidden Side of Everything*（New York：William Morrow，2005），139. 这是我的重点。

程的功能。这些书面的文字描述，力图解释由规则而非字词构成的程序性描述。

程序性表征本身需要被铭刻在一种能够实际执行进程而不仅仅是描述过程的媒介当中。人类行为是程序性铭刻的一种方式。我们总是通过这样的人为方式来执行过程。店员、商店主管和士兵都是在执行程序。即便是小孩子，也可以自觉、出色地执行某些程序，例如过马路、系鞋带、帮忙摆放餐具等。这些都属于文化性和社会性过程中的单元操作。非数字的棋牌游戏也提供给人们执行既定过程的很好的例子：玩游戏的人需要遵循相应的游戏规则。但是，将人类行为当作任意表达的媒介具有挑战性。在没有休息和激励机制的前提下，想要强迫哪怕几个人反复完成特定的过程都是很困难的。由于程序性是计算机固有的基础特征，而且计算机作为表达媒介比人类要灵活得多，因此将它们用于程序性表达尤为合适。

在她对于更有意义的互动式戏剧的呼吁中，珍妮特·默里提倡程序性的创作。默里表示，需要做的"不仅是编写文本本身，还要编写文本出现的规则。要为互动者编写参与的规则，或者说，要用规则框定在何种条件下互动者的行为会触发相应事件"。默里把约瑟夫·维森鲍姆（Joseph Weizenbaum）的伊丽莎（Eliza）计划看作这种程序性表达的早期典型代表。[①] 伊丽莎模拟了一位心理治疗师，可以模仿罗氏疗法专家在真实世界中会采用的方式回应用户的文本输入。这个系统于 20 世纪 60 年代中期在麻省理工学院 MAC 项目

---

① Joseph Weizenbaum, "ELIZA—A Computer Program for the Study of Natural Language Communication between Man and Machine," *Communications of the ACM* 9, no. 1（1966）.

（计算科学实验室的前身）的分时系统上运行，以下是来自维森鲍姆设计的伊丽莎原始系统的一段对话示例（黑体部分为计算机的应答）：

男人都一样。

怎么说？

他们总是因为各种事情烦我们。

你能举个具体例子吗？

嗯……就是我男朋友让我来的。

你男朋友要求你来和我聊聊？

他说我经常情绪低落。

我很抱歉听到你常常不开心。

确实。我不开心。

你认为来这里会有帮助吗？让你不再感到不开心？

至少有一点很明确，我需要帮助。

得到帮助对你来说意味着什么？

也许我可以学会如何与妈妈相处。

多和我讲讲你的家庭吧。

我妈妈一直照顾我。[①]

作为一个技术实验，伊丽莎是自然语言处理（NLP）的一个例子——计算机接收用户的输入，将其解析为程序可以理解其含义的字词单位，然后组合并输出一个回应。计算机的回

---

① Joseph Weizenbaum，"ELIZA—A Computer Program for the Study of Natural Language Communication between Man and Machine," *Communications of the ACM* 9, no.1（1966），36-37.

应会包含合适的语法、连词，以模拟人类对话的流畅性。伊丽莎会抓取像"我""你"之类的关键字眼并根据它们来生成输出。事实上，这个计算机程序并不能真正理解用户输入内容的含义。它只是把这些输入尽量转化成一场对话。伊丽莎是一台根据程序生成对话的机器。

当然，罗氏疗法的心理学家本身并不是现实生活中最有意义的对话者。他们作为治疗师主要通过与患者对话，以同理心，或者说是重复的话术，鼓励他或她进行反思并完成"自我实现"。伊丽莎面世之后，大量人工智能领域的研究都致力于创造类似的代理智能体。有些仅用于处理数据，例如关键字搜索或安全工具。其他的则有着更高的目标：成为基于专门计算机语言编程控制的可信的智能体。[①] 这些都属于具有表达性的代理媒介，旨在像诗歌、文学、电影一样去探究或评议人类社会中存在的过程。无论具体内容是什么，这些计算机程序重在使用过程实现表达，而非实用性。作为一种编写式实践，程序性不仅限于创造工具。

程序性与过程式编程范式

谈到计算机语言，我想做一些说明。希望这样可以为那些对程序有不同（但并非互斥的）概念的读者做些澄清，尤其是对有计算机科学背景的读者而言。相较于它们在计算

[①]　示例参见 Michael Mateas and Andrew Stern, "A Behavior Language for Story-Based Believable Agents," *IEEE Intelligent Systems* 7, no. 4（2002）.

机领域里常被赋予的特定意义，我在书中从更广义的层面上使用"过程""程序性"等词语。在计算机科学中，过程（procedure）有时被用作子例程（subroutine）的同义词。它可以是一个函数或者一种调用方法。一个过程包含一系列计算指令，这些指令被封装成一个可以在程序执行过程中随时调用的命令。像 Pascal（帕斯卡）之类的命令式编程语言，甚至直接使用"过程"一词的英文在代码中对子例程进行声明。以下是一个代码示例：

```
procedure foo(var n:integer)
begin
    writeln('foo outputs', n);
end;
begin
    i:=1;
    while i <= 10 do foo(i);
end.
```

在其他情况下，"过程式"（procedural）一词也被用于描述一种特定的编程方法。这种方法，通常被称为"过程式编程"范式。过程式编程，是将过程视作子例程的想法的范式延展。作为一种编程方法，过程式编程比非结构化编程更受青睐。在非结构化编程中，所有的代码都存在于一个连续模块之中。在汇编语言（Assembly）和早期版本的"初学者通用符号指令代码"语言（简称"BASIC"）中，程序被编写成很长的带有不同分支（如汇编语言的 BNE、BEQ 和 JMP 指令）

或流程控制语句（如 BASIC 语言的 GOTO 语句）的代码列表。[①]虽然对程序性能稍有影响，但过程式编程提高了可读性以及对复杂性的管理。通过过程调用、函数和多文件的方式，过程式编程还允许在程序中的不同位置重复使用相同代码。如果是强烈支持近期新出现的对象导向编程范式的人，可能会因我随意使用"过程""程序性"等词而感到不适应。但是，我并没有在指代编程范式。面向对象编程在过程式编程引入的模块化基础上进行拓展，因此形成概念上的联系。但这种关联与我在书中使用相关词语的目的无关。更确切地说，我将程序性理解为创造进程或者说过程的基本概念。

程序性元素、形式与类型

正如文学和电影中有塑造的人物一样，程序中也存在相应元素。它有别于形式和类型，且出现先于后两者。程序性元素与文学里常见的隐喻、转喻、提喻等元素有很多相似之处。在许多程序系统里，它们是为重点板块进行单元操作编写的策略。诺亚·沃德里普 - 弗瑞恩用"操作逻辑"（operational logics）一词，来指代在多个程序性表征中承担相同角色的标准化或形式化单元操作。[②]他指出了两种尤为常见

---

① 此处给出的组装说明适用于 6502 处理器。6502 是一种 8 位处理器，广泛应用在 20 世纪 80 年代的微型计算机上，包括苹果（Apple）Ⅱ、康懋达（Commodore）64、雅达利（Atari）400 和 800。对其进行改进后的版本——6507 处理器，则被用在雅达利 VCS（2600）和任天堂 NES 游戏机上。不同处理器的组装说明也可能有差异。

② Noah Wardrip-Fruin, "Expressive Processing: On Process-Intensive Literature and Digital Media," Doctoral dissertation（Brown University, 2006）.

的操作逻辑：图形逻辑和文本逻辑。图形逻辑在电子游戏中非常常见，涵盖移动、重力和碰撞检测等程序性元素。这些基本元素支撑着无数电子游戏，从《太空大战》(*Spacewar!*)到《乓》(*Pong*)再到《吃豆人》(*Pac-Man*)、《毁灭战士》(*Doom*)。在许多电子游戏中，玩家控制着一个物体、角色或需要以特定方式驾驶的载体——朝着某个目标前进，或是躲避敌人或障碍物。图形逻辑通常负责实现物理现象的程序性表征，例如移动、跳跃和子弹发射轨迹。除了角色如何移动，关于物体的物理学和光影效果还为如何呈现变化多端的环境提供了很多额外的参考。在电子游戏行业，图形逻辑通常被合集打包在一起。这样的图形逻辑集被称为游戏引擎。这是一种用于创建更多其他游戏的软件工具包。[①]

沃德里普 - 弗瑞恩还谈到文本逻辑。它可以被理解为一种常见的程序性"修辞手法"。前文提到的自然语言处理，就是文本逻辑的一个例子。Z-machine（Z 机器）虚拟机里像《魔域大冒险》(*Zork*)之类的文字冒险游戏和互动式小说自带的文本解析器，也是一种示例。[②]其他的文本逻辑，还包括那些用于文本生成的程序比喻，例如 n-gram（n 元）语言模型。这是一种最初由控制论专家克劳德·香农（Claude Shannon）提出，源自马尔可夫链的概率分布算法。N-gram模型将给定文本序列划分为 n 个元素组成的子序列，由概率决定接下来序列中的哪些成员最有可能被选中。这其实是顺序逻辑。但是应用于文本生成时，可以根据起始字词

---

① 有关游戏引擎和单元操作的更多信息，参见 Bogost，*Unit Operations*，56-66。

② Infocom，*Zork*（Cambridge, Mass.：Infocom, 1980）.

第一章 程序性修辞   19

的后续字词概率分布来预测和构建文本短语。例如，对于"where are"（在哪里）这个序列，后续字词的一种可能性是"you"（你）。[①]

在电子游戏之外，程序里的修辞手法通常以常见的用户交互模型的形式出现。像滚动条和按钮之类的图形用户界面里的元素都可以被理解为典型的例子。这些元素在各种内容域中帮助实现多样的用户交互。用来打开和保存文件的操作逻辑，也属于程序性修辞手法的例子。它们包含了可以通过文件句柄操作文件流、读取或写入字节数据的较低级别的逻辑。我们可以将前面提到的统称为界面逻辑（interface logics），将刚刚介绍的这种称为输入 / 输出（IO）逻辑〔input/output（IO）logics〕。正如游戏引擎中会涵盖多种常见图形逻辑，像微软基础类（MFC）和 Java 基础类（JFC）的软件框架也包括很多常见的界面逻辑和 IO 逻辑，以及诸多驱动现代计算机操作系统所需的其他逻辑。

综上所述，游戏引擎、框架以及其他常见的程序性修辞手法集合，是可以视作和十四行诗、短篇小说、剧情片等文学或艺术表达形式一样的。这些程序性集合构成各种各样表现性创作的基础。虽然单独来看，十四行诗并不比物理引擎更有用，但两者都可以在各种具有表达性的创作当中发挥作用。十四行诗在约翰·邓恩（John Donne）的笔下化作宗教的表达，又在莎士比亚的笔下变为多情的文字。而经典的牛顿力学模拟，则可以轻松实现助推战争的子弹发射和带动自然

---

① 有关使用 n-gram（n 元）语言模型构建计算性、文本产出的更多信息，参见 Noah Wardrip-Fruin, "Playable Media and Textual Instruments," *Dichtung Digital, Journal für Digitale Ästhetik* 5, no.34（2005）。

主义发展的热气球升空。

程序性类型取决于各种程序性形式的排列组合。这与黑色电影、抒情诗、科幻小说之类文学、电影、艺术中存在的体裁或流派类似。电子游戏的类型包括平台游戏、第一人称射击游戏、回合制策略游戏等。我们在辨别游戏玩法时，通常会发现那些构成游戏的程序性表征之间的相似性。这些表征构建了我们作为玩家体验到的画面效果和可控动态。

程序性表征与文本、视觉甚至造型表象有着显著区别。其他编写方式和技术也许部分或全部地为了呈现人类的或物质的过程所驱动，但只有像计算机软件这样的程序性系统，才是真正意义上完全用过程呈现过程。这就是程序性作品的特别之处——其与生俱来的描述过程的能力。

对于程序性表征的编写，在计算机里是通过代码实现的。就像过程一样，代码一词可以有多重含义。劳伦斯·莱斯格（Lawrence Lessig）利用该词词义的模糊性来探讨法律意义上的代码——"条款文字"与程序意义上的"代码"之间的相似性："在现实中，我们明白法律是如何通过宪法、法规法典、法律条款进行规范管理的。同样，我们必须了解代码是如何管理掌控网络空间的。或者说，组成网络空间主体的软件和硬件是如何规范网络空间的。"[1] 但是在律法体系中，法典是在复杂的社会和政治框架下进行制定和规范的。就像阿布格莱布的士兵和零售店退货柜台的店员一样，这些框架受到许多额外的程序性影响的制约。在计算系统中，代码通

---

[1] Lawrence Lessig, *Code and Other Laws of Cyberspace* (New York: Basic Books, 1999), 6.

过软件和硬件系统进行调节和管理。这些系统会施加限制，但它们不受变化不定的人类行为的直接影响。

修　辞

和程序性一样，修辞不是一个很受欢迎的词。尽管修辞的首次出现可以追溯到 2500 年前，但是这个词常常被当作贬义词。人们常说，精心设计、辞藻华丽但缺乏实际内容的话语就是"虚有其表的修辞"。修辞会给人一种"假大空"的感觉。就像一个快言快语、口才了得的骗子，用矫揉造作的语言来掩饰空洞甚至是欺骗的意图。学者和政治家特别容易受到这种批评。这也许是因为我们（和他们）在思想连贯性不足的时候会雕文织采、摘藻绘句，习惯性运用各种词语来修饰每句话。就像刚才这句话这样。修辞在很多情况下，相当于一种烟幕弹。这样的言语，被用来遮掩消息、混淆视听甚至是操纵听众。

然而，修辞近些年逐渐衍生出带有过于晦涩或夸大其词的意味。这个词最初仅指有说服力的演说、好口才，或者雄辩术。修辞一词最早出现在大约 2500 年前柏拉图所著的《高尔吉亚篇》(*Gorgias*) 中，指的是说服的艺术。单词本身衍生于"演说家"或"雄辩家"及其实践——"雄辩术"[1]。古希腊对于修辞的定义，是指因社会公义的目标驱使而进行公开演说。这个定义也为古典修辞学所接受。早期的修辞学主要侧重社会和政治领域实践。鼎盛时期的雅典民主社会对其发

---

[1] *Plato: Complete Works* (New York：Hackett，1997)，453a.

展有着极为重要的影响。彼时的修辞不仅仅是口头的，更是公开发言式的。演说家需要在法庭和公共会议等特定场景和社会环境中，运用这门艺术。关于这类修辞的一个著名例子来自柏拉图的《申辩篇》（*Apology*）。在书中，苏格拉底针对他"腐蚀雅典青年"的指控进行个人辩护。书名在现代英语中本应直译为"道歉"，但在当时其实是希腊语中 ἀπολογία 一词的对照，意为"辩护词"。考虑到公开演讲，尤其是有关律法和社会公义的演说语境，修辞与说服力之间的直接关系就更加明朗。口头的语言试图动摇听众的立场，使他们转而支持特定的观点。通常都是能直接影响马上将发生的行动的观点，就像审判苏格拉底的陪审团决定性的投票那样。

身处黄金时代的雅典，会给人充分的理由认真研习修辞的技巧。与当代的代议制民主不同，彼时雅典的政治制度要直接得多。公民被要求参与到法院中，且任何人（任何男性）都可以在庭审集会上发言。与我们所熟悉的、要求有专业律师在场以保障原告和被告权利的法律制度不同，古雅典的被告方需要为自己辩护或找亲戚朋友代为发言。此外，雅典的陪审团规模庞大，常规有 201 名成员，但根据案件的重要性不同往往会有好几百人出席。没有受过演说训练的普通公民不仅可能会感到不知所措，更有可能在面对如此庞大的群体讲话时感到极度害怕。

在发现其中还存在着有利可图的商机后，针对修辞的训练应运而生。在柏拉图的《斐德罗篇》（*Phaedrus*）中，与书同名的主人公斐德罗谈到了一些关于修辞术的书籍。随后，苏格拉底重述了这些书中提到的技巧建议。①

---

① *Plato: Complete Works*（New York：Hackett，1997），266d.

苏格拉底：谢谢你提醒我。你的意思是，在论述的开头必须有一个引言。你是在说这个，对吗？这门学问的精妙之处。

斐德罗：是的。

苏格拉底：然后，就需要带有佐证的陈述。第三，是提供能让人信服的证据。第四，是探讨其他可能性。我记得，来自拜占庭的那位最优秀的语言艺术家还提到需要不断地引证再佐证。

斐德罗：你是说尊贵的塞奥多洛？

苏格拉底：当然。他还告诉我们，无论是处于控方还是辩方，完成正驳和进一步的附驳的方法。另外，是否也应该将杰出的帕罗斯人厄文努斯（Evenus）纳入我们的对话？他发明了暗讽和侧褒。有人说，他还把腹诽心谤写成顺口溜式的诗歌段落，便于记忆。他可真是个聪明人……不过，所有人似乎都同意论述需要有结论。有些人称之为重述，而另一些人则给它起了其他名字。

斐德罗：你是说，在演讲的最后要总结要点，帮助观众温习已经说过的内容？

苏格拉底：我想说的是这些，当然还有许多其他与修辞学相关的可以被谈及的内容。①

尽管苏格拉底对教科书式的修辞持否定态度（详见下文），但《斐德罗篇》佐证了公元前 5 世纪古希腊思辨演说所使用的最佳构成方式。演讲者应该从序论开始，然后进行描述或叙事

---

① *Plato: Complete Works*（New York：Hackett，1997），266d-267d.

性的陈述，并提供直接的证据和间接的证明。还需要论证可能性以确保证据是合理的。然后，演讲者应该进行正驳和附驳。演讲的最后，应该以总结收尾。总结里需要包含对论点的概述。

这些技巧构成了修辞演讲的基础。当时的修辞学家们描述了修辞的工作原理，并指导演讲者如何在任何情况下都能最合理地使用修辞。这种有时被称为技术性修辞的方式方法，对外行人来说很有用，但对专业人士来说，可能过于简单了。以模仿熟练的雄辩家为核心，陆续发展出许多其他技巧。这些专家被称为"智者"（sophist）或"诡辩家"，通常提供收费服务。智者学派的修辞术是通过示范和实践来教授的。不像技术性修辞，是通过规范定式进行教授的。智者式诡辩修辞的呈现方式，有时类似史诗的宏大演绎。事先记住的叙述片段，在背诵过程中被重新组合输出。[1] 其他技巧包括结构上的排比、格律和音韵。[2]

修辞学著作和智者学派诡辩术在广泛流行的同时，也招致了批评。对修辞术方式方法的批判，推动着苏格拉底、柏拉图和亚里士多德继续他们的研究。他们拒绝接受法院和政治集会的社会及政治偶然性，追寻更恒久的哲学真理。相较于围绕已知或预期结论进行论述的修辞术，苏格拉底和柏拉图更偏爱辩证法（dialectic）。这是对未知结论的问题进行推理论证的方法。在《高尔吉亚篇》中，苏格拉底揭示修辞作

---

[1] George A. Kennedy, *Classical Rhetoric and Its Christian and Secular Tradition* (Chapel Hill: University of North Carolina Press, 1999), 33.

[2] George A. Kennedy, *Classical Rhetoric and Its Christian and Secular Tradition* (Chapel Hill: University of North Carolina Press, 1999), 34.

为一种奉承形式的本质，认为它的目的是引发人的好感，而非知识或正义。[1]

亚里士多德则将修辞术与他对因果关系的看法结合起来重新阐释。在《物理学》(*Physics*)中，亚里士多德提出了四因说，即"质料""形式""动力""目的"。质料因是构成事物的材料。形式因是事物本质所呈现的结构形状。动力因是事物得以产生的作用力。最终的目的因，则是使得事物产生的目的。[2]譬如说，一张桌子是用木头做的（质料因），由木匠（动力因）制作出四条桌腿和平坦表面（形式因），目的是供人用餐（目的因）。对于亚里士多德来说，修辞术有三种可能的终极目标，或者说目的因。因此，他区分出修辞术的三种不同类型：法庭演说、议事演说、展示性演说。存在于法律和法院的职责范围内的法庭（或诉讼）演说，旨在伸张正义。而在政治集会的语境下出现的议事（或政治）演说，旨在为公共利益发声。展示性（或典礼）演说则多出现在私下交流中，侧重于荣辱得失。[3]亚里士多德不像柏拉图那样直接否定修辞学。他认为，修辞实践的目的因，即为通过说服实现正确的判断。

在《修辞学》(*Rhetoric*)中，亚里士多德将修辞术与知识，而非智者诡辩相结合。通过这种方法，实现了他对修辞术的重新阐释。作为对柏拉图的回应，亚里士多德试图对说服性演讲这门艺术进行系统的哲学探讨，在探讨中，借鉴了技术性修辞学里关于演讲流程的理念。亚里士多德的修辞

---

① *Plato: Complete Works*，464c.

② Aristotle，*Physics*，trans. Robin Waterfield（Oxford and New York：Oxford University Press，1999），39（Ⅱ.33，194b132）.

③ Aristotle，*The Rhetoric and Poetics of Aristotle*（New York：McGraw Hill，1984），32（Ⅰ.33，1358b-1355）.

理论在很大程度上针对说服性演讲的风格、安排和语言组织展开。亚里士多德给修辞的定义是"可以在任一问题上找出可行的说服方式的能力"[①]。熟练的雄辩家不会止步于像技术性修辞学所倡导的那样遵循撰写演说的步骤定式，也不会只是像诡辩修辞术一样鹦鹉学舌般模仿智者的风格或用词，而是运用理性去发掘在眼前的特定情况下可用的说服手段。这就属于哲学式修辞的范畴。多元的修辞意味着透彻理解说服的理由（目的因）和实现目标可用的工具（动力因），包括命题、证据、风格和方式方法。最重要的是，亚里士多德为修辞学提供了哲学上的解释，将其往辩证法的方向靠近。而辩证法，恰恰是苏格拉底和柏拉图有意与修辞术形成对立而创造的一种理性哲学实践。具体来说，亚里士多德在两种人类理性推导的模式之间建立了联系：归纳和演绎（三段论）。在修辞学中，归纳相当于例证（范式），而演绎则相当于隐含论证，又称为省略三段论（enthymeme）。例证对应的主张是，如某具体命题是一组相传属实的命题事例当中的一个，则应视为同样属实。省略三段论对应的主张是，因为另一个命题为真，可判定该命题为真。与明确给出命题和结论的三段论演绎推理不同，雄辩家在进行隐含论证时会省略其中一个命题。[②] 例如，在"我们不能相信这个人，因为他是政客"这一推理中，一个对构成三段论而言很重要的大前提被省略了：

---

① Aristotle，*The Rhetoric and Poetics of Aristotle*（New York：McGraw Hill，1984），24（Ⅰ.22，1355b-1326）.
② Aristotle，*The Rhetoric and Poetics of Aristotle*（New York：McGraw Hill，1984），30-31（Ⅰ.32，1358a-1358b）.

政客不值得信赖。（略）

此人是个政客。

因此，我们不能相信他。

这个省略三段论的示例，为亚里士多德提出和后世发展起来的各色各样的修辞格提供了例证。与程序性元素一样，修辞格定义了修辞术可以发挥的空间。元素和手法种类之繁多，使得在当前的语境下无法对它们进行全面讨论。不过，许多经常使用的修辞手法对我们而言会相对熟悉。例如，对照修辞（将对立的观点并置）；悖论（看似自相矛盾但蕴含洞察或真理的陈述）；矛盾修辞（语义上的悖论）；表述困境（佯装对论述某个命题的最佳方式感到困难）；反讽（通过反义词表达讽刺）。不只有这些，还有很多。所有修辞手法共同组成修辞策略的基础。亚里士多德将这些与引言、陈述、证明和结语的结构框架相结合，提出了一个完整的构建演说的流程。[①]

演说之外的修辞

与来自罗马的同僚西塞罗（Cicero）和昆体良（Quintilian）不同，亚里士多德并没有明确地将修辞定义为口头说服的艺术。虽然，他似乎也没有想到其他修辞的方式。古典修辞学历经中世纪和近代，已经发生了相当大的改变。修辞在法庭等民事场合的运用从未完全消失，甚至时至今日仍是一种常

---

① Aristotle，*The Rhetoric and Poetics of Aristotle*（New York：McGraw Hill，1984），199（Ⅲ.112，1414a-1414b）.

见的形式。当今的政客还会如彼时与柏拉图同时代的人一样，在公开场合高谈阔论。但是，修辞的概念已经超越了演说和直接的说服。实际上，修辞学已经拓展到可以实现新的编写方式，尤其是在文学和艺术领域。写作、绘画、雕塑和其他媒介中存在的修辞不一定像雄辩术一样，直接彰显说服力。因此，修辞也开始指代有效表达。这样的写作、发言或艺术形式，既能实现作者的目标，又能吸引读者或观众。

说服作为一种修辞目标仍然存在，但它的性质已经发生了变化。在古典修辞学中，口头说服主要服务于政治目的。它在必要时发生，且有着特定目的。演说的有效性直接关系到它在实现已知的特定目标方面的成败。而且，由于往往只有一次施展雄辩术的机会——就像苏格拉底的辩护演说一样，人们可以明确分辨修辞技巧的成功或失败。在话语修辞中，说服不再是那么目的明确。作家和艺术家们有意欲表达的目标，并运用各种技巧去实现它们。后结构主义倾向于将作者身份与读者身份脱钩，鼓励文本意义的自由延展。这进一步改变了说服的性质。现在，说服从简单地实现预期目标转变为对作品内容的有效编排，以形成理想的存在可能性的阐释空间。说服这个目的，在当代修辞学中作为核心要素的角色在很大程度上被淡化甚至忽略了。取而代之的，是一些相对笼统的概念，如沟通时的文体优雅、内容清晰和创造力。在这个意义上，修辞"提供了强调观点或使其变得生动的方法"[1]。成功意味着有效的表达，而不一定是有效的影响。

尽管古典修辞学和当代修辞学之间存在明显的差异甚至

---

[1] Kennedy，*Classical Rhetoric and Its Christian and Secular Tradition*，3.

对立，但两者有一个共同的核心属性：修辞技巧。无论是口头表达、书面表达、艺术表达还是其他形式，所有类型的修辞都有其特定的实现有效表达的方式。今天，口头和书面表达仍然与文化密切相关。口头和书面用语有着悠久的修辞传统。亚里士多德的技巧至今仍被当代的演说家们使用着，且仍然有效。索尼娅·福斯（Sonja Foss）、凯伦·福斯（Karen Foss）和罗伯特·特拉普（Robert Trapp）试图给修辞重新定位，将其列于所有书写模式之外。三人认为，修辞"广义上是人类独特的使用符号相互交流的能力"①。然而，正如凯文·迈克尔·德卢卡（Kevin Michael DeLuca）所指出的②，三位学者在"下一页"就表示，"修辞学的典范，是通过口述说服听众"③。虽然修辞可能包含非语言传播，但这些模式尚属非常微妙的阶段，而且有可能显得不如口述的话语。

20世纪颇具影响力的修辞学家肯尼斯·伯克（Kenneth Burke）使有关修辞学的理解有了重要改变。因为人生来就是独立的个体，所以会探寻互通有无的连接与交流之道。伯克认为，这种需求就是修辞实践的起源。他不再将修辞局限于说服，而是把"认同"作为实践的关键词。④ 我们使用符号象形体系作为表达方式，来获得这样的认同。伯克将修辞定义为认同实践的一部分，即"人们使用言语来形成态度或引

① Sonja K. Foss, Karen A. Foss, and Robert Trapp, *Contemporary Perspectives on Rhetoric* (Prospect Heights, Ill.: Waveland Press, 1985), 11.

② Kevin Michael DeLuca, *Image Politics: The New Rhetoric of Environmental Activism* (New York: Guilford Press, 1999), 14.

③ Foss, Foss, and Trapp, *Contemporary Perspectives on Rhetoric*, 12.

④ Kenneth Burke, *A Rhetoric of Motives* (Berkeley and Los Angeles: University of California Press, 1969), 19.

导其他人采取行动"①。虽然对伯克来说，修辞仍然涉及说服，但他大大扩展了其范围，认为它在一定程度上驱动了所有人类行动。认同，或者说同体性，是说服的更高级形态。伯克用"同体性"这一更加晦涩的宗教术语来描述认同。对他来说，使用修辞来达到目的只是修辞的诸多可能用途之一。② 修辞是一种帮助实现认同，并"弥合天然不可避免的人类隔阂"的方法。③

除了扩展修辞的概念，伯克还扩展了修辞学的领域。遵循口头和书面修辞的传统，他坚持语言是核心。但是基于对人类作为符号系统的创造者和使用者的理解，伯克将修辞拓展到非语言的领域。他并没有明确划定所有修辞适用的领域。相反，他在抽象的意义上接受人类符号象征创作的广泛性。"哪里有说服，"伯克写道，"哪里就有修辞。哪里有'意义'，哪里就有'说服'。"④

视觉修辞

伯克对修辞的广泛理解使他既获得支持者，又不乏批评者，但他的这种方法提升了多种文化表达形态的修辞价值，

---

① Kenneth Burke, *A Rhetoric of Motives* (Berkeley and Los Angeles: University of California Press, 1969), 41.
② Kenneth Burke, *A Rhetoric of Motives* (Berkeley and Los Angeles: University of California Press, 1969), 20.
③ Foss, Foss, and Trapp, *Contemporary Perspectives on Rhetoric*, 193.
④ Burke, *A Rhetoric of Motives*, 172.

而不仅仅是言语和写作。[①] 得益于伯克的影响，以及非口头、非语言媒介日益增长的存在感，越来越多的人开始对尝试理解这些另类、新型编写方式的修辞特征和形式感兴趣。这些编写方式，似乎也服务于修辞目的。尤其是随着摄影和电影这样的表现形式在 19 世纪和 20 世纪的出现，了解这些新型非语言媒介是如何论述观点的，成为必然。这个分支领域被称为视觉修辞。玛格丽特·赫尔默斯（Marguerite Helmers）和查尔斯·A. 希尔（Charles A. Hill）解释说：

> 从各种学科角度出发的修辞学家都开始对视觉修辞给予大量关注。通过对照片和绘画、图形和表格以及电影的分析，学者们正在探索视觉元素能够影响人们态度、观点和信仰的不同方式。[②]

视觉传播与口头和书面表达的方式方法格格不入，因此为了适应这些新媒介，一种新的修辞形式应运而生。赫尔默斯和希尔认为在全球化和大众传媒的语境下，视觉修辞尤为重要。无论是电视、服装、零售商店还是公共场所，视觉图像几乎无处不在。理解这些媒介的修辞变得至关重要。此外，随着便宜又便捷的数码摄影、摄像技术的兴起和通过互联网实现的全球即时传播，静态和动态影像的数量呈几何式增长。政客和广告公司对视觉图像的使用不亚于其

---

① 参见 Foss，Foss，and Trapp，*Contemporary Perspectives on Rhetoric*，214.

② Marguerite Helmers and Charles A. Hill，"Introduction，" in *Defining Visual Rhetorics*，ed. Charles A. Hill and Marguerite Helmers（Mahwah，N.J.：Lawrence Erlbaum Associates，2004），2.

至超过对口头和书面文字的使用。关于诸如此类对图像的运用，研究视觉修辞的专家提出疑问："图像究竟是如何说服人的？"[1]

亚里士多德煞费苦心地将修辞学与哲学重新联系在一起进行探讨。而视觉修辞学的一个常见主题，就是探讨视觉传达在感性和哲理性之间的相对优劣。正如希尔所说：

> 语言文本由含义各异的独立单位组成，因而需要被分析。同时，文本需要时间慢慢消化理解，因此更需要系统性思考。而图像则可以全面、即时地被理解，激起启发式思考。[2]

图像可能缺乏文本解释所蕴含的那种深入分析。这与人们对于在宣传中使用图像的担忧不谋而合。希尔认为，图像比文本或语音更"生动"，因此更容易引发本能反应。[3]对图像的使用在广告行业尤其流行，我会在本书第五章中继续探讨这个话题。希尔指出，广告商"不想说服人们购买他们的产品，因为说服意味着受众是在进行了一些思考后做出了有意识的决定。相反，广告商希望……迫使人们在甚至不清楚自己为什么要买的情况下购买产品。这是一种面对刺激的本能反应，而非有意识的决定。这种目的最好的达成方式，非图像莫

---

[1] Charles A. Hill, "The Psychology of Rhetorical Images," in *Defining Visual Rhetorics*, 25.

[2] Charles A. Hill, "The Psychology of Rhetorical Images," in *Defining Visual Rhetorics*, 33.

[3] Charles A. Hill, "The Psychology of Rhetorical Images," in *Defining Visual Rhetorics*, 37.

属"①。希尔没有对图像在更具反思性的修辞目的上的潜在作用给出任何最终结论。但他明确指出，视觉修辞不应该"忽视情绪和审美方面的考量"②。

J. 安东尼·布莱尔（J. Anthony Blair）认为，视觉修辞需要一种视觉论证的理论来摆脱这个"陷阱"。布莱尔认为，就像希尔的心理学生动性一样，仅靠"符号象征性的动力"不足以作为修辞学理论的支撑。③ 视觉修辞需要视觉"论据"，以提供能让我们接受论点的理由。④ 布莱尔提出了一个相当模棱两可的观点，即视觉图像不能提出命题主张。"视觉论证"的概念本身就处于悖论的边缘。⑤ 根据布莱尔的说法，对视觉论证的考验在于"是否可以根据视觉传达的信息构建出一个与视觉呈现一致的口语化论证"⑥。布莱尔承认，构建出的口语论证永远不可能等同于视觉论证，但是这个测试对于确定图像是否包含命题内容是必要的。口语修辞仍然拥有"特权"地位，而对图像的运用主要还是因为它"能唤起情感的力量"⑦。

① Charles A. Hill, "The Psychology of Rhetorical Images," in *Defining Visual Rhetorics*, 37.

② Charles A. Hill, "The Psychology of Rhetorical Images," in *Defining Visual Rhetorics*, 38.

③ J. Anthony Blair, "The Rhetoric of Visual Arguments," in *Defining Visual Rhetorics*, 44.

④ J. Anthony Blair, "The Rhetoric of Visual Arguments," in *Defining Visual Rhetorics*, 44.

⑤ J. Anthony Blair, "The Rhetoric of Visual Arguments," in *Defining Visual Rhetorics*, 47.

⑥ J. Anthony Blair, "The Rhetoric of Visual Arguments," in *Defining Visual Rhetorics*, 49.

⑦ J. Anthony Blair, "The Rhetoric of Visual Arguments," in *Defining Visual Rhetorics*, 51.

对语言修辞的优待，印证了一直以来口语高于文字、书面语高于图像的层级链条。哲学家雅克·德里达（Jacques Derrida）反对语言形式的等级制度，将这种因为觉得它更接近思想而把口语语辞作为语言核心的观点命名为逻各斯中心主义（logocentrism）。① 西方传统思维认为，言辞源于思想，而写作源于言辞。布莱尔等视觉修辞的批评者可以被视为逻各斯中心主义者。他们认为图像源于文字，因此远离思想，不利于有说服力的表达。

大卫·S. 伯德塞尔（David S. Birdsell）和列奥·格罗尔克（Leo Groarke）反对这一观点。视觉论证确实存在，但它与语言论证的形式截然不同。毕竟，图像和书面语是两种完全不一样的编写方式。伯德塞尔和格罗尔克将"认为视觉图像在一定程度上是笼统且含糊的这种普遍偏见"，称为"一个已经过时的教条"②。那些声称图像有时含义模糊的反对意见并不令人信服，因为口语和书面语有时也会语焉不详。伯德塞尔和格罗尔克指出，视觉论证其实只是从构建方式上与语言论证不同而已。两人还发现，视觉文化正在迅速发展。其不断变化的本质使得视觉文化语境在探讨视觉论证时变得至关重要。

兰德尔·A. 莱克（Randall A. Lake）和芭芭拉·A. 皮克林（Barbara A. Pickering）提出实现视觉论证及反驳的几种手法，包括替换和转换。前者是指图像中的一部分被含义不同的图

---

① Jacques Derrida, *Of Grammatology*, trans. Gayatri Chakravorty Spivak （Baltimore：The Johns Hopkins Press，1974），3，11-23.

② David S. Birdsell and Leo Groarke，"Toward a Theory of Visual Argument,"*Argumentation and Advocacy* 33（1996）：2.

像替换；后者则指图像"在新的视觉框架中被重新语境化，以便通过与不同图像的关联来修改或反转其对立性含义"[1]。转换的例子包括电影人经常使用的"重构图"和"动态取景"技术。基思·肯尼（Keith Kenney）指出，纪录片导演肯·伯恩斯（Ken Burns）灵活使用这些手法来突出图像的某些部分。这样一来，就可以将观众的注意力吸引到他所希望的图像重点组成部分，从而实现视觉论证。[2] 社论漫画是视觉修辞学家最喜欢用的例子。它使用类似的技巧，鼓励观看者将图像分解成不同的组成部分。每个组成部分都会成为论证的一部分。

凯文·迈克尔·德卢卡试图通过"图像事件"的概念来探讨视觉论证。这是一种对修辞策略的视觉记录。[3] 他使用的案例来自大规模环境示威活动，例如绿色和平组织（Greenpeace）在 1975 年的一次失败行动。当时，该组织试图让示威者搭乘充气艇挡在渔叉和鲸鱼之间，干扰苏联捕鲸船弗拉斯蒂尼号（Vlastny）作业。德卢卡认为，尽管绿色和平组织的"拯救鲸鱼"行动失败了，但他们成功地实现了修辞目的——引起全世界对相关问题的大范围关注。德卢卡认为这些情境主义式行动，对后续政策产生了实质影响。他的观点听上去很有说服力，但我认为它们并没有真正意义上运用视觉修辞。诚然，绿色和平组织行动的形象似乎在很大程

---

[1] Randall A. Lake and Barbara A. Pickering, "Argumentation, the Visual, and the Possibility of Refutation: An exploration," *Argumentation and Advocacy* 12（1988）: 82.

[2] Keith Kenney, "Building Visual Communication Theory by Borrowing from Rhetoric," in *Visual Rhetoric in a Digital World*, ed. Carolyn Handa（New York: Bedford St. Martins, 2004）.

[3] DeLuca, *Image Politics*, 1.

度上带动了后续对环境政策变化的反馈和抗议活动。但是，这些行动本身的目的旨在挑起情绪，而不是为政策转变提供依据。

大量视觉图像的出现，带动了修辞学中一个分支的发展。但是，视觉修辞学仍然是一门新兴学科。视觉修辞的概念强化了修辞学是一个适用于多种媒介和编写方式的一般性研究领域的观点。为了探讨新媒介作为一种修辞的可能性，我们必须确定在该媒介里编写是如何发生的，然后又是如何通过这些编写方式来提出并建构观点的。

数字修辞

一般而言，视觉修辞在创造新修辞形式方面提供了很好的借鉴。不可否认，广告、照片、插图和其他光学现象对观众有一定的影响作用。确实，视觉修辞在电子游戏中经常发挥作用。毕竟，这是一种同时使用静态和动态图像的媒介。针对游戏中的视觉修辞的研究，需要先解决视觉修辞领域的争议。一方面关于操纵度和影响程度，另一方面关于逻辑推导，相关的心理学和文化性探讨存在分歧。尽管对数字媒体来说，视觉修辞有潜在价值，但它无法帮助我们阐释程序性表征的修辞功能。在倡议建设修辞学的新领域之前，必须解释相应的说服性媒介的特性以及一般性说服的常规实践。视觉修辞根本没有考虑到程序性表征。这并不是视觉修辞作为分支领域的缺陷。在各种媒介中开展的图像研究都非常有价值，但是在电子游戏等程序化媒介中，图像通常是在代码中被构建、选择或排列组合的。这就意味着视觉修辞的常用工具不再适用。在这些情况下，图像从属于过程。

遗憾的是，许多将计算机和修辞学结合起来的努力甚至没有诉诸视觉修辞学，而仅停留在传统的口头和书面修辞框架，去支撑模糊的"数字"概念。数字修辞通常将作为考虑因素之一的计算机搁置，重点关注机器可能承载的文本和图像内容以及创建和使用内容的参与实践的群体。电子邮件、网站、留言板、博客和维基百科页面，都是可能的关注点。可以肯定的是，所有这些数字形式都可以发挥修辞功能，因此值得研究。与视觉修辞学家一样，数字修辞学家希望为新的媒介有针对性地修改和重塑修辞学理论。詹姆斯·P. 扎彭（James P. Zappen）在他有关数字修辞学的综合理论中正是以此为起点。"对数字修辞的研究，"他写道，"有助于解释传统的说服修辞策略如何在数字空间中发挥作用并被重新配置。"[1] 但对数字修辞学的学者来说，"在数字空间中发挥作用"往往意味着将计算机的次要属性误认成主要属性。例如，劳拉·J. 古拉克（Laura J. Gurak）指出了数字修辞的几个"基本特征"[2]，包括速度、覆盖面、匿名性和交互性。[3] 其中，前三项不过是联网式微型计算机常规的综合能力展示。乍一看，最后一个特征——交互性似乎更直接涉及计算机的属性。但古拉克并没有用交互性指代机器辅助流程操控的能力。相反，

---

① James P. Zappen, "Digital Rhetoric: Toward an Integrated Theory," *Technical Communication Quarterly* 14, no. 3 (2005): 319.

② James P. Zappen, "Digital Rhetoric: Toward an Integrated Theory," *Technical Communication Quarterly* 14, no. 3 (2005): 321.

③ Laura J. Gurak, *Cyberliteracy: Navigating the Internet with Awareness* (New Haven: Yale University Press, 2001), 29.

她想到的是对计算机介导的讨论和反馈。这个更模糊的概念，本质上不过是对其他三个特征的重复和合并。[1]

其他数字修辞学家同样重点关注那些用数字计算机对现有的口头、书面话语进行调整之后产出的内容：信件变成电子邮件，对话变成即时消息。芭芭拉·沃尼克（Barbara Warnick）认为，网络更加民粹主义、非等级化的结构帮助形成与传统媒体标准的对立。例如，沃尼克谈到自制杂志（印刷或电子）和个人网站成为自上而下的商业媒介（如印刷杂志）的替代品，并且非常受欢迎。[2]其他学者则希望教育工作者，尤其是中学和高校教师适应电子邮件、互联网等日益不可或缺的数字形式，提供对应的教学培训。理查德·A. 兰纳姆（Richard A. Lanham）提出，数字修辞在更广泛的"数字艺术"中应该有一席之地，鼓励高等教育积极面对那些新媒体给教育实践带来的不断变化。[3]沃尼克和兰纳姆的建议都是合理且有价值的。但他们侧重于对现有文化和表达实践的转型变化，而计算机则是次要的。需要一种能够关注计算的独特属性（比如程序性）的数字修辞学，以建立一种新的修辞实践。

修辞本身并不受数字媒介领域评论家们的青睐，这也加剧了挑战。一个著名的例子便是，新媒体艺术家和理论家列夫·马诺维奇（Lev Manovich）声称数字媒体可能会敲响修

---

① Laura J. Gurak, *Cyberliteracy: Navigating the Internet with Awareness* (New Haven：Yale University Press，2001），44.

② Barbara Warnick, *Critical Literacy in a Digital Era: Technology, Rhetoric, and the Public Interest* (Mahwah，N.J.：Lawrence Erlbaum Associates，2002），82.

③ Richard A. Lanham, *The Electronic Word: Democracy, Technology, and the Arts* (Chicago：University of Chicago Press，1995），17，39，76，152.

辞的"丧钟"。在讨论网络界面时,马诺维奇怀疑超文本能否起到修辞作用:

> 虽然有可能发明出一种新的超媒体修辞,不会像现在经常发生的那样因为使用超链接而分散读者对论点的注意力,而是通过对超链接的运用,进一步让读者相信论点的有效性。但超链接的存在和流行本身,就证明了修辞学发展在当代社会的持续衰退。万维网的超链接,以牺牲所有其他方式方法为代价,将重心全部放在转喻(metonymy)这一手法上。在万维网上,超文本将读者从一个文本引导到另一个文本,无限循环……与其通过精心规划论点和论据、观点和反对意见以及变化的叙述节奏来吸引用户……(超文本)界面……将数据一次性灌输给用户。①

人们可以对马诺维奇的主张提出许多反对意见。其中一个是,他对超文本的看法堪称奇特。他似乎将超媒体等同于媒体饕餮,认为网页提供链接是试图用链接替代内容,从而导致用户需要无休止地进行点击。任何想要表达的意义都很遗憾地被"无限"推迟。考虑到超文本的历史背景——如范内瓦·布什(Vannevar Bush)的"记忆扩展器"(Memex)、泰德·奈尔逊(Ted Nelson)的"上都计划"(Xanadu),马诺维奇的

---

① Lev Manovich, *The Language of New Media* (Cambridge, Mass.: MIT Press, 2001), 77-78.

说法显得尤为奇怪。[1]这些系统都被设计成提高文件之间相关性的工具，且作为人为交叉引用参照的具象表现存在。今天，"普通"网站上超文本的使用方式经常是这样的：它们为希望通过交互寻求参考的用户提供额外的信息或资源。而资源会以支持论点、证据或引文的形式出现。这些也是书面修辞中会用到的非常古老、传统的工具。

虽然马诺维奇考虑了超链接的性质，但他忽略了从底层支撑着超媒体的计算系统。克里斯·克劳福德（Chris Crawford）用过程强度（process intensity）一词来指代"程序侧重过程而非数据的程度"[2]。更高的过程强度——或者用克劳福德的话来说，更高的"单位比特压缩率"——表示一个程序具有更大的潜力实现有意义的表达。虽然超文本本身表现出较低的过程强度，但允许网页创作和阅读的系统表现出很高的过程强度。网页（Web）浏览器必须使用在计算机和服务器之间传输请求的超文本传输协议（HTTP）的正确格式来构造页面请求。然后，计算机必须通过传输控制协议（TCP）创建与服务器的连接，而传输控制协议又通过互联网协议（IP）传达请求，IP是一种通信协议，通过组成互联网的分组交换网络传输数据。然后，托管被请求网页的服务器必须解析请求，检索被请求的文档，并通过相同的协议（TCP/IP上的HTTP）将其传输回用户的计算机。IP确保请求中所有数据包的传递，而接收端计算机的网络层必须通过

---

[1] 有关这两个重要构想的简要介绍，参见如下相关对应章节：Nick Montfort and Noah Wardrip-Fruin, eds. *The New Media Reader* (Cambridge, Mass.: MIT Press, 2003), 35-48, 301-338.

[2] Chris Crawford, "Process Intensity," *Journal of Computer Game Development* 1, no. 5 (1987).

代码确定是否已接收到所有数据包、哪些数据包出现故障、哪些数据包由于损坏或丢失而需要被重新发送。在接收完毕并进行重新排序和构建后，浏览器必须获取服务器返回的文本数据，并在浏览器中将其呈现出来。这些同样是在代码中进行的。网页由超文本标记语言（HTML）构成。浏览器需要对其进行解析，从而决定每个元素应该以什么格式显示、放在用户屏幕的什么位置。然后，网页浏览器会对 HTML 文档中引用的其他资源——如其他嵌入的 HTML 页面、图像、脚本文件或样式表，重复该过程。

这些技术细节似乎与马诺维奇关于网页上超链接无休无止的说法关系不大。但是，集合软件系统帮助实现互联网超文本的运转，并使得链接和点击成为可能。万维网的主要创新是将计算机管理的交叉引用系统与支持异构客户端的网络系统合并。更直白地说，马诺维奇忽略了实现超链接的最重要一环——软件系统。他很随意地抛出实际上并不正确的看法，把计算机硬件当作点缀的隐喻而非至关重要的核心系统。马诺维奇在前述论点的基础上继续延展，将超文本与计算机芯片组进行比较。"单个文本没有特定的顺序，就像艺术家集体'antirom'为 HotWired（热线）公司设计的网页一样。如果把这个比较拓展一下，可以发现，随机存取存储器（Random Access Memory，即 RAM）和因此得名的艺术家集体一样，也暗示着其中层次结构的缺乏：无论是哪一个，所有 RAM 位置都可以被快速访问。"[1] 马诺维奇不是因为计算机内存促进了网站的创建而将 HotWired 网站与随机存取存储器进行比较的。而是因为，该网站的设计者们来自一个

---

① Manovich，*The Language of New Media*，77.

在其名称中玩了一个文字游戏的艺术家集体。他们名字中的"rom"，和只读存储器（ROM）那个不同于 RAM 的芯片一模一样。

马诺维奇承认，一种新的超媒体修辞"也许是可能的"。但是，他显然无意深究这种修辞。古拉克和沃尼克并没有对修辞和沟通持怀疑态度，但他们专注于数字实践社区，将计算机视为黑匣子式网络设备，而不是流程的执行者。简而言之，数字修辞倾向于关注传统素材的呈现，尤其是文本和图像，但是不去考虑这种呈现的计算基础。

修辞学家伊丽莎白·洛什（Elizabeth Losh）巧妙地总结了数字修辞学家之间的这种不一致。"在数字修辞的标准模型中，"她认为，"文学理论被应用于技术现象，却没有考虑技术理论如何反过来阐释新媒介文本。"[1] 虽然我承认，有一些侧重于接收性而非技术结构的对数字媒体的探讨是有益的，露什有关数字产物如何参与到公共空间之中的研究就是其中之一。但我的主张是，数字修辞的研究必须关注程序性这个计算机独特的表征属性。

程序性修辞

铺垫了这么多，现在我想把程序性和修辞的概念重新放在一起。正如我在本章开头所提出的，程序性修辞是有说服力地运用过程的实践。正如口语修辞是有说服力地运用言辞

---

[1] Elizabeth Losh，*Virtualpolitik: Digital Rhetoric and the Subversive Potential of Information Culture*, manuscript in progress.（书稿撰写中。）

的实践，视觉修辞是有说服力地运用图像的实践一样。程序性修辞一词，概括了所有通过过程编写论点的实践。按照古典修辞学的模型，程序性修辞意味着说服。按照当代模型，程序性修辞则意味着表达。程序性修辞可以被看作程序写作的一个子领域。对观点的论述不是通过文字或图像构建的，而是通过创造行动规则、构建动态模型来实现的。在计算中，这些规则是通过编程，在代码中编写出来的。

我希望提出一个新的修辞领域的理由，与视觉修辞学家的动机是相同的。正如图片、动态影像和插画在当代社会中变得无处不在，计算机硬件、软件和电子游戏也是如此。视觉修辞学家认为口语和书面修辞不能充分解释视觉表达的独特属性。我同样认为，口语、书面和视觉修辞没有充分解释程序表达的独特属性。我们需要一个程序性修辞理论来对日常打交道的软件系统做出相应的界定，并允许以说服和表达为目标的更复杂的程序创作。

在有关事物运作方式的探讨中，程序性修辞提供了一种新的、大有可为的切入点。我想用一个颇为精妙的例子，来说明程序性修辞是怎样在游戏中起作用的。游戏《开家麦当劳》（*The McDonald's Videogame*），是意大利社会评论家集体"软工业"（Molleindustria）对麦当劳经营模式的批判。这款游戏是个经典案例，归属于一个被我称为"反广告游戏"（anti-advergame）的独特类型。该类型游戏旨在谴责或贬低一家公司，而非支持它。[①] 玩家必须同时管理麦当劳经营生态中的四大板块：需要尽量以最低成本将牛养大的第三世界牧场，待牛养肥送来屠宰的屠宰场，出售汉堡的餐厅，以及负

---

① 关于"反广告游戏"（anti-advergame）的更多论述，参见第七章。

责游说、公共关系和市场营销的公司办公室。在每个板块，玩家都必须做出困难的商业选择。但更重要的是，他必须做出艰难的道德选择。在牧场，玩家必须想办法拥有足够的放牧地和大豆作物以确保产出满足生意需要的肉量。不过，可用的土地数量有限。因此，玩家要获得更多土地就必须贿赂地方长官，以获得将当地农民拥有的庄稼转化为公司所有的权利。还有更极端的策略——玩家可以通过推平热带雨林或者拆除原住民定居点来腾出新的放牧地（见图 1.1）。

图1.1　在"软工业"的《开家麦当劳》中，玩家必须使用有争议的商业行为增加利润

这些策略，与开发者想要批评的争议性商业行为相对应。为了凸显这些策略的腐败性质，公共利益团体可以谴责或起诉玩家的违规行为。例如，用推土机破坏原住民的热带雨林定居点会招致反全球化团体的投诉；过度使用耕地会影响其土壤质量或者作为放牧地的可能，而土地荒漠化会激怒环保主义者。不过，这些团体可以通过企业办公室板块的公

关和游说来解决。贿赂气候学家可能会占用利润,但可以确保未来投诉的减少。为了维持收买来的忠心,需要定期进行贿赂。同样,玩家在屠宰场可以使用生长激素以更快地育肥奶牛。对于生病的牛需要选择是直接处理掉还是完成屠宰。将牛从屠宰这一环节中去掉会减少产量,从而再次减少利润。使用生长激素会得罪健康主义者,但是这样才能加快生产速度以满足餐厅那边的需求。把其他生产的副产品当作饲料喂养牛可以降低育肥成本,但更容易导致疾病。允许将病牛肉制成汉堡可能会招致卫生官员的警告和罚款,但是这些人也可以被游说和收买。在餐厅方面也要进行类似的权衡取舍,包括在解雇不可救药的员工与当地政客对玩家劳工策略的投诉之间取得平衡。

《开家麦当劳》以一种程序性修辞的方式,展现全球快餐业出于需要而存在的腐败以及因贪婪的巨大诱惑而导致腐败行为的恶性循环。为了长远的成功,玩家必须使用生长激素、胁迫贫穷国家合作、进行公关和游说。此外,尽管这样做的经济利益微不足道,摧毁原住民村庄、进行贿赂、回收动物那些用不到的部位和掩盖健康风险的诱惑力却是巨大的。正如帕特里克·杜根(Patrick Dugan)所解释的那样,游戏"一方面展示给经营设限会催生必要的恶行,另一方面……展示这种看似高明实则愚蠢的商业行为是在弄巧成拙"[1]。这个游戏对快餐业的固有问题,特别是环境、健康等方面越界的需要,进行了程序性论证。

口语修辞当然可以被用来论述这类主张。人们可以通

---

① Patrick Dugan, "Hot off the Grill: la Molleindustria's Paolo Pedercini on The McDonald's Video Game," *Gamasutra*, February 27, 2006.

过语言来阐释程序的说服功能。比如，我之前解释商店退货政策的修辞那一段。再如，埃里克·施洛瑟（Eric Schlosser）所著，后来改编成电影的畅销书《快餐国家》（*Fast Food Nation*），就探讨了《开家麦当劳》呈现出的不少问题。[①] 但是，这些书面媒体并没有以程序的方式表达论点。相反，它们用语言、文字或图片来描述其中存在的过程。同样，也可以用视觉图像来描述过程。参考由瑞典卫生和社会事务部委托开展的一项名为"重'饰'女性力量"（G!rlpower Retouch）的社会活动。该活动的目标，是减少因杂志和媒体中不切实际的身体形象而导致的对外貌的过度关注。作为负责活动执行的机构，事话广告公司（Forsman & Bodenfors）创建了一个点击演示来阐明照片修图师如何对模特已然优越的身形进行各种修改，希冀能使她们美上加美。[②] 在演示中，一本虚构杂志的封面上描绘了一位迷人的年轻金发女郎。然后，用户可以撤销所有修图操作并尝试重新应用任一单项操作。演示也提供了对每项相关技术的文字解释。

　　"重'饰'女性力量"活动解构了一个过程，一个通过润色照片以达到最大美感的过程。通过将一系列图像与文本相结合，阐释每个步骤。这件以该活动为核心的"作品"提出了基于图像的主张，即在论证中合理地使用图像作为命题。这个活动甚至采取了亚里士多德式的例证策略：用一张模特图片，汇总呈现所有模特图片中常见的特征调整，如眼

---

① Richard Linklater，*Fast Food Nation*（Participant Productions，2006）；Eric Schlosser，*Fast Food Nation: The Dark Side of the All-American Meal*（New York：Harper，2001）.

② 参见 http://demo.fb.se/e/girlpower/retouch/.

睛、牙齿、嘴唇、鼻子、下巴、头发、胸部等。作品也谈及由奥多比照片编辑软件（Adobe Photoshop）等图像编辑软件程序实现的调整图片的过程。但是没有采用程序性修辞，因为它并未使用表征性过程来解释照片修饰中所用到的实际过程。虽然如此，其实可以想象同一论述的程序性版本。简单地复制照片编辑器可以实现程序性的需要，但还达不到修辞的标准。实现每个效果所需的步骤都很复杂，需要对工具有专业水平的掌握。因此，一个程序性实施方案可能会反其道而行，抽取出一套模特图片专用的编辑工具：如针对腰部、手臂和臀部的"瘦身"工具，可以为脸颊和头发添加阴影和高光的工具，可以调整胸部大小的工具，等等。用户将自己负责实现修图过程，而不是点击一系列解释该过程的图片。这个方案会进一步强调和拓展"重'饰'女性力量"活动现有版本中例证的使用。在目前的实施方案中，作品只展示了一个模特。她的典型外貌使她成为一个有效的样板。而模特摆出的四分之三视角姿势让设计者能够同时展现面部和身体的修图问题。但是，程序性论述版本会呈现更加多样的图片，比如全身照、大头照，还有不同的体型，等等。这样一个系统可能还会允许用户上传自己的照片或从网上下载的照片，变成可以被修图程序运行的数据。这种能力，会提升例证的修辞力量。

另一个类似的有关消费者意识的在线工具在熟练运用视觉修辞的同时，也向程序性修辞的方向迈了一大步。美国公共广播电视台儿童频道（PBS Kids）为其年龄较小的观众设立了一个网站，托管节目页面、游戏和其他互动功能。[①] 其中

---

① 参见 http://www.pbskids.com/. 美国公共广播协会（Public Broadcasting Service，简称 PBS，也称美国公共广播电视台），一个公共电视台。

一个特色是一个名为"不要购买它"（Don't Buy It）的迷你网站，旨在向孩子们科普广告商用来引诱儿童变成消费者的技巧。[①] 网站会用简单的小测试帮助孩子理解媒体操纵。巧合的是，其中有一个关于食品广告的，很像是"重'饰'女性力量"的更基础版本。[②]

在迷你网站提供的小测试中，有一个叫"奇怪片片"（Freaky Flakes）的交互式程序。它让用户设计一个麦片包装盒。与"重'饰'女性力量"不同，"奇怪片片"要求用户从头开始拼凑这个盒子，由颜色选择开始。文字信息会解释每种颜色的好处，例如，"橙色刺激食欲，是最受欢迎的麦片盒颜色之一"。接下来，用户需要根据相关的文本描述选择一个角色，例如，"超级英雄是一个不错的选择，因为小孩子更喜欢想象中的人物而非真人的照片"。接下来，用户输入麦片的名称——程序会建议"选择一个引人注目的名字"。然后，用户从四个标语横幅中选择一个添加到盒子上，以提升市场吸引力，例如"惊人的脆！"，因为它能够"让你的麦片看起来既有趣又好吃"。最后，用户要选择一个奖品放在盒子里面。此时用户需要遵循有关性别识别的建议，例如"文身贴画对男孩和女孩都有吸引力"。完成后，用户可以查看盒子的成品（见图 1.2）或者再设计一个新的。

"奇怪片片"的论述比"重'饰'女性力量"更具程序性，但也只是前进了一小步。用户通过元素重组来设计麦片包装盒，但每个独立元素配置类别里的可选项都是非常有限

① 参见 http://pbskids.org/dontbuyit/.
② 参见 http://pbskids.org/dontbuyit/advertisingtricks/foodadtricks_burger2.html/.

图1.2 美国公共广播电视台的"奇怪片片"提供了关于儿童广告的简单范例图片由美国KCTS电视台提供。© 2004 KCTS电视台。保留所有权利

的。"奇怪片片"的目标受众比"重'饰'女性力量"更年轻，但观看儿童频道的孩子也可能会玩比这个简单程序复杂得多的电子游戏。最重要的是，"奇怪片片"并未能将设计麦片盒的过程，与孩子们实际生活中可能见到这些麦片盒的超市场景结合起来。"重'饰'女性力量"的说服力，在用户看到虚构的杂志广告中的女孩从原本已经很有吸引力的模样变得异常美丽时，达到了极致。这其实是一种视觉修辞的省略三段论。作者依靠用户对美的本能反应与文化背景下塑造的观念，产生真实的兴奋、忌妒或自我怀疑的感受。"奇怪片片"不会提供类似的结论。用户可以设计不同的麦片盒，但每个盒子都会得到相同的结果。即使是将超级英雄和公主戒指元素组合在一起，也会得到如下信息："你的盒子看起来很棒！"一个更有效的程序论证，会参考广告商用来诱导孩子的策略施加一套规则，同时为设计者提供更大的可能性空间。用户在给出的空间内尝试实现操纵儿童购买麦片的模拟场景，成败皆有可能。通过多种设计，用户可能会掌握驱动广告商的逻辑，从而增加其虚拟麦

片的销售额。这一举动代表了一种程序性省略三段论——玩家实际上是通过与应用程序互动来填补三段论的缺失部分。但该行为会受到规则的限制。也就是说，一系列程序性约束将决定不同设计策略的组合对孩子们的影响程度。

让我们根据这两个潜在程序性修辞的例子，重新审视语言和视觉修辞可能存在的限制。查尔斯·A.希尔指出，图像比口头叙述或书面描写具有更强的"生动性"。他认为，生动的信息"似乎比不生动的信息更有说服力"[①]。J.安东尼·布莱尔反驳称，生动的图像可能会增加存在感，但它们不一定能支撑论述。即使图像成功地使观看者采取某些行动，这些观看者也更有可能是被诱导操纵而不是被说服。布莱尔认为，视觉论证"缺乏辩论者与提问者或反对者之间互动过程的辩证"[②]。程序性修辞必须探究这些讨论中产生的两个问题：第一，程序性表征与生动性之间的关系是什么？第二，程序性表征与辩证法之间的关系是什么？

为了回答第一个问题，我复制了希尔文章中的一张表格，他称之为"生动性程度轴"：

最生动的信息　　　实际体验

有声动态影像

静态照片

写实绘画

线条素描

故事体叙述

---

① Hill, "The Psychology of Rhetorical Images," 31.
② Blair, "The Rhetoric of Visual Arguments," 51-52.

	描述
	抽象、客观分析
最不生动的信息	统计学

人们立即可以看到，在程度轴上看不到程序性表征。计算机模拟（simulation）甚至没有被列入其中。此外，希尔没有考虑任何计算媒介。如果希尔没有声称这个程度轴是"全面"的，试图彻底阐明具象形式及其与生动性的关系，我就不会一定要对这种排除提出异议。[①]程序性表征就是表征，因此肯定与实际体验不同。不过，程序性表征可以是动态图像和声音的综合体。而软件和电子游戏能够根据模拟真实或想象的物理和文化过程的复杂规则生成影像。此外，程序性表征通常是交互式的（当然也有例外，后面会提到），它们依靠用户交互作为中介。这是图片和影像本身无法做到的。拥有这个能力意味着程序比有声影像更生动。因此它应该在轴上占据第二位，仅次于实际体验。[②]然而，其他因素可能会影响程序表述相对的生动性。例如，一个接收数值输入、生成数值输出的模拟可能看起来更像是抽象客观的分析或是统计数据，并落入希尔程度轴的末尾。回顾克劳福德的过程强度概念，我认为，具有高过程强度、其过程包含有意义的符号呈

---

① 人们可能会想，这种遗漏是否表明修辞学家对计算媒体普遍视而不见。

② 人们可以对不同类型交互形式的生动性提出更多的主张，例如，基于屏幕的应用与增强现实（AR）、虚拟现实（VR）或其他交互形式的比较。这是一个值得推敲的问题，但是我不打算在这里讨论。我在第十章会讨论有关物理接口的议题，读者可以在那里了解有关这个话题的更多内容。

现的程序性表征，肯定会在程度轴上获得高于动态影像的位置。这类表征包括互动小说、计算机软件，电子游戏尤属此列。如此想来，程序性表征似乎同样容易受到希尔归因于生动性的说服特性强化的影响。

程序性表征与辩证法之间又是何种关系？希尔认为，图像能够"瞬间且全面地"被理解，口头文本则由于其"分析性质"而"随着时间的推移相对缓慢地"被理解。[1] 有趣的是，希尔将后者描述为"由分散的含义单位组成"。这个属性有点类似于我对程序性的描述：逻辑规则以单元操作形式呈现的构成。布莱尔对视觉论证的反对集中在图像推进命题的能力弱化上。能推进命题，恰是修辞论证的要求。布莱尔认为最有效的一次视觉论证，是 1964 年林登·约翰逊（Lyndon Johnson）著名的电视广告——"雏菊广告"（Daisy Ad）。[2] 以下是维基百科（www.wikipedia.org）上对广告内容的文字描述：

> 广告开始时，一个小女孩一边采摘雏菊的花瓣，一边慢慢数数。然后，当女孩转向摄影机时，会听到一个不祥的男声，倒计时伴随镜头不断推进，直到她的瞳孔填满屏幕，画面变暗。然后倒计时到达零点，黑暗被核试验的闪光和蘑菇云替代。约翰逊的旁白随即响起："这些就是赌注！让所有上帝的孩子在世界上生存，或是走向黑暗。我们必须彼此相爱，不然我们

---

① Hill, "The Psychology of Rhetorical Images," 33.
② 这个广告可以在线观看：http://www.pbs.org/30secondcandidate/timeline/years/1964b.html.

必定死亡。"另一个画外音接着说："在 11 月 3 日投约翰逊总统一票。你不能待在家里，因为赌注太高了。"[1]

布莱尔认为，这种视觉形象确实"以有力的方式列举一些理由"并提出论点。[2] 在这个案例中，该广告调用了一个视觉式隐含论证，从而完成了一个逻辑上的三段论：

> 核扩散的增加可能导致人类的毁灭。
> 戈德华特支持核扩散。（略）
> 因此，在大选中支持戈德华特可能会导致人类的毁灭。

不过，布莱尔认为这则广告"并没有完全体现辩证法，因为其中不存在例如通过提出反对意见进行反驳或回答的复杂辩证过程"[3]。

这个例子与程序性表征的区别在哪里呢？首先，程序性修辞能够提出和叠加命题：程序性表征中的每个单元操作都是关于它所指代的系统中某一部分如何、应该或可以运作的主张。《开家麦当劳》呈现经营一个成功的国际快餐帝国所需的商业实践。我虚构的"奇怪片片"修订版，对广告商用在设计麦片盒上的伎俩，以及儿童在文化和心理影响下对特定盒子设计的反应提出相关主张。这些命题与口头论证一样合乎逻辑——事实上，在计算论证中，内部一致性通常是有保证的，因为是微处理器而非人类在负责它们始终如

---

[1] 参见 http://en.wikipedia.org/wiki/Daisy_（television_commercial）/.
[2] Blair, "The Rhetoric of Visual Arguments," 52.
[3] Blair, "The Rhetoric of Visual Arguments," 52.

一的执行。^①

　　提出反对意见的部分怎么解决？有人可能会辩称，许多计算系统不允许用户提出程序性异议——也就是说，电子游戏玩家通常不被允许改变游戏规则。许多评论家对其表示反对，呼吁游戏允许玩家改变核心模拟动态以生成其他视角。其中最著名的是雪莉·特克尔（Sherry Turkle）对《模拟城市》（*Sim City*）^②的批评^③，认为其未能包括"税收转化为社会服务"的相关动态。我在其他研究中详细讨论过这个问题。^④将这种反对意见应用于眼前的例子，可以指出，"奇怪片片"的用户无法对设计者有关广告操纵的概念做出调整。

　　对于此类反对意见，我有两点回应。首先，特克尔和其他人所呼吁的用户修改与布莱尔对论证所要求的辩证异议不同。对命题提出异议，是希望推出相反或修正主义的主张。而允许用户修改是为了构建一个创作，一个可以呈现特定主题多个视角的作品。通常，人们通过修辞提出观点正是为了排除针对某一主题的相反立场，而不是允许所有可能存在的立场具有同等有效性。例如，在"奇怪片片"的例子中，人们可能会反对广告影响力的基本模型对消费资本主义媒介生态的假设。这是一个合理的反对意见。但这种大规模的修改可能意味着完全不同的模拟，一个超出原作品表现领域范围的模拟。然而，程序性表征通常允许用户通过系统本身的配

---

① 这并不意味着所有过程论证在逻辑上都是一致的，而只能表明计算机实现的过程论证可以保证根据人类作者所施加的特定逻辑来执行。

② Maxis, *Sim City*（Alameda, Calif.: Brøderbund, 1989）.

③ Sherry Turkle, "Seeing through Computers," *American Prospect* 8, no. 31（March 1997）.

④ Bogost, *Unit Operations*, 106-109.

置来提出程序性异议。在我虚构的"奇怪片片"程序性变体中，玩家可能会试图通过设计出既能产生社会责任感又能吸引儿童的包装盒，来找寻创作者模型中的不一致之处。

其次，所有需要传播的作品都不必推动与修辞者的直接辩论。事实上，即使是口头辩论通常也无助于雅典集会上的公开讨论。相反，它们促进了后续不同形式的讨论。在这些讨论中，对话者可以通过相同或不同的媒介参与、思索、轮流回应。换句话说，辩证法超越布莱尔和特克尔所给出的范围，存在于更广阔的媒介生态之中。如此看来，前面提到的反对意见适用于所有修辞形式——口语、书面、视觉、程序抑或是其他。

正如在辩论中异议会在试图否定或反驳对方而非支持对方的过程中出现一样，程序作品的异议也可能存在于以口语、书面、视觉或程序形式出现的回应当中。雏菊广告和"奇怪片片"不是不允许此类反对意见。它们只是要求参与者在如互动电视广告、软件程序等不同语境下形成新的想法。

让我们来看一个同时应对这两方面疑问的程序性表征的例子。杂货店挑战是一个网站，其订阅者可以访问一个特殊的按超市品牌和地理位置进行排序筛选的杂货清单。[①] "挑战"的大前提是，超市的定价结构旨在实现短期内消费者支出最大化——他们指望消费者为家庭购买够用一周的杂货，然后下周再来购买。这种购买方式不可避免地会增加开销，因为消费者无法享受批发购买必需品时低均价带来的成本杠杆。杂货店挑战通过将所需的调研自动化，解决了这个问题。网站会生成商品清单以帮助用户最大限度地利用每周优惠和店内特价购买当周所需的普通商品，同时鼓励批量购买够用数

[①] http://www.thegrocerygame.com/.

周的普通日常用品。尽管名字叫"清单",它实际上是一个程序化系统,旨在通过有策略地使用优惠券和囤积储备来最大限度地节省开支。网站对于其玩法进行了说明:

> 杂货店挑战,让您可以每月简单、有趣地节省数百美元的杂货费用。"特里的清单"(TERI'S LIST,创始人的名字是特里)每周都会显示数百种产品的"最低"价格,并将它们与厂商优惠券匹配在一起,以便于您在当地超市尽可能地节省开支。杂货店挑战拥有独家数据库,可以追踪厂商优惠券以及每周的促销和特价商品(包括有广告的和未公布的)。有了"特里的清单",花时间凑优惠券的繁重工作被省去了。杂货店挑战会替您完成所有的研究工作,然后每周在网上以可以快速参考的"特里的清单"形式呈现。会员只需登录网站,花几分钟选择所需的优惠商品,就可以轻松"赢得挑战"!

"挑战"的目标是尽可能多地省钱,并且有一套简单的规则——囤货和最大化组合优惠,构成其程序性修辞。随后的程序系统会根据刚才提到的两种策略,浏览所有杂货店库存和各类广告列表,以制订针对特定地区的最大化节省开支的购物计划。

杂货店挑战有两个核心主张。第一,它认为超市业务依靠顾客每周购物来获得更高的利润。这个说法很容易通过使用杂货店挑战一个月后对比自己该月和上个月的杂货花销来确认。第二,它声称超市购物从根本上是要践行尽可能少花钱。

对此看法可能会有一些反对意见出现：美食是人类文化的核心体验，不应该盲目地被节俭取代；在任何一周内仅购买最便宜的产品意味着忽视商业道德、种植者和制造商的可持续性等考虑因素；最便宜的产品有时，也许经常与理想的营养摄入目标相悖；以最低标准囊括所有的杂货清单是假设所有家庭都是一样的，而实际上每个家庭都有特定的口味和健康考量（如食物过敏）；囤货需要存储空间，也就助长了对物质财富的不良痴迷。尽管用户是可以在搜索算法生成的商品条目中进行选择的，杂货店挑战在回应这些反对意见时还是会为难。

虽然网站无法让用户直接访问生成其列表的搜索算法以便从代码的层面提出这些异议，但它提供了一个活跃的交流社区。留言板上有的对话专门讨论某一特定星期的省钱秘籍。这个高分榜的变体用对话取代等级式的对于玩家表现的展示，让用户可以分享根据自己的特定目标所获得的"成绩"。这不仅仅是关于胜出，也是关于告诉人们你做了什么以及你是如何做到的。节省现金是最直接意义上的胜利。在另一个可能不那么重要的维度上，拒绝按照超商业利润最大化的规则行动也是胜利。不过，真正的胜利似乎来自人们用节省下的钱做了什么。参考这个来自留言板的例子：

> 我已经用清单一年了。买杂货对我来说已经完全改变了。以前我害怕待在超市里的每一分钟，但是现在我觉得很有趣。我平均每周节省100元，支出150元。今天，我能够为我的孩子们购买电影《别有洞天》（Holes）的碟片。正是因为每周的诸多节省，我

才能轻松购买这样的"高价"商品。[①]

网站留言板上的社区讨论，并不总是与对其基础程序性修辞的反对意见有关，但这个论坛的存在，促进了对游戏规则和目标主动的重新配置。我将在第十一章中再次回到这个话题上。

互动性

程序性表征不一定支持用户交互。许多计算模拟都在阐释存在于物质世界中的过程，但大大限制了用户参与程度。以蒙特卡罗法（Monte Carlo method）为例，这是一种用于解决近似复杂定量问题的统计抽样技术。蒙特卡罗法的经典例子，是所谓的布丰投针问题（Buffon's needle）。布丰伯爵（Comte de Buffon）乔治-路易斯·勒克莱尔（George-Louis Leclerc）提出以下问题：如果将一根特定长度的针随机投掷到一个由平行线绘制成的水平面上，而这些线的间距大于针的长度，那么针穿过其中一条线的概率是多少？[②] 在以蒙特卡罗法为算法基础的计算模型中，用户可以配置针的长度和线的距离，然后运行操作。同样，在例如刚体碰撞或机械动力学的演示之类的物理模拟中，操作人员会对物体的大小、质量、相对重力、弹性及其他属性进行配置，并观察实验结果。

---

① 这个样本是 2003 年 10 月从该游戏旧的留言板系统（http://pub28.ezboard.com/bterisshoppinglist/）中收集的。此后，该网站创建了一个新的留言板并清除了之前的留言。
② 数学家拉普拉斯为布丰投针问题设计了一种解决方案，这个方案提供了估算 π 值的有效方法。

关于允许有限用户交互的程序系统，在克里斯·克劳福德于 1990 年开发的生态环境模拟游戏《星球平衡》（*Balance of the Planet*）中，可以找到一个更复杂且富有表现力的例子。[①] 在游戏中，玩家制定全球环境政策。游戏要求玩家必须通过税收和支出来平衡全球生态和经济力量。然而，玩家的每个策略都会触发一系列错综复杂的关联反应。例如，砍伐森林会改变二氧化碳水平，从而影响全球变暖。玩家制定政策的方式是，通过调整滑块更改基础策略（见图 1.3）并加以执行，在得到结果后，再根据情况修改策略。

图1.3　克里斯·克劳福德于1990年开发的《星球平衡》，针对相互关联、相互牵扯的环境问题提供了一个复杂而精妙的模型

① 　Chris Crawford, *Balance of the Planet*（Self-published, 1990）.

蒙特卡罗法、物理模拟和《星球平衡》都接受简单的用户输入和配置。除了直接根据硬编码参数执行和自动返回结果，这或许是计算机程序里最基本的输入类型。交互性是数字媒体研究领域里一个根深蒂固的概念。我同意珍妮特·默里的看法，虽然被"普遍使用"，该术语仍是"模糊"的。[①]她觉得简单地操纵一个计算系统，或者说"仅仅能够移动操纵杆或是点击鼠标"，并不足以构成在电子环境中真正具象参与的"能动性"[②]。如果要实现它，计算环境必须对用户的输入做出有意的响应。这种状态即为默里提出的计算机四个属性之参与性。她认为："程序环境吸引我们的，不仅仅是它们呈现出根据规则生成的行为，更因为我们可以诱发这种行为。计算机的主要表征特性，是通过编写代码实现响应行为。这就是我们说计算机是交互式时最常想表达的意思。我们指的是，它们创造了一个既是程序性的又是参与性的环境。"[③]

参考《星球平衡》，程序性修辞并不一定需要复杂的交互性。但我们可能会问，程序性修辞是否得益于复杂的交互性？根据默里的观点，在这种语境下，复杂性并不是指更多或更频繁的交互，像更多的按钮或更快的手眼反应所带来的那种互动。相反，复杂的交互性意味着更高的响应度，用户操作和程序表征之间更紧密的符号耦合。《星球平衡》提供了一个关于全球生态环境的复杂程序模型，但其用户行为与游戏因果模型之间的耦合较弱，导致同理性和辩证性参与度的降低。

---

① Murray，*Hamlet on the Holodeck*，128.

② Murray，*Hamlet on the Holodeck*，128.

③ Murray，*Hamlet on the Holodeck*，74.

理解交互性在程序性修辞中的作用的另一种方法，是通过游玩（play）的概念。在《星球平衡》中，模型和体验之间的弱耦合，并不是由于程序表征的贫乏，而是由于这些表征以一种很尴尬的方式呈现给玩家。游玩是一个复杂的概念，在许多领域有着漫长而艰巨的思想构建的历史。与其将"玩"理解为孩子才有的行为，或当作使用游戏的方法，抑或是视为后结构主义思想中不断变化的意义核心，我倾向于采用凯蒂·萨伦（Katie Salen）和埃里克·齐默尔曼（Eric Zimmerman）提出的非常有用的抽象定义："游玩是在一个相对严谨的结构中自由活动的空间。"[1] 从这个意义上理解，游玩指的是由过程本身创造的可能性空间。萨伦和齐默尔曼以转向柱机制的操作方式为例：在转弯的动作导致齿轮耦合之前，啮合齿轮可以在方向盘和车轮之间实现各种"玩法"。在像电子游戏这样的程序性表征中，可能性空间就是玩家为观察系统中编写的过程如何运作而可能构建的各种配置。这就是我们玩电子游戏时实际上在做的事：通过操纵游戏的控制器，来探索其规则所提供的可能性空间。

虽然《星球平衡》蕴含非常大的可能性空间，但游戏的控制和反馈系统，使玩家很难跟踪他们已经做出的决定并看到这些决定的综合影响。游戏很难玩。也就是说，很难理解其内部运作的过程以及这些过程所创造的可能性空间之性质。

在程序性修辞的背景下，考虑交互性与亚里士多德式隐含论证之间的关系是有意义的。大家应该都记得，隐含论证是在三段论中省略命题的技巧。如果是在演讲中，听众被期望填补缺失的命题并完成论断。复杂的交互性，可以生成

① Katie Salen and Eric Zimmerman, *Rules of Play: Game Design Fundamentals*（Cambridge, Mass.: MIT Press, 2004）, 28.

有效的程序性隐含命题，从而实现更复杂的程序性修辞。我们有时认为交互性能够赋能用户：系统交互性越强，用户能做的就越多，体验就越好。比如，许多玩家和评论家都称赞《侠盗猎车手Ⅲ》（*Grand Theft Auto III*，简称 GTA Ⅲ）[①] 是一款允许玩家"去任何地方、做任何事情"的游戏。[②] 这种看法有几个瑕疵。首先，游戏实际上并不允许玩家"做任何事情"。正如一则评论所写的："GTA Ⅲ让你在游戏参数的范围内，做任何你想做的事情。"[③] "游戏参数"由其系统支持和排斥的过程组成。例如，在《侠盗猎车手Ⅲ》中，可以进出车辆，但无法与路人交谈（有关这个话题的更多内容，请参阅第三章）。这不是游戏的局限性，而是它实现程序性表达的方式。其次，游戏将玩家操作和游戏效果相结合所提供的交互性，远远小于游戏与玩家后续创造出的表现力空间。玩家进行大量的"脑补"，以填补主观和游戏过程之间的空白。

以前我曾论证过，电子游戏（或模拟、程序系统）本体性的位置，存在于规则导向的表征和玩家主观性之间的差异之中。我把这个空间称为"模拟差异"[④]。另一种思考模拟差异的方式与修辞有关。像电子游戏这样的程序性范例，可以被看作隐含论证的嵌套系统。玩家实际上是通过交互，填补完

---

① Rockstar Games，*Grand Theft Auto Ⅲ*（New York：Take Two Interactive，2001）.

② Eric Qualls，"*Grand Theft Auto: San Andreas*（Review）"（GamesFirst，2004［cited March 2，2006］）；available from http://www.gamesfirst.com/index.php?id=188/.

③ Adam Woolcott，"*Grand Theft Auto* Retrospective"（Gaming Target，2005［cited March 1，2006］）；available from http://www.gamingtarget.com/article.php?artid=4739/.

④ Bogost，*Unit Operations*，107.

成了每个程序性命题主张。即便《星球平衡》通过添加更多的滑动模块来增加玩家的互动性，也不一定会变得更具表现力或说服力。在希尔的生动性程度轴中，《星球平衡》可能更接近抽象分析的范畴。虽然它涵盖丰富的程序性政策模型，不过，如果计算机的程序性修辞和该修辞的阐述之间的耦合能有所增加，它的说服力也许会有所提升。有趣的是，克里斯·克劳福德本人也提出了一个交互性的定义来解决这个问题，"我选择将其（互动性）定义为一种对话：一个循环过程，其中两个参与者交替倾听、思考和发言。互动的质量取决于每个子任务（倾听、思考和发言）的质量"[①]。在《星球平衡》中，玩家进行了很多有意义的倾听和思考，但没有多少有意义的发言；计算机做了很多有意义的思考，但没有多少有意义的倾听或发言。这三者的最大化，并不一定就能优化表达能力，像《侠盗猎车手Ⅲ》就限制了计算式倾听和思考。但是理解这三者之间的关系，可以为理解程序论证的修辞结构指明方向。

电子游戏

我选择通过程序性表征的一个子类别——电子游戏，来解释和举例说明程序性修辞的功能。我优先考虑这个媒介而不是其他程序媒介，尤其是其他计算媒介，有多重原因。

首先，电子游戏是最具程序性的计算产物之一。所有软

① Chris Crawford, *The Art of Interactive Design: A Euphonious and Illuminating Guide to Building Successful Software* (San Francisco: No Starch Press, 2002).

件都运行代码，但是，电子游戏往往运行更多代码，并且通过代码做更多事情。回溯克劳福德提出的术语，电子游戏往往提供比其他计算媒介更高的过程强度。电子游戏在运行时经常需要占用计算机中央处理器（CPU）资源的显著份额。它们比其他计算产物更具程序性。在我写这段文字时，我的电脑正在运行 12 个关键应用程序——包括最核心的、主要消耗资源的微软文档（Microsoft Word），和约 70 个进程以实现设备底层系统的运转——包括窗口管理、联网、图形显示、音频等。尽管任务量不小，但我的 CPU 仍处于 75%—85% 的空闲状态。进程的数量和它们消耗的随机存取存储器（RAM）量级，并不一定与它们的过程强度相关。现在的电子游戏，通常需要另一个专门用于处理图形指令的处理器，即图形处理单元（GPU）。电子游戏常常带动计算机硬件的升级；物理处理单元正在慢慢成为扩展 CPU 功能的另一个工具。像电子游戏这样的过程密集型程序，并不一定会形成更有趣或更精妙的程序性修辞，但它们倾向于这样做。

其次，与其他类型的计算媒介（如生产力软件）相比，电子游戏是其中更具表达能力的一个子类型。[①] 我所说的表达，是指电子游戏服务于文学、艺术和电影领域常见的具象表现性目标，而不是对于实用程序和工具之类常见的工具性目标。所有软件，包括生产力软件，都会构建经验。关于文字处理器、电子表格和互联网应用程序是如何影响我们对世界的认知的，也有很多研究。这里仅举一个例子：弗里德里希·基特勒（Friedrich Kittler）曾写过关于 WordPerfect（文字

---

① 当我说"电子游戏"时，我的意思是包括那些非图形化或低图形化的作品，如互动小说和文字冒险游戏。

完美）与微软文档操作系统相结合来构建写作的方法。[①] 但电子游戏主要是为了作为表达方式而特别且有意识地雕琢而成的。因此，它是修辞性叙述的优秀候选者——说服力和表达力被不可分割地结合在一起。

还有一个考虑的方面，是电子游戏通常以我前文所描述的特定方式进行交互：它们需要用户的操作来完成其程序性表征。这使得诸如隐含论证等修辞手法的程序性转译变得可能。交互性并不能保证有意义的表达或说服，但它为实现这两者奠定了基础。《文明》（Civilization）游戏的设计师席德·梅尔（Sid Meier）认为，游戏玩法就是"一系列有趣的选择"[②]。有趣的选择，并不一定意味着是在任意特定情景下所有可能的选择。相反，程序表征会有意地包括和排除不同的选择，以产生期望的表达效果。例如，《开家麦当劳》有选择性地包括了对屠宰牛的控制但排除了对餐馆流水线工人的控制，以达到修辞目的：使玩家做出具有社会和政治影响的决定。

更强的交互性，通常被认为特别吸引人，或者说是"沉浸式"。（好的）电子游戏的交互性，可能会使这些游戏在前文讨论的生动性程度轴上排名更高。因为玩家的积极参与，会带来更生动的体验。但我认为，生动性并不来自沉浸感，而是来自抽象感。虚拟现实和计算机图形学共同的价值观假设，越接近真实体验越好。这种情感体验，直接对应生动性程度轴——交互性最高的就最接近真实体验。但是在电子游

---

① Friedrich Kittler, "There Is No Software," in *Literature, Media, Information Systems*, ed. John Johnston（Amsterdam: Overseas Publishers Association, 1997）.

② Andrew Rollings and Ernest Adams, *Andrew Rollings and Ernest Adams on Game Design*（New York: New Riders, 2003）, 200.

戏中，意义不是通过对世界的再现，而是通过有选择地对世界上的适当元素进行建模来构建的。程序性表征，仅对源系统的某些子集进行建模，以便将注意力集中到作为表现主体的该部分上。交互性也是类似的：用户行为的总数和可信度不一定重要；反而是在系统具象表现目标的背景下，互动的相关性最为重要。电子游戏为这种有选择的交互性，创造出恰好合适的环境。

最后，我承认我特别喜欢电子游戏。我是一名电子游戏评论家和电子游戏设计师，并且致力于将电子游戏与人类表达的历史联系起来。在我之前写的书《单元操作》中，我对程序性表达进行了比较研究，使用"单元操作"的概念来定义跨越不同媒介、通用的程序性表征元素。在本书中，我力争对修辞做出类似的阐释。正如我已经表明的，当代意义上的修辞，既指说服，也指表达。因此，对程序性修辞的研究，与对程序性表达的研究有许多共同之处。尽管我偏爱电子游戏，但必须强调，我希望读者将程序性修辞视为一个比电子游戏更广阔的领域。它涵盖所有以过程实现编写的媒介，不论是不是计算媒介。我希望，我选择电子游戏作为程序性修辞的例子，既能提升人们对这种媒介的欣赏，又能为大家研究其他媒介中的程序性修辞带来灵感。

说服性游戏

我将有效实现程序性修辞的电子游戏统称为说服性游戏（persuasive games）。在讨论这个意义上的有说服力的游戏之前，有必要先探讨一些电子游戏与说服交集的其他方式，以便将我的方法与其他方法区分开来。

从布什内尔（Bushnell）设计的《电脑空间》（*Computer Space*）开始，街机游戏与弹球机、老虎机一直有很多共同点。[1] 接受硬币作为支付方式，且主要设计目标之一是说服玩家投入（更多）硬币。在街机游戏厅行业，这被称为"投币"。安德鲁·罗林斯（Andrew Rollings）和欧内斯特·亚当斯（Ernest Adams）讨论过投币对此类游戏设计的影响："只要能为他们赚到很多钱，游戏厅经营者并不关心游戏的丰富、纵深和美感。这需要一些微妙的平衡。如果一个游戏太难，人们会厌弃它；但如果它太容易，人们又能够在不投入更多钱的情况下玩很长时间。"[2] 这样的游戏，或许会使用程序性修辞。但更多时候它们的"说服"，是通过吸引成瘾和情感强化之类更基础的操作来实现的。李顺兴（Shuen-shing Lee）根据杰弗里·R.洛夫特斯（Geoffrey R. Loftus）和伊丽莎白·F.洛夫特斯（Elizabeth F. Loftus）于 1983 年发表的研究《游戏心理》（*Mind at Play*）[3] 对这种说服力进行阐释：

> 《游戏心理》梳理了两种旨在让玩家沉迷的、嵌入游戏设计中的心理完形（psychological configurations）。第一种"部分强化"（partial reinforcement）是老虎机采取的策略，通过间歇性吐出硬币来奖励赌客。偶尔

---

① Bushnell, *Computer Space.*

② Rollings and Adams, *Andrew Rollings and Ernest Adams on Game Design*, 46.

③ Geoffrey R. Loftus and Elizabeth F. Loftus, *Mind at Play: The Psychology of Video Games* (New York: Basic Books, 1983).

> 获得奖励的体验往往驱使赌客继续投币，以期再次获
> 胜，甚至赢得头奖。街机游戏的设计师在他们的游戏
> 中复刻同样的情感强化策略。游戏过程中会随机出现
> 分数翻倍、武器升级、等级提升加速等惊喜，以提升
> 玩家的好奇心，刺激玩家继续游戏。[①]

部分强化无疑是一种说服方式，但这种说服完全是自我参照式的：它的目标是让玩家继续玩游戏，从而增加投币量。虽然赌博及其他易成瘾的活动常与它有关，但部分强化是一个有趣且值得研究的领域。它可以帮助游戏设计师了解如何创造出能让玩家感到必须继续/完成的体验。然而，这类说服不是我现在关注的重点。我关注的是那些对物质世界中系统运作方式进行论证的电子游戏。这些游戏努力改变或影响玩家在游戏之外的想法，而不仅仅是让他继续玩游戏。事实上，我将要讨论的许多例子，都在试图实现与街机游戏截然相反的事情：让玩家从游戏世界往现实世界转移。

正如街机游戏所暗示的那样，人们有理由利用电子游戏作为切入点实现程序性表达的目标。电子游戏日益增长的受欢迎程度和受媒体关注度意味着，仅仅是制作和发行一款游戏可能就会自带说服效果。2003 年，贡萨洛·弗拉斯卡和我共同设计了游戏《艾奥瓦州支持霍华德·迪恩》(*The Howard Dean for Iowa Game*)。它成为美国总统候选人的第一款官方电子游戏。虽然该游戏确实运用了程序性修辞（详见第四章

---

① Shuen-shing Lee, "I Lose, Therefore I Think: A Search for Contemplation amid Wars of Push-Button Glare," *Game Studies* 3, no. 2 (2003).

和第十一章），但一个关于霍华德·迪恩的官方游戏存在本身就具有修辞目的——进一步使候选人与技术文化比肩而立。[1]另一个类似的例子，是伊丽莎白·洛什对政府推出的《战术·伊拉克语》(Tactical Iraqi) 进行的反思。作为一款学习游戏，它旨在向美国士兵传授阿拉伯语和习俗，以帮助他们在中东完成军事任务。[2]洛什作为实地参与的研究者审视了这款游戏，并清晰地写下了她在此过程中体会到的道德上和修辞上的矛盾。后来，她在一个在线论坛上思索它真正的修辞功能[3]：

> 在见证了过去几个月里《战术·伊拉克语》的所有宣传之后，我发现自己越发对这款游戏持保留意见。在阅读了美国外交关系协会高级研究员马克斯·布特 (Max Boot) 的文章《驾驭"人类地形"》后，这种保留意见更加明确。布特在文中兴奋地描述参观"远征军事学校，并看到那里的海军上校们通过玩一个设计巧妙、带有动画角色的电脑游戏来学习阿拉伯语"。那一刻我意识到，这款游戏的目的可能是修辞性的，而

---

① 我们在如下论著中进一步讨论了这个问题：Ian Bogost and Gonzalo Frasca, "Videogames Go to Washington: the Story Behind Howard Dean's Videogame Propaganda," in Second Person: Roleplaying and Story in Games and Playable Media, ed. Pat Harrigan and Noah Wardrip-Fruin (Cambridge, Mass.: MIT Press, 2007), 233-246.

② Alelo Inc. and USC Information Sciences Institute, Tactical Iraqi (Los Angeles: Tactical Language Training LLC, 2005).

③ Elizabeth Losh, "In Country with Tactical Iraqi: Trust, Identity, and Language Learning in a Military Video Game" (paper presented at the Digital Arts and Cultures Conference, IT University, Copenhagen, Denmark, December 1-4, 2005).

不是教学性的。不论研究人员以为他们在做什么，或许，它的主要目的就是向政策制定者和公众**展示**阿拉伯语的教学，而不是实际上更有效地**传授**阿拉伯语。传统的课堂教学无法成为媒体奇观，但电子游戏可以。[①]

当然，不能指责《战术·伊拉克语》的过程强度低。作为一个计算机工程产物，它部署了包括语言理解、模拟手势和跨文化交流在内的复杂程序模型。不过，洛什认为，作为一个表达性作品，它可以服务于与其主要目标不同的议程——引起人们对电子游戏培训系统的关注以分散批评者对美国军事占领伊拉克的注意力。这种行为无疑是修辞性的，但是其修辞是通过媒介叙述而非过程实现的。我会在第五章中继续探讨关于在广告学语境下程序性修辞与受众相关性的替代问题。

即便是在开发时尤其重视表达和说服的电子游戏，仍有可能将视觉表象置于优先地位，而低估程序性。商业性质的游戏产业以越来越逼真的高保真图像让买家眼花缭乱，但那些图像并不一定意味着程序性表征的进步。2004年，美国遗产基金会（American Legacy Foundation）委托开发了《疯狂世界》（*Crazy World*）。这是一款服务于他们正在推进的禁烟运动的游戏。该运动以其具有强烈修辞效果的"真相"主题电视广告而闻名。这款游戏构建了一个与当时基金会的广告活动相呼应的狂欢式世界，具有非常高的制作水准、视觉效果和音效。根据查尔斯·希尔的说法，这些要素有助于增强生动性。但是，游戏中的程序性修辞很弱。在一篇新闻稿中，其中一位作者描述了游戏中的一个机制：

---

① 参见 http://www.watercoolergames.org/archives/000526.shtml#c7429/.

该游戏面向 18—50 岁的广大受众,旨在使用幽默和讽刺手法向烟民和不抽烟的人展示香烟的危害。玩家通过躲避移动的绿色放射性烟雾来得分。如果被烟雾困住,就会变异成类似外星人的形态。〔Templar Studios(圣殿骑士工作室)总裁彼得·〕麦克表示:"我们的想法是将信息包裹其中,吸引人们自娱自乐——为了好玩而游戏。"

像《疯狂世界》这样的游戏,可能仅仅或者主要通过视觉修辞来传递信息。精巧的视听设计营造出一种对权威性的期待。对消费者而言,游戏图像迷人眼。即使是最大的电子游戏公司,也经常用改进过的或者不同的图形重新包装相同的游戏。相当多的注意力和投资都用于提高商业游戏的视觉保真度,包括现在流行的 Xbox 360 和 PlayStation 3 游戏机都在向高清晰度、高多边形模型转移。视觉保真度暗示着权威性。同理,简单或粗糙的图形常被视为游戏质量的标志。正如糟糕或"泛化"的包装设计会让消费者远离优质产品一样,程序性修辞套的外壳可能会影响它对玩家的吸引力。2004 年共和党全国委员会的游戏《税务侵略者》(*Tax Invaders*)就是后者的一个典型案例,它勉强复制了经典街机游戏《太空侵略者》(*Space Invaders*)的基本图形(有关该游戏的更多信息,请参阅第三章)。[1]

视觉外观和程序性修辞之间的微妙耦合对一些电子游戏构成障碍。这些电子游戏意图就物质世界的问题发声并使人信

---

[1] Republican National Committee, *Tax Invaders* (Washington, D.C.: RNC/ gop.com, 2004); Taito, *Space Invaders* (Tokyo: Taito, 1978).

服，却未能采用有效的程序性表征。常见的难点是借用现有游戏或游戏类型的程序形式，将新的图形"套壳"并融为一体。《刚果琼斯之树皮奇兵》（*Congo Jones and the Raiders of the Lost Bark*，简称《刚果琼斯》）就是这样一款游戏。该游戏由雨林基金会（Rainforest Foundation）赞助，是一款关于森林砍伐的游戏[①]，借鉴了"超级马里奥兄弟"系列中 2D 游戏的玩法。[②] 玩家需要控制一只猴子找到并击败世界银行行长。玩家要在平台之间跳跃，躲避飞来的电锯，同时试图到达行长面前并击败他。

《刚果琼斯》没有采用程序性表征，所以也没有自己的程序性修辞。它仅仅借用一个通过跨越象征性障碍取得进展的概念，以映射在滥伐森林一事上与曾支持在刚果热带雨林进行砍伐的世界银行抗争的经验教训。游戏并没有探讨反对世界银行的可能原因，也没有说明该如何反对，尽管它确实成功地将世界银行定位为一个游戏中"终极反派"式的典型对手。游戏在提高对这一问题的"意识"方面可能有效，也可能无效，但它显然没有就议题提出相应的程序性论证。或者更准确地说，它没有构建属于自己的程序性修辞，只是采用了平台游戏常见的障碍躲避和目标追逐的过程，并把它们重新编写到一个关于滥伐森林的故事中。

《刚果琼斯》借用游戏玩法，并给其穿上一层图形"外壳"，或者说是在表面运用了一种视觉修辞。另一种常见的技巧是借用游戏玩法，并在其之上增加文本"外壳"，即口语修辞。此类游戏的一个例子是由 Global Arcade（寰宇街机）艺术集体创作

[①] Ben Woodhouse and Martyn Williams，*Congo Jones and the Raiders of the Lost Bark*（London：The Rainforest Foundation，2004）.

[②] Nintendo，*Super Mario Bros.*（Kyoto，Japan：Nintendo，1985）.

的游戏《全球"乓"》（*P.o.N.G.*）。[1] 游戏网站解释道，该游戏集合了"经典游戏《乓》的几种变体，每种变体都基于全球化的话语体系变换出些许不同的玩法"[2]。结果是直接复制了《乓》原版游戏里的球，被替换成全球化讨论中可能出现的词语（新自由主义、\$\$金钱符号等）。玩家必须用球拍来回击打这些"词语球"，就像在关于该主题的对话中"你来我往地说话"一样。虽然 Global Arcade 的使命宣言承诺致力于"让有关全球化的信息变得有趣、引人入胜且具有互动性"，但《全球"乓"》只不过是一个视觉噱头，甚至没有足够的表达，配不上数字艺术的称号。

将《乓》的程序机制或《超级马里奥兄弟》的平台机制用作修辞的概念或许不无前景。但是，《全球"乓"》和《刚果琼斯》在它们的论述中并没有有效利用这些过程。我在前文中提及并将在第三章中详细讨论的《税务侵略者》，是一个借用了电子游戏形式并成功地在其之上建立自己程序性修辞的游戏案例。

1982 年面世的游戏《避税者》（*Tax Avoiders*），可以被视为一个更成功的程序性修辞。这是"专业税务顾问、前美国国税局税务专员"达雷尔·瓦格纳（Darrell Wagner）基于雅达利视频计算机系统（俗称雅达利 VCS 或雅达利 2600）设计的一款不同寻常的游戏。[3] 游戏的目标是通过积累收入并规避烦琐的手续和审计最终成为百万富翁。[4] 玩家控制一个名叫约翰·Q（John Q）的人类角色，他必须收集用美元符号图标代

---

① Banff Centre and Global Arcade，*P.o.N.G.*（San Francisco：Global Arcade，1999）.

② 参见 http://www.globalarcade.org/pong/index.html/.

③ Dunhill Electronics，*Tax Avoiders*（American Videogame，1982）.

④ 请阅读游戏的包装和卡带标签。

表的收入，同时避开用字面意义上等同的胶带图标代表的繁文缛节。在每个财政季度结束后，玩家可以选择将收入转换为投资，这些投资在屏幕上以精灵的形式呈现；或者将收入存储在一个以公文包精灵形式代指的投资组合中（见图1.4）。精灵会在国税局工作人员、注册会计师和投资顾问之间游走。玩家总是会输掉审计被征税，损失收入的50%。注册会计师虽然收取少量费用，但总会提供新的避税投资方案。投资顾问则可以最大限度地提高避税投资的回报。在过渡阶段结束时，玩家角色的剩余收入将被征税，然后回到工作岗位。①

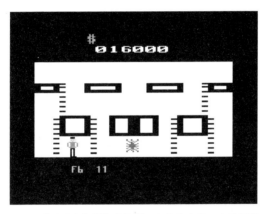

图1.4 《避税者》看起来简单，但它构建了一个关于税务策略的复杂程序性修辞

① 一些人发现《避税者》的机制与根据1982年同名电影改编的雅达利2600游戏《反斗星》（*Porky's*）非常相似。这两款游戏均由Dunhill Electronics（登喜来电子）游戏公司出品，而《反斗星》取得了更大的成功，这或许在情理之中。因为《避税者》是American Videogame（美国电子游戏）公司发布的唯一一款游戏。该公司在发布这款游戏后不久就宣布破产，是1983年电子游戏业大崩溃的受害者。Bob Clark，*Porky's*（20th Century Fox，1982）；Dunhill Electronics，*Porky's*（Santa Clara, Calif.: Fox Video Games, 1983）.

《避税者》围绕避税策略创造出一个有趣且相对复杂的程序性修辞。关于税务的技巧与图形逻辑之移动相结合，或许并不理想，但也并未伤害论点。玩家必须四处移动以收集收入，并从字面意义上躲避繁文缛节。同样，他必须在追逐投资机会的同时避开国税局的员工，以免错过机会之窗。游戏里的行动作为隐喻很好地对应了工作、投资和缴税的抽象过程。

最后，我想为说服性游戏、程序性修辞和关于游玩的修辞做个区分。在当代游戏研究中，游戏和游玩之间的关系受到了相当大的关注。这是一个值得探询的问题。然而，我的关注点不在于"玩"的功能，也不在于作为游乐活动子领域的电子游戏。相反，我感兴趣的是程序性表征在被用于说服时的功能，以及作为程序媒介子领域的电子游戏。我尤其需要区分程序性修辞和布莱恩·萨顿-史密斯（Brian Sutton-Smith）探讨的"将游玩置于更广域的价值体系中"的方式方法。他称其为"关于游玩的修辞"（rhetorics of play），或者说，游玩修辞。[1]虽然我们都使用修辞一词，但我们在不同的语境中使用它。不过，也不是以完全不同的方式。萨顿-史密斯讨论了游玩本身的修辞形式，即理论家们如何将游玩呈现为一种人类文化活动。正如凯蒂·萨伦和埃里克·齐默尔曼所解释的那样，萨顿-史密斯提出的关于游玩的修辞"明确了游戏、游玩是如何体现意识形态价值观的，以及游玩的特定形式和用途是怎样延伸和证明价值合理性的"[2]。萨顿-史密

---

① Brian Sutton-Smith, *The Ambiguity of Play*（Cambridge, Mass.: Harvard University Press, 1997）, 8.

② Katie Salen and Eric Zimmerman, *Rules of Play: Game Design Fundamentals*（Cambridge, Mass.: MIT Press, 2004）.

斯的课题是笼统的，着眼于游玩的文化角色，而不是玩特定游戏时传达文化的实践。他区分出七种有关游玩的修辞，用游玩反映进步、命运、权力、身份、想象、自我、放纵。在同一个笼统名词下，每一种修辞都以不同的方式和目的构建着游戏。同一个词的不同修辞，让人有时摸不着头脑。[1] 萨顿 - 史密斯试图利用这些修辞解释人们为何玩，以及这种游玩的文化功能。[2] 他从宏观层面展开研究，探寻游戏本体作为一种文化活动所服务的多重目的，而这些目的常常相互影响。

我现在讨论的，是程序性表达在表现而非游玩的范畴中的修辞功能。话虽如此，萨顿 - 史密斯研究的修辞可能有助于将程序性修辞置于游玩的价值体系之中进行解读。不过，这不是对我的这本书，而是对萨伦和齐默尔曼在他们有关游戏设计的著作《玩乐之道》（*Rules of Play*）中的尝试而言。两人认为，流行桌游《大富翁》（*Monopoly*）的概念原型《地主游戏》（*The Landlord's Game*）是萨顿 - 史密斯关于权力和进步的修辞的体现。与《大富翁》不同的是，《地主游戏》反对土地垄断并提倡实施经济学家亨利·乔治所提出的单一税。正如萨伦和齐默尔曼所解释的：

> 尽管《地主游戏》和《大富翁》之间非常相似，但两者所触发的修辞却存在明显的差异。虽然有关进步和权力的修辞对这两款游戏都适用，但《地主游戏》在立意上就很明显是反资本主义的。游戏里的对抗性，并不是基于收购地产和垄断式积累，而是基于对现行

---

[1] Sutton-Smith, *The Ambiguity of Play*, 9-12.

[2] Sutton-Smith, *The Ambiguity of Play*, 9-12.

土地制度的解构。因为游戏中的房产只能出租，所以没有机会让贪婪的土地大亨或开发商控制主导权。[①]

萨伦和齐默尔曼没有意识到，他们实际上阐明了萨顿 - 史密斯的游玩修辞与游戏的程序性修辞之间的区别——探索所有权、财产等主题的全球文化性行为与《地主游戏》中关于税收、产权的本地化观点论述之间的区别。萨伦和齐默尔曼其实没有运用萨顿 - 史密斯的游玩修辞理论，这也印证了后者方式方法的宏观性。一方面，他们承认进步和权力抽象地"存在于"《地主游戏》和《大富翁》中；另一方面，他们的分析并没有基于这些高层级的分类，而是基于每个游戏规则的具体功能，例如，将租赁作为集体权益，将房屋所有权作为个人资产杠杆。当萨伦和齐默尔曼提到"所唤起的修辞有明显差异"，指的不是萨顿 - 史密斯的文化性修辞，而是两款特定游戏，即《地主游戏》和《大富翁》的程序性修辞。事实上，萨伦和齐默尔曼对这些游戏的程序性修辞的分析已经相当成熟。二人的分析揭示了对土地所有权的探讨大不相同的游戏规则，尽管棋盘和游戏动态玩法是明显相似的。

　　游玩修辞和程序性修辞之间的区别现在应该很清楚了。萨顿 - 史密斯的游玩修辞学对广义的文化语境进行阐释，而程序性修辞学则着重特定的文化价值模式。尽管萨伦和齐默尔曼提及作为修辞与游戏交叉领域重要学者的萨顿 - 史密斯，但实际上他们援引的多是更常规的将修辞作为有说服力和表现力的话语的概念。[②]尽管声称"从布莱恩·萨顿 - 史密斯的

---

① Salen and Zimmerman, *Rules of Play*, 520.

② 我在下一章节中将更详细地讨论意识形态的问题。

杰作《游玩的模糊性》（*The Ambiguity of Play*）中提取了'修辞'一词"，但实际上萨伦和齐默尔曼是基于更常见的古典和现代词根词源提取出这个词并将其应用在对游戏的分析之中。[①] 也许出于比较人类学的目的，将萨顿-史密斯的游玩修辞应用于特定的程序性修辞是有些许价值的。但正如萨伦和齐默尔曼无意中证明的那样，修辞之于游戏更有用的交集，不是不同类型的游玩形式之间笼统的交叉，而是修辞在特定背景下能够阐释特定游戏的特定规则。这种区别，同样适用于将表征性话语与社会学话语区分开来。当然，文化语境会影响游戏的创作和与之产生的互动。但是，创作出的游戏也可以支持、质疑或反对这些文化语境。

说服性游戏 vs. 严肃游戏

税收、滥伐森林和全球化等主题并不是电子游戏的常见内容，况且前文讨论的关于这些主题的游戏都名不见经传，以至我猜想大部分读者以前都不知道它们的存在。程序性修辞其实并不局限于这些不常见的例子。接下来，我将讨论许多在市场上取得巨大成功的商业游戏。不消说，人们常常在经济、商业、政治等领域运用说服的技巧。而围绕这些主题，催生出了电子游戏开发中一个被称为严肃游戏的子领域。那么，说服性游戏与严肃游戏之间有区别吗？如果有，区别是什么？

对严肃性和游玩之间关系的审视并不是什么新鲜事。荷

---

① Salen and Zimmerman, *Rules of Play*.

兰人类学家约翰·赫伊津哈（Johan Huizinga）在他的经典著作《游戏的人》（Homo ludens）中，试图阐释严肃性与游玩之间模糊的关联。起初，赫伊津哈称游玩"是严肃性的直接对立面"[1]。但经过进一步的研究后他认为："游玩与严肃性之间的对立关系既不是一锤定音的，也不是永恒不变的。"[2] 赫伊津哈指出，一个人可以带着极度热忱和决心"严肃认真地玩"[3]，但似乎不可能"玩"严肃性；这意味着，游玩比严肃性"境界更高"[4]。根据赫伊津哈的说法，不考虑二者之间的层次差异，游戏有助于构建如宗教、政治、战争等具有重大意义的社会和文化功能。赫伊津哈在游玩和严肃性相互之间的关系上仍不确定。因此，学者、商人和开发人员认为他们是发现了"重新结合"严肃性和游玩的新大陆，也就不足为奇了。

最早出现的一个关于严肃性和游戏性相结合的例子，来自克拉克·C. 阿布特（Clark C. Abt）于 1970 年出版的《严肃游戏》（Serious Games）一书。在书中，他探讨了模拟游戏（如棋盘类游戏、角色扮演类游戏等）在教育、科学、政府和工业中的应用。在题为"行动与思想再聚首"的第一章中，阿布特这样定义严肃游戏："我们关注严肃游戏，是因为这些游戏具有明确的、经过深思熟虑的教育目的，而不是以娱乐作为它的主要目的。"[5] 阿布特也指出，这并不意味着严肃游戏"不能或者不应该具有娱乐性"。但总而言之，有一点很明确：严肃游戏是在外部框架制度性目标的直接影响和指导下

---

① Johan Huizinga, *Homo ludens* (New York：Beacon, 1955), 5.

② Johan Huizinga, *Homo ludens* (New York：Beacon, 1955), 5.

③ Johan Huizinga, *Homo ludens* (New York：Beacon, 1955), 8.

④ Johan Huizinga, *Homo ludens* (New York：Beacon, 1955), 45.

⑤ Clark C. Abt, *Serious Games* (New York：Viking, 1970), 9.

创作出来的。

当伍德罗·威尔逊国际学者中心（Woodrow Wilson International Center for Scholars，简称"威尔逊中心"）用"严肃游戏"命名其新的电子游戏计划时，他们其实并没有直接参考阿布特三十年前的提议。相反，这个命名是无意间顺水推舟的结果。彼时，威尔逊中心前瞻与治理部门主任大卫·雷杰斯基（David Rejeski）和顾问本·索耶（Ben Sawyer）正在给索耶为威尔逊中心撰写的一份白皮书拟标题。两人有一个副标题——"通过基于游戏的学习和模拟改善公共政策"，但想要一个能够吸引读者的简练标题。雷杰斯基一直在阅读迈克尔·施拉格（Michael Schrage）于1999年出版的著作《严肃的游戏：世界上最好的公司如何模拟创新》（*Serious Play: How the World's Best Companies Simulate to Innovate*）。该书鼓励企业将游戏视作推动创新的媒介。[①] 施拉格在书中引用了阿布特的话，而雷杰斯基也许或有意或无意间受到其影响，提议将"严肃游戏"用作标题。[②] 自那时起，威尔逊中心成立了"严肃游戏计划"——一个成员数量日益增长的临时性社交和知识共享小组，并为其提供资金支持。[③] 其主要活动包括整合资源、促进政府／行业与开发者之间的联系，以

---

① Michael Schrage，*Serious Play: How the World's Best Companies Simulate to Innovate*（Cambridge，Mass.：Harvard Business School Press，1999），12-15.

② 这里谈及的报告是 Ben Sawyer，"Serious Games：Improving Public Policy through Game-Based Learning and Simulation"（Washington，D.C.：Woodrow Wilson International Center for Scholars，2002）。我通过2006年3月31日与本·索耶的一次私下交流得知了这个题目的由来。

③ 参见 http://www.seriousgames.org/.

及就重要议题举办会议活动。比如，我作为顾问委员会成员参与其中的两年一度举行的大会——严肃游戏峰会（Serious Games Summit）。有趣的是，该计划的目标与阿布特在1970年给出的定义非常相似："这个倡议计划的目标，是利用最先进的计算机游戏设计、技术、开发技巧，推出一系列新的政策普及、探索和管理工具。"[①] 类似于阿布特在非电子游戏方面提出的目标，它旨在将电子游戏和现代组织架构的需求结合起来。该计划在其使命宣言中抛出以下问题："如何才能快速推广基于计算机的游戏在政府及其他公共或私营组织所面临的各种重要挑战中的应用？"阿布特探讨的"经过深思熟虑的教育目的"和严肃游戏计划对"政府及其他公共或私营组织"的关注表明，严肃游戏设计的初衷是服务于官方人士，尤其是政府或企业人员。严肃游戏峰会的宣传语也佐证了这一观点：在"为您的行业提供游戏"的大标题下，列出了各种可能有利好关联的组织架构，如教育、政府、公共卫生、军事、企业、急救人员、科学。[②]

如果"严肃性"的概念是区分这个子类别与其他类型电子游戏的关键，就有必要简要探讨一下这个术语及其与开发该子类别游戏之间的关系。严肃一词具有多重含义，仅仅将其视作电子游戏市场推手的娱乐的对立，是不够的。

严肃可以理解为庄严（solemn），暗含缺乏情感和严谨的意味。人们可能会将军训教官、图书馆管理员甚至国税局专

---

① 参见 http://www.seriousgames.org/about2.html/.

② 参见 http://www.seriousgamessummit.com/home.html/. 信息将来可能会发生变化，但它已被用于最近三届严肃游戏峰会。这个峰会每年两次，分别是秋季在华盛顿特区以及春季在游戏开发者大会期间举行。

员与传达这种理解下的严肃性联系在一起：她给了我一个严肃的眼神，使得我重新思考自己的账目明细。

严肃可以理解为郑重（weighty），暗示是有后果的、需要审慎以对的。可以想见，像教师、父母或宗教领袖之类的权威人物，他们可能会在谈论学生、子女或信众不经认真思索的愚蠢之举时，用到这层含义：不要告诉我冷静下来，孩子！婚姻是一个严肃的承诺。

严肃也可以理解为沉重（grave），说明严重性和不好的预兆。有关这类含义，人们可能会联想到针对可怖的战争、疾病或苦难而发表的官方声明：五名矿工中有两人的伤情需要严肃对待，仍在住院治疗中。

严肃还可以理解为阳春白雪（highbrow），意味着知识性和深刻性。在这个维度上，人们可能会想到学者、艺术家、策展人，当然，还有那些坚持将"有分量"的事情与轻松的事情区分开的自诩懂行之人：詹姆斯是一位严肃的艺术家，他不会创作那种流行文化的乱七八糟的东西。

这些理解严肃的方式有一个共通之处：它们都需要一个参照系。这个参照系帮助确认一个主题或内容，它相较于其他内容是严肃的。庄严对应的是超出已知的期望的行为准则的行动；郑重对应的是认为会导致关键且可能不可逆的决定的行为；沉重意味着反面的、常常是不理想的情况存在；阳春白雪将有意义、值得实现的追求与其他无足轻重的事情区别开。而且所有这些不同含义都意味着，对于严肃性一词的使用通常服务于机构或制度的需求，如政府、公司、医疗保健系统、宗教信仰、文化群体等。严肃性常用来说明支持这些机构的目标和发展的行为。

这种有关严肃性的概念解读，与阿布特在谈论棋盘游戏时、严肃游戏计划在谈论电子游戏时使用该术语的逻辑是一致的。严肃游戏是为了支撑政治、商业、社会机构的既有利益而创造出的电子游戏。将这一原则套用于严肃游戏峰会中涉及的行业领域，可谓小菜一碟。教育类游戏将现有的教学目标电子游戏化；政府类游戏以电子游戏的形式阐释当下的政策方针；卫生健康类游戏为医生和医疗机构提供基于电子游戏的工具以实现相应需求；军事游戏通过成本更低且更可扩展的新型模拟帮助军队和士兵研判目前的全球冲突；面向企业的游戏可以为管理层提供帮助实现业务目标的基于电子游戏的工具；针对急救人员的游戏通过模拟直观呈现应对自然灾害或恐怖主义事件时已知的方式方法；科学类游戏则为阐明已有定论的科学原理和实践提供有吸引力的基于电子游戏的工具。

这些并不足以代表说服性游戏潜力的全部。如果说，说服性游戏是实现重要的程序性修辞的电子游戏，而且，如果程序性修辞能够支持对有关现实世界中的过程应该、可能或者说是怎样运作的基于流程的论述进行辩证质询，那么，说服性游戏应当可以提出超越甚至反对政府或企业等机构之固有世界观的主张。这种不同意见，与公元前5世纪苏格拉底对诡辩和技术性修辞所提出的反对有相似之处。这意味着，说服性游戏也可能会审视这些机构本体，并提出改进措施和替代方案。

虽然对继续使用"严肃游戏"的这个目标存疑，但如果我们想这样做，那么严肃的另外两层含义或许可以更好地解释这个词。严肃可能意味着关心和关注细节，尤其是能引发思考的那种：我会严肃考虑你的想法。这一层含义与前文提到的郑重相关，但更多带有开放式的意味，找寻当下世界观无法立即提供的新型思维框架的可能。另一层含义则更为深奥：严肃可能意味着实质——揭示事物根本架构的窗口。当然，这种含义的使用可能仅限于非正式的对话。例如"伙计，这可是个严肃的正儿八经的芝士蛋糕"之类的感叹，意味着对所讨论的主角样本提供了关于该事物本质甚至是其极致形态的见解。[1] 就这个与我希望给予说服性游戏的意味相称的意义而言，"严肃游戏"实则是关于对现有情况基本框架的阐述，旨在引发对其有效性、可取性或普遍性的支持、质疑或辩论。这类游戏不是服务于政府、企业、教学单位或其他相关机构的，而是通过为质疑、改变甚至淘汰掉它们创造机会从而挑战这些机构的。

　　将严肃性作为系统底层架构的认知，与程序性的概念相得益彰。程序性表征描述了事物应该、可能或实际是如何运作的，即我们对社会或物质实践运作的本然理解。我把这个想法与当代哲学家阿兰·巴迪欧（Alain Badiou）有关情势（situation）的概念联系起来。情势是对多元性（multiplicity）的一种"结构化呈现"，一种特定的本体论建构。[2] 巴迪欧将超限集合论应用于哲学，将"存在"理解为"成为某个集合

---

① 我曾开玩笑地建议，严肃的这个特定用法必须永远以非正式的称呼"伙计"开头，以此示意接下来严肃一词将作为另类俚语使用。参见 Stuart Moulthrop, "Taking Cyberculture Seriously"（paper presented at the Digital Arts and Culture Conference, ITU, Copenhagen, Denmark, December 1-4, 2005）.

② Alain Badiou, *Being and Event*, trans. Oliver Feltham（London and New York: Continuum, 2005）, 25.

的一员"。在情势中包含概念的行为，类似于集合论里有关"归属"的概念。巴迪欧称之为"计数为一"（count-as-one）。[1] 我以前曾将"计数为一"与单元操作联系起来，将对于某一特定过程的构想视为一个被封装的概念。[2] 巴迪欧更进一步，称情势具有一种状态（state），即将情势中的所有元素计数为一的逻辑——或者说，以这种方式构建其框架的原因。[3] 这种状态，恰恰与严肃性之有关事物本质、有关使其成为现有形态的原因的那层含义相符。巴迪欧还阐明了一个被称为事件（event）的概念。事件可以打破情势状态，并在不同的组织逻辑下重塑它。我将在第十一章中进一步讨论相关内容。[4]

尽管根据我刚才提供的定义可以救回"严肃游戏"一词，但我不想保留这个名字。相反，我想使用"说服性游戏"作为代替，其关键是承诺试图使用程序性修辞来支持或挑战我们对世界上事物运作方式的理解。此类游戏可以用于各种目的，无论是娱乐、教育、行动倡议，还是一些这样那样的目的集合体。把严肃游戏理解成与商业电子游戏行业相对立的概念，将许多游戏排除在有说服力的话语体系之外，这是愚蠢的，错误地削弱了电子游戏的表达能力，尤其是那些精心制作、对大众极具吸引力的商业游戏。正如我在本书余下章节中将呈现的那样，许多游戏在传递信息、提出论点并尝试做出有意义的表达，人们不应该对此感到惊讶。事实上，所有媒体介质都会在各种各样的层面上引发共鸣。我想鼓励开

---

[1] Alain Badiou, *Being and Event*, trans. Oliver Feltham（London and New York：Continuum，2005），26.

[2] Bogost, *Unit Operations*, 11-14.

[3] Badiou, *Being and Event*, 95.

[4] Badiou, *Being and Event*, 179.

发者和评论家们，对各类电子游戏如何通过程序性修辞来构建信息、论点和表达，给予更多关注。

说服的游戏 vs. 说服的技术

20世纪90年代以来，斯坦福大学实验心理学家 B. J. 福格（B. J. Fogg）一直在推进被他称为计算机说服学（captology）的相关研究。在自己的研究小组网站上，福格给出了简单的定义："这是一门研究计算机作为有说服力的技术的学问，其中包括针对为改变人类态度或行为而面世的交互式计算产品的开发、研究和分析。"[1] 福格的研究，形成一本名为《说服技术：利用计算机改变我们的想法和行为》（*Persuasive Technology: Using Computers to Change What We Think and Do*）的书。[2] 鉴于"说服技术"（persuasive technology）和"说服游戏"两个术语之间明显的相似性，我想探讨一下我与福格的研究之间的差异。

最重要的区别，类似于说服性游戏和严肃游戏之间的不同。正如严肃游戏计划暗示电子游戏服务于已知目的一样，计算机说服学认为计算机技术亦如是。福格表示，计算机说服学"中不存在……意料之外的结果，侧重于交互式技术产品的设计者计划达成的态度、行为变化"[3]。诚然，

---

[1] 参见 http://captology.stanford.edu/index.html#captologyOverview/.

[2] B. J. Fogg, *Persuasive Technology: Using Computers to Change What We Think and Do*（San Francisco：Morgan Kauffman，2003）.

[3] B. J. Fogg, *Persuasive Technology: Using Computers to Change What We Think and Do*（San Francisco：Morgan Kauffman，2003），17.

这种解释比严肃游戏计划更接近我的目标。福格似乎没有明确地将技术性劝导说服与机构制度性意识形态绑定在一起。然而，更深入的研究显示，计算机说服学从根本上不关注改变用户对现实世界中过程如何运作的基本概念。相反，它旨在创造新的技术性限定条件，以使用户做出思想或行为上的改变。

为实现这个目的，福格提出了七类说服技术工具。我将它们一一列出，提供定义并举例说明。

做减法（Reduction）——"使用计算技术将复杂的任务简单化。"以 capitoladvantage.com 网站为例，它根据用户输入的邮政编码为其提供所有所在地区民选官员的联系方式，让政治参与变得简单。[①]

隧道式导引（Tunneling）——"引导用户一步一步地完成一组预定的操作。"参考许多网站上的账号注册或线上支付系统。[②]

量身定制（Tailoring）——"提供与个人息息相关的内容以期改变其态度或行为或两者同时实现。"例如 scorecard. org，该网站也是根据用户输入的邮政编码向其提供当地正造成污染的机构的相关信息。[③]

恰到好处的建议（Suggestion）——"能在最合适的时机给出行为建议的交互式计算产品。"例如，公路旁的速度监

① B. J. Fogg, *Persuasive Technology: Using Computers to Change What We Think and Do*（San Francisco：Morgan Kauffman，2003），33.

② B. J. Fogg, *Persuasive Technology: Using Computers to Change What We Think and Do*（San Francisco：Morgan Kauffman，2003），34.

③ B. J. Fogg, *Persuasive Technology: Using Computers to Change What We Think and Do*（San Francisco：Morgan Kauffman，2003），37.

控雷达系统会在驾驶员经过时提示当前车速。[1]

自我监测（Self-Monitoring）——"允许人们监控自己的态度或行为，以实现预设目标或结果的工具。"如电子心率监测器。[2]

他人监督（Surveillance）——"允许一方监控另一方行动，从而对行为进行特定修正的计算技术。"例如"卫生卫士"（Hygiene Guard），这是零售服务业常用来监督员工洗手情况的系统。[3]

条件作用（Conditioning）——"使用操作性条件反射原理来改变行为的计算机化系统。"例如电视互联款动感单车（Telecycle），这种智能健身器材只有在达到目标速度时才会让自行车前面的电视屏幕图像变得清晰。[4]

也许，这些工具是利用技术改变行为的有效方法，但它们中没有一个用到修辞。福格提出的所有技巧，都在通过技术来改变行为或想法，却不会让用户对行为本身或导致此类行为或想法的逻辑进行讨论。有些做法很直观，例如监控洗手情况的系统和网站的注册系统。而那些承认用户意识存在的方式方法，默认用户已经理解并接受技术背后的宏观因由。例如，像心率监测器这样的自我监测技术，就预设了用户对于有氧运动与长期保持健康状态之间关系的理解和接受。因

---

[1] B. J. Fogg, *Persuasive Technology: Using Computers to Change What We Think and Do*（San Francisco：Morgan Kauffman，2003），41.

[2] B. J. Fogg, *Persuasive Technology: Using Computers to Change What We Think and Do*（San Francisco：Morgan Kauffman，2003），44.

[3] B. J. Fogg, *Persuasive Technology: Using Computers to Change What We Think and Do*（San Francisco：Morgan Kauffman，2003），46.

[4] B. J. Fogg, *Persuasive Technology: Using Computers to Change What We Think and Do*（San Francisco：Morgan Kauffman，2003），49.

此，虽然计算机说服学没有明确地表示自己服务于现有的社会、政治或商业机构，但其框定的形式——针对特定既有情境的策略——只允许说服技术为现有的实质性目标服务，而不是挖掘人们想要追求这些目标的原因。

不止于此，计算机说服学似乎只关注心理学而非辩证式的用户反应。考虑到福格作为实验心理学家的背景，这并不奇怪。但是他似乎对将说服与逻辑论证和对话相结合的哲学修辞传统整体上持不屑一顾的态度。在将近三百页的《说服技术》一书中，福格只用了半页侧边栏的篇幅来讨论修辞学，轻描淡写地称其为"说服研究简史"①。福格在这半页里阐述了他的观点，即心理学方法本质上比哲学方法更可取：

> 现如今，对说服的研究持续展开，主要得益于始于 20 世纪初的社会心理学研究。受到美国政府需要说服公民支持战事的启迪，社会心理学家提出极具野心的研究项目，以探究到底是什么导致人们改变态度和行为。后来，市场营销人员和广告商在汲取社会心理学洞察的基础上，系统地研究影响力的作用方式，并将相关发现用于助推企业的繁荣发展。②

在讨论政府资助的有关隐秘操控的社科研究时缺乏审慎和批判性，表明福格可能并未意识到他自己存有的意识形态：在

---

① B. J. Fogg, *Persuasive Technology: Using Computers to Change What We Think and Do*（San Francisco：Morgan Kauffman，2003），24.

② B. J. Fogg, *Persuasive Technology: Using Computers to Change What We Think and Do*（San Francisco：Morgan Kauffman，2003），24.

这之中，现有的权力结构直接制定道德和理想的目标。福格的理解，在一定程度上是受公司和政府对他的研究资助驱动的，导致他自己被困在这种限制他对计算说服理解的世界观中。尽管福格在创造计算机说服学一词时是想要将"计算机作为说服的技术"一事进行巧妙缩写，但最终拼凑出来的词本身就让人联想到被当局俘虏（capture）、逮捕和监禁的感觉。对福格的研究来说，操纵技术（manipulative technology）或许是一个更合适的名字。

虽然不是很重要，但是说服的技术与说服的游戏之间的不同之处还在于，前者从根本上不涉及程序性。福格确实讨论了在说服中使用模拟，包括提及电子游戏。主要是存在于条件作用那一项里，比如用游戏投币举例说明如何"让玩家继续玩"。但他的大多数例子都属于向用户呈现数据（如将邮政编码转换为数据列表），或将传感器输入的结果反馈输出给用户（如公路测速仪、心率监测器）。[1] 做减法和隧道式导引也许可以为程序性修辞提供有用的框架，但福格并没有明确地将它们与程序性表征联系起来。事实上，他选用的例子都呈现出较低的过程强度。

黑盒与白盒

最后，我想聊一聊计算机代码在我对程序性修辞的分析中发挥的作用。如果计算表达从根本上说是程序性的，而计

---

① B. J. Fogg，*Persuasive Technology: Using Computers to Change What We Think and Do*（San Francisco：Morgan Kauffman，2003），51.

算程序表征是通过代码生成的，那么代码在程序性修辞的实践和分析中扮演什么角色？

计算机软件和电子游戏中每个程序性修辞的元素，不论图形还是表单，都必须用代码构建。因此如果不深入研究代码本身，似乎不可能展开分析或讨论。毕竟，口语修辞学已然辨别出数十种用于旨在说服的口头和文字论证的修辞手法。在程序性修辞领域难道不行吗？我相信可以。尽管如此，后文中所有您会读到的分析都没有引用或推导出代码。

通常，像电子游戏之类编译而成的软件是无法直接获取其代码的。软件子系统是被严加控制的商业机密，没人能直接"掀开《模拟人生》或《侠盗猎车手Ⅲ》的表层"以探察运行其中的底层代码。在软件开发和测试阶段，不同的需求催生出相应的方法。在测试环境下观察程序的效果并识别其代码中潜在的功能或问题，被称为黑盒分析。这种分析会对软件系统的实际操作做出或正确或错误的假设。而观察程序的效果并识别其代码中实际的功能或问题，则被称为白盒分析或玻璃盒分析。这种分析基于对产生这些效果的底层代码局部或全面的了解，来观察系统的效果。有些白盒分析可以在不直接访问代码的情况下进行。例子包括关于开发技术的会议演示文件中的架构描述（如《模拟人生》的架构描述）或已知的子组件共性（如作为"侠盗猎车手"核心的Renderware渲染软件引擎）。我之前讨论过早期街机游戏如何使用相似的常见硬件组件以及第一人称射击游戏如何使用共同的游戏引擎，它们都影响着基于同一平台搭建的多款游戏的设计。[①] 常见的、公开记载过的硬件和软件技术规格、开

---

① Bogost, *Unit Operations*, 55-64.

发工具包和经过反编译的电子游戏只读存储器（ROM），都为研究软件本体提供可能的途径。这种研究可以为电子游戏体验的物质基础提供重要的见解。对代码的理解是对程序性解释的补充。程序性修辞学家尤其应该努力理解构成某一程序论证的素材的功能可供性（affordance）。对于律师来说，这意味着了解法律条文和司法程序。对于计算学评论家而言，则意味着了解硬件条件、软件框架和编程语言的功能可供性。[①] 这种专业知识，是程序性批评和程序性修辞的一个共同子集，在这两个领域都是值得研究的课题。但是，这样的资源并不一定对每个计算下的产物来说都能得到保障。

可见性的缺失让一些评论家感到担忧。雪莉·特克尔对《模拟人生》的一部分批评，与该模拟游戏的黑盒特性有关。她认为这遮掩了游戏在税收政策等问题上的立场。在特克尔看来，"打开盒子"可以让玩家了解模拟是如何运行的，从而更好地进行批评。这个反对意见的问题在于，玩家是可以看到模拟是如何运行的。甚至可以说，这就是玩这个游戏的意义所在。特克尔真正针对的不是《模拟人生》，而是玩家——人们不知道如何带着批判的眼光去玩这个游戏。在代码层面

---

① 此类批判性行为的其中一种形式被称为"软件研究"，尽管这方面的许多工作仍未通过深入阅读其底层的软件或硬件架构来探讨计算系统的文化含义。有关后者的两个很好的例子，参见 Brett Camper, "Reveling in Restrictions: Technical Mastery and Game Boy Advance Homebrew Software"（paper presented at the Digital Arts and Cultures 2005, IT University, Copenhagen, Denmark, December 1-3, 2005）; Michael Mateas and Nick Montfort, "A Box, Darkly: Obfuscation, Weird Languages, and Code Aesthetics"（paper presented at the Digital Arts and Cultures 2005, IT University, Copenhagen, Denmark, December 1-3, 2005）. （原文该注释标注位置错误，特此更正。——译者注）

理解模拟，并不一定能解决这个问题。有些人提出，设置可以改变《模拟人生》之类游戏的模拟规则的"政策旋钮"。即便通过这种代码和现有用户界面之间的中介系统能够理解模拟，也无法确保人们能够明白如何创作过程而非文字形式的论证，或者如何与这样的论证交互。与其通过代码素养自下而上地解决这个问题，不如通过程序素养自上而下地解决这个问题。我会在第九章再次就此展开讨论。这种实践的一部分，是学习站在评论家的立场上解读过程。这意味着，在玩电子游戏或使用程序系统时，着眼于识别和解释那些驱动该系统的规则。这其实与文学批评家解读小说或影评人评论电影一样。而要求访问计算机程序的代码，就像直截了当地要求作者或电影人陈述原始表达意图一样。尽管 20 世纪的批评理论存在缺陷，但其中有一个概念值得保留：弥散（dissemination），即文本不可逆转地逐渐远离原始创作。[1] 贡萨洛·弗拉斯卡指出："模拟的创作者不是在呈现单一特定事件，而是一组潜在事件。正因如此，他们必须成体系地思考其对象，并考虑哪些是支配系统性对象行为的法则。同理，解读模拟的人通过推断这些支配规则，在脑海中创建一个抽象的模型。"[2] 弗拉斯卡还表示，在这样的模拟中，"玩家的目标应该是根据他个人的想法和观念去分析、质疑和修改模型的规则"。

---

① 雅克·德里达在批评柏拉图偏爱口语而非书面语言时使用了"弥散"一词，他认为，无论是在文本、口语还是其他形式中，中心性和权威性都掩盖了意义。参见 "Plato's Pharmacy," in Jacques Derrida, *Dissemination*, trans. Barbara Johnson（Chicago：University of Chicago Press, 1981）, 61-84.

② Gonzalo Frasca, "Videogames of the Oppressed"（master's thesis, The Georgia Institute of Technology, 2001）.

说服性游戏与程序性修辞

正如《避税者》《全球"乓"》《刚果琼斯之树皮奇兵》等例子所示，程序性修辞不会自动成为计算表达的一部分。即便不考虑有效性的问题，即使只是构建意思连贯的程序性修辞，都需要投入大量的注意力。在接下来的三章中，我将探讨程序性修辞在政治、广告、教育这三个领域里存在的方式方法和例子。我选择这些领域有几个原因。首先，它们是我熟悉的领域。在三个领域里我都从事过专业工作、完成过学术研究和写作并且创作过电子游戏。其次，它们具有代表性，是关于修辞和说服的讨论中经常出现的典型领域。因此，对于程序性修辞和说服性游戏来说，也是显而易见的选项。此外，它们在现实的物质的世界中提供了明确的目标和参照物。在政治、广告和教育领域揭示程序性修辞，或许可以为探讨其他更隐晦的拥有表达力的领域埋下种子。最后，这三个领域共同涵盖了广泛的人类社会经验——在当代文化中已越发破碎的场域。在这些地方，我相信，电子游戏可以帮助修复它们，不止一点。

政治
Politics

第二章　政治过程

《生化影响》(*BioChemFX*) 是一款应急响应人员的培训工具，旨在模拟城市环境中出现的生物恐怖袭击。[1] 该工具由一群专门研究超大数据集实时渲染的物理学家开发，结合大气、气象、地形和建筑情况模拟出超过 20 种化学试剂的实时扩散影响。

软件用于销售演示和作为新闻示意图的版本，展示的是加利福尼亚大学伯克利分校的鸟瞰图（见图 2.1）。一个明亮的绿色云团覆盖了大部分街道，代表该地区正遭遇沙林毒气攻击。过去的几年里，我在课堂上用这个晦涩的反恐模拟举例说明电子游戏的固有主观性。现在，急救人员可以看到气体的物理扩散了，他们该救谁？大一新生还是诺贝尔奖得主？无家可归者还是便利店店员？[2]

后来，2005 年 8 月卡特里娜飓风袭击了新奥尔良。遗憾的是，我不再需要一个假设的例子来说明，对特定人群生命的价值预判可能会导致在危急之时形成某种僵局。

新奥尔良及墨西哥湾沿岸周边地区至少 1300 名居民在卡特里娜飓风中遇难。即便到灾后 6 个月，当局仍会发现新的遇难者遗体。[3] 飓风造成的混乱包括：物理问题（大坝决堤

---

① 3D Pipeline Corporation, *BioChemFX* (La Jolla, Calif.: 3D Pipeline Corporation, 2003).

② 有关《生化影响》的更多探讨，见 Bogost, *Unit Operations*, 98-99.

③ Mary Foster, "The Search for the Dead Is Renewed," *Louisiana Weekly*, March 6, 2006.

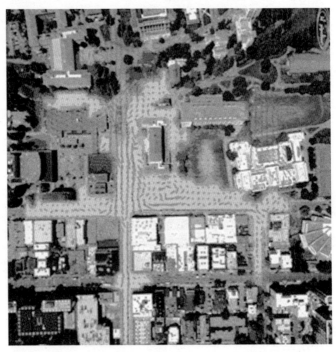

图2.1　实时气体扩散模拟《生化影响》将生化污染物的扩散可视化，却
　　　　抽离了其中的社会和伦理问题

导致城市部分地区被淹没）、市政规划问题（不同政府部门之间混乱或相互矛盾的信息发布）和危机响应问题（超级圆顶体育馆等避难场所的恶劣条件、未能实现迅速撤离）。这场灾难，对布什政府造成了沉重打击。因为理论上，布什政府在2001年9月11日之后的4年里，一直在调整政府配置以成功且快速地应对紧急情况。全国各地的人民群众都表达了他们的不满：如果我们连一个预告数周的自然灾害都无法应对，那又如何能够应对像恐怖袭击之类的随机、突发性事件呢？

　　2006年2月，美国众议院发布了一份针对卡特里娜飓风

　　　　　说服性游戏：电子游戏的表达力

的报告，抨击"各级政府的失败"①。该报告对上述提到的每一个问题都进行了研究：堤坝决口被归咎于糟糕的工程设计和缺失的警报系统②；飓风期间政府部门信息混乱是由于对国家应急计划失败的或不彻底的执行③；危机响应的问题则出在应急通信系统故障（包括设备和人为因素）、提前准备匮乏以及面向民众的传播系统失能（包括当地执法部门失位）。这些让本已严峻的局势雪上加霜。④

尽管"信息差"是许多问题的根源，众议院的卡特里娜飓风报告呼应了9·11事件委员会报告中的观点，特别指出缺乏"想象力"和"主动性"是宏观层面整体标准失效的重

① Select Bipartisan Committee to Investigate the Preparation for and Response to Hurricane Katrina, "A Failure of Initiative：The Final Report of the Select Bipartisan Committee to Investigate the Preparation for and Response to Hurricane Katrina"（Washington, D.C.：U.S. House of Representatives, 2006）, 1.

② Select Bipartisan Committee to Investigate the Preparation for and Response to Hurricane Katrina, "A Failure of Initiative：The Final Report of the Select Bipartisan Committee to Investigate the Preparation for and Response to Hurricane Katrina"（Washington, D.C.：U.S. House of Representatives, 2006）, 2, 87-97.

③ Select Bipartisan Committee to Investigate the Preparation for and Response to Hurricane Katrina, "A Failure of Initiative：The Final Report of the Select Bipartisan Committee to Investigate the Preparation for and Response to Hurricane Katrina"（Washington, D.C.：U.S. House of Representatives, 2006）, 2-3, 131-146, 151-158.

④ Select Bipartisan Committee to Investigate the Preparation for and Response to Hurricane Katrina, "A Failure of Initiative：The Final Report of the Select Bipartisan Committee to Investigate the Preparation for and Response to Hurricane Katrina"（Washington, D.C.：U.S. House of Representatives, 2006）, 3-4, 183-195, 241-260.

要原因。[1] 不过，这份 600 页的报告只用不到 1 页的篇幅为这些观点"添砖加瓦"。其中还提到了一些道德高尚、热心助人的个人，包括"扫荡药店以获取必需药物和物资并设立临时诊所"[2] 的格雷戈里·亨德森医生（Dr. Gregory Hendersons）。众议院特别委员会的发现指出应急准备的方方面面都亟待改进，并针对联邦紧急事务管理局（FEMA）、执法部门、军方、行政指挥部和医疗机构提出具体建议。[3]

该委员会的被动性建议集中在检阅、修订和收紧现有的应急响应流程上。9·11 事件委员会的报告，重点关注未能保护机场安全、未能预防袭击和在袭击发生时未能及时响应的问题。而众议院特别委员会的分析，同样把重点放在未能保障基础设施、未能预防灾害以及在飓风来袭后未能及时响应的问题上。所有这些结论都基于官僚式程序————一些交互的规则，用于促进、支持或阻止民众自发行为的发生。具体来

① Select Bipartisan Committee to Investigate the Preparation for and Response to Hurricane Katrina, "A Failure of Initiative：The Final Report of the Select Bipartisan Committee to Investigate the Preparation for and Response to Hurricane Katrina"（Washington，D.C.：U.S. House of Representatives，2006），1.

② Select Bipartisan Committee to Investigate the Preparation for and Response to Hurricane Katrina, "A Failure of Initiative：The Final Report of the Select Bipartisan Committee to Investigate the Preparation for and Response to Hurricane Katrina"（Washington，D.C.：U.S. House of Representatives，2006），1.

③ 该委员会的任务不是提出建议："希望我们的调查结果将促成必要的改变，令各级政府做出更好的准备，以便更好地应对下一次危机。"Select Bipartisan Committee to Investigate the Preparation for and Response to Hurricane Katrina, "A Failure of Initiative：The Final Report of the Select Bipartisan Committee to Investigate the Preparation for and Response to Hurricane Katrina"（Washington，D.C.：U.S. House of Representatives，2006），1，359.

说，众议院的分析肯定了在 9·11 事件之后建立的重要——且昂贵的新程序的价值和有效性。简而言之，如果卡特里娜飓风再有下次，其解决方案应当就在当前程序的掌控范围内。只是，政府没有有效地运用这些程序。

白宫关于卡特里娜飓风的报告认可了这一观点，并建议成立一个国家级指挥中心，"让联邦政府作为一个整体更好地掌握事态、规划行动"[①]。在所有调查结果和建议里最能说明问题的内容，来自众议院委员会报告中带着猜测的总结段落："我们仍旧对于这场风暴前后政府行动所展现出的无能和低效感到困惑。但最大的问题，是消极被动的状态。"[②]

众议院特别委员会提出了一个疑问，质疑卡特里娜飓风事件到底是自然灾害还是人为灾难。如果系统失效，是因为对相应的管理规则执行不力，还是因为这些规则本身有问题？白宫认为，答案是前者。不带一丝犹豫，其报告将这场悲剧定性为类似于 1871 年芝加哥大火和 1906 年旧金山地震的自然灾害。[③] 这些是"天灾"。尽管理论上存在人为干预的可能，但它们的后果是注定的。

在卡特里娜飓风过后的反思中，这场灾难背后的社会状况值得探究。造成 300 人死亡、10 万人失去家园的芝加哥大火传闻中的起火原因，竟是一位农民和她的奶牛，只是，夏

---

① The Department of Homeland Security，"The Federal Response to Hurricane Katrina：Lessons Learned"（Washington，D.C.：The White House and the Department of Homeland Security，2006），36.

② Select Bipartisan Committee to Investigate the Preparation for and Response to Hurricane Katrina，"A Failure of Initiative."

③ The Department of Homeland Security，"The Federal Response to Hurricane Katrina：Lessons Learned，" 5.

季的干燥气候和木质建筑在当地的普及导致火势迅速蔓延。[1] 除了天干物燥要小心处置谷仓中的火烛，从这场大火中得到的另一个重要教训，就是木质建筑材料的易燃性——一个火星就可能导致熊熊大火。这让人联想到将近 4 个世纪之前，导致伦敦大火的那些茅草屋顶。无心之失导致了两场火灾，但城市里大量使用的建筑材料天然的缺陷注定了其陷入火海的命运。

虽然花费了 350 页的篇幅进行官僚式研判，众议院的卡特里娜飓风报告最终的结论似乎与白宫的报告大相径庭。或许，与众议院最初以为会得出的结论都相去甚远。委员会认为，消极的态度或者说被动性（passivity）是这次危机的根本问题。而针对被动性，他们其实只有一个问题："我们如何能够建立一个可以抵御被动性的体系？"[2] 这是个反问句，一个在报告中没有得到进一步阐明的修辞手法。它的预设回答是，不可能。面对卡特里娜飓风，格雷戈里·亨德森医生是个"规则的例外"，而"没有人从中学习……直到为时已晚"[3]。简单来说，我们只是没有足够关切到去进行对灾难的预防、普及、通知、救援或疏散，尤其当处于危险中的居民是穷人、黑人或两者兼而有之的时候。[4] 这场悲剧，揭示了构建人类良

---

[1] 关于芝加哥火灾原因的另类解读，参见 Richard F. Bales，*The Great Chicago Fire and the Myth of Mrs. O'Leary's Cow*（New York：McFarland，2002）.

[2] Select Bipartisan Committee to Investigate the Preparation for and Response to Hurricane Katrina，"A Failure of Initiative," 359.

[3] Select Bipartisan Committee to Investigate the Preparation for and Response to Hurricane Katrina，"A Failure of Initiative," 1.

[4] Joan Walsh，"Flushing Out the Ugly Truth"（Salon.com，2005［cited November12，2005］）；available from http://www.salon.com/opinion/feature/2005/09/01/katrina_race/index_np.html/.

知的"原材料"中存在的缺陷。

卡特里娜飓风的余波，在政府和媒体中持续发酵。因联邦紧急事务管理局局长迈克尔·布朗（Michael Brown）被罢免而浮出水面的更多报告似乎显示，布朗在飓风登陆前一天恳求政府做更多准备。[①] 但是，人们不禁思考，是否有任何一位联邦政府部门的领导者、任何一项完善的基础设施、任何一套危机应对计划，能够超越指引我们制订这些计划的价值观。

鉴于卡特里娜飓风事件，让我们设想一下加州大学伯克利分校真的遭遇了沙林毒气袭击的情况。假设，你是精英应急响应小组的成员，被部署到校园附近繁忙的电报大道和班克罗夫特街十字路口。多亏了出色的快速响应系统，你的队伍在事件发生几分钟后就被召集起来，且袭击的消息尚未引起公众恐慌。你穿戴着防护装备和防毒面具提前五分钟抵达《生化影响》预测出的路径，准备开始人群疏散和限制毒气扩散的工作。然而，意外的风向变化影响了气体另一条分支路径的动向。在不到两分钟的时间里，两股气流将在队伍的当前位置汇聚，大幅缩短原有的疏散时间。而繁忙的街道上，有着移民经营的当地店铺、斯普劳尔大厅、学校的一栋行政楼、数十名学生以及临时避难所里面和周围零零散散的无家可归者。

你要救谁?《生化影响》可以预测气体的流动，但我们需要另一种模拟——它要能将我们对物理世界的理解，转化为一套支撑着最困难抉择的价值观。

---

① Associated Press, "Video Shows Bush Warned before Katrina Hit," *CBS News*, March 2, 2006.

意识形态

自然灾害和恐怖主义事件并不是唯二政府试图简化的复杂的政治和社会问题。政治教条对社会问题产生直接影响的最著名案例之一，是 1845 年至 1850 年间发生的爱尔兰大饥荒。在此期间，任何生活在爱尔兰西部小农场里的普通民众都需要通过中介向英国的地主支付不断增加的租金。而中介机构会将同一块土地细分为更小的地块，同时提高每个地块的租金。马铃薯作为在爱尔兰西部和南部贫瘠土壤中仍然生长良好的农作物，是这些农民和家人的主要粮食来源。1845 年，一种空气传播的真菌开始侵蚀健康的马铃薯植株，严重影响第二年的收成，然后是第三年。[①] 随后发生的饥荒导致 150 万人死亡，另有 100 万人逃离家园，迁徙他乡。

尽管自然环境因素导致了最初的灾害，但此后饥荒蔓延导致大规模食不果腹甚至死亡的根源，则在于英国官员坚持遵循的自由放任主义（laissez-faire）经济。该理论坚决反对干预市场。我将在下一章中，讨论自由放任主义支持者在 20 世纪的美国实行的保守政策。支持者们坚信，"国家任何提供福利的尝试，都会使情况变得更糟。下层阶级要对自己的状况负责。他们把时间浪费在了酗酒和找乐子上，指望别人提

---

① 这种真菌随着从英国南部港口城市出发的船只向西传播，而这些来自新大陆的船只对于携带真菌并未觉察。

升他们的福利，并且追随愚蠢的领导者"[1]。

将政客对大饥荒受害者明显的忽视放置一旁，詹姆斯·L. 理查森（James L. Richardson）认为自由放任主义的盛行，主要归因于一些积极发声的经济理论学家。尤其是大卫·李嘉图（David Ricardo），他"抛开表象揭露世界的本质，展示潜藏的底层框架"[2]。那些取消爱尔兰的工作项目和救济站的政客显然并非无辜，但他们的行动是受到自由放任主义所提供工具的极简化的影响。正如理查森所说，"在一个充满复杂性和偶然性的世界里，李嘉图式推理鼓励政策制定者假设关系都是单纯、统一的"[3]。依靠单一的逻辑来合理化每一个政治事件，无疑是一种相对省事的治理方式。

当时英国对自由放任主义经济奉为圭臬的纯粹性，就是一个很好的参考示例，来说明哲学如何充当政治思想和行动的逻辑。在这个例子里，自由放任主义为思考社会和政治问题提供了一种逻辑。英国并没有改变其从爱尔兰进口粮食的政策；因此在饥荒期间，因缺乏马铃薯而挨饿的爱尔兰家庭仍然要向英国出口大量粮食；而农民们不顾饥饿仍乐意出售稻谷，是因为他们需要收入来支付租金给农场的英国地主以避免被驱逐。这些关乎政治行为的规则，是支撑政治、经济和日常实践的程序性系统的一个例子。当然，这些规则并不是由计算机强制执行的，它们是由社会、文化和政治惯例驱动的。

---

[1] James L. Richardson, *Contending Liberalisms in World Politics* (Boulder, Colo.: Lynne Rienner Publishers, 2001), 34.

[2] James L. Richardson, *Contending Liberalisms in World Politics* (Boulder, Colo.: Lynne Rienner Publishers, 2001), 34.

[3] James L. Richardson, *Contending Liberalisms in World Politics* (Boulder, Colo.: Lynne Rienner Publishers, 2001), 35.

在爱尔兰大饥荒的故事里，不论对于旁观者还是当事人，其中隐含的驱动政治的推理体系都是显而易见的。但在卡特里娜飓风或虚构的加州大学伯克利分校袭击事件中就不那么明晰了，它隐藏在更复杂的政治实践背后。这些隐匿的驱动社会、政治或文化行为的程序性系统，通常被称为意识形态（ideology）。

意识形态有着漫长而艰辛的思想历程，其概念本身与西方哲学一样古老。柏拉图在《理想国》（*Republic*）中写下了著名的"洞穴之喻"，将人类对世界的理解比作因犯看到洞穴墙壁上由于后上方有物体和人经过而投下的影子。因犯只能看到物体理想形式的一个不完美的投影。[1] 对柏拉图来说，理念（ideal）和物质（material）世界之间差异的弥合，只能通过对形式的重新回顾来实现。这种说法假设我们的灵魂曾与这些形式相连，因此也是不朽的。西方哲学普遍遵循这种重理念、轻物质的趋势——我们对世界的体验必然被影子笼罩。体验就像是存在于理念与物质之间的缝隙中，一种在不知不觉中指引着我们思想和行为的"虚幻的意识"。

意识形态一词，可以追溯到 18 世纪法国革命者安东尼·德斯蒂·德·特拉西（Antoine Destutt de Tracy）。他将其视为一门关于思想起源的科学，即人类如何从物质世界中进入理念世界。[2] 正如雷蒙·布东（Raymond Boudon）所阐明的，恰恰是拿破仑对德斯蒂·德·特拉西的回应，赋予意识形态更为人熟知的含义：

---

[1] *Plato: Complete Works*，515a-516a.

[2] Raymond Boudon, *The Analysis of Ideology*（Chicago：University of Chicago Press，1989），25.

当德斯蒂·德·特拉西和沃尔涅（Volney）试图阻挠拿破仑建立帝国的野心时，他轻蔑地将他们称为**观念学派**（ideologues），意指那些试图用抽象思考代替（后来被称为）**现实**政治的人。从那时起，意识形态就意味着那些声称基于理性或科学的抽象（且不太可信）的理论。这样的理论，试图勾勒社会秩序并指引政治行动。[①]

卡尔·马克思（Karl Marx）以这种方式理解该概念，并给出了或许最著名的描述："他们没有意识到这一点，但是他们这样做了。"（*Sie wissen das nicht, aber sie tun es.*）[②] 继黑格尔之后，马克思认为历史进步源于意识与物质之间的辩证关系。[③]

安东尼奥·葛兰西（Antonio Gramsci）对马克思关于物质和理念的区分提出不同的看法。他认为，物质本身是经过意识和思想领域提纯的。因此，革命必须同时解决经济和意志两方面的问题。[④] 葛兰西的霸权（hegemony）概念，阐

① Raymond Boudon，*The Analysis of Ideology*（Chicago：University of Chicago Press，1989），25.

② Karl Marx，*Capital*，volume 1：*A Critique of Political Economy* trans. Ben Fowkes（New York：Penguin，1992），166-167. Translation modified.

③ 黑格尔和马克思主义意义上的辩证法与第一章讨论的柏拉图意义上的辩证法不同。对柏拉图来说，辩证法是哲学探究，通过对话（尤其是苏格拉底式的辩论）来追求真理。对黑格尔和马克思来说，辩证法是对立的思想（正题和反题）在一个新的统一整体（合题）中结合并调和的过程，而这个合题又成为新的辩证法的正题。对黑格尔而言，这个过程为历史进步奠定了基础。

④ Antonio Gramsci，*Selections from the Prison Notebooks*，trans. Quintin Hoare and Geoffrey Nowell-Smith（New York：International，1971），164-165，183-185.

释了相对强势的社会阶级有能力将世界观强加于从属阶级，从而使后者将这种世界观视为自然而然的。路易·阿尔都塞（Louis Althusser）在葛兰西对观念与物质实践如何联系起来的关注基础上，认为经济体倾向于自身发展优先。他构思了两种在现代资本主义国家里执行这一任务的机构：强制性国家机器（Repressive State Apparatuses，简称 RSA），如警察、法院、军队等；以及意识形态国家机器（Ideological State Apparatuses，简称 ISA），如教会、家庭和教育系统等。[①]阿尔都塞认为，意识形态存在于"一种机器及其实践中"[②]。主体的形成，基于意识形态国家机器为其精心打造的各种身份。阿尔都塞将这个过程称为质询（interpellation）。[③]阿尔都塞基本将思想的观念领域完全融入物质实践。他的学生米歇尔·福柯（Michel Foucault）在其指引下，坚持将物质世界视作通过"话语"构建人类主体性的主要系统。[④]后来，斯拉沃热·齐泽克（Slavoj Žižek）试图纠正这种对物质条件的乐观看法。意识形态对齐泽克来说仍是物质的，但这种物质现实是恶性扭曲的。意识形态不仅是对现实的虚假再现，它已经成为现实本身的一部分并使其变得面目全非。齐泽克说："'意识形态'不是社会存在的'虚假意识'，而是由'虚假

① Louis Althusser, *Lenin and Philosophy and Other Essays*, trans. Ben Brewster（New York：Monthly Review，1971），145.

② Louis Althusser, *Lenin and Philosophy and Other Essays*, trans. Ben Brewster（New York：Monthly Review，1971），166.

③ Louis Althusser, *Lenin and Philosophy and Other Essays*, trans. Ben Brewster（New York：Monthly Review，1971），175.

④ Michel Foucault, *The Archaeology of Knowledge*, trans. A. M. Sheridan Smith（New York：Pantheon，1972），117.

意识'支撑的存在。"①

当意识形态在现实中造成扭曲，这些变形变得越来越难以察觉。如果物质实践如葛兰西、阿尔都塞和齐泽克所说，是由意识形态构建的，那么我们在不知不觉中就被困在一个如韦伯形容的铁笼一般的监狱里。因此，政治批判学面临的挑战是识别物质实践中的扭曲。葛兰西接受意识形态拥有两种形态：阶级权威式表达和实现人们身份构成的更普遍的观念表达。这种区分支持葛兰西提出的主张，认为斗争和变革甚至可能改变占主导地位的世界观，创建新的逻辑、新的意识形态。这种观点使经典马克思主义的意识形态概念复杂化，赋予人们更直接的能力去影响驱动日常实践的逻辑。

阿兰·巴迪欧将决定情势组织构成的逻辑称为状态，或者"通过它将所有构建情势的框架……计数为一"②。正如彼得·霍尔沃德（Peter Hallward）总结的那样，状态阐释的"不是情势的元素本身，而是这些元素如何被组合成情势的一部分或者说子集"③。重组一个情势的可能性，取决于空无，即空集（null set，以数学符号 Ø 指代）。这为重新配置情势保留了可能性。对巴迪欧而言，实现方式是通过事件，它同时也奠定了主体性。

电子游戏是尤其有用的工具。它可以被用于将葛兰西理论中构成世界观的逻辑、齐泽克理论中政治语境下的意识形态扭曲以及巴迪欧理论中诸如此类的情势状态可视化。关于

---

① Slavoj Žižek, *The Sublime Object of Ideology*（New York：Verso，1989），21.

② Badiou, *Being and Event*，95.

③ Peter Hallward, *Badiou: A Subject to Truth*（Minneapolis：University of Minnesota Press，2003），96.

卡特里娜飓风和反恐的政治势态，是由于在罕见情况下暴露了其中潜藏的逻辑才显现出来的。这种情况在日常实践中很少见，甚至是希望避免出现。在这些极端情况下，意识形态被揭示并具象化。政治电子游戏使用程序性修辞来揭露政治架构运作的成功或失败，抑或它们应该或能够如何运作。探讨政治议题的电子游戏通过程序性表征将政治制度的逻辑"编纂成文"。通过玩这些游戏并解读其中程序性修辞对政治局势提出的主张，我们可以从一种置身事外、异常客观的视角来看待驱动它们的意识形态。

战争与和平

2002 年，美国军方史无前例地发布了一款由政府资助的第一人称射击（first-person shooter，简称 FPS）游戏。《美国陆军：行动》（*America's Army: Operations*，简称《美国陆军》）[1] 作为军队征兵和传播推广工具被构思出来并公开宣传，旨在"为年轻人重塑美国陆军"[2]。该游戏代表了军事娱乐复合体的重要一步。它使用当时最流行且昂贵的专业级游戏引擎——虚幻引擎 2（Unreal 2）打造，并免费发布在军方网站上。发布后 6 个月内就有超过 100 万用户注册，其中超过 60 万人完成了游戏里的基本步枪射击和战斗训练（BCT）。

---

[1] Modeling, Simulation, and Virtual Environments Institute（MOVES），*America's Army: Operations*（Washington, D.C.: U.S. Army, 2002）.

[2] Michael Zyda et al., "Entertainment R&D for Defense," *IEEE Computer Graphics and Applications* 23, no. 1（2003）: 28.

这是获得战斗任务之前的必要一步。[1]

虽然《美国陆军》与其他流行的多人 FPS 游戏属于同一类型，但军方希望"通过复杂的角色扮演，了解军队中真实的个人和职业发展机会"。因此，它改变或去掉了许多传统和战术型第一人称射击游戏惯常的特点。[2] 一方面，《美国陆军》采用了类似流行的多人死亡竞赛式 FPS 游戏《反恐精英》（Counter-Strike）的核心玩法：联网的玩家小组相互竞争以获取胜利。[3] 在《反恐精英》中，玩家可以实现诸如可调重力、无限弹药、超凡环境等富有想象力的微调或变化。《反恐精英》的策略以自由模式（free-for-all）为基础：玩家通过使用"兔子跳"（bunny hopping）或连续跳跃来避免被击中，如果被击杀会立即重生，而且可以在奔跑或跳跃的同时进行有效射击。[4] 玩家进入游戏后无须做任何准备，即刻开打。

相比之下，玩家进入《美国陆军》后，一开始会以新兵的身份在佐治亚州的本宁堡（Fort Benning）军事基地接受训练。玩家必须在这里以足够的分数通过 BCT 训练之后，才能继续努力获得步枪或狙击手资质。游戏在武器操作方面进行了详尽的展示。例如，玩家要学会"在连续射击中的适当时间节点呼吸，以及通过在固定位置的双脚架上使用 M-24 来

---

[1] Michael Zyda et al.，"Entertainment R&D for Defense，" *IEEE Computer Graphics and Applications* 23，no. 1（2003）：34.

[2] Michael Zyda et al.，"Entertainment R&D for Defense，" *IEEE Computer Graphics and Applications* 23，no. 1（2003）：28.

[3] Valve，*Half-Life: Counter-Strike*（Bellevue，Wash.：Sierra Online，2000）.

[4] Shenja van der Graaf and David B. Nieborg，"Together We Brand：America's Army"（paper presented at the Digital Games Research Conference，Utrecht，Netherlands，November 2003），6.

充分发挥它的性能。[①]《美国陆军》的节奏比《反恐精英》慢得多。例如，在运动中射击会显著影响精准度。这些限制旨在准确、真实地再现军队交锋的程序和政策，而不是虚构一个随意对战的世界。

其实，这款游戏在政治层面的模拟，比其机械和物理模拟更有趣。《美国陆军》遵守美国军方严格的交战规则（rules of engagement，简称 ROE）。该规则杜绝了经典小队作战游戏的无组织无纪律式喧嚣。《反恐精英》鼓励玩家尽可能多地获得击杀，而《美国陆军》的玩家则合作完成短线任务，如营救战俘、占领敌方建筑物、攻击敌方设施等。可以说，ROE 严格指导着玩游戏的方式。设计师迈克·再达（Mike Zyda）等人在写到该游戏时解释称：

> 所有玩家都必须遵守战争规则。如果违反《军事司法统一法典》（Uniform Code of Military Justice）、交战规则或陆战法，玩家将立即受到惩罚。他会发现，自己伴着口琴演奏的悲伤蓝调音乐，置身于利文沃斯堡（Fort Leavenworth）的一间牢房里。连续违反规则可能会导致玩家被游戏彻底除名。要重新加入游戏，就必须创建一个新 ID 并从头再来。[②]

许多玩家在基础训练阶段就会发现这种约束：将武器对准自己的教官，会立即导致玩家被关禁闭。游戏内行为与继续游戏的能力之间的强绑定，构成对于指挥链（chain of

---

[①] Zyda et al., "Entertainment R&D for Defense," 29.

[②] Zyda et al., "Entertainment R&D for Defense," 30.

command）这一新入伍士兵必须即时理解的核心架构有说服力的程序性修辞。甚至，使用污言秽语也会成为在游戏内受到纪律处分的理由。

不仅如此，该游戏还将 ROE、指挥链与美国军队的道德规范直接联系在一起。与许多类似的游戏一样，当玩家完成关卡时会获得积分。积分会显示并留存在全球联网的统计榜单上。达成指定的积分目标时，玩家角色的"荣誉"数据会增加。由于荣誉等同于投入程度和专业知识储备，避免违反 ROE 和指挥链的意愿就变得更加强烈；因违规而失去角色，则意味着需要付出相当多努力才能实现重建。

荣誉与执行随机且去政治语境化的任务之间的关联，有助于了解现实社会中美国军队的现状。虽然抽象荣誉点数的使用乍看之下似乎有些牵强，但该系统与实际的军队勋表体系有很多共同之处。勋表（ribbon）、勋章（medal）和其他称号被用来表彰军事目标的成功完成。训练、职业成长、负伤、完成任务及许多其他事件都有可能为士兵赢得勋章。这些佩戴在制服上的勋表略章，代表着获得者的荣誉和地位。普通民众不熟悉被授予勋表或勋章的具体行动，因此这些称号象征着士兵的抽象价值，而非具体成就。《美国陆军》的荣誉机制成功地将这种价值体系程序化。正如再达等人总结的那样："游戏坚持贯彻美国军队的任务导向。最重要的是，士兵必须拥有团队精神，遵循军队的价值观和规则。"①

游戏里的荣誉延展到游戏之外被称为元游戏（metagame）的那些构成宏观游戏体验的网站和排行榜中，为玩家提供一个关乎军事价值观的独特视角。通过在 ROE 和指挥链的规范

---

① Zyda et al.，"Entertainment R&D for Defense，"30.

下完成军事目标，体现荣誉（honor）、服务（service）和勇气（courage）。在陆军中的成功，意味着毫无疑问和保留地、无私地完成上级下达的任务。这些任务脱离地缘政治背景，所表彰的不是基于有意识地根据冲突利好而完成的服务，而是基于在无关乎政治环境的情况下的服役表现。从游戏中不难发现，入伍新兵的行动是无关政治的。

《美国陆军》中最突出的关于敌方威胁的程序性修辞，对这一认知进行了强化。如前所述，这款游戏是多人游戏，像《反恐精英》一样以小队形式展开对抗。但在《美国陆军》中，每个队伍都在扮演美国陆军士兵的角色，玩家从不直接演绎敌对势力。再达等人解释道："没有人会扮演与美国作对的恶人。两支队伍都认为自己是美国陆军的一员并将另一队视为反派。"[1] 当再达等人说每个队伍都将对手"视为"反派时，他们说的是字面意义上的：玩家的队伍在画面上穿着军装，而对手则以身着便衣的反叛军或游击队的形象出现。两队执行同一个任务，一攻一守，但双方都认为自己是"好人"。

乍看之下，或许应该赞扬开发人员以创造性的方式，确保所有玩家始终以美国陆军士兵的角色进行游戏。毕竟，这是一款以征兵为目标的游戏。但深思之后会发现，反派角色的消失实则揭示了 21 世纪初美国军事行动的意识形态。敌人和士兵之间角色的可调换性突出了当代美国的一个假定，即军事冲突具有交换性。也就是说，同一个全球性甚至是超验性的情势直接影响着冲突双方。感知对等强化了军事冲突印证单一真理的观点。从双方各自维度出发"所看到的"，实际上是相同的。这种思路准确反映了当代美国对军事冲突的态

---

[1]　Zyda et al., "Entertainment R&D for Defense," 30.

度。不仅我们的立场是正确的，而且除邪恶外反派的行为无法做其他解释。再达等人使用漫画里"恶人"的概念来指代敌方，进一步强调这一逻辑：敌人的行为没有合理的解释，就是邪恶的，因此需通过战争武力解决。游戏中对于善恶的视觉表现，是以很初级的通过以不同质感的形象装扮渲染对方队伍的方式实现的。关于敌对冲突的程序性修辞要更为复杂。它建立在归属于美国陆军和反派的价值体系实则相同的基础之上。敌人拥有合理申诉的可能性，甚至是能够解释反对派行为的前序历史背景，都被排除在军事冲突的考虑范围之外。

游戏对于"真实性"的执着，进一步突出了这种普适正义的意识形态。再达等人详细介绍了开发团队对视觉和听觉真实性的关注，包括准确还原武器声音和环境元素："为了增加真实感，脚步、子弹击中物体、飞溅的颗粒、手榴弹、弹壳等，都被赋予了特定质感的撞击声。例如，在游戏中可以清楚地听出，弹壳在撞到混凝土、木头或金属时，发出不同叮当声的区别。同样，在土地、泥泞、木板、混凝土、草地和金属材质上的脚步声，都被准确呈现。"[1] 游戏对于感官逼真度的追求，带动对于其政治逼真度的期待。而关于"敌人"的意识形态，准确地反映了美国在全球冲突问题上的片面视角。

作为面向年轻人的招募和广告工具，《美国陆军》不仅试图准确描摹美国军队的实操，还准确刻画了军队部署背后的政治语境。考虑到该游戏是设计并面向青少年进行推广的，人们有理由担心《美国陆军》变成宣教的工具。申佳·范·德尔·格拉夫（Shenja van der Graaf）和大卫·B. 尼耶伯格（David B. Nieborg）指出，游戏未能通过其逼真的环绕声立

<hr>

[1]　Zyda et al., "Entertainment R&D for Defense," 29.

体音轨呈现战争其他方面的真实。一方面，作战中暴力的残酷性在很大程度上被弱化。"身体受到的严重伤害，士兵血流如注，甚至垂死时可能会放大的听觉感知，都不存在。"[①] 当然，对血腥场面的克制让游戏在美国获得了"青少年"评级，确保它能够触及军队的目标市场。避免血腥暴力、残肢断臂等内容的决定，更可能是突出了创作者对其可能受到批评的担忧，而非对于战争真实后果的想法。

我对《美国陆军》的兴趣，更多在于它对当代美国有关战争的意识形态的呈现，而不是它对战争残酷性的表现。玩这个游戏，为观察美国对外冲突的"状态"提供了一个不同寻常的可以带入的视角。无论是从本体论还是政治方面考虑，在这里运用巴迪欧的术语"状态"都很合适。虽然我们可能会担心游戏对其年轻目标群体的影响，但我们可以从游戏操作规则必然会暴露美国军队意识形态一事中感到些许安慰。这里，我们看到意识形态以一种新的物质形式出现。阿尔都塞认为，意识形态建构物质实践，并因此脱离观念的领域。齐泽克和巴迪欧则以不同的方式，理解意识形态与物质实践的统一。在《美国陆军》中，意识形态在观念领域里被物质化。因此，这款游戏有两重说服性目标。一方面，作为美国军队的征兵工具，该游戏呈现出来的军队生活吸引感兴趣的年轻人前往征兵处。另一方面，作为推动美国军队发展的意识形态的体现，游戏鼓励玩家将有关责任、荣誉和全球唯一政治真理的逻辑视为可取的世界观。

和平主义同样容易受到意识形态的影响。国际非暴力冲突中心（International Center for Nonviolent Conflict）委托专注军事和医疗电子游戏开发的 BreakAway Games（破茧游戏

---

① Van der Graaf and Nieborg, "Together We Brand," 8.

公司）制作了一款旨在展示非暴力民主革命的游戏——《更强大的力量》（*A Force More Powerful*）。[1] 该中心表示，游戏将被提供给正在推动民主变革的国家内的活动团体，尽管他们也在网站上销售该游戏。

相较于动作游戏《美国陆军》，《更强大的力量》着重于策略，特别是推动和掌控非暴力抵抗所需要的培训、筹款和组织架构模型。该游戏基于彼得·阿克曼（Peter Ackerman）和杰克·杜瓦尔（Jack DuVall）合著的同名书籍以及美国公共广播电视台出品的剧集进行创作。[2] 在游戏中，玩家掌控着一个受到政权对抗的反对派运动。玩家的任务是评估政权的脆弱性，并制定适当的策略以促使其垮台。

非暴力冲突听起来无疑比武装冲突要更好。任何拥有和平主义机制的游戏都应该受到欢迎，即使仅仅是为了拓展这个目前充斥着暴力表征的媒介之可能性空间。但是，《更强大的力量》试图为民主革命建立一个程序性模型。它适用于任何背景下、任何类型的民主革命。虽然游戏努力诠释有关非暴力行动的通用且抽象的方法，但人们仍会怀疑是否有可能真的存在一个放之四海而皆准的政权颠覆模式。[3]《更强大的力量》对抗争的定性，无关历史、文化和地域特性。以马丁·路德·金和甘地的非暴力示威为例，它们是在特定的物质条件下，从冲突内部展开的。在专注于"政权更迭"的政治环境中，《更强大的力量》揭露了这种更迭实际上深陷于西方的地缘政治利

---

① BreakAway Games，*A Force More Powerful*（Washington，D.C.：The International Center for Nonviolent Conflict，2006）.

② Peter Ackerman and Jack DuVall，*A Force More Powerful*（New York：Palgrave Macmillan，2001）；Steve York，*A Force More Powerful*（PBS，1999）.

③ Gene Sharp，*Power and Struggle*（Boston：Porter Sargent，1973）.

益之中。正如《美国陆军》提出了关于武装冲突交换性的程序性修辞一样，《更强大的力量》提出了一种有关非武装冲突的程序性修辞。《更强大的力量》中推翻专制政权的通用程序模型，强调了政权更迭并非一个无利害关系的过程。相反，它是通过外部力量实现的。这就意味着，那些外部力量认为现有政府是不合法、不正当的。虽然专制政府通常对其公民不利，但这些政权也"摆脱了"全球化，不参与由资本驱动的全球经济。西方对民主化的关切将民主治理与自由市场资本主义绑定在一起，这是当代地缘政治中一个极具争议的话题。

在《更强大的力量》中，玩家在非暴力反抗运动中扮演军师的角色。游戏核心概念是招募，玩家需要通过感化成员和建立联盟来组成同盟（coalition）。同盟的概念本身就很复杂。同盟需要一个邦联，但这有时，或许应该说通常意味着临时的结盟。组建同盟需要一个因拥有相同或至少相似价值观而形成的临时联盟，以对抗单一且专制的统治者。在这种情况下，暴政和反对派都必须是简洁明了的。同盟需要同化利益互补的群体，以支持共同的目标。游戏要求玩家建立的，正是这种政治性和社会性的统一体。他需要将角色划分成群体，由群体构建同盟，最终形成运动。虽然同盟的目标不一定是互补的，但是《更强大的力量》中所呈现的内容被认为是非常具有可移植性的——因为它旨在提供一种在任何地方都预设有效的经济和社会样板。

《更强大的力量》专注于建立同盟来推翻对人民实施社会或物理暴政的领导者，但它掩盖了那些在此类革命后得益于自由市场资本主义而实现长远利益目标的全球政治力量。像《美国陆军》和《更强大的力量》这样的电子游戏突出了政治形势的不完整和复杂性。虽然这些游戏提供了试图通过单一逻辑解释复杂政治局势的整体模型，其他程序性论证则试图突出看似独立的关键问题之间的因果或关联。

这种修辞，驱动着艺术家乔什·昂（Josh On）的《反战游戏》（Antiwargame）。[1] 游戏中，玩家在反恐战争里扮演美国总统一角。游戏描绘了一个非常风格化的美国，里面有蓝色和绿色的人物形象——蓝色的是普通民众，绿色的是军人。同时，呈现了一个点缀着石油钻井的外国侵略者的国家形象。玩家可以进行一系列简单的操作。首先，他可以改变政府在三个类别中的支出：军事/商业、社会性支出、对外援助。其次，他可以将绿色公民转化为国民警卫队成员，或者派遣他们出国参战。一旦被派往国外，玩家就可以将士兵提升为军官、占领油田或试图激励那些没那么投入的士兵。玩家的受欢迎程度通过画面上的一个仪表呈现，而小窗提示着简化的关于媒体和商业态势的洞察（见图2.2）。

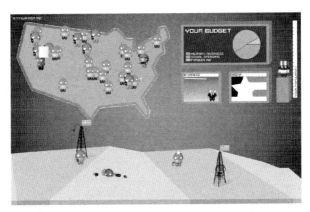

图2.2　乔什·昂的《反战游戏》从程序上论证了商业利益和军事利益是不可区分的

---

[1]　Josh On，*Antiwargame*（San Francisco：Futurefarmers，2001）.

《反战游戏》对9·11事件后政治和社会环境的性质提出了一系列相互关联的主张，每个都直截了当。首先，商业和军事是不可分割的；支持其中一个就意味着支持另一个，暗示两者之间存在根本联系。如果玩家拒绝派遣军队到海外获取作为商业驱动力的石油资源，商业支持就会削减。这种逻辑自我延续，因为商业/军事资金的增加意味着能将更多人转化为军队。未能维持足够的商业支出会引起来自公司利益方的反抗，最终导致玩家被暗杀。社会性支出会造成经济不满，进而导致抗议。不过，总统可以通过操纵媒体信息来控制不满情绪。此外，国民警卫队可以通过恐吓来控制抗议运动的蔓延。

一旦被派往海外，保持部队的士气是非常困难的。军官可以鼓励不满的士兵，但过多的命令会导致部队反抗其领导层。这种机制的设置，参考了越战征兵时曾出现的疏离感。一旦玩家的部队开始占领油田，暴力就会接踵而至。媒体将流血事件的图片发回国内，导致抗议的增多和支持率的降低。军官可以管控媒体，但这样他们就无法作战，因此玩家必须向海外派遣更多部队。杀害外国平民会引来更多的外国军队，加剧暴力活动。随着冲突的增加，外国利益威胁进行更多的恐怖袭击。撤军是遏制对国内攻击的一种措施，暂时增加对外援助是另一种。

《反战游戏》的程序性修辞，通过玩家选择的政治行动触发意想不到的后果而呈现出来。它暗示了未被明确视为相关的政治领域之间的关系。该游戏主张，军事利益和商业利益是相同的，而海外战争是控制资源以支持商业的手段。游戏中没有任何关于外国民主、自由或"政权更迭"的表征呈现。对外援助不是出于人道主义目的，相反，它是一种战争工具，可以暂时安抚敌人和国际社会，以及国内的批评者。此外，媒体和国民警卫队不是支持网络，而是稳定民众的工具。总的来说，游戏的规则构成了一个关于反恐战争逻辑的系统性主张，即所谓的战争理由——安全和自由——是虚假的。与其他和平主义主张不同，《反战游戏》对战争的反对并不是出于反暴力。更确切地说，它反对战争的主张是9·11事件后的冲突均受到漏洞百出的问题逻辑驱动。

失败修辞

《反战游戏》的程序性修辞之所以有效，是因为它促使玩家做出可能不显眼或者看起来不合逻辑的决定。通过连接商业、战争和社会动荡之间的因果关联，游戏使用了程序性省略三段论。一旦玩家完成这些基于规则的三段论，《反战游戏》就会通过程序性表征，展现作者认为美国外交政策问题重重的态度。如果程序性修辞通过将关于事物如何运作的主张具象化来发挥作用，那么电子游戏也可以对事物失败的运作提出主张。

这种技巧在关于政治的电子游戏中尤其流行，也许是因为此类游戏通常被视作对出了问题的政治实践的批评。李顺兴将这种策略比作悲剧："一个'你永远赢不了'的游戏就像是一个悲剧作品。举例来说，一个玩家永远无法实现目标的游戏，并不是因为玩家能力不足，而是因为以悲剧形式呈现的游戏设计。"[1]但悲剧也带有历史包袱，尤其存在于那些悲剧戏剧中的具象线性叙事里。我认为，这类游戏运用一种常见的程序性修辞——关于失败的修辞（rhetoric of failure，简

---

[1] Lee，"I Lose，Therefore I Think."

称"失败修辞")。游戏中的悲剧,往往能在这个修辞类别中找到相应的程序性表征。

李顺兴举了两个无法获胜的政治游戏的例子,都是对9·11事件及其余波的回应。在第一个游戏《纽约守卫者》(New York Defender)中,玩家需要击落飞向世贸中心塔楼的飞机。[①]飞机以越来越快的速度接近,使任务变得越来越困难。第二个游戏《喀布尔砰嘭》(Kabul Kaboom),反映并探讨9·11事件之后美国对阿富汗塔利班的袭击。[②]玩家控制一个从毕加索的《格尔尼卡》(Guernica)中借来的形象化身,在躲避炸弹的同时接住代表空投食物的汉堡包(见图2.3)。这个游戏突出了侵略和援助的同时性和不一致性。玩家最终不可避免地接触到炸弹,从而导致游戏呈现角色被炸飞的血腥画面。

图2.3 贡萨洛·弗拉斯卡设计的游戏《喀布尔砰嘭》,借鉴并放大了街机游戏中常见的有关失败的程序性修辞

---

① Stef & Phil, *New York Defender*(Paris: Uzinagaz, 2002).

② Gonzalo Frasca, *Kabul Kaboom*(Montevideo, Uruguay: Ludology. org, 2001).

虽然这两款游戏都没有获胜的可能性，但它们并不直接呈现失败。正如李顺兴所指出的，《喀布尔砰嘭》和《纽约守卫者》借用了街机游戏常见的一种技巧：游戏会持续进行，直到玩家无法继续跟上攻击的节奏。按照既定操作玩游戏本身不会导致失败。玩家注意力或反应能力不可避免的崩溃，才是失败的原因。事实上，《纽约守卫者》感觉很像一款街机游戏，虽然它可能是一个相当基础的版本。《喀布尔砰嘭》则大幅增加了起始难度，以强调其失败修辞。《纽约守卫者》的难度在玩游戏几分钟之后，才会提升至困难程度，最终进入不可能完成的级别。但是在《喀布尔砰嘭》中，玩家基本无法坚持超过几秒钟。满屏的炸弹使得收集食物变得不可实现。当然，这样传递出的信息，正是设计者的意图。

　　这两款游戏，可以和《喀布尔砰嘭》的创作者贡萨洛·弗拉斯卡开发的另一款政治游戏进行比较。[1]2003年，弗拉斯卡推出了Newsgaming.com（新闻游戏网），一个托管有关时事的游戏的网站。弗拉斯卡将新闻游戏称为电子游戏和政治漫画的结合体，并自己打头阵设计了一个游戏作为例子：《九一二》（*September 12*）。游戏描绘了一个中东无名小镇，镇上有平民、狗、儿童和四处游荡的恐怖分子。玩家面临的问题，是如何应对这些恐怖分子。后者在游戏过程中没有进行实际的恐怖活动，但他们的威胁不言自明。玩家控制屏幕上的十字线瞄准星，可以随意移动以瞄准目标。点击鼠标就会发射一枚导弹，并在短暂延迟后击中目标，摧毁周围的建

---

[1]　Powerful Robot Games，*September 12*（Montevideo，Uruguay：Newsgaming.com，2003）.

筑物并杀死其爆炸半径内的所有人。当普通民众被杀害时，其他人会围在一起哭泣，然后变身恐怖分子（见图2.4）。

图2.4 《九一二》将美国地缘政治以及其在伊拉克战争的立场程序化

虽然《喀布尔砰嘭》和《纽约守卫者》最终会结束，但《九一二》会无限继续。这个游戏没有设定任何目标或完成状态。一系列规则驱动着模拟：村民按照特定的逻辑在村里移动；建筑物一旦被摧毁，会随着时间的推移而自行重建；普通民众哀悼逝者，然后成为攻击者。但最重要的是，游戏提供的打击恐怖主义的工具实为一个骗局——使用导弹打击恐怖分子只会摧毁无辜的生命。拥有导弹、恐怖分子和民众的用户界面有效地推助在游戏世界中形成后果。然而，产生的后果是令人憎恶的，与声称远程精确战争拥有"外科手术式精准度"的说法相去甚远。因此，《九一二》认为这种反恐逻辑问题重重。遵循它并没有让任何人变得更安全，事实上，更多无辜的生命因此逝去。

李顺兴认为，像《喀布尔砰嘭》和《纽约守卫者》这样的游戏"旨在将玩家从游戏内的失败者转变为游戏外的思考者——我失败，我思考"[①]。确实，这两款游戏都创造了可以引导玩家获得主观洞察的困境。但《九一二》与《喀布尔砰嘭》的修辞之间，存在一个关键差异。运用失败修辞的电子游戏，与那些根本无法获胜或积极促成玩家失败的电子游戏所传达的声明略有不同。类似《吃豆人》等街机游戏，《喀布尔砰嘭》通过规则构建一个可玩但是最终不可避免地以失败告终的游戏。而在《九一二》中，规则阐释了使用提供的工具实现目标是不可能的。为了回应那些认为游戏从根本上必须是可以赢的批评者，开发者在说明中加入了一条免责声明："这不是一场游戏。你赢不了，也不能输。"[②] 在《喀布尔砰嘭》中，玩家未能赢得比赛；但在《九一二》里，呈现出的程序系统未能实现其声称提供的服务。玩家根本不可能带着对成功的期盼玩这个游戏。

《马德里》(Madrid) 是新闻游戏网推出的第二款游戏，经常被误认为在使用失败修辞。该游戏在 2004 年 3 月 11 日西班牙马德里连环爆炸案发生后不到两天就被创作出来，呈现一场烛光守夜活动。[③] 一群人面对着玩家，每个人都穿着向

---

① Lee, "I Lose, Therefore I Think."

② 示例参见 Greg Costikyan, "I Have No Words but I Must Design: Toward a Critical Vocabulary for Games" (paper presented at the Computer Games and Digital Cultures, Tampere, Finland, June 6-8, 2002).

③ Powerful Robot Games, Madrid (Montevideo, Uruguay: Newsgaming. com, 2004).

不同的遭受恐怖袭击的城市致意的衬衫。一句话的说明足矣："点击蜡烛，让它们尽可能明亮。"每支蜡烛的亮度，会随着时间的推移而减弱。玩家必须达到最低的总亮度，才能获胜（见图2.5）。

图2.5　"新闻游戏"《马德里》是在2004年3月该市发生恐怖袭击后不到48小时创作出来的

　　由于玩该游戏需要精确、快速地进行鼠标移动，因此完成任务并获胜特别困难，尤其是在使用笔记本电脑触控板等非标准输入设备时。鉴于这一情况，对于该游戏的一个剑走偏锋的视角将其解读为，是关于失败的程序性修辞一次有效的运用：再多的哀悼都是不够的；我们必须永远不停地点燃蜡烛。① 事实上，这个游戏是可以赢的，屏幕底部的仪表盘显示着玩家朝着胜利目标努力的进度。一旦达成目标，屏幕中

① 关于这款游戏的这种解读是在 Grand Text Auto 网站上的讨论中提出的：http://grandtextauto.gatech.edu/2004/03/14/newsgamingsimadridi/.

会呈现对于马德里连环爆炸案受害者可视化的哀悼挽歌。因此，可以获胜的《马德里》中的程序性修辞，比直截了当的失败修辞更加微妙：敬畏和记忆会逐渐消逝，我们必须准确且不辞劳苦地将它们延续下去。不论如何，这样的策略是值得的，它可以带动整体社会变革。

套壳政治，模拟政治

　　电子游戏与政治有着千丝万缕的联系。许多游戏将政治性主题或视效嫁接到现有的程序机制上，沃德里普 - 福林（Wardrip-Fruin）将其视作被他称为图形逻辑（graphical logics）的一种示例。在雅达利 VCS 的鼎盛时期，曾策划推出三款政治游戏，收益用于支持环保组织。第一款游戏《拯救鲸鱼》（*Save the Whales*），是关于绿色和平组织的。玩家控制一艘潜艇，向水面上的捕鲸船撒下的渔网发射弹药（见图 2.6）。该游戏从未发布，虽然它的一个版本被重新打包并在 2002 年经典游戏博览会（2002 Classic Gaming Expo）上展出。这个博览会，是早期平台电子游戏收藏家和开发者的聚会。[1] 该系列策划的其他游戏，包括《荷兰榆树守卫者》（*Dutch Elm Defender*）和《海豹宝宝攻击》（*Attack of the Baby Seals*），虽然都没有被实际开发。[2] 承诺通过电子游戏增加慈善资金收入，当然有发展空间，但《拯救鲸鱼》其实只是套

---

① Steve Beck，*Save the Whales*（Self-published，2002）.

② 参见 http://www.atariage.com/software_page.html?SoftwareLabelID=2059/.

用了《太空侵略者》和《守卫者》(*Defender*)等射击游戏进行重新改编。有关鲸鱼保护的环境背景和非法捕鲸的商业背景，在游戏体验中是缺失的。

图2.6　从未面向市场正式发布的《拯救鲸鱼》，提供了一个着眼于社会问题的电子游戏早期示例

诚然，雅达利2600的软件功能及其可供性有限，其设计初衷是控制角色和抛物线，而非动态的政治体系。然而，在接下来的十年里，尽管游戏主机系统可以实现更复杂的模拟，但政治议题在很大程度上仍然仅限于视觉上的套壳使用。其中，《小猫"袜子"勇闯国会山》(*Socks the Cat Rocks the Hill*，简称《小猫"袜子"》)就是这样一款未能问世的比较稀奇古怪的电子游戏。据说，在这款平台游戏中，玩家需要控制克林顿时期在白宫的宠物"袜子"，绕过间谍和政客并警示总统有一枚核导弹被盗。[①] 该游戏从未发布，因此相关细节都属于推测。有人

① Kaneko, *Socks the Cat Rocks the Hill*(1993). (未发布的电子游戏)

声称，共和党人乔治·H. W. 布什（George H. W. Bush）和理查德·尼克松（Richard Nixon）在游戏中作为关卡大魔王出现。[1]与《拯救鲸鱼》一样，《小猫"袜子"》借鉴了那个时代流行的游戏类型的设置和玩法动态——主要依赖于移动和碰撞检测的2D横版卷轴平台游戏。

正如《拯救鲸鱼》和《小猫"袜子"》所示，并非所有关于政治的电子游戏都是政治性的。我前面讲到的政治电子游戏的特征，在于揭示政治秩序逻辑的程序性修辞，它为支持、质疑或打破这些逻辑提供了可能。程序性修辞阐明了政治结构体如何组织其日常实践。它们描述了任一体系在考虑任何具体事项之前的"思考"方式。可以肯定的是，这种可被接纳的想法的塑造过程有自己的逻辑，而这种逻辑可以在代码中具象实现。事实上，很多电子游戏都采用了这种策略。

这类游戏最清晰易懂的例子，是政治选举模拟器。1988年发布的回合制竞选管理游戏《当选总统》（*President Elect*）就是最早出现的此类电子游戏之一（见图2.7）。[2]游戏允许玩家参加1960年至1988年间的任何一届美国总统选举，而且支持历史或非历史的对决。1992年推出的《权力政治》（*Power Politics*）给予历史修正主义的空间更大，例如匹配来自不同时代真实的总统候选人。[3]《权力政治》重整并更名为《杜恩斯比利竞选游戏：大选96》（*The Doonesbury Election*

---

[1] 示例参见 http://en.wikipedia.org/wiki/Socks_（cat）/.

[2] Strategic Simulations Inc., *President Elect*（Sunnyvale, Calif.: Strategic Simulations Inc., 1988）.

[3] Randy Chase, *Power Politics*（Portland, Ore.: Cineplay Interactive, 1992）.

图2.7　与大多数竞选游戏一样，《当选总统》模拟的是竞选活动，而不是政治

Game: Campaign'96），尽管据报道其开发商 Mindscape（心景游戏）在游戏发布后几个月就将其下架。[1] 待到 2004 年美国大选时，市面上至少有四款此类游戏：发行最好的《政治机器》（*The Political Machine*）[2]；兰迪·蔡斯基于之前开发的《权力政治》和《杜恩斯比利竞选游戏：大选 96》创作的新版本——《权力政治 III》（*Power Politics III*）[3]；英国版、加拿大版、澳大利亚版《永远的首相》（*Prime Minister Forever*）和《永远的总理》（*Chancellor Forever*）同系列作品《永远

[1]　Randy Chase, *The Doonesbury Election Game: Campaign'96*,（Novato, Calif.: Mindscape, 1996）.

[2]　Stardock, *The Political Machine*（San Francisco: Ubisoft Entertainment, 2004）.

[3]　Kellogg Creek Software, *Power Politics III*（Portland, Ore.: Kellogg Creek Software, 2004）.

的总统》(*President Forever*)[1];以及侧重于竞选活动最后90天[2]的《大选领跑者》(*Frontrunner*)。[3]

这些模拟对选举过程各自有其独特的理解。《当选总统》侧重对于人口趋势和投票模式的真实呈现。《永远的总统》《权力政治》及其续集,侧重于假设情境。《政治机器》高水准的图形制作旨在吸引大众市场。《大选领跑者》则专注于选举最后几周的焦灼。

但所有游戏都遵循一个共同的程序性修辞:选举的胜利,通过竞选活动而非政治议程实现。玩家选择或定制游戏中的对手候选人,并组建一个竞选团队以提供建议。然后,大部分回合制游戏设置的玩法,需要玩家关注全国和各州的支持情况、选择举办筹款活动的地点、规划和开展宣传活动(包括战略性诽谤)以及完成辩论。

在选举模拟中,公共政策无关紧要。玩家在某个问题上选择或采纳立场,通常是在支持和反对之间做出基础性抉择。《当选总统》会询问玩家的偏好,并根据其对彼时重要(但现已过时)的政策议题的回答建档。在这些游戏中,竞选总统的过程被等同于恰到好处的推广和营销的过程。关乎社会、经济、外交政策问题的政治现实,退变为基于过往投票记录

---

[1] Eighty Dimensional Software, *President Forever* (Vancouver: Eighty Dimensional Software, 2004); Eighty Dimensional Software, *Prime Minister Forever* (Vancouver: Eighty Dimensional Software, 2005); Eighty Dimensional Software and Deutsches Institut für Public Affairs, *Chancellor Forever* (Vancouver: Eighty Dimensional Software, 2005).

[2] Scott Hilyard, "New Video Game Mimics Race for the Oval Office," *USA Today*, April 23, 2004.

[3] Magic Lantern, *Frontrunner* (Monmouth, Ill.: Lantern Games, 2004).

和地方人口构成的单次对未来表现的衡量。换句话说，选举模拟器假设政治静止：政客们试图找到契合公众舆论的"正确答案"。《当选总统》之后出现的选举游戏，允许玩家生成随机的人口条件，而不是使用历史数据。但这样的修改，也只是考虑到选举策略而对不同政治观点进行重新混搭。现在，一个保守的加州或者自由开放的南部成为新的静态系统，玩家为此设计相应的候选人应对方案。其中没有政治性目标。

当然，有人可能会认为，《当选总统》《大选领跑者》等游戏恰恰是为了强调：政治意味着选举策略，而不是公共政策。但是《游戏开发者》（Game Developer）杂志上的一篇剖析《政治机器》的文章，反而突出了开发者在针对政策本身的程序表征方面的顾虑：

> 在政治策略游戏中，尤其是在像2004年布什对克里这样竞争激烈的争议年份，我们必须付出大量努力来确保游戏对双方都是公平的。人们会在游戏中寻找偏见，并探究任何隐藏的别有用心。我们希望足够准确地反映现实世界，这样政治迷们才不会感到不快，但我们也想确保游戏是有趣的。这是一款策略游戏，不是一个仿真模拟程序。[1]

也就是说，游戏不是针对政治政策的模拟器。相反，它是对政治谋略的模拟，与政策无关。

换句话说，国家、公司（详细讨论见第五章和第九章）、

---

[1] Brad Wardell, "Postmortem: Stardock's *The Political Machine*," *Game Developer*, October 11, 2004.

学校（详细讨论见第八章和第九章）以及其他共同构成日常生活实践的机构等政治秩序的功能，并不等同于驱动这些机构的逻辑。可以肯定的是，两者是相关的。国家的目标是通过其运行方式，或直接或间接地传达的。但国家的主要工作，是确保自身的未来。正如巴迪欧所说："现代国家的目标，仅仅是履行某些职能，或是形成一种共识。它唯一的主观维度，是将经济必需……转化为服从或不满。"[①] 如果说选举游戏传递了任何政治性主张，那就是政治与选举的彻底剥离，以至竞选活动对政策的取代，已然成为一种意识形态。

其他游戏使用政治符号、图像或措辞，但仍然避免模拟政治生涯的过程。直接聚焦选举过程（而非选举策略，如《当选总统》等）而开发出的游戏，提供了具有启发性的示例。我和贡萨洛·弗拉斯卡在 2004 年为霍华德·迪恩的竞选活动设计的电子游戏，就是这样一个例子。[②] 游戏《艾奥瓦州支持霍华德·迪恩》模拟了基层外联，主张地方的、个人的行动是支持竞选的主要形式。考虑了几种可能的设计之后，竞选团队决定委托开发一款旨在强调基层传播力的游戏。[③] 他们希望赢得那些与候选人共情但尚未参与竞选活动或者为其做出贡献的选民的承诺。该游戏模拟了基层外联的逻辑以及普通支持者实际可能参与的活动，将这些活动具体化。在这个游

---

① Alain Badiou, *Infinite Thought*, trans. Oliver Feltham and Justin Clemens（London and New York：Continuum，2003），73.

② Persuasive Games，*The Howard Dean for Iowa Game*（Burlington，Vermont：Dean for America，2003）.

③ 有关《艾奥瓦州支持霍华德·迪恩》游戏设计和其他替代设计选项的描述等的更多信息，请参阅 Bogost and Frasca，"Videogames Go to Washington."

戏里，程序性修辞主张某一特定类型的竞选活动最有可能长久维系候选人收获的支持。

与此类似，探索频道（Discovery Channel）电视网为其2004 年播出的剧集《幕僚》（*Staffers*）制作了《幕僚挑战》（*Staffers Challenge*）。[①] 该游戏要求玩家控制一个地区竞选办公室，平衡四项同时进行的任务：煮咖啡、接听电话、在前台与访客交谈、装填信封。目标是尽可能长时间地保持所有任务点位的运转。《幕僚挑战》是一款设计巧妙且制作精良的游戏，运用商业电子游戏中的常见资源管理任务，实现对竞选活动的程序性评论：要做的事情总是比做事的人多；竞选之路由那些低薪甚至分文不取的志愿者铺就，理想主义的、年轻的、无知者无畏的精神，使得他们甘愿从事那些重复的、吃力不讨好的工作。就像《艾奥瓦州支持霍华德·迪恩》里的竞选"小游戏"一样，《幕僚挑战》将促进选民群体转变为支持者所需的个人体验程序化。

还有一些游戏会使用政治人物，但完全未能就任何政治语境展开探讨，就连像选举模拟游戏这种对政治广告机制很基础的讨论都没有。在 2004 年大选高潮阶段，Glu Mobile（格融移动）的前身——英国手机游戏开发商 Sorrent（索伦特）公司将此前开发的游戏《福克斯体育之拳击》（*Fox Sports Boxing*）套壳，用 G.W. 布什（G.W. Bush，简称"小布什"）和约翰·克里（John Kerry）的形象替换原有的拳击手头像，将角色重新命名为"布巴布什（Bubba Bush）"和"克击克里（K.O. Kerry）"，重新发布一款名叫《布什与克里拳

---

① iTraffic, *Staffers Challenge* (New York：Discovery Channel，2004)；
Steve Rosenbaum, *Staffers* (Discovery Channel，2004)．

击大战》(*Bush vs. Kerry Boxing*)的游戏。[①]尽管对自己阵营的政治对手施以一个恰到好处的上勾拳可能会在当年大选的政治纷争中带来短暂的慰藉，但游戏本身仍旧没有将政治性程序化。如果有什么，也只能说《布什与克里拳击大战》强化了政治作为人物个性而非能够辅助日常生活的基础框架的隐喻。

随着政治游戏的日益流行，许多游戏效仿《布什与克里拳击大战》对于政治图像的使用，将其作为把自己与大众关注的话题相连，或是从网游和手游市场的喧嚣中脱颖而出的尝试。使用外表效果来吸引特定生活方式群体，是一种常见的被称为联想性广告（associative advertising）的广告技巧。我会在第五章中详细讨论这一点。Sorrent 公司希望使用布什和克里的脸能让现有的拳击游戏同时吸引体育和政治爱好者。同样，将政治用作一种不寻常的好奇心或刺激，可能会使普通的游戏显得不那么普通。[②]Kewlbox.com（酷盒）网站的在线游戏《白宫骑士》(*White House Joust*)就是如此。[③]它借鉴了流行的街机游戏《鸵鸟骑士》(*Joust*)的名字和玩法，但将原游戏里的鸵鸟坐骑替换为总统和总统候选人（如布什、克林顿、克里）、国家元首〔如托尼·布莱尔（Tony Blair）〕和其他各种与政治沾边的人物形象〔如拉什·林博（Rush

---

① Sorrent Games，*Bush vs. Kerry Boxing*（London：Sorrent Games，2004）；Sorrent Games，*Fox Sports Boxing*（London：Sorrent Games，2004）.

② Michael D. Santos，Craig Leve，and Anthony R. Pratkanis，"Hey Buddy Can You Spare Seventeen Cents? Mindful Persuasion and Pique Technique，"*Journal of Applied Social Psychology* 24（1994）. 我将在第七章更详细地讨论引起注意的策略。

③ Blockdot，*White House Joust*（Dallas，Texas：Kewlbox.com，2004）.

Limbaugh）]。Kewlbox.com 是由广告游戏开发商 Blockdot（块点）运营的在线游戏网站。该网站通过广告赚钱，因此对政治人物的恶搞即便只引起好奇，也能增加流量。

像《布什与克里拳击大战》《白宫骑士》这样的案例，并不是政治性电子游戏。说起来，它们只是对政治电子游戏的糟糕模拟。这些游戏给现有的程序机制套上政治的外壳，而不是试图将这些机制转化为支持政治论点的修辞。这些图形逻辑也许会、也许不会对现实世界进行视觉论证，但很显然，它们并没有进行程序性论证。

还有一些游戏有着政治局势的痕迹，看似受其政治逻辑影响，但并不直接呈现逻辑本身。2005 年底，MTV 的大学电视台部门——mtvU 宣布了一项面向大学生的竞赛。这个不那么令人羡慕的挑战是，设计一款电子游戏，结束苏丹达尔富尔（Darfur）地区的危机。自 2003 年初以来，该地区居民与金戈威德（Janjaweed）政府民兵组织之间冲突不断。这场危机很复杂。即便是对其最浅显的理解，也意味着需要对该地区非阿拉伯的黑人和阿拉伯人之间错综复杂的历史紧张关系进行深入研究。侵犯人权的行为，包括大规模强奸和谋杀，被归咎于冲突双方。但近期，局势倒向了全副武装且得到政府支持的金戈威德一方。由此造成的权力不平衡，引发了国际社会的日益关注。他们担心局势可能迅速恶化到类似于 20 世纪 90 年代卢旺达和巴尔干地区种族灭绝的地步。而冲突内核中"冷对抗"的部分，让局势更加复杂。几个世纪以来，非阿拉伯部落一直是定居于此的农民，而阿拉伯部落主要是游牧民族。两个群体对立的经济和物质需求经常导致冲突。截至 2005 年 3 月，据联合国估计，自冲突开始以来该地区已有 18 万人死于疾病和营养不良，5 万人死于暴力，另有约 20 万难民逃往邻国乍得。[①] 一些人批评小布什淡化苏丹危机，以便将美国的注意力和支持重心放在伊拉克。达尔富尔危机的财政和人道主义解决方案其实触手可及，但目前尚不清楚这样的解决方案在这个经历了几个世纪类似冲突的地区能坚持多久。

主办方 mtvU 给大学生们两个月的时间，来设计并提交一个基于这种复杂局势的游戏。2006 年 2 月，比赛结束了四名决赛选手的公开投票环节。[②] 决赛入围者之一《向导》（*Guidance*）对联合国援助进行简化呈现。玩家控制一个联合国标志，试图引导冲突中的部落找到食物，同时避免他们在画面中相撞。虽然《向导》对联合国援助进行了超级抽象的简笔画火柴人式呈现，但它确实对西方国家的干预提出了程序性的主张。这个解决方案没有考虑到该地区数百年的冲突历史，也没有考虑如何支持此类人道主义行动以及支持多长时间的问题。然而，根据《向导》的游戏规则，只要联合国的干预遏制住饥荒和杀戮的情况，冲突的部落就可以幸存下来。

后来重新命名为《救救达尔富尔》（*Darfur Is Dying*）的胜出游戏，其中一个片段让玩家扮演一个达尔富尔儿童，一边寻找可以取水的井，一边试图避开全副武装且有车辆支援的金戈威德（见图 2.8）。[③] 该游戏利用了一个常见的电子游戏设计模型：玩家作为英雄角色，需要奔跑以躲避敌人。颠覆了常见的电子游戏权力幻想，游戏将玩家置于斗争中软弱

---

①　"UN's Darfur Death Estimate Soars," *BBC News*，March 14，2005.

②　参见 http://www.darfurisdying.com.

③　Susana Ruiz et al.，*Darfur Is Dying*（New York：mtvU，2006）.

而不是强大的一方。获奖作品是由苏珊娜·鲁伊斯（Susana Ruiz）牵头的一群南加州大学硕士生开发的。作为她艺术硕士论文的一个板块，鲁伊斯开发了这款游戏。①

图2.8　颠倒典型电子游戏的角色扮演模式，扮演寻找水的达尔富尔儿童一角强调了无力感

　　通过玩《救救达尔富尔》来理解当地民众的经历，可能会增加玩家的同理心，但游戏并没有为解决冲突提出程序性论点。mtvU可能认为该游戏实现了其比赛目标之一，即"提高对冲突的认识"。但认识，只是一个对于可带入的解决方案缺失的老生常谈、毫无意义的借口。如果玩家希望了解可能的解决方案，他必须查阅远超这一个电子游戏范畴的资料。如果说它作为一种政治主张有成功的部分，那就是《救救达尔富尔》像一个电子游戏广告牌，为关于危机的更复杂的口

_____

① 参见 http://www.darfurthesis.net.

头或书面修辞做铺垫。正如 mtvU 在一份官方声明中解释的那样，《救救达尔富尔》旨在"吸引用户互动，并提供一个了解难民体验的窗口——让人们窥见苏丹国内因危机而流离失所的 250 多万人生活的一隅"①。这并非一个不理想的结果；同理心可能会促使玩家进一步探究相关情况。

但是，人们对于 mtvU 声称该游戏是其"为期两年的给大学生提供帮助结束苏丹种族灭绝所需工具的运动"的一部分，表示怀疑。② mtvU 为游戏建立了一个网站，上面对访问者不无自负地宣称："玩游戏。结束杀戮。"与伊丽莎白·洛什对《战术·伊拉克语》的质疑类似，记者朱利安·迪贝尔（Julian Dibbell）想知道电子游戏策划的本质对赞助商来说是否真的重要，"你会开始怀疑到底哪种游戏暴力更糟糕：游戏公司利用青少年的攻击性冲动来追求销量，还是 MTV 利用青少年的社会良知来追求广告收入"③。就像《白宫骑士》一样，这些游戏中的积极修辞可能与 MTV 的商业修辞相同，主要是为了引起人们的注意。mtvU 总是可以宣称其为危机"提高认识"的虚无缥缈的尝试是成功的，毕竟他们自己在有关危机方面的宣传做得非常成功。这样的努力可以是高尚的，尤其如果电子游戏作为对青少年的一种积极联想的修辞使用，能引起对国际政治问题新的关注。

但我们必须对为了政治而把电子游戏作为修辞使用和电子游戏中关于政治的程序性修辞编写进行区分。《救救达尔富

① 出自 mtvU 在 2006 年 5 月 23 日发出的电子邮件。
② 出自 mtvU 在 2006 年 5 月 23 日发出的电子邮件。
③ Julian Dibbell, "Game from Hell: Latest Plan to Save Sudan: Make a Video Game Dramatizing Darfur," *Village Voice*, February 13, 2005.

尔》将达尔富尔村民在危机特定时刻的经历程序化，抽离那些在一定程度上导致如此可怕后果的历史性难题。在他所著的达尔富尔危机史中，热拉尔·普吕尼耶（Gérard Prunier）[1]将这种简化理解的行为，复杂地称为模糊性种族灭绝。[2]普吕尼耶认为，媒体对这场冲突的呈现，将其定义成了"简单的"种族清洗——强势政府迫害、奸杀无权无势的受害者。[3]不可否认，迫害和奸杀确实发生了。但普吕尼耶批评的是这种简单化、媒介化的"反对"。它并不能解释这种迫害为什么会发生。而这个问题的答案，对于活动家们来说，似乎是很重要的信息。尽管《救救达尔富尔》希望成为呼吁大众对这场危机产生共情的有效途径，但游戏简化了问题的核心：怎样通过程序性修辞探讨历史背景如何导致冲突，以及为什么这种背景使得解决方案如此难以形成。

政治过程

政治问题相互关联的结构表明，在揭示政治意识形态方面，程序性修辞提供的方法可能比口语修辞更有前景。口语修辞需要在阐述因果方面条理清晰、驾轻就熟：自由放任主义经济导致爱尔兰人的饥荒；联邦政府的无能使得新奥尔良被淹没。尽管存在狡猾的、以雄辩为生的政客负面形象，但

---

[1] 此处原文将作者名字误写为 Gerald Prunier。——译者注

[2] Gerard Prunier, *Darfur: The Ambiguous Genocide*（Ithaca：Cornell University Press，2005）.

[3] Gerard Prunier, *Darfur: The Ambiguous Genocide*（Ithaca：Cornell University Press，2005），124-128.

这些说法往往简化并掩盖了导致最终结果的关系网络。不过，并非所有电子游戏都能迎接这一挑战；事实上，尽管电子游戏有望呈现政治思想，但将政治程序化是一项艰巨的工作，而且在商业电子游戏的领域中基本没有被探索过。虽然像《美国陆军》《更强大的力量》这样的游戏声称代表坚定的政治立场，但它们也帮助揭露了支撑这些立场的意识形态。像《反战游戏》《九一二》这样的游戏将有关政治问题的特定立场程序化，承认其中固有的偏见。政治电子游戏在当代媒介环境中的独特性，催生了像《白宫骑士》《布什与克里拳击大战》这样的游戏。这些游戏将政治形象用于商业目的而非政治目的。在《反战游戏》和《白宫骑士》之间，存在像《救救达尔富尔》这样的努力。它认真地尝试政治表达，但也将最复杂的政治关系从其程序性修辞中抽离出来。

当我们把政治问题当作程序系统——作为相互关联却又独立的文化惯例的产物——来审视时，可以获得对这些问题的独特视角。戴安娜·理查兹（Diana Richards）借用非线性建模中的"功能非线性"概念，来描述复杂性在政治过程中的作用。[①] 这样的过程，并不整齐清晰明了。用理查兹的话来说，它们是"一团乱麻"，其中牵扯"对细微变化、非平衡动态、复杂模式的出现和结果突变的感知……基本没什么是静止不变或固定的"[②]。理查兹的关注点在于对可以解释政治复杂性的经验模型的科学解释。但是，政治进程的程序性表征

---

① Diana Richards, *Political Complexity: Nonlinear Models of Politics*（Ann Arbor：University of Michigan Press，2000），8.

② Diana Richards, *Political Complexity: Nonlinear Models of Politics*（Ann Arbor：University of Michigan Press，2000），8.

也成就表达，而不是预测或验证。政治电子游戏中的程序性修辞，对政治过程之间特定的相互关系提出主张：它们为什么有效，为何不起作用，抑或社会是怎样通过改变规则而受益的。

第三章　意识形态框架

　　2004 年美国总统大选再次使全球民众认识到美国政治中意识形态的两极分化。美国选举人团和第三方可选项的缺失只是加剧了已然明显的分裂：电视转播的巨幅美国地图，以红色（共和党）和蓝色（民主党）显示两方的获胜州，对许多美国人来说意味着地理层面的分歧——西海岸、东北部和五大湖地区投票给民主党，而中部和南部则投给共和党。然而，划分更细的县级投票情况地图证明，分裂更加严重。大多数县呈现出不同程度的紫色，代表"红色选票"和"蓝色选票"的混合。[1] 在选举结束后，民主党人承认他们传递的信息失败了，而共和党人意识到自己这一方的信息传递有多么成功。将美国的道德体系与英国的阶级分层进行对比，有人认为宗教是导致总统选举中投票产生分歧的关键所在。[2] 与此同时，左翼急于制定新策略。有很多想法，包括规避来自东北部的候选人[3]、更加关注国内问题[4]、寻求更好的

---

[1] Robert J. Vanderbei, "Election 2004 Results" (2004), http://www. princeton.edu/~rvdb/JAVA/election2004/.

[2] Steve Schifferes, "Election Reveals Divided Nation," *BBC News*, November 3, 2004.

[3] Peter Wallsten and Nick Anderson, "Democrats Map Out a Different Strategy," *Los Angeles Times*, November 6, 2004.

[4] Steve Schifferes, "What next for the Democrats," *BBC News*, November 3, 2004.

领导等。[①]但两位有影响力的政治理论家认为，这种浅显的策略不会改变政治方向；相反，政治成功更多取决于代表性而非现实。

认知语言学家乔治·莱考夫和马克·约翰逊（Mark Johnson）提出，隐喻是人类理解的核心。[②]受克洛德·列维-斯特劳斯（Claude Lévi-Strauss）、克利福德·格尔茨（Clifford Geertz）和让·皮亚杰（Jean Piaget）的影响，莱考夫和约翰逊认为我们的概念系统从根本上受到文化建构的影响。对莱考夫和约翰逊来说，隐喻并不是专属于诗人的妙语，而是我们理解世界的核心框架。例如："你的时间要花完了。""这值得花时间吗？"这两个例子揭示我们对"时间即商品"的理解，表明我们如何把对时间的感知与量化的货币概念联系起来。莱考夫在谈及政治时指出，政治话语中最重要的考虑因素，不是政治家怎样回应外部世界的"事实"，而是他们如何在话语中将那个世界概念化或给予它"框架"（frame）。莱考夫认为，当今美国的政治框架反映了家庭管教式隐喻——保守派在政治问题上的框架像个"严厉的父亲"，而自由派的框架则像"慈爱的父母"。[③]莱考夫自称是自由派。他认为，如果左翼想要重新获得政治公信力，需要基于对自由和保守主义框架的理解来构建政治论述。他们需要创作出能反映他们

---

① Carla Marinucci, "In Postmortem on Kerry Bid, Dems Seek Clues to New Life," *San Francisco Chronicle*, November 7, 2004.

② George Lakoff, *Women, Fire, and Dangerous Things* (Chicago: University of Chicago Press, 1990); George Lakoff and Mark Johnson, *Metaphors We Live By* (Chicago: University of Chicago Press, 1980).

③ George Lakoff, *Moral Politics: How Liberals and Conservatives Think* (Chicago: University of Chicago Press, 1996), 63.

思想的文字。①

　　另一边，保守派政治学家弗兰克·伦茨（Frank Luntz）专门从事帮助保守派搭建能够将吸引力尽可能最大化的口头话语框架的工作。他称其为"信息构建"（message development）。②伦茨是纽特·金里奇（Newt Gingrich）于1994年发表的《与美利坚达成的契约》（"Contract with America"，简称《美利坚契约》）中大部分内容的幕后推手。近期，他指导了保守派在用词上的一些策略，例如使用"气候变化"而不是"全球变暖"。重新包装立场使其拥有更多政治筹码的方式，莱考夫称之为"框架"，伦茨称之为"背景语境"（context）。③

　　一些人批评伦茨的信息构建策略具有误导性，甚至是不道德的。美国国家环境信托基金（National Environmental Trust）至今维护着LuntzSpeak.com（伦茨说网）这样一个致力于揭露和批评伦茨信息传递策略的网站运营。尽管有这样的批评存在，政客们仍然认真采纳伦茨的建议。关于他的影响力和成功的佐证，已经越来越多。1998年共和党环境倡议委员会（Council of Republicans for Environmental Advocacy）初成立时，创始人盖尔·A. 诺顿（Gale A. Norton）主张公共土地应该允许"多重用途"。这是伦茨创造的一个背景语境，

---

① George Lakoff, *Don't Think of an Elephant: Know Your Values and Frame the Debate—The Essential Guide for Progressives* (New York: Chelsea Green, 2004).

② Frank I. Luntz, "The Environment: A Cleaner, Safer, Healthier America" (Luntz Research Companies, 2003), 131-135.

③ Frank I. Luntz, "Energy, Preparing for the Future" (Luntz Research Companies, 2002); Frank I. Luntz, "The Best and Worst Language of 2004: Key Debate Phrases" (Luntz Research Companies, 2004).

旨在暗示这些土地除了保护野生动物，还可以用于开发其资源。[1]2001年，美国内政部通过了一项政策，允许地方政府在联邦土地上的道路行使通行权。[2]该政策并没有直接允许地方市政"推土建路"，把远郊近野搞得天翻地覆。但它确实重新界定了公共土地，让未来的商业活动成为可能。框架或语境不仅仅是纸上谈兵的理论结构，还是积极影响公共政策的有实际功用的模型。

政治的电子游戏

通过程序性修辞传递政治信息的商业游戏案例不胜枚举。克里斯·克劳福德1985年的经典之作《权力平衡》（*Balance of Power*），常常被视为史上第一款政治游戏。在这个游戏中，外交手段胜过蛮横武力。[3]玩家在游戏里用条约、谈判、国际间谍活动以及作为最后手段的军事力量，以掌控一个处于冷战中的世界。在这个游戏式政治表达的早期案例中，克劳福德将自己的世界观融入游戏玩法：引发核战争会触发最严重的失败结局——屏幕上一个黑底白字的画面，沉重地写明玩家结局："你引发了核战争。不，此处没有动画展示或腾空的蘑菇云和炸飞的残肢断臂。我们不会奖励失败。"

[1] William Booth, "For Norton, a Party Mission," *Washington Post*, January 8, 2001.

[2] Julie Cart, "Bush Opens Way for Counties and States to Claim Wilderness Roads," *Los Angeles Times*, January 21, 2003.

[3] Chris Crawford, *Balance of Power* (Novato, Calif.: Mindscape, 1985).

（见图 3.1）1990 年还有两款探讨环境问题的游戏面世。第一款也是更广为人知的一款是威尔·赖特（Will Wright）设计的《模拟地球》（*Sim Earth: The Living Planet*），一款基于詹姆斯·洛夫洛克（James Lovelock）的盖亚假说的游戏。该理论认为，地球是维持延续所有生命体的系统，而非特定生命形式的容器。[①] 在《模拟地球》中，玩家需要将单细胞生物培育成智慧程度足以支撑其脱离星球的复杂生物。污染、疾病及全球变暖等，都是玩家需要面对的障碍。第二款更晦涩难懂的游戏，是克里斯·克劳福德在第一次世界地球日庆祝活动时发布的《权力平衡》续作《星球平衡》（*Balance of the Planet*）。[②] 正如我之前提到的，该游戏提供了一个地球生态系统的详细模型。克劳福德在其中构建了大约 200 个独立的环境因素，例如肺病、煤炭使用、煤炭税等。所有这些因素都

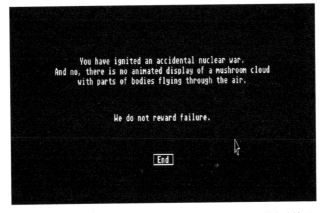

图 3.1　在《权力平衡》中，未能避免核战争被描述为一种失败情况。这是电子游戏如何体现政治立场的一个例子

---

① Maxis，*Sim Earth*（Alameda，Calif.：Microprose，1990）．

② Crawford，*Balance of the Planet*．

在一个复杂的因果链中相互关联。在《星球平衡》中，玩家不是像《模拟地球》中那样操纵物理环境本身，而是控制社会对环境条件的反应。例如，降低煤炭税会增加煤炭使用量，进而导致因煤炭污染引起的肺部疾病增多。除了改变环境诱因，克劳福德还允许玩家调整用于计算结果的公式输入。例如，玩家可以调低燃煤能源对肺癌的影响，从而减少这对特定因和果之间的耦合。

除了这些带有政治色彩的商业游戏早期示例，网络上涌现出越来越多关于政治议题的独立游戏。前文提到的《九一二》就是其中之一。游戏规则传达着特定的政治观点：暴力导致更多的暴力，而美国"精确战争"的非精确武器，导致了无辜者丧生的严重后果。《反战游戏》也有类似的目的，其模拟动态本土政治与国外战争之间的困局。[1]2004年，杰森·奥达（Jason Oda）[2]开发出《布什游戏：反布什在线奇遇记》（*Bushgame: The Anti-Bush Online Adventure*，简称《布什游戏》）。在这个设计精妙的大型冒险游戏中，玩家控制一系列流行文化偶像（胡克·霍根、T先生、希曼、克里斯托弗·里夫、霍华德·斯特恩等）与布什政府做斗争，试图拯救世界。[3]从白宫到火星，玩家与来自布什内阁的敌人作战。他们中的大多数，都操纵着复杂的机械装置与玩家对抗。例如，玩家必须击败美国联邦通信委员会主席迈克尔·鲍威尔（Michael Powel）的机械版"珍妮特·杰克逊（Janet Jackson）

---

① On, *Antiwargame*.

② 原书正文及相关尾注中，作者将该设计师名字误写为 Josh Oda。——译者注

③ Josh Oda, *Bushgame: The Anti-Bush Online Adventure*（Allston, Mass.: Starvingeyes, 2004）.

之胸"装置——此处的参考，显然是前者对后者在2004年超级碗上争议性露出事故的谴责。在闯关升级间隙，游戏会展示奥达对当前政府的具体批判，包括预算、环境和税收政策。尽管将图表和统计数据嵌入讽刺性动作游戏中的承诺很有趣，但《布什游戏》并没有实现程序性修辞。相反，它以弹出文本和图表的形式展现布什政府的问题，在一个传统的动作游戏中加入了书面和视觉修辞。

这些前例只是近些年关注政治问题的商业和独立游戏中的一部分。但是在2004年，政治电子游戏这一子类型发生了重大转变。这不仅是美国政治分裂的一年，也是政治电子游戏合法化的一年。候选人和政党首次创建了官方游戏，以支持他们的美国总统[①]、美国国会[②]、美国州议会[③]甚至乌拉圭总统[④]竞选。随着政治信息策略和政治电子游戏各自以迅猛之势发展，两者有可能相互影响。随着电子游戏成为被认可的政治言论的一部分，它们将与现有的政治话语策略更加紧密地结合。

但在弗兰克·伦茨的语境信息构建和乔治·莱考夫的框架概念系统中，都定义了口头或书面政治修辞的策略。因此，这些方法可能不适用于主要修辞模式是程序性而非语言性的电子游戏。理解电子游戏中旨在传达意识形态偏见的政治修辞，需要将框架理论视为一种程序性策略，而不是一种语言性策略。

[①] Persuasive Games，*The Howard Dean for Iowa Game*；Republican National Committee，*Tax Invaders*.

[②] Persuasive Games，*Activism: The Public Policy Game*（Atlanta，Georgia：Persuasive Games，2004）.

[③] Persuasive Games，*Take Back Illinois*（Atlanta，Georgia：Persuasive Games/Illinois House Republicans，2004）.

[④] Powerful Robot Games，*Cambiemos*（Montevideo，Uruguay：Frente Amplio Nueva Mayoria/Powerful Robot Games，2004）.

强　化

　　语言使用习惯，在基于电子游戏的政治信息传达中确实有其一席之地。2004 年，共和党在竞选活动中发布的第二款游戏《税务侵略者》，是经典街机游戏《太空侵略者》的翻版。只不过，玩家不是与一群从天而降的外星人对战，而是守护国家免受约翰·克里的税收计划影响。[1]玩家控制的不是宇宙飞船，而是小布什的头像，沿着屏幕底部左右移动，代替原版游戏里的太空枪。带有预计征税额的抽象长方块，代表着约翰·克里的税收政策。玩家的对抗方式，是通过从布什的头顶发射弹药来"击落"这些税额方块并保卫国家（见图 3.2）。

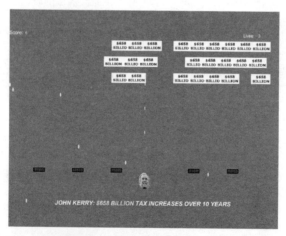

图 3.2　尽管外观简陋，但共和党的《税务侵略者》简洁地总结了保守派在征税问题上的传统立场

---

[1]　Republican National Committee，*Tax Invaders*；Taito，*Space Invaders*.

游戏做得很粗糙。如此粗糙以至我第一次玩这个游戏的时候，很快就对它不屑一顾，认为其中的修辞与游戏古早的视效和对编程的处理一样简陋。如果搁置足够长的时间，那些税务（或者说外星人）甚至会越过玩家，消失在屏幕底部。而蓝色的"盾牌"——《太空侵略者》中的关键战略性工具——在《税务侵略者》中却被改成全无作用。它们似乎只是摆设，这或许是因为游戏程序员没有时间将它们变成有效的保护屏障。游戏玩法本身，相当于一个三层关卡长的抵挡反税攻击的掩体。但自从它发布以来，我重新审视了这款游戏。现在我认为，它代表了当代政治话语中程序性修辞框架运作的最复杂示例之一。

该游戏从口语化的修辞开始，通过文本为玩家行动提供了背景语境。文案采用了莱考夫和伦茨都熟悉的逻辑：将增税塑造成一个拟人化的敌人——一个你必须保护自己免受其侵害的小偷。游戏以"只有你能阻止税务侵略者"作为开场白，邀请玩家"从约翰·克里的税务理念中拯救美国"。莱考夫认为，这种语言反映了保守派政治的底层逻辑，即公民知道什么对自己最好，且物质上的成功是正当的，不应该受到惩罚。他认为，保守派将盗窃当作对税收的隐喻。游戏开篇（字面意义上构建其框架）的话语遵循这个隐喻。玩家被定位成正义的力量，"阻止"税收并"保卫"国家免受其害。《税务侵略者》将"税收即盗窃"的口语化隐喻扩展到具象层面。

2004年3月，该游戏在伊拉克战争最激烈的时候发布。或许让有些人感到惊讶的是，共和党会决定发布一个刻画小布什射向任何东西的形象。这不应该恰恰是白宫在如此敏感的政治时刻想要避免的吗？但是，在保守派的政治性口语修辞中，税收是一场亟须发动的"战役"。莱考夫认为，保守派从不认为税收是改善整体社会公共利益的提案，而是一直视其为政府威胁要窃取不属于政府的东西。当有人闯入你的家中，拔枪自卫是合理的。一个人必须捍卫自己的财产。因此，将税收方面的反对立场解读成敌意——甚至是带有暴力色彩的敌对状态，并不存在政治上的不一致。在《税务侵略者》的背景下，小布什发射子弹般的攻击武器并不相当于朝向无辜伊拉克人的军用步枪，而更像是针对罪犯的警用手枪。作为程序性省略三段论的另一个例子，玩家通过发射子弹保护国家免受克里潜在税收计划的侵害，以完成游戏的论证。

像《税务侵略者》这样简单的游戏，可以说将其修辞框架展现得淋漓尽致。事实上，游戏画面作为保守派语境下的具象呈现，几乎与其口语化的版本完全呼应。例如，我们会谈论政客们在国会"毙掉"某项提案。这样形象的类比，甚至在英语之外似乎也同样在使用。卡特里娜飓风过后，德国的一位州部长用类似的话语，批判小布什总统对新奥尔良危机的处理——"他应该被枪毙"（gehört abgeschossen），尽管后来他澄清自己指的是"政治意义上的"[1]。因此，立法者"射落"增税提案的想法是非常合情理的。这款游戏只是将这样的口语表达框架具象化。

《税务侵略者》超越口语和视觉修辞，将隐喻带到一个新的层面。人们可以想象一幅政治漫画，将"立法即战争"

---

① Reuters，"Minister：Bush Must Be 'Shot Down，'" *CNN.com*，October 10，2005，http://www.cnn.com/2005/WORLD/europe/09/08/germany.bush.reut/.

的口语隐喻具象化。一方可能会提出新的法律条文或职位候选人，而另一方则会视之为攻击而不是提议，随后对其"开火"。这样一幅漫画或能有效说明，一个党派不愿考虑另一党派或许实际上合理合法的提案。漫画把话语中的隐喻可视化，将它转变为相应的视觉产物。《税务侵略者》并没有为其修辞中的隐喻选择文字或图像的框架，而是采用了具象化行动的框架。小布什（以及玩家）向增税发射子弹，形象地表现出税收就是敌人威胁的隐喻。无论玩家的政治观点如何，要玩这个游戏就必须置身于反对税收的角色中，将征税视为外敌。在游戏的语境下，是最极端的外部敌人——一个名字本身就意味着"他者"的敌人：外星人。

因此，虽然《税务侵略者》几乎没有呈现实质性的税收政策，但它以一种强化保守派立场的方式构建有关税收的框架。游戏画面四周的简短文字描述，与保守派在其他地方使用的口语修辞有着惊人的相似之处。这种相似倒也不足为奇，因为这些文字很可能就是由经验丰富的保守派公关团队撰写的。但这种口语辞令在很大程度上对玩家来说不易察觉。对那些本就早已习惯于这些隐喻的公众来说，它的隐喻功能是隐形的。更令人惊讶的是，游戏出色地将"税收即盗窃"的框架，从口语化形态转为程序化形态。游戏的作者或许并没有刻意设置这么高的目标：将他们伦茨风格的口语修辞改编成计算机代码。他们只不过是利用了这一特定的口语隐喻与已然常见的现成电子游戏机制之间的共鸣——向物体发射子弹。绝妙之处在于，共和党找到了一款现有游戏，拥有刚好合适且可以被改编的图形逻辑。更棒的是，这款游戏拥有巨大的文化影响力，使得选民能够立刻接受改编版本的游戏。

毕竟,《太空侵略者》于1978年首次发布,所以即使是对四五十岁的选民来说也是个非常适合的选择。年纪大的选民可能还记得在酒吧和街机游戏厅玩过这款游戏,而很多年轻选民也难免受到《太空侵略者》的文化影响。

乔治·莱考夫认为,保守派的世界观将富人视为模范公民,因为他们努力工作、白手起家取得成功,而不是依赖税收资助的社会福利项目。[①]保守派将征税视作惩罚,并且认为,用莱考夫的话来说,"这意味着联邦政府就成了一个小偷"[②]。右翼认为,自由派倾向于将税收定义成公民义务甚至是为政府服务付费,是非常错误的想法:在公民义务方面,保守派认为原则上没有义务为全体国民的普遍援助做出贡献;而针对为服务付费方面,保守派指出公民在"购买"由税收资助的服务这件事上没有选择权。此外,保守派认为政府在财政管理方面的名声实在糟糕,主要由于它不像企业那样有盈利的需求并会因此施行高效的管理。缺乏自由市场监管,意味着胁迫和无能,而非无私的公共利益。莱考夫提出令人信服的观点:反对征税是保守派政治的根本,因为它支撑着许多其他保守派立场——如推动政府私有化,将管理不善的联邦和地方服务转变为具有盈利目标的良好运转的企业;推动社会服务的减少或完全取消,以"加强独立行走能力"并强调个人责任感是公民社会繁荣的主要因素;坚信人类从根本上是由奖励和惩罚驱动的,剥削具有责任感的人们辛苦挣来的钱以补贴那些不负责任的人,是极大的不公。

《税务侵略者》是强化意识形态框架的一个例子。典型的

---

① Lakoff, *Moral Politics: How Liberals and Conservatives Think*, 181.

② Lakoff, *Moral Politics: How Liberals and Conservatives Think*, 189.

政治辞令会通过口语或书面演讲的形式，呈现"税收即盗窃"或"立法即战争"的比喻。例如，政客可能会发誓要"打倒新的征税提案"，或者声称他将"归还通过不公税收从美国人那里偷来的钱"。而这个游戏，让人们注意到战争与税收、税收与敌人威胁以及税收与盗窃之间的关联性。作为一种文化实践，外星人入侵与盗窃常常被捆绑在一起。《X档案》(*The X Files*)[①]中出现的外星人绑架也许是最好的例子。从《世界之战》(*The War of the Worlds*)[②]到《独立日》(*Independence Day*)都曾出现外星人入侵的情节，把外星人描绘成一心要从居民那里偷走地球的恶毒角色。[③]或许，没有比外星人入侵更有效的针对盗窃的隐喻了。

　　口语和书面修辞依赖我们作为流利的语言使用者对隐喻的固有体验。当一个政客站在演讲台上侃侃而谈的时候，大多数听众甚至不会注意到关于盗窃和战争的隐喻。莱考夫关于隐喻的研究所提供的洞察和应用，实则探讨了口语的意识形态：因为概念性隐喻并不是显而易见地构成我们说话和写作内容的基础，其中的逻辑必须成为承载我们思维方式的平台。《税务侵略者》不仅立足于保守派有关税收的框架之上提出论点，还直截了当地引起人们对框架本身的关注。游戏规则——外星人不断下落，玩家需要在它们到达底部之前与其对战——是比自然语言更高阶的象征性符号结构。这些程序性的隐喻，将口语隐喻的内容转化为一个系统，通过在系统

---

① Chris Carter, *The X Files* (Fox, 1993).

② H. G. Wells, *The War of the Worlds* (New York: Aerie, 1898; reprint, 2005).

③ Roland Emmerich (dir.), *Independence Day* (Fox, 1996).

中进行操作本身就能达到想要的效果。在游戏中，战争既是其中的隐喻，也是实质——玩家实际上从字面意义上是在与税收做斗争。《税务侵略者》为有关税收的保守框架本体构建了一个单元操作。口语修辞在使用框架（或者用伦茨的话来说，语境）时甚至不需要明确承认其存在，更不用说给予修辞结构了。而程序性修辞，则通过游戏规则将框架有形地呈现出来。因此，像《税务侵略者》这样的游戏为税收政策的保守框架提供了一个不同寻常的视角。通过玩游戏，不但鼓励玩家重申对税收的保守立场，还鼓励玩家尝试使用保守的框架来展现该立场。

正因如此，《税务侵略者》还可以被用于截然不同的政治目的。对保守派来说，它强化了税收是一种侵略且我们需要像对待外星入侵者一样对它们"发动战争"的观念。想要在演讲台上实现这种修辞要难得多，或者说至少更不合适。在公共演说中，哗众取宠的政客们依靠的是他们修辞框架的言后行为（perlocutionary）而不是言外行为的效应（illocutionary effect）。在言语行为理论中，言外行为承载着话语（utterance）字面意义所传达的命题内容（propositional content）[1]；言后行为则是话语中没有直接表达出但产生的效果，例如说服。[2]《税务侵略者》有着可以将言后效果转换成言外之意的独特能力。共和党没有使用口语框架，而是将其修辞语境的抽象基础通过游戏规则进行体现——使用一种程

---

① 也有学者将其翻译成"语义内涵"。——译者注

② 参见 J. L. Austin, *How to Do Things with Words*（Cambridge, Mass.: Harvard University Press, 1962）; John Searle, *Speech Acts: An Essay in the Philosophy of Language*（Cambridge: Cambridge University Press, 1969）.

序而非口语的修辞。从本质上讲，《税务侵略者》是让保守人士理解税收政策如何运作的一节课。游戏表示要"将税收视为旨在伤害您的侵略"，而不是"我们必须反对增税"。

对于自由派来说，《税务侵略者》进一步强化保守的税收框架，迫使玩家们扮演立场保守的角色，将税收视为一种盗窃，而不是对整体社会公益的贡献。带着批判性的眼光玩这款游戏，可能有助于自由派比照着保守派的框架构建己方的对立框架。游戏的粗糙更加凸显了"税收即盗窃"的隐喻在保守派政治中是多么基础性的内容，因此反对它可能会是极具挑战性的事情。不同的视角其实是同一枚硬币的两面：虽然《税务侵略者》只触及税收政策的皮毛，却是一次更加精妙的巩固针对税收政策的保守修辞框架的尝试。

论　争

《税务侵略者》通过部分口语修辞（如游戏中的文本）和部分视觉修辞（如作为英雄角色出现的小布什形象，非玩家自愿、强行下落的征税方块）来构建论点。虽然它确实呈现了构成保守税收框架的规则，但这些规则完全借鉴于另一款电子游戏。为了进一步了解框架和意识形态偏见在电子游戏中的运作方式，我们必须探究全新规则的交互如何重新创造出类似的程序性框架。

在法国艺术家马丁·勒·舍瓦利耶（Martin Le Chevallier）的作品——《警戒1.0》（Vigilance 1.0，简称《警戒》）游戏中，玩家在像监控室屏幕一样分区呈现的城市中，寻找行为不轨之人。[1] 游戏屏幕被分成小方块，每个方块以不同比例展示着城市中的不同路段。市民在场景中穿梭，完成着都市日常生活中的常规事项，例如超市购物或逛公园。玩家的任务是盯紧这些屏幕并从中找出不当行为——乱扔垃圾、流浪行乞、卖淫等。玩家必须不断扫描环境，通过一个小小的圆形光标点击违法者以指出违法乱纪行为。每次成功指出，玩家都会根据所指出行为的严重程度获得相应积分，例如，乱扔垃圾为 1 分，卖淫为 5 分。错误的识别则会使玩家因"诽谤"而失去积分。游戏被设定为，根据玩家鉴别它们的成功程度而相应地增加或减少社会问题的数量。每错过一个违法之人，社会就会越发堕落。反之亦然。

《警戒》的规则非常简单。玩家只需执行一项操作：问责市民。成功会得到奖励，失败会受到惩罚。每一次成功，都会使社会变得更加纯净；每一次失败或不作为，都会导致社会更加堕落。这是一个伪装成有关道德腐化行径，实则关于监控的游戏，其画面中的 16 个矩形区块，就像安保的视频监控系统一样（见图 3.3）。玩家的"警戒意识"迅速偏离正轨，演变成不受约束的监视。

乍一看，这款游戏似乎强化了"以警戒为保卫"的意识形态框架。游戏通过其程序模型支持这一想法。模型会为监控的增加提供积极反馈。但随着时间的推移，游戏将玩家饰演的监督者角色陌生化。因为游戏针对社会中存在的不良行径创造了一个正反馈循环，所以玩家试图停止警戒监督的任

[1] Martin Le Chevallier, *Vigilance 1.0*（Helsinki：Kiasma Museum, 2000）.

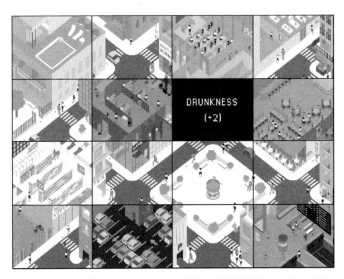

图3.3　在《警戒》中，抽象城市环境的分离视图类似于安全监控系统的许多屏幕

何努力，都会导致更多的堕落，从而强化监控的必要性。通过迫使玩家看到"警戒等同于全面监管"的隐喻之后果，游戏挑战其初始呈现的意识形态框架。游戏的目的，并非鼓励监控或良好的道德规范，而是通过将玩家从正直的角色转变为他被要求消除的行为不端者之一来质疑这样的价值观。在勤勤恳恳地巡视城市以找出违规行为数分钟后，玩家会做出错误的判断，使得他对自己的专业性产生怀疑。玩家可能会开始问自己：我有什么资格去评判这些人？这样一来，这个游戏就把监督者塑造成一个问题重重的角色。或许，和乞讨、卖淫、恋兽癖等品行不端者没什么两样。然后游戏为玩家提供了多种途径，来质询这种前后不一致。

　　还有一点，游戏的强化体系鼓励玩家将一种不当行为与另一种进行比较：五个乱扔垃圾的人，相当于一个卖淫者。

这种行为及其后果之间的等价观念，触发了另一个有关政治观念的隐喻——莱考夫称之为"记道德账"。在莱考夫看来，我们将福祉视作财富。因此，个人福祉的变化就像财务收益和损失一般。[①]莱考夫从金融交易的角度来描述这种对道德的隐喻式理解。个人和社会都有"道德债务"和"道德信用"，它们的总和必须为零。道德账户的核算，意味着对于奖惩分明的需求；好的行为必须得到奖励，有害的行为必须受到惩罚。惩罚可能包括赔偿，而赔偿形式是多种多样的，从忏悔到入狱。当我们谈到已经服完刑期的罪犯时，经常会说他们已经"还清了对社会的债务"。在这类道德体系中，"道德的账簿必须收支平衡"[②]。

在当代美国政治中，一个公平的社会通常被认为是一个有权威者对道德账户负责并进行管理的社会。这个打比方的"首席财务官"有多种形态——从法院到警察，再到对孩子有教养责任的父母。莱考夫指出，有一种直接源于道德账户概念的对公义的常见态度，他称其为"程序公正"（procedural fairness）的模型，或"基于规则的对参与、交谈、陈情等机会的公平分配"[③]。这里，程序一词是指援引法规以确定社会允许和禁止的行为。

在程序公平的框架下，未能对不当行为进行记录会导致无法平账。《警戒》允许玩家在这种框架内进行试验。游戏采用一种运算法则来控制反馈到系统中的恶行数量。识别出更多的不当行为会更快地提高分数。例如，公共场合

---

① Lakoff, *Moral Politics*, 44-45.

② Lakoff, *Moral Politics*, 46.

③ Lakoff, *Moral Politics*, 61.

醉酒值2分，乱扔垃圾值1分。玩家可以选择潜在更高效地进行道德规范的策略，有针对性地关注那些最恶劣的行为。但是，在玩家专注于随地大小便或者卖淫的同时，更多情节较轻的劣行已经开始使社会陷入进一步的混乱。低分恶行出现的频率增加，又让玩家有机会抓住更多乱扔垃圾者和酒鬼，以代替分值更高的卖淫者、随地便溺者或有恋童癖的人。

与此同时，游戏迫使玩家认识到盲目管理道德账户的后果：将一个恋童癖者等于三个酒鬼、等于六个乱扔垃圾者，意味着行为本身及其发生背景都被掩盖了。莱考夫指出："基于规则的公正，会引发关于规则到底有多公平的争论。"[1] 当《警戒》的玩家一视同仁地点击流浪汉和暴力犯时，他无可避免地需要认为每个人都有着相同的潜在道德败坏的可能。游戏并不允许玩家考虑监控规则的公正性，因此引发对每个特定行为性质的反思。为什么醉汉会喝醉？他不知道社会习俗吗？他是否精神失常，需要帮助？他是否经历了个人的苦难，在寻求同情？

我之前曾论证，模拟存在于基于规则的表征与用户主观性的缝隙之中。而《警戒》正是提供了各种可供玩家配置的视角。通过这些视角，对"警戒是不可侵犯的"这一意识形态框架进行思考和再思考。随着玩家识别出越来越多的不法分子，游戏逐渐将其重点从平衡社会的道德账簿，转变为质疑程序公正从根本上是否应该成为管理社会的策略。更明确地说，《警戒》试图指证，这种道德记账行为是一个令人不安

---

[1] Lakoff, *Moral Politics*, 61.

的圆形监狱（panopticon）。[①] 游戏还挑战了"正义即平衡道德账簿"框架的其他方面：如对于品行不端和犯罪常常相互关联且容易急速恶化的看法；将社会正义对应驱逐或监禁，而不是社会援助和改造的认知。

隐含之意

《警戒 1.0》和《税务侵略者》都可以被视为独特的案例。一个出于艺术原因，另一个出于政治原因，都是以构建意识形态框架为首要目标的游戏。商业游戏在修辞方面可能不那么刻意，但它们不一定不受意识形态框架的影响。无论是不是设计师有意为之，商业游戏同样可能会呈现复杂的程序性修辞。虽然来自共和党或像勒·舍瓦利耶这样的艺术家的修辞意图是显而易见的，但这些游戏相对晦涩无名的特质限制了它们的影响力。而商业游戏如果成功的话，轻轻松松就可以卖出上百万份。其中的程序性修辞，往往用建立权威的方式代替直抒胸臆。而这种权威可以遮掩此类商业游戏付诸实践的意识形态框架，使它们变得隐晦且需要批判。

在《侠盗猎车手：圣安地列斯》（*Grand Theft Auto: San*

---

① "圆形监狱"最初是杰里米·边沁（Jeremy Bentham）构想的建筑，在这种设计中，看守可以观察囚犯，但囚犯无法察觉自己是否被监视。参见 Jeremy Bentham，*The Panopticon and Other Prison Writings*（London：Verso，1995）. 米歇尔·福柯将圆形监狱作为现代规训的范例——不可见的监视——这一主题在《警戒》中有所探讨，参见 Michel Foucault，*Discipline and Punish: The Birth of the Prison*（New York：Vintage，1995），209-216.

Andreas，简称《圣安地列斯》）中，玩家体验20世纪90年代初洛杉矶帮派成员的生活。[①] 该系列前几代作品偏向于糅合历史与虚构元素的时间、地点的风格化呈现，而《圣安地列斯》则着眼于展现一个深受种族和经济政治浸染的文化时刻。[②] 玩家扮演的不是有组织的罪犯团伙成员，而是一个城中村贫民窟的帮派分子卡尔·约翰逊（Carl Johnson，简称CJ）。"侠盗猎车手"（简称GTA）系列作品对可任意穿梭的大型地图和开放式游戏玩法的运用，被广泛提及和赞扬。但在《圣安地列斯》中，开放式游戏玩法、广阔的虚拟空间和城中村这个地点碰撞并凸显出机会偏见（opportunity bias）的存在。

《圣安地列斯》为GTA核心游戏玩法新增了一个项目：玩家扮演的角色必须吃东西以维持自己的体力和耐力。然而，游戏中唯一的营养来源是快餐店（供应如图3.4所示的鸡肉、汉堡和比萨）。适度进食可以维持能量，但摄入高脂肪含量的食物会增加CJ的体重。如果帮派分子是个胖子，是无法有效地奔跑或打斗的。游戏中的每种食物都有价码，而玩家的资金有限。与现实生活中的快餐店一样，像沙拉之类的低热量食物比高热量的超级餐（super-meal）更贵。

《圣安地列斯》中关于饮食的内容很初级，但其存在本身——玩家必须喂饱自己的角色才能继续玩的事实——确实引起了人们对于游戏为满足这种需求而提供的有限物质条件的关注。它巧妙地暴露了一个事实：贫困社区中存在的肥胖

---

① Rockstar Games，*Grand Theft Auto: San Andreas*（New York：Take Two Interactive，2004）.

② Rockstar Games，*Grand Theft Auto III*；Rockstar Games，*Grand Theft Auto: Vice City*（New York：Take Two Interactive，2003）.

图3.4　在《侠盗猎车手：圣安地列斯》中，玩家必须吃东西以保持耐力和体力，但只有快餐可选

和营养不良问题，可部分归咎于只有快餐相对更容易获得且更让人负担得起。有证据表明，学生和低收入的工人等固定收入群体最容易接触到快餐，而且因为这种便利性导致他们快餐吃得更多。快餐甚至已经渗透到我们的医疗基础设施之中——超过三分之一的美国顶级医院内设有快餐店。[①] 营养学家玛丽昂·内斯特尔（Marion Nestle）将她职业生涯的大部分时间花在研究营养学与食品政策及食品行业营销之间

---

① Howard Markel, "Fast Food, Obesity, and Hospitals," *Medscape Pediatrics* 5, no. 2（2003）. 我鼓励读者在自己的社区验证这一说法。我自己就在看完医生后，穿过医院大厅，尽情享用了 Chick-Fil-A 炸鸡套餐，这是我所经过的大楼里唯一出售的食物。The reader is encouraged to test this claim in his or her own community. After a visit to the doctor, I walked through the nearby hospital lobby and indulged in a Chick-Fil-A meal, the only food being sold in the building I passed through.

的关系上。内斯特尔认为，自 19 世纪初以来，一百年间肥胖已经取代膳食匮乏，成为美国的主要营养问题。[1] 内斯特尔深究肥胖与旨在增加食品消费以提高利润的食品行业之间的联系。导致该问题的一个主要因素，是分量大小。内斯特尔的研究表明，美国人会以相对大的分量吃超过三分之一的食物，包括面包、炸薯条和软饮料。[2] 摩根·斯普尔洛克（Morgan Spurlock）获奥斯卡提名的纪录片《超码的我》（*Super Size Me*）[3] 而进一步为人熟知的"超大号"快餐选项，就是一个很好的例子。在《圣安地列斯》这个游戏最流行的当时，美国人正因担心禽流感、港口可能遭遇的化学武器袭击而焦头烂额。人们用糖分超高的卡卡圈坊（Krispy Kreme，美国知名甜甜圈连锁品牌）甜甜圈，会导致高胆固醇的氢化油，以及高脂肪、低营养的食物来填饱肚子。阿特金斯减肥法（the Atkins plan）之类的节食法，以长期健康为代价换取短期内的快速见效。内斯特尔和斯普尔洛克的研究和作品强调了同一个原则：肥胖及其他危及公共卫生健康的问题，至少可以说是食品行业促使的，甚至最坏情况下是直接由食品市场本身造成的。

个人责任和社会力量之间的紧张关系，与莱考夫在政治思想方面的另一个隐喻有关——他称之为"道德力量"（moral strength）。[4] 道德力量意味着有勇气对抗内部和外部的

---

[1] Marion Nestle，*Food Politics: How the Food Industry Influences Nutrition and Health*（Berkeley，Calif.：University of California Press，2002），175.

[2] Marion Nestle，*Food Politics: How the Food Industry Influences Nutrition and Health*（Berkeley，Calif.：University of California Press，2002），231.

[3] Morgan Spurlock（dir.），*Super Size Me*（Hard Sharp，2004）.

[4] Lakoff，*Moral Politics*，74.

恶，从根本上来讲，它是关于意志力（will）的。在莱考夫的模型中，道德力量源于自律和克己（self-discipline and self-denial）。受纪律约束的人是强大的，因此是道德的。而经不起诱惑的人是软弱的，因此是不道德的。莱考夫明确地将道德力量与禁欲主义（asceticism）联系起来。自我放纵和"道德软弱"（moral flabbiness），是属于道德意念薄弱之人的领域。[①] 莱考夫认为，道德力量是一个本质上保守的政治框架，与自由派推崇的同理心（empathy）和养育（nurturance）的框架形成鲜明对比。[②]

在关于道德力量的讨论中，提及软弱无力（flabbiness）并非偶然。在保守派的框架中，肥胖和不良健康状况与自控力息息相关：人应该有评估和抵抗对垃圾食品或者暴饮暴食的内在渴望的能力。在这样的世界观中，肥胖问题与内斯特尔、斯普尔洛克等人抨击的食品行业无关。快餐公司的高管和他们的加盟商们，只是保守派道德力量在另一个维度上的实践者。商人，是道德强大之人。他们足够自律，努力工作并获得物质上的成功。[③] 道德强大的企业家和道德薄弱的暴饮暴食者之间明显的差异和意见不一对保守派来说并不矛盾。后者被道德强大的保守派视为次等公民，以他们为代价获取物质利益，只会进一步凸显前者的道德和物质优越性。用莱考夫自己的话来说，这个道德力量的保守框架"拒绝考虑任何从社会力量或社会阶层角度出发的解释"[④]。

---

① Lakoff, *Moral Politics*, 74.

② Lakoff, *Moral Politics*, 116.

③ Lakoff, *Moral Politics*, 83.

④ Lakoff, *Moral Politics*, 75.

可以说，快餐店在《圣安地列斯》中是唯一的生存之道。它们所提供的生存养分，是游戏中角色成长和实现目标所必需的。对此，有两种可能的解读。一方面，食物来源只有快餐店的事实暗示着一个快餐和包装食品行业既定的社会状况，让人联想到内斯特尔的批评：对于生活窘迫的人们来说，汉堡店或塔可小屋的廉价、批量生产、高脂肪、低营养的食物，是填饱饿得咕咕叫的肚子最简单可行的选项。当这些快餐店试图提供更健康的食物（如沙拉）时，相应的价格会更高：在我写书的当下（2005 年末），一份麦当劳的"优质沙拉"售价 4.99 美元，而一个巨无霸汉堡售价 2.59 美元，差不多只需前者的一半。[①] 在这种解读下，《圣安地列斯》对快餐摄入的强制要求，有助于揭露驱使城中村的穷人和工人阶级群体习惯性吃快餐的社会力量。该游戏甚至让玩家体验到快餐饮食导致的健康损害，具体表现为耐力（stamina）和威望（respect）属性的削弱（有关威望的更多内容，请参见下文）。

另一方面，即使玩家没有玩足够长的时间（或进食量不够）并导致 CJ 从一个轻盈的青年变得臃肿，游戏强制玩家只能在快餐店吃饭这件事，让人们关注到有关贫困及其健康影响的社会现实。《圣安地列斯》的玩家，可能会在退出游戏后重新审视周遭世界，并认识到社会机遇和信息披露是如何时常盖过有关自我约束（self-restraint）的问题。

同时，这款游戏似乎允许玩家通过努力工作来克服贫困和营养不良的社会状况——这是道德力量的教科书式案例。

[①] 当搭配随附的沙拉酱食用时，沙拉的总热量几乎与巨无霸汉堡相当。某些沙拉加调味料的组合甚至比巨无霸含有更多的总脂肪克数。参见 http://www.mcdonalds.com/app_ controller.nutrition.index1.html.

无论玩家在比萨店或鸡肉屋吃什么，他总是可以通过在游戏里的健身房持续锻炼，为 CJ 打造结实的胸肌和六块腹肌。此外，餐厅里更"健康"的沙拉价格更高，而玩家主要通过游戏里的"工作"来赚钱。公平地说，这里所说的工作几乎完全局限于暴力犯罪（我稍后会回到这个话题上）。尽管《圣安地列斯》显然将摄取足够的营养作为实现社会地位的一项先决条件，但游戏允许玩家通过相对简单（有时乏味）的工作和锻炼来克服它。这样的规则可能会使游戏向着更保守的框架倾斜。在这种框架中，自律和努力可以克服物质条件。

游戏使用无限虚拟空间呈现一个有关社会阶层、种族和犯罪的不那么模棱两可的框架。《圣安地列斯》细致地再现了三个大城市（参照洛杉矶、旧金山和拉斯维加斯）以及城市之间的乡野。CJ 最近回到《圣安地列斯》游戏中故乡的社区（相当于洛杉矶县的康普顿市）。玩家在一定程度上可以自定义 CJ 的衣着，并像该系列游戏标题所指的那样帮他偷豪车。但是，他总归还是一个来自康普顿的黑人青年。得益于巨大的城市模拟空间，玩家可以在社区间穿梭；而游戏中的建筑物、风景、车辆和路人会相应地、适当地自行调整。[1] 只不过，从康普顿到比弗利山庄，在《圣安地列斯》中的地点总有些内容始终如一：无论身在何处，游戏中的非玩家角色（NPC）对玩家控制的这个穿得破破烂烂还携带着半自动武器的黑人帮派角色的反应都差不多。事实上，即使玩家让角色

---

[1] 有关"侠盗猎车手"系列中城市空间表现的讨论，参见 Ian Bogost and Daniel Klainbaum, "Presence and the Mediated Cities of *Grand Theft Auto*," in *The Meaning and Culture of Grand Theft Auto*, ed. Nathan Garrelts（Jefferson, N.C.: McFarland, 2006）, 162-176.

穿上奇装异服，比如内裤外穿，NPC 们的反应也是一样的。[1]

虽然重要的技术挑战确实限制了在游戏里圣安地列斯及周边地区这么大规模的环境下可信的角色互动的开发，但游戏也并没有努力根据种族、社会地位或地理位置去调整角色行为。[2] 在相当于比弗利山庄罗迪欧大道的地段撞到一个高挑的金发女郎，与在康普顿市大西洋大道上撞到一个毒贩会触发一模一样的愤怒回应。以城中村为缓冲式背景语境，这款游戏里空间和角色的程序性互动创造了一个玩家的街头帮派角色在其中不会涉及任何历史、经济、种族或社会弱势的框架。《圣安地列斯》中的复合型程序效应，由此揭露了另一个或许令人惊讶的意识形态框架。

莱考夫认为，保守派关于犯罪的框架，是其"严父"式世界观的延伸。严厉的父亲管教他的孩子，并充当道德权威。通过这个例子，他灌输了纪律和自力更生的观念。自立且道德上自律的成年人，能够做出正确的决定并取得成功。道德堕落的人则不配成功，甚至可能成为危险人物。莱考夫将保守派的严父与进步派"慈爱的父母"进行对比。与严厉的父亲不同，慈爱的父母相信支持和帮助能让人茁壮成长，而且需要帮助的人应该得到帮助。慈爱的父母拒绝将自律当作繁荣发展的唯一缘由，并且理解经济、文化或社会层面的弱势或许意味着某些人应受到更多的帮助。

通过在游戏虚拟空间中避免跨越社会经济边界的互动，

---

[1] 威尔·赖特在他的《圣安地列斯》角色中展示过这样的装扮。详见 Will Wright，"The Future of Content"（paper presented at The Game Developers Conference，San Francisco，2005）.

[2] 参见 Mateas and Stern，"A Behavior Language for Story-Based Believable Agents."

《圣安地列斯》被卷入一种类似于有关犯罪的保守框架的逻辑当中。如果游戏的NPC逻辑承认文化和经济劣势是影响角色之间互动的因素，那么它就必须承认这些因素于CJ（玩家的角色）而言是外在的，要归因于CJ的性格和自律之外的东西。就像关于营养摄入的情况一样，从道德力量的维度来看，CJ的犯罪行为只能用缺乏自制力和自律来解释。任何有道德、正直的年轻人都会找到一份正经工作，无须诉诸犯罪就可以摆脱街头生活并挣到钱。但有趣的是，游戏在这个框架上增加了反转。为了在《圣安地列斯》以任务为主的故事线中取得成功，玩家需要经营一个庞大但不合法的、以驾车枪击和持械抢劫等暴力活动为日常主项的生意。

不过，这款游戏确实在讲一个白手起家的故事。游戏伊始，CJ从自由城（《侠盗猎车手Ⅲ》的主城）返回洛圣都。改过自新的他，回到了曾经逃离的儿时记忆中帮派猖獗的街区。原本他回来只是为了安葬因被帮派冲突波及而亡的母亲，但被卷入从敌对帮派手中夺回自己家园的斗争。扮演CJ的玩家必须在自己的帮派成员以及敌对帮派成员中建立"威望"，最终赢得他们的信任并建立一个更加庞大的追随他的帮派。

威望的加入，标志着传统、保守的道德权威概念一种不寻常的变体。一方面，CJ的街头生活与政治保守人士的生活有着惊人的相似之处：他负责照顾自己的家庭，并承担起建立富裕且安全的新生活的责任。他的权威必须被尊重，而那些尊重他的人即处于他的从属地位。他个人的自律甚至有助于带来尊重：一个吃太多汉堡还不锻炼的CJ获得的威望值，远不如一个肌肉发达的CJ。但另一方面，CJ是通过犯罪行为获得的威望。他的行为与理想的保守派有着相似的基本价值结构，但是他具体的所作所为是不合法的。这种对典型保守框架的颠倒，可以被解读为一种讽刺——完全相同的行为规则可能会产生与预期截然不同的结果。

但在游戏以任务为主、紧凑的故事线之外，《侠盗猎车手：圣安地列斯》还暗示着"犯罪即堕落"的隐喻。尽管其自称是开放式的，《圣安地列斯》提供了完成任务的奖励措施，激励玩家参与模拟的犯罪行为。虽然游戏的大前提确实在质疑帮派分子是否真的有更道德的选择——游戏开篇 CJ 是被一名腐败的警察诬陷并被迫逃亡的，但是，一旦偏出任务体系架构，游戏没有任何适当的程序来调控角色互动。比如，开放式游戏玩法会将玩家向着任务线引导；除非玩家到达任务中的关键点位，否则游戏不会解锁洛圣都以外的区域。尽管它的叙事暗示着颠覆帮派是一种可能的社会调适，但游戏将其任务设计成更大的城市逻辑中的微小事件。当玩家离开开放的城市环境并回归任务之中，他是自愿的，而不是在复杂的社会历史前提的压力之下这样做的。这种修辞隐含着对于犯罪行为即道德堕落的比喻。

《圣安地列斯》的创作者到底是否有意地让游戏支持或批判当代美国的保守派意识形态结构，是一个悬而未决的问题。但是，这个游戏受到了普遍的谴责，不只来自"以价值观为导向"的保守右翼，还来自参议员希拉里·克林顿（Hillary Clinton）和约瑟夫·利伯曼（Joseph Lieberman）等中立人士。这恰恰说明，双方实际上都没有玩过这个游戏。想象一下保守派会有多惊讶，当他们发现一群来自苏格兰的游戏开发商可能已经将数以千万计的保守派政治言论送到了期待已久的当代美国年轻人手上。其中包括许多通常倾向于反对共和党

"亲商业、反社会政策"立场的出身于城中村的青年。而自由派也会惊讶地发现，在全国的 PlayStation（"游戏站"，简称 PS）游戏机上，其实已经安装着一个完美的反击保守派关于贫困、阶级、种族和犯罪框架的实例课程。

设计程序性框架

政客们已经很熟悉莱考夫和伦茨构建政治言论——尤其是公共演说的框架策略。那些希望创造出能被当作支撑性或颠覆性政治言论的电子游戏的人，无疑需要更加注意此类游戏中上下文背景语境的运用。这类游戏实现从口语化向程序化的语境转变，可能需要更长的时间。莱考夫认为，当代政治（尤其是进步主义政治）的核心作用，是为原本近乎破碎失信的政治论述注入新的活力。[①] 这种重构是必要的，因为民众倾向于假设语言及其载体（从政客到新闻媒体）是中性的。公众对支撑口头和书面政治话语的"道德概念系统"几乎没有了解。

莱考夫认为，理解一个政治立场"需要将其融入一个并非有意为之的基于家庭的道德模式矩阵中"。值得注意的是，莱考夫《道德政治》（*Moral Politics*）一书的结尾，紧迫中带着些许恳切：

简而言之，当下的公众话语并不太适合讨论本研究的结果。对隐喻的分析和有关另类替代性概念体系

---

① Lakoff, *Moral Politics*, 385.

的观点，不存在于公共话语之中。大多数人甚至不知道有概念体系，更不用说它们是如何构建的了。这并不意味着本书对保守主义和自由主义的论述不能被公开讨论。它们可以而且应该被讨论。需要额外努力的部分，是探讨其背后非刻意的概念框架。[1]

莱考夫将这个过程称为"转变框架"（shifting the frame）。[2] 也许电子游戏未来最有前景的政治作用，是帮助民众接受这一挑战。作为程序系统的一个例子，电子游戏是唯一拥有跨越年龄、人口特征、社会和种族背景的大众吸引力的媒介，它以基于规则的互动这一概念框架作为其核心模式。当《华氏 911》（*Fahrenheit 9/11*）[3] 之类的电影或者《每日秀》（*The Daily Show*）之类的电视节目明确、直接地试图改变政治倾向时，我们并不感到惊讶。[4] 而电子游戏的情况却并非如此。与电影、电视、书籍和其他线性媒介的消费者不同，作为游戏体验的一部分，电子游戏玩家习惯于分析程序化逻辑的交互。尽管特定的政治利益实际上已经主导了一些媒介——例如自由派之于纪录片、保守派之于谈话类电台节目，电子游戏的政治倾向尚不明朗。这种情况既凸显了机遇，也带来了威胁。一方面，电子游戏的媒介（目前）尚未与特定的世界观绑定，因此欢迎各种意识形态框架。另一方面，其他媒介的经验表明，相应媒介策略更强大的政治团体可能会有效地

[1]　Lakoff, *Moral Politics*, 387-388.

[2]　Lakoff, *Don't Think of an Elephant*, 33-34.

[3]　Michael Moore（dir.）, *Fahrenheit 9/11*（Sony Pictures, 2004）.

[4]　Madeline Smithberg and Lizz Winstead, *The Daily Show*（Comedy Central, 1996）.

将不同的声音拒之门外。自由派电台 Air America（空中美国）或多或少成功提供了一个有启发性的例子——左派此前几乎被驱逐出广播电台的领域，因为保守派早早就扎根于此。虽然乔治·莱考夫的《道德政治》首先是对政治论述的分析，它同样可以被描述为对自由主义政治话语失败的尖锐批评。也许现下看起来，认为电子游戏可以为我们如何思考政治问题的讨论提供重要的空间，或许是个乐观的想法。但随着时间的推移，不用太久，我们只会疑惑为什么花了这么长时间，才意识到游戏一直是公共政治话语的一部分。当那个时刻到来之际，假如某一政治立场对这个媒介实现了垄断，以致不同政见难以存在其中，将是非常不幸的事。

第四章　数字民主

如果说 2000 年美国总统大选让公民更加关注计票的过程，那么 2004 年的大选则让我们对竞选过程有了更深入的了解。在互联网和万维网走出科学和学术界并得以广泛应用十年，以及互联网泡沫破裂四年之后，2004 年大选首次大规模采用了数字技术，不再像前两个大选周期一样只有"门面式"网站。这样的时间差，在一定程度上与时机有关——由于选举每隔四年才有一次，竞选活动、候选人及党派没能从 20 世纪 90 年代互联网技术的快速发展中获益。在此期间，成功运用数字技术的案例主要集中在公共事务领域。例如，由克林顿政府时期的新闻秘书麦克·麦柯里（Mike McCurry）领导的技术公司 Grassroots.com（"草根"网站），专注于在线宣传与招募工作。[①] 这些数字技术的应用主要服务于企业、行业协会以及非营利组织和非政府组织。简而言之，彼时基于技术的宣传活动主要还是在社会团体有特定传播需求时出现。

与此同时，从 1994 年到 2004 年的十年间，美国选民的互联网接入率迅速攀升。公众逐渐意识到，他们可以在网上买到几乎所有东西——从书籍到烧烤架，应有尽有。eBay（亿贝）开创了小众微型企业模式的新纪元，而亿创理财（E*Trade）和德美利证券（Ameritrade）则标志着电子银行

---

① 参见 http://www.grassroots.com/,a paradigmatic case for marriages between Silicon Valley and Beltway interests.

与投资服务新形态的出现。地方和州政府也陆续推出了电子政务计划，为公民提供诸如机动车登记和税务申报等在线服务。根据皮尤基金会的互联网与美国生活项目（Pew Internet and American Life Project）的数据，截至 2004 年底，63% 的成年美国人已经成为互联网用户，而这一比例在 2000 年还是约 50%。尽管如此，政策、民主与互联网研究所（Institute for Politics，Democracy and the Internet，简称 IPDI）对 2000 年大选后民众在政治领域的互联网使用情况进行调查后发现，约 35% 的美国公民使用互联网获取政治信息。[1] 对 2000 年大选期间在线竞选活动的分析估计，布什竞选网站的访问量约为 900 万次，戈尔（Gore）竞选网站的访问量约为 700 万次。[2] 而到了 2004 年，布什竞选网站的访问量达到 1600 万次，几乎翻了一倍；克里竞选网站的访问量则增长接近三倍至 2000 万次。[3] 这些数据表明，在 2000 年至 2004 年的全国选举周期中，美国公民将互联网用于政治活动的比例甚至超过了用于在线购物等常规用途的比例。

2003 年，各主要候选人终于开始更充分地利用公众对可以轻易获取的政治和公共政策信息的强烈需求。霍华德·迪

---

[1] Institute for Politics，Democracy and the Internet（IPDI），"Post-Election 2000 Survey on Internet Use for Civics and Politics"（Washington，D.C.：IPDI，2000）.

[2] Bruce A. Brimber and Richard Davis，*Campaigning Online: The Internet in U.S. Elections*（New York and Oxford：Oxford University Press，2003）.

[3] Michael Cornfield，"Commentary on the Impact of the Internet on the 2004 Election"（Pew Internet and American Life Project，March 6，2005［cited March 23，2005］）; available from http://www.pewinternet.org/PPF/r/151/report_display.asp/.

恩的竞选经理乔·特里皮（Joe Trippi）做出了一个在当时颇具争议的决定——优先争取成千上万的个人支持者和捐助者，而非依赖少数企业和机构的支持。在该策略下，迪恩困难的总统竞选催生了许多在竞选活动中对互联网的创新应用。分析师迈克尔·康菲尔德（Michael Cornfield）认为"互联网已成为美国政治的必要媒介"，并总结了迪恩竞选中诞生的五项在线竞选创新之举：

> 与新闻事件挂钩的筹款呼吁；
> "聚会"及其他线上组织的集会；
> 博客；
> 在线投票；
> 去中心化的决策机制。[①]

迪恩发出的与新闻事件挂钩的筹款呼吁，引发了热烈反响。就连席位费用高达2000美元的共和党传统募捐晚宴，也有非常多的人响应。聚会则利用MeetUp.com（"聚会"网站），帮助支持者在当地自发组织活动。[②] 博客作为一种在政治领域内外迅速兴起的社会现象，就像聚会在现实世界中实现的那样，在线上构建虚拟社区。博客为支持者（和反对者）提供了一个可以随时了解候选人和不同议题并发表评论或个人观

---

① Michael Cornfield，"Commentary on the Impact of the Internet on the 2004 Election"（Pew Internet and American Life Project，March 6，2005［cited March 23，2005］）；available from http://www.pewinternet.org/PPF/r/151/report_display.asp/.

② MeetUp.com 绝非仅限于政治领域，它支持几乎所有类型的社群，从哈巴狗主人到动漫爱好者均涵盖其中。

点的平台。在线投票是博客和与新闻挂钩进行筹款的衍生品，为竞选活动提供了一个向选民征求意见的途径——一种非正式且无约束力的"公投"。而去中心化的决策机制是其他四项创新的基石，赋予选民更多话语权。

康菲尔德在列举这些创新时，忽略了很重要的一项：社交软件。作为一种在线社区建设工具，社交软件是基于网络的应用程序，帮助构建人与人之间的互动网络。过去几年中，最受欢迎的软件包括 *Friendster* 和 *MySpace*。这些服务让用户能够通过了解朋友的朋友，来扩展自己的社交圈。[①] 例如，尽管经常被误解为仅面向青年文化的工具，MySpace 一直称其服务非常适合用来约会和结交新朋友。用户在注册后可以创建个人档案，描述兴趣爱好、位置和其他基本信息。然后，软件会鼓励用户邀请朋友加入。用户可以搜索或浏览朋友、朋友的朋友甚至更广的人际网络。在发现希望了解的对象时，系统会基于双方同意进行牵线搭桥。此外，社交软件的具体应用还包括更注重建立商业联系的工具，如领英（LinkedIn）。领英专注于为用户在求职招聘、交易达成等方面提供支持。[②]

2004 年大选之后，政治领域对技术的运用继续围绕着对迪恩竞选所带来的五项创新的拓展和修订展开，同时加入了与具体倡议相结合的社交软件元素。随着焦点从竞选逐步转向宣传倡议，非营利组织和非政府组织开始将个人

[①] 参见 http://www.friendster.com and http://www.myspace.com/.

[②] 参见 http://www.linkedin.com. 领英由 PayPal 前执行副总裁里德·霍夫曼（Reid Hoffman）创立。PayPal 是点对点网络中临时性金融交易的早期创新者。该公司于 2002 年被 eBay 收购。领英和 PayPal 功能不同，但两者都试图促进临时性点对点交易。

捐款、博客以及其他类似的通信模式和临时活动组织作为行动指导方针。例如，非营利组织"美国精神"（Spirit of America）利用个人捐款的网络效应，为阿富汗和伊拉克的发展项目筹集资金，包括向社区捐赠棒球装备和为当地工人提供缝纫机。[①] 该组织进而设计了社交软件式诱导机制，以便现有成员招募新成员。这种模式被称为"涌现式民主"（emergent democracy），是一种自发的基层宣传形式。[②] 顺应当下营销趋势，这类竞选活动利用人群之间不均衡的连接性，通过吸引那些"有影响力"的人，来建立广泛的支持者基础。[③]

这些创新无一例外都利用互联网的快速更新能力和临时访问特性，开创了一种新型的"虚拟基层宣传"模式，将互联网作为连接选民群体的重要纽带。正如历史所证明的，霍华德·迪恩之所以被铭记，更多是因为他的政治技术创新，而非他的政治理念（我会在后文进一步展开讨论这一点）。然而，这些技术也存在一个共同特点：它们主要依赖计算机技术在传播速度和广度上的优势，却并未充分挖掘其在改变表

---

① 参见 http://www.spritofamerica.net/.

② 尽管"涌现"（emergence）这一术语在政治网络评论人士中颇为流行，但用它来描述临时性点对点网络仍显粗疏。这一概念移植自复杂系统理论，原指通过长期微观互动形成的连贯结构与模式。一个经常被引用的例子是蚁群，每只蚂蚁都根据所处的局部环境自主行动，而不是接受某种中央指令源的调度。

③ John Berry and Ed Keller, *The Influentials: One American in Ten Tells the Other Nine How to Vote*, *Where to Eat*, *and What to Buy*（New York: Free Press, 2003）; Institute for Politics Democracy and the Internet（IPDI）, "Political Influentials Online in the 2004 Presidential Campaign"（Washington, D.C.: IPDI, 2004）. 12.

征呈现方面的潜力。换言之，政治技术还欠缺对程序性的实质应用。

正如我在第一章中提到的，珍妮特·默里总结了数字作品的四个核心属性：程序性、参与性、空间性和百科全书式的场域性。霍华德·迪恩的创新及其后续发展，目前仅在这四个属性中的两到三个方面有所体现。当前的所有政治技术都有效发挥了媒介的参与性。例如，博客和与新闻事件挂钩的筹款活动至少能与选民或倡议持续进行互动，让用户可以发表评论和贡献内容。博客和聚会运用计算机的空间特性，为选民打造了一种可自由探索的和谐环境。聚会还弥合了虚拟空间与物理空间之间的差距。与此同时，通过博客和在线投票可以轻松实现对新闻、评论和会话的发布及存储，充分体现计算机的百科全书式信息存储和检索能力。然而，没有一种基于互联网的竞选技术充分挖掘了媒介的程序性特性（见表4.1）。

表4.1　迪恩竞选活动的四大主要创新与默里关于计算机媒介的
四大特性之交叉点

	程序性	空间性	参与性	百科全书式场域性
与新闻挂钩的筹款呼吁			×	
网络组织的集会	×	×		×
博客	×	×		×
在线投票			×	×

电子游戏的历史

为了校正当前的这种状况，研究那些在结构和性质上与公共政策类似现象的程序性表征颇具意义。商业电子游戏中有一类以程序性表征呈现历史，而历史正是建立在与政治相似的物质和社会条件基础之上的。这些游戏，再现了导致特定历史事件或者影响人类历史整体进程的因果关系。其中有些所做的政治评论很明确，而另一些则相当含蓄。例如，《文明》[①] 和《地球帝国》（*Empire Earth*）等游戏，聚焦从一个时代到另一个时代的历史演进。[②] 作为软件系统，这些游戏可以被看作"历史编纂"，通过交互规则而非文字叙述描绘历史。在《文明》中，物质和技术创新推动玩家获得军事和公民力量的优势，从而实现历史进步。而在《地球帝国》中，局地事件被编织进一个整体的、黑格尔式的历史发展框架。像《宙斯》（*Zeus*）[③] 和《中世纪：全面战争》（*Medieval: Total War*）等游戏，致力于揭示特定历史时刻的显著特征。[④] 例如，在《宙斯》中，需要通过具象的物质生产来完成"赫拉克勒斯的十二项任务"之类的神话历史概念，如开采大理石

① Firaxis Games, *Civilization*（Paris：Infogrames，1991）.

② Stainless Steel Studios, *Empire Earth*（Burbank，Calif.：Sierra Studios，2001）.

③ Impressions Games, *Zeus: Master of Olympus*（Burbank，Calif.：Sierra Studios，2000）.

④ Creative Assembly, *Medieval: Total War*（Los Angeles：Activision，2002）.

以建造召唤英雄的庙宇。教育技术专家和游戏学习理论家库特·斯奎尔指出，《文明》能够帮助学生更好地理解世界历史，尤其是历史与自然、文化和政治地理之间的关系。[①]《文明》中的历史表达与戴蒙德在其著作《枪炮、病菌与钢铁》中的观点有着惊人的相似之处。该著作已在第一章中被简要提及，我将在第八章中对其展开详细讨论。[②]

正如我在第三章所述，电子游戏正日益成为一种艺术与政治表达的平台。数字艺术领域涌现大量的社会评论，部分游戏化作品在这样的影响环境下诞生。其中许多，以对现有商业游戏进行修改——电子游戏模组（modification，简称"mod"）的形式呈现。关于游戏《反恐精英》，前文曾将其与《美国陆军》进行对比说明。1999 年，艺术家安妮－玛丽·施莱纳（Anne-Marie Schleiner）与合作者为这款第一人称多人射击游戏设计了一个名为"轻袭"（Velvet-Strike）[③]的模组。"轻袭"要求玩家进行虚拟海报涂鸦，展示"在线幻想的俘虏"和"你就是自己最危险的敌人"之类的政治信息。作为一种"颇具趣味的"软件干预，"轻袭"更像是对电子游戏类型惯例的批评，而非对社会现状的批判。电子游戏所创造的丰富感官环境沦为抗议暴力与权力幻想的背景板。

克里斯·克劳福德的《权力平衡》《星球平衡》游戏，通

---

① Kurt Squire，"Replaying History：Learning World History trough Playing Civilization"（dissertation，Indiana University，2004），247-261.

② Kurt Squire，"Replaying History：Learning World History through playing Civilization"（dissertation，Indiana University，2004），116-117.

③ Anne-Marie Schleiner，*Velvet-Strike*，2002.

过游戏机制本身直接应对社会挑战。正如克劳福德所说，《星球平衡》关注"环境问题的复杂性，还有它们相互之间以及与经济问题的交织关系……万物相连……过分简化的策略注定失败"[1]。《星球平衡》允许玩家模拟一个可调节的价值体系，观察其影响并将这种认知延伸到游戏之外的现实世界。然而，正如前两章中所讨论的，这款游戏采取了与"轻袭"截然不同的做法——它将程序性模型从感官世界的表征中抽离出来。

过去二十年里，以电子游戏再现历史事件（如诺曼底登陆[2]和珍珠港事件）已非常普遍，但近期的电子游戏效仿另一种新的政治化媒介——纪录片，开始聚焦更具体的历史瞬间。[3]在这个子类型中，有几款游戏尤为突出。

其中两款游戏，明确是在艺术实践语境下创作出来的。洛杉矶艺术家团队 C-Level 根据 1993 年美国烟酒枪炮及爆裂物管理局（ATF）与大卫·考雷什（David Koresh）的"大卫教"（Branch Davidians）信徒之间的武装对峙事件，创作了游戏《韦科复活》（*Waco Resurrection*）。[4]在游戏中，玩家必须佩戴配有语音功能的面具扮演主角，并完成一系列既定的任务。同年，艺术家团队 Kinematic 发布了《9·11 幸存者》（*9-11 Survivor*）。玩家在游戏中需设法逃离 2001 年 9·11 事

① Chris Crawford, *Chris Crawford on Game Design* (New York: New Riders, 2003), 383.

② DreamWorks Interactive, *Medal of Honor* (Redwood Shores, Calif.: Electronic Arts, 1999).

③ Electronic Arts, *Medal of Honor: Rising Sun* (Redwood City, Calif.: Electronic Arts, 2003).

④ C-level (Mark Allen, Peter Brinson, Brody Condon, Jessica Hutchins, Eddo Stern, and Michael Wilson), *Waco Resurrection* (Los Angeles: C-Level, 2003).

件中正在燃烧的世贸中心大楼。[①]在游戏中，玩家会随机出现在大楼的某个位置。复杂之处在于，有些位置有楼梯可以逃生，有些被火焰阻断，另一些则是绝路。有时，玩家面临的是大楼内外两难的选择。

这类电子游戏的创作并不局限于长期以来挑战并颠覆社会规范的艺术界。商业开发者推出过至少两款同等重要的游戏，均兼顾了历史表达和商业盈利。2003 年，Kuma Reality Games（库玛现实游戏公司，简称 Kuma Games）推出《库玛战争》（*Kuma\War*）。[②]这款游戏不是基于单一事件的游戏，而是一个以游戏表现形式呈现新闻事件的订阅平台。《库玛战争》发布于第二次海湾战争的第一年，其首个游戏任务再现了美国军队在摩苏尔别墅与乌代和库赛·侯赛因对峙的场景。公司在游戏发布会上提出，玩家可以选择是否遵循历史事件的发展进行操作——例如，使用反坦克导弹摧毁整个别墅——或者尝试其他方案，比如突袭别墅，尝试活捉并审问侯赛因兄弟。自 2003 年 7 月以来，游戏已发布了数十个任务，包括 1998 年对本·拉登（Osama Bin Laden）藏身地的突袭和有争议的使约翰·克里获得银星勋章的 1969 年快艇事件。据 Kuma Games 称，《库玛战争》的目标，是帮助美国人更好地理解美国及其盟军士兵在冲突中所面临的危险。

也许，最具争议的纪录片类游戏是由苏格兰开发商 Traffic 制作并自行发布的《刺杀肯尼迪》（*JFK Reloaded*）。[③]

---

① Kinematic，*9-11 Survivor*（Kinematic.com，2003）.

② Kuma Reality Games，*Kuma\War*（New York：Kuma Reality Games，2003）.

③ Traffic Games，*JFK Reloaded*（Edinburgh，Scotland：Traffic Games，2004）.

这款游戏在约翰·F. 肯尼迪（John F. Kennedy，简称 JFK）遇刺 41 周年纪念日发布，玩家扮演李·哈维·奥斯瓦尔德（Lee Harvey Oswald），站在得克萨斯州教科书仓库的六楼。开发者称，制作这款游戏的目的，是消除关于刺杀事件是否存在阴谋的疑虑。为此，游戏重现了沃伦委员会对枪击事件的描述，并采用了复杂的物理和弹道模型。玩家的唯一任务，是利用模型尽可能准确地再现奥斯瓦尔德的三发子弹及其轨迹。射击后，游戏会提供回放和分析，显示每颗子弹的路径和撞击点。开发者甚至提供 10 万美元的奖金，奖励能够最准确重现沃伦委员会描述的玩家。参议员泰德·肯尼迪（Ted Kennedy）及其他一些人称这款游戏非常"卑劣"，媒体也普遍持强烈反对态度报道此事，但这反而引发了广泛关注。

特雷西·富勒顿（Tracy Fullerton）讨论过游戏与纪录片这一类型相关联的方式，尤其对纪录片这个媒介记载和阐释或者说推论分析事件的历史进行了论述。① 由于《库玛战争》和《9·11 幸存者》等游戏聚焦特定的历史事件，因此人们很自然地将它们与纪录片等其他媒介形式进行比较。实际上，这些游戏的创作者也明确将作品与影视媒介联系起来——C-level 将《韦科复活》比作纪录片，Kuma Games 宣称《库玛战争》提供了一种"体验新闻的新方式"，而 Traffic 则将《刺杀肯尼迪》称为"纪录片式游戏"。这些说法大多是为了摆个姿态，因为这些游戏的其中一个目标，是挑战认为"游戏无法或不愿触及更多重要话题"的观点。然而，将这些游

---

① Tracy Fullerton，"'Documentary'Games：Putting the Player in the Path of History"（paper presented at the Playing the Past：Nostalgia in Video Games and Electronic Literature，The University of Florida，Gainesville，Florida，2005）.

戏与纪录片进行对比忽视了一个重要方面，那就是它们的程序性。尽管这些游戏的题材与纪录片和新闻报道相似，但要理解它们对历史事件的解读，我们必须关注玩家如何通过与程序规则的互动，构建具有历史和社会意义的模型。

《韦科复活》最显著的特征，并不是再现大卫教的韦科山庄——那只是简单的 3D 建模，而是使用语音命令作为主要输入方式。在完成游戏所要求的任务过程中，玩家被迫置身于特定教派的逻辑当中。游戏不是展现，而是创造了一种切身体验，并展示其如何对国家利益造成危害。尽管游戏的背景设定在大卫教，但游戏其实是将这个事件作为一个模型，或者说修辞的范例。《韦科复活》试图通过其程序性表达描绘宗教狂热的诱惑与疯狂，并提醒玩家，"政府批准"的合法行动与危险的邪教崇拜式宗教行为之间的界限是多么微妙。进而言之，该游戏表明，1993 年韦科事件实属当代美国宗教表述与极端主义体系的典型。然而，与"被准许"的宗教热忱不同，大卫教的狂热是非法的、不被支持的，甚至是需要政府干预和瓦解的。

类似地，《9·11 幸存者》的程序性表达超越了对世贸中心里可能遭遇厄运的个体的表面再现。尽管该游戏因为对受害者命运的轻描淡写而遭到批评，但它的意义在于对受害者实际与潜在经历的庄重且细致的呈现。《9·11 幸存者》的程序性表达，主要源自建筑内随机生成的位置与玩家在逃生过程中可能遇到的障碍之间的相互作用。对于我们这些非受害者而言，9·11 事件最具冲击力的记忆之一，便是目睹许多人在明知所有选项都近乎绝境的情况下做出抉择。这恰恰凸显了当时大楼内的困境。通过创造一个关于世贸中心工作人员命运的随机再现，《9·11 幸存者》提供了一些对于那个混乱和偶然性交织的早晨的场景呈现。在游戏场景中，玩家或无路可逃，或面临两难的选择，或历尽艰辛、逃出生天（参见图4.1展现的其中一个场景）。

图4.1　在《9·11幸存者》中，玩家被置于一个绝境之中，扮演一名试图找到逃离大楼之路的世贸中心工作人员

超越工作人员和飞机、建筑之间程序性互动的代入式体验，《9·11幸存者》还描绘了后9·11世界中关于安全与恐怖主义有些诡异的新逻辑。"反恐战争"的政治框架试图将地缘政治重塑成敌我分明、胜负可判的传统战争，而不确定性，或许是其中最难以言明的话题。《9·11幸存者》恰恰直面这种不确定性，通过（诚然略显简陋的）程序生成场景、出口选项以及在极度危险条件下有限的工具使用来加以呈现。游戏不仅让我们共情世贸中心被袭击的受害者，更进一步促使我们反思工作场所、家庭、购物中心与公共空间中潜藏的各种陷阱与逃生之道——以及自9·11事件以来我们与这些空间发生着深刻变化的关系。

与《9·11幸存者》和《韦科复活》相比，《库玛战争》在玩家与当前美国外交政策之间的程序性互动上显得较为薄弱。尽管《库玛战争》宣称"再现真实事件"，但它几乎没有为事件任务建立程序性桥段。除了完成历史推演所必需的基本程序性元素，游戏可能仅提供一两个遵循相同战略发展轨迹的替代情景。游戏缺乏政治和社会背景、评述以及能够定义事件框架的阐释，这使得游戏的第一人称互动缺乏社会政治意义。从修辞学的角度来看，《库玛战争》并未提出任何政治主张，它只是简单地将传统的第一人称射击游戏外壳替换为近期军事事件的图像和情节。

以游戏发布的首个任务场景为例，玩家在选择推进部队围剿或是直接炸毁区域时，无法得到任何有关军事行动的深刻洞察。实际上，更为微妙的修辞应该围绕着军队行动的必要性展开：任务的目的，是展示对终结政权的掌控，从而赢得更多的地方支持。无论结果如何，军事行动都服务于更宏观的战略目标。抓获目标任务象征着战争进程的实质推进；瓦解现有的权力结构，则向当地人民展示特定军事意志和力量。不论哪种结果，都可以实现预期的战略目标。

这种军事修辞在《库玛战争》的任务中并未充分体现。与《韦科复活》不同，《库玛战争》呈现现代战争的社会层面显得相对薄弱。它仅提供了构成可玩战争游戏的基本要素，如弹道模拟、部队调动和指挥链等，却缺乏赋予这些冲突意义的地方、国家和国际政治框架。以约翰·克里的银星勋章任务为例，其政治意义在于，克里作为战斗英雄的身份赋予了他极高的公信力。民主党将他塑造成一位兼具军事资历和同情心的领袖，而共和党则讥讽他是一个优柔寡断、缺乏领导力的人物。银星勋章任务，代表了克里成长过程中的关键时刻。但如果抛去有关这个人的其他公共和私人生活背景，这一任务仅模糊地再现了克里的军事身份可能成为政治议题的事实，却未能深入探讨这一议题是为何或如何形成的。在《库玛战争》中，重新构建的任务未能充分展现克里内心的思维逻辑——他当时的"交战规则"。因此，这一任务没有能够成为有效揭示克里作为领导者的意志品质的窗口。

在这些基于历史事件的游戏中，最强烈也最令人困惑的程序性修辞，或许是《刺杀肯尼迪》。尽管该游戏提供的空间表现最为有限——玩家的视野仅限于仓库第六层的窗外，而整个游戏世界也只再现了半个迪利广场（见图4.2）——它通过对车队的高度程序化征再现，提供丰富的互动体验。游戏并未采用让车队沿历史轨迹行进的静态动画，而是基于物理与能动模型，允许玩家干扰或改变车队的行进路径。

图4.2 备受争议的游戏《刺杀肯尼迪》让玩家扮演一名令人不安的角色——总统刺客。© Traffic Management Limited，Scotland.

尽管开发者鼓励玩家尽可能真实地重现刺杀事件，但在遵循历史报告的限制条件下，没有玩家能够成功完成任务。从游戏的明确说服性目标来看——支持沃伦委员会报告并反驳阴谋论——它似乎在修辞上失败了。然而，游戏设计中的一些意外特性促成了其他解读，暗示开发者的公开目标可能只是一个幌子，其目的实则是激发玩家从新的角度看待这一历史事件。聪明的玩家很快意识到，采用不同策略会带来不同的结果。根据历史记录以及亚伯拉罕·扎普鲁德（Abraham Zapruder）的影片，肯尼迪是在埃尔姆街中段被击中的，而这条街正好位于仓库前方。游戏的模拟则从车队接近郡刑事法院大楼拐角，即休斯顿街与主街交汇处时开始。如果玩家在车队抵达前瞄准得当，就可以在座驾转入休斯顿街之前击毙总统座驾的司机威廉·格里尔（William Greer）。由于游戏同时运行着一个能感知惯性的物理模拟和一个能感知因果关系的能动性模拟，击毙司机可能导致车辆停下，或加速冲向迪利广场的草地，甚至撞上休斯顿街另一侧的路堤。一旦车辆停下，刺客便可以从容地瞄准座驾后部的静止目标——总统。这个场景只是车队物理模型与乘客伤亡行为程序交互所产生的众多其他可能情况之一。

毫无疑问，以李·哈维·奥斯瓦尔德这一角色进入游戏，透过他的视角用步枪瞄准镜观察，的确让人感到不安。然而，这种体验为理解这一历史事件的政治背景提供了新的视角。对于我这个没有亲历肯尼迪遇刺事件时期的人来说，这个人物及其事件仅以故事的形式存在于记忆中。《刺杀肯尼迪》对作为玩家和作为公民的我，都有着确切的影响。首先，这款游戏让我以前所未有的方式模拟了狙击手的体验。许多游戏——甚至可以说大多数——都让玩家以第一人称视角操作枪械，但极少像《刺杀肯尼迪》这样对操作精度提出如此高的要求。按照沃伦委员会报告中的描述完成三次射击的任务，不仅让我觉得几乎不可能实现（这种困难反而引发了对于历史记录的质疑而非理解），还深刻体会到刺客的冷酷与病态心理。游戏对目标精度的高度要求，在某种程度上帮助玩家将结果去人格化，从而进一步强化了对病态刺客行为的模拟。这种冷静且深思熟虑的行为，很难在《细胞分裂》(*Splinter Cell*) 等游戏的匿名特工情景下复制。[①]

其次，这款游戏令人印象深刻的一点是，它展示了刺杀行动的某种表演性质——精心策划、几乎编排好的动作，及其可能对公众产生的深远影响。模拟似乎暗示，刺杀肯尼迪总统的任务本可以"更高效"地完成，尽管这样的说法听起来有些不近人情。那么，为什么奥斯瓦尔德会选择他所采取的行动？数十年来，历史学家、法医学家以及阴谋论者都试图解答这个问题。《刺杀肯尼迪》则暗示，刺客与军事狙击手不同，他的任务不仅是精准射击，更在于创造一种奇观。这一刺杀行动不仅结束了肯尼迪的生命，还引发了随之而来的政治、社会和文化层面的"肯尼迪谜团"。虽然在回望历史时显而易见，但我们容易忽视：发生的或许就是一次明目张胆的、猎奇的谋杀。

关于奇观和历史偶然性的想法，引出了这款游戏的第二个作用。如果奥斯瓦尔德先射杀司机，再将第二枪瞄准已无反抗之力、成为"活靶子"的肯尼迪，美国民众的震惊程

---

① Ubisoft Montreal Studios, *Tom Clancy's Splinter Cell: Chaos Theory* (San Francisco：Ubisoft Entertainment，2005).

度无疑不会因此减弱①；然而，如果肯尼迪的死亡方式不那么戏剧化，他的历史遗产是否会因此发生巨大变化？可以肯定的是，肯尼迪的悲剧性死亡遏止了许多针对他个人生活的批评——这些批评在35年后克林顿因丑闻遭遇弹劾时再度浮现。肯尼迪执政期间见证了20世纪一些最复杂、最神秘的事件。例如，约翰·克里等人在越南发动的"冲突"正是在肯尼迪任期内埋下的伏笔；他还主导了未经授权、最终导致猪湾事件发生的中央情报局行动。此外，还有工会领袖吉米·霍法（Jimmy Hoffa）失踪的谜团。②肯尼迪是一个凡事亲力亲为的领导者。无论我们对他戏剧性的公开遇刺有何看法，不可否认的是，这一事件在很大程度上塑造了他的历史遗产。

在《枪炮、病菌与钢铁》一书中，贾雷德·戴蒙德试图揭示那些决定着历史走向的基本规律。除了将它们视作更广泛历史可能性的一部分，戴蒙德并不聚焦具体的历史人物或特定的历史时刻。通过将历史描述为一种程序化的系统，他为我们提供了一种理解每个历史时刻和人物的体系方法。尽管《刺杀肯尼迪》和《韦科复活》这类游戏似乎是在再现历史事件，实际上它们发挥的作用极为相似：展现历史事件背后重要的物质、社会和文化状况。鉴于历史类电子游戏所提供的这些可能性，应该可以创作出帮助玩家理解当代政治进

---

① 甚至有阴谋论认为致命一枪可能出自格里尔本人之手。典型论述可以参见 http://community-2.webtv.net/Larry762/fontcolor3300FF/page4.html for a typical explanation.

② 这位国际卡车司机兄弟会领导人直至1975年——肯尼迪遇刺十余年后——才告失踪。但是，肯尼迪政府将与共和党关系密切的霍法视为兼具恶棍与政治威胁的双重身份。政府通过直接的行动和间接支持对手工会（AFL-CIO，美国劳工联合会—产业工会联合会），试图瓦解卡车司机兄弟会的势力。

程和议题的电子游戏。基于这一程序性表达的理念，我希望回到政治实践的讨论，进一步探讨游戏如何能够改变甚至提升公民对政治、倡议和公共政策的参与度。

数字民主中的程序性修辞

《韦科复活》《刺杀肯尼迪》等游戏具有程序性表达的特性：它们通过游戏规则传达自己的观点。虽然《刺杀肯尼迪》宣称支持沃伦委员会报告，这些游戏并不明确说服玩家，不过它们确实邀请玩家参与到它们所呈现的表征当中。另一些游戏将说服作为更主要的表达目标。比如《星球平衡》，就试图说服玩家接受特定的生态理念。正如我之前提到的，程序性修辞特别注重通过游戏规则来展现、传达或说服玩家接受带有倾向性的特定观点。玩这类游戏可能对政治产生影响，因为它们让玩家能够体验到许多之前未曾有过的政治立场和行动，并帮助玩家更深入地理解影响每个给定的独特历史情境的多重因果要素。程序性修辞，恰恰是目前技术应用于政治活动和公民参与时所缺乏的。

尽管迪恩的竞选团队成功建立了一个拥有数十万支持者的虚拟社区，但仍然难以实现超越，拓展核心受众之外更大的群体。失败部分归因于其沟通传播策略的抽象性。身为技术爱好者的"迪恩迷"（Deaniacs）推崇去中心化决策的优势，但普通民众未必能理解这一模糊的概念。此外，潜在支持者们显然不清楚"参与其中"究竟意味着什么——参加聚会是要做什么？竞选团队精准地将这一挑战看作迪恩获得广泛支持之路上的巨大障碍。

　　2003 年 12 月，我与贡萨洛·弗拉斯卡合作设计了首款获得美国总统候选人正式背书的电子游戏。《艾奥瓦州支持霍华德·迪恩》这款游戏由迪恩竞选团队委托开发，旨在帮助犹豫不决的支持者深入了解基层外联的运作过程及其力量。[①] 作为竞选官方认证的媒介规划中的一部分，这款游戏开创了政治电子游戏的新类型。作为一种程序性修辞，它试图解决竞选活动在说服潜在支持者方面的难题。在游戏中，玩家将以虚拟形式前往艾奥瓦州，帮助迪恩在至关重要的艾奥瓦州党团会议（caucus）上赢得支持。玩家在游戏中招募亲友参与竞选活动，深入社区进行游说，分发宣传材料，挥舞支持迪恩的标语牌，以鼓励当地居民出席党团会议并支持霍华德·迪恩。

　　为应对竞选中的挑战，游戏采用了两种程序性修辞策略。第一种策略模拟了基层外联的逻辑。游戏呈现了一张简化的艾奥瓦州地图，并将其划分为若干半随机的区域。游戏伊始，玩家仅有单个支持者（玩家自己），可以将其放置在地图上的任意位置。通过一个（稍后会详细介绍的）小游戏设定该支持者的效率之后，这名支持者会持续进行"虚拟外联"，努力争取更多虚拟艾奥瓦州居民的支持。在主地图的界面中，效率较高的虚拟支持者会更快完成所在区域的动员工作，其进展通过一个圆形进度条实时展示（见图 4.3）。每当进度条填满后，便会生成一名新的支持者。玩家可以将其分派至其他区域，进一步扩大外联动员范围。同一区域内的多名支持者还可以协同合作，加快动员速度。

---

① 　Persuasive Games，*The Howard Dean for Iowa Game*.

图4.3 《艾奥瓦州支持霍华德·迪恩》用这样一张艾奥瓦州的简化地图，展现基层外联的模拟情况

　　随着游戏的进行，支持者的出现速度呈指数级增长。当玩家合理布局支持者并让他们协同工作时，支持者的影响力和效率也会显著提升。游戏还通过用蓝色填充地图上各地区的方式，显示对迪恩的支持程度：颜色越深，支持度越高。虽然这是个单人网络游戏，但每位玩家完成的动员成果都会上传至服务器。数据经过标准化处理后，使玩家能够借助其他玩家在游戏内"实际"完成外联动员的成果继续推进。[①] 这种设计直观展现了一个不断加速的网络效应，并传递一个或许抽象的概念：任何一个支持者，都能在竞选活动中发挥重

---

① 参见 Ian Bogost，"Asynchronous Multiplay：Futures for Casual Multiplayer Experience"（paper presented at the Other Players Conference on Multiplayer Phenomena, Copenhagen, Denmark, December 1-3, 2004）.

要作用。在这个案例里，玩家再一次帮助完成了游戏的程序性三段论。玩家在游戏内的行动，促使候选人的支持者从零开始，逐步增长至数十人、数百人。游戏发布首月我们追踪到的最高"成绩"，是生成了超过800名虚拟支持者。

第二种程序性修辞，通过简化的形式展现了支持者在与本地群体建立联系后可以开展的实际行动。游戏呈现了三种主要活动：挥舞标语牌、挨家挨户走访和分发宣传册。我和弗拉斯卡在一篇关于游戏设计的文章中，详细探讨了这一创意决策背后的逻辑：

> 关于在游戏中纳入哪些类别以及多少外联动员活动，我们不仅在团队内部进行了长时间的讨论，还与竞选团队进行了深入交流。游戏的一个核心目标是阐明"基层外联"这一概念，通过具体的例子展示参与此类活动的价值和意义。逻辑上，我们得出的结论是，尽可能多地呈现这些活动以产生广泛的影响，因为不同的活动可能会与不同的玩家产生共鸣。最初，我们考虑过加入尽可能多的外联活动，并通过简化的方式压缩每种活动的表征。但是，游戏试图解决的正是简化的问题：许多犹豫不决的支持者正是因为无法理解"参与"的具体含义，才不愿主动投入竞选活动。因此，为了追求数量而削弱活动的具体性显然不明智。

> 最终，我们决定选择三项活动，并请竞选团队的分析师确定最重要的活动内容。经过他们确认，将挥舞标语牌、挨家挨户走访和分发宣传册定为最关键的选项。后来，竞选顾问告诉我们，他们或许应该将

"写信"纳入该范围，因为在竞选团队实际为了动员
全国支持者参与党团会议的努力中，无须亲自前往艾
奥瓦州便可实现的写信是他们使用的重要手段之一。[1]

每当玩家在艾奥瓦州地图上放置一名支持者，游戏便会加载
一个竞选小游戏。玩家在这些小游戏中的作为，决定了该支
持者在主地图上的行事效率。三个小游戏以高度简化的方式
模拟了相应的外联动员活动。例如，在挥舞标语牌的小游戏
中，玩家需要将支持者安置在尽可能多的路人附近，并点击
屏幕挥动标语牌以吸引注意。在挨家挨户走访的小游戏中，
玩家需要同时安排三名志愿者走访住宅区，同步管理以实现
他们的工作效率最大化（见图4.4）。这些简化的活动模式，
旨在帮助玩家直观理解"参与其中"的概念。此外，通过要

图4.4　对外联活动的极简式程序性表征，再现了竞选活动中的细微工作

① Bogost and Frasca，"Videogames Go to Washington."

求玩家在每生成一名支持者后按顺序重复三个小游戏的操作，游戏真实地还原了基层外联的高频重复特性，这一点让许多玩家深有感触。

对《艾奥瓦州支持霍华德·迪恩》上线后网络反响的非正式分析显示，许多潜在支持者确实对竞选的基层外联策略有了更深入的理解。然而，其中最有意思的反馈，揭示了一个深刻的洞察。遗憾的是，竞选团队或许直到艾奥瓦州党团会议的结果直接宣告竞选活动终结后，才意识到这一点：尽管这款游戏为基层外联提供了准确且具有说服力的程序性修辞，但它并未将迪恩与其他候选人区别开来，使他脱颖而出。正如 PopMatters.com 网站评论员肖恩·特伦德尔（Sean Trundle）所指出的：

> 我相信，任何两位候选人之间的区别，绝不仅仅是宣传册封面上的图片或标牌上的名字。如果当真没有其他区别，或者这款游戏让人误以为事实如此，那岂不是适得其反？如果为迪恩分发传单和为库西尼奇分发传单没有区别，那我为何要投票给他们中的任何一位？[①]

在看到类似观点多次出现后（第十一章会进一步探讨此事），我逐渐意识到，《艾奥瓦州支持霍华德·迪恩》的失败并非在于其目标——创建再现基层外联的程序性表征，而在于其概念设计。虽然游戏在展现为鼓励基层外联而设计的程序性修

---

① 参见 http://www.popmatters.com/multimedia/reviews/d/dean-for-iowa-game.shtml.

辞方面表现出色，但它无意中暴露了竞选活动背后的潜在意识形态。而这种意识形态，最终导致了竞选的失败。未能将条理清晰的政治修辞清晰地传达给庞大的支持者群体，成了迪恩竞选活动的致命弱点。迪恩虽然有着明确的政治观点，但公众对这些观点缺乏清晰认知，最终根据个人理解自行构建了对他的印象。

吸取这一教训后，我在设计之后的选举游戏时更加注重公共政策的程序性表征。2004年初秋，伊利诺伊州共和党众议员委托我设计一款游戏，以展示他们在2004年州立法选举中的几项核心公共政策主张。包括医疗损害侵权改革、有关教育标准的政策和地方经济发展在内的议题本身抽象且乏味，尤其当它们仅通过简短的政治口号或冗长且晦涩难懂的政策文件呈现时，公众通常很难在公开或私人讨论中谈及这些内容。此外，与许多公共政策议题一样，这些话题彼此紧密关联：教育质量影响职业资质，而职业资质进一步决定经济福祉。为此，我设计了《夺回伊利诺伊州》(*Take Back Illinois*)，旨在通过复杂且相互关联的程序性修辞，展现候选人在这些议题上的立场。[1]

《夺回伊利诺伊州》由四个子游戏组成，分别对应三个政策议题以及一个类似《艾奥瓦州支持霍华德·迪恩》的公民参与游戏。这些子游戏相互关联，在其中一个子游戏里的表现，会对其他子游戏的进展产生直接影响。每个子游戏都设有明确的目标。例如，在医疗损害改革的子游戏中，玩家需要将公共健康水平提升至预定目标。这些目标以及玩家的进度会直接显示在游戏界面下方：作为计时器的一个小日历

---

[1]　Persuasive Games，*Take Back Illinois*.

从 1 月 1 日开始，游戏时间每过去几秒就前进一天。玩家需要在日历到达年底前完成所有目标，完成得越快，得分越低——得分越低越好。

每个政策议题的程序性修辞都被精心设计，以最小的规则集涵盖尽可能多的细节。还是以医疗损害改革的子游戏为例，城市里存在不同健康状况的市民——健康的、生病的以及重病的。生病的市民具有传染性，会逐渐导致附近健康的市民生病。如果不及时治疗，重病的市民会死亡。城市中设有若干医疗诊所，玩家可以将生病的市民送往诊所接受治疗（见图 4.5）。但部分候选人认为，伊利诺伊州的医疗事故保险费率高于邻州，因此他们在侵权改革上的立场多少受到改革可以促使费率降低的因素影响。在游戏中，玩家可以通过"政策面板"调整公共政策设置，例如，修改医疗损害诉讼中非经济损失赔偿上限、增加医学研究投资以防止悲剧重演。如果玩家选择维持高额的非经济损失赔偿限额，会导致保险

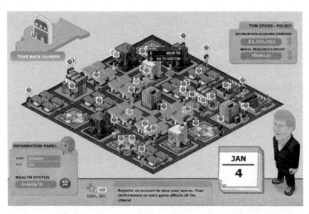

图4.5 《夺回伊利诺伊州》通过程序性表征，呈现立法候选人在公共政策问题上的立场

费率居高不下，从而提升医生离开该州的风险。一旦医生离开，诊所就会关闭，玩家将无法对市民进行治疗。

其他政策子游戏也通过类似方式为各个议题构建程序性修辞。在教育改革的子游戏中，玩家需同时管理全州多个学区。学区具有不同的起点：一些拥有与众不同的教育标准，而另一些则面临资金分配不均及师生比例失衡的问题。玩家需在每个学区完成"教学"任务——输入符合各学区教育标准的《西蒙游戏》式记忆序列。这个程序性修辞同样展现了候选人的政策主张：若全州存在多种教育标准，会使得整体教育体系难以管理。玩家在被迫记忆四到五个不同的序列后，迅速体会到这一点。为了更高效地完成任务，玩家可以通过调整政策按学区重新制定教育标准，也可以将资金向亟须帮助的学校重新分配以提升其教育产出。

在公共场合，政策议题通常被独立讨论，尽管大多数议题之间实际上存在着显著的相互关联。为了传达有关这种关联性的修辞，《夺回伊利诺伊州》会记录每个子游戏的得分，并将这些得分作为其他子游戏中需要输入到设置里的内容。例如，在教育改革的子游戏中玩家的表现好，经济发展子游戏中职业培训中心的效率就会相应提升。这种模拟模型中的参数化互动构成了有关政策议题之间相互关系的基础式程序性修辞。

为了成功完成游戏，玩家必须认识到游戏所推崇的政策立场。例如，在医疗损害改革的子游戏中，若不降低医疗事故诉讼中的非经济赔偿金额上限，玩家便无法赢得游戏。不过如果将赔偿金限额降至不合理的水平，也会影响事故发生的概率。这一程序性修辞精准地浓缩了竞选活动的政策立场。

通过游戏，玩家并不会被"洗脑"或误导接受候选人的政策，而是获得了一个理解这些立场的机会，而后对其进行深究，表达认同或反对的意见。这种修辞，主要通过程序性的省略三段论来实现：玩家完成了候选人关于政策变革如何改善社会状况的论证。但是，游戏中的所有子游戏都没有声称，单一的政策变化就足以带来社会变革。在游戏中，玩家必须付出相当大的努力才能实现改善医疗、教育等目标。尽管游戏的执行方式较为简单，但很有效地达成了与克劳福德同样的目标：展示政治条件之间的相互联系。不过，与《星球平衡》试图为复杂关系建立精细的模拟模型不同，《夺回伊利诺伊州》通过简单而抽象的玩家操作提示了游戏修辞模型的局限性。我们可以将这种方法视为一种开放式或简化的省略三段论：程序性命题暗示着政治生态中还有其他因素在发挥作用，鼓励玩家思考单纯立法解决方案的内在局限性。

玩转政治

素养（literacy）专家詹姆斯·保罗·吉（James Paul Gee）曾指出，素养最适用于符号领域（semiotic domains）——在特定环境和社会实践构成的具身语境中，个体的知识获得其独特意义。[①] 通过程序性修辞，电子游戏能够对公民与政策制定者的具身体验进行高度压缩式再现。《夺回伊利诺伊州》展现了程序性修辞在政治传播和数字民主领域的潜力。构建有

---

① James Paul Gee, *What Video Games Have to Teach Us about Learning and Literacy* (New York：Palgrave Macmillan, 2003), 24.

关公共政策议题的体验是极为困难的，现行做法往往要么过于简略，要么过于琐碎。如《艾奥瓦州支持霍华德·迪恩》《夺回伊利诺伊州》等游戏，既不同于美国国会预算办公室（Congressional Budget Office，简称CBO）运行的旨在指导经济政策的公共政策模拟，也有别于五角大楼用于模拟对当前或潜在冲突的政治反应的计算机系统。后者的目标是预测，而电子游戏的目标则是表达。修辞学家关注的是如何为特定观点构建令人信服的论证。无论是通过更进一步的程序模型，还是常规的书面和口头论述，程序性修辞始终对重新审视、反驳或拓展保持开放的态度。

虽然程序性修辞是计算化公共政治话语未来的重要一环，迪恩竞选活动的创新仍然在此类策略中占据着核心地位。博客、聚会和新闻捆绑式筹款活动的风险在于，它们不一定能激发围绕政策议题的有效对话，而是将讨论焦点转向传播工具本身。互联网的快速更新和临时访问优势，为信息传播和社区建设开辟了新领域。然而，构成互联网的临时路由器和计算机网络，未必能提供有意义的内容来吸引公众注意。将互联网视为技术赋能竞选活动的巅峰之作，忽视了计算机的程序性能力，也未能充分认识到计算作为一种重要表达媒介的核心价值。作为一种与文化相关且程序性充沛的媒介，电子游戏提供了一种有前景的方式，能够将政治问题的复杂性传达给普通大众。

特定的观点本身很少是非黑即白的，不少问题常常处于灰色地带，且深受其他公共政策问题的影响。如果政策问题是根据细微的交互规则重组互联的复杂系统，那么电子游戏为政治问题提供了一种全新的视角，因为它们尤其擅长呈现复杂系统。通过理解游戏如何在其规则中表达修辞，我们不仅可以从批判性角度审视电子游戏作品，还能开始思考如何设计开发以政治声明为核心目标的游戏。

广告

Advertising

第五章　广告逻辑

　　古埃及时期的招贴广告，呈现了宣称"托勒密（Ptolemy）是真正的太阳之子、月亮之父和人类幸福的守护者"的宗教内容。[1]8—9世纪朝圣者和旅行者手中的朝圣路线指南，就相当于现在的旅游广告。[2] 随着印刷术在16—17世纪的普及，传单和报纸广告开始广泛传播。但正如雷蒙·威廉斯（Raymond Williams）指出的那样，莎士比亚时代"告知或了解某事的过程"与"商业信息和说服的制度化系统"之间是有区别的。[3] 詹姆斯·B. 特威切尔（James B. Twitchell）称这种现代实践是"将我们的注意力租给其他公司的赞助商"，其目的是"让我们了解某些或许毕生渴望却从未听说过的东西，尽管动机值得怀疑"[4]。即使我们已经生活在被特威切尔称为"广告崇拜"的当代社会重负之下，回顾他列举的无处不在的那些广告营销，仍然具有启发意义：

　　　　在我们的文化场域中，几乎不存在没有承载商

---

① Frank Presbrey, *The History and Development of Advertising* (New York: Doubleday, 1929), 1-2.

② J. R. Hulbert, "Some Medieval Advertisements of Rome," *Modern Philology* 20, no. 4 (1923): 403.

③ Raymond Williams, *Problems in Materialism and Culture: Selected Essays* (London: Verso, 1980), 170.

④ James B. Twitchell, "Bur First, a Word from Our Sponsor," *Wilson Quarterly* 20, no. 3 (1996): 68.

业信息的空间。放眼望去，学校里有"第一频道"（Channel One）[①]；电影中有产品植入；广告出现在洗手间、电话等待提示音、出租车数字显示屏、垃圾传真件、购物目录内页、健身房踏步机前屏幕播放的视频里，还有 T 恤衫、医生办公室、商场购物推车、停车计时器、高尔夫球场的发球区、城中村的球场篮板上，甚至随背景音乐一起播放……令人作呕也无法逃过（是的，航空公司的呕吐袋也不能幸免）。在读一本杂志之前，我们得先像摇晃布娃娃一样甩甩杂志，把广告插页抖出来，再费半天劲把订上去或用胶粘上去的广告撕掉。如今，租来的录像带必须快进跳过开头的五分钟广告。比尔·克林顿（Bill Clinton）总统的就职游行队伍里，有一辆百威啤酒（Budweiser）花车。史密森尼学会（Smithsonian）的博物馆里，奥肯有害生物防控公司（Orkin Pest Control Company）赞助的展览内容正是其广告中强调要消灭的对象：昆虫。没有一个场所可以幸免。还有哪个轰动一时的博物馆展览没有装饰企业标识吗？虽然自称非"商业性"，但美国公共广播电视台（PBS）里充斥着"赞助内容"，其视听形态与商业广告几乎别无二致。[②]

[①] "第一频道"（Channel One）是一家美国公司的特殊项目，以给学校免费提供视听设备换取每天硬性的 12 分钟学生在校时间观看该频道专门制作的电视节目。节目的构成是 10 分钟的新闻加上 2 分钟的广告内容。——译者注

[②] James B. Twitchell, "Bur First, a Word from Our Sponsor," *Wilson Quarterly* 20, no. 3（1996）: 68-69.

显然，广告公司迅速占领了各种媒介。就连图书也曾刊登广告。特威切尔指出，查尔斯·狄更斯（Charles Dickens）所著的《小杜丽》（*Little Dorrit*）由布拉德伯里与埃文斯出版社（Bradbury & Evans）发行的版本中，有一个"广告版块，推销波斯遮阳伞、嗅盐、便携式印度胶靴和各类常见的专利药品"[①]。今天的读者可能还记得，不久前的畅销书中夹带的广告页，宣传出版商目录中的其他图书。

过去几十年，物质主义和消费主义在人文主义学术话语中几乎受到普遍的嘲弄。弗雷德里克·詹姆逊（Fredric Jameson，汉名"詹明信"）用"晚期资本主义"（late capitalism）这一术语，来指代被称为后现代主义的模糊时期，这一带有意识形态色彩的表述，暗示了该时期最终不可避免的消亡。[②] 让·鲍德里亚（Jean Baudrillard）则讨论了一种不同于电子游戏中程序性表征的模拟[③]——媒介和文化意象，已变得比现实更加真实。在这里，模拟是一种乔装、戏仿和技巧手段。鲍德里亚在有关迪士尼乐园及周边同类主题公园的著名论述中指出，这些虚假现实的表征目标，现在侵染到它们之外的世界："迪士尼乐园被呈现为一种想象中的样子，以让我们相信其他地方的真实。而事实上，洛杉矶乃至整个美国都已不再真实，而是

---

① James B. Twitchell，"Bur First，a Word from Our Sponsor，" *Wilson Quarterly* 20，no. 3（1996）：70.

② Fredric Jameson，*Postmodernism*，*or the Cultural Logic of Late Capitalism*（Durham：Duke University Press，1991）.

③ 此处"simulation"一词，保留与本书一致的译法。但鲍德里亚原著《拟像与仿真》（*Simulacra and Simulation*），有其他译者将书名中的"simulation"一词翻译为"仿真"。——译者注

处于超真实和模拟的秩序之中。"[1] 鲍德里亚认为，广告在这一模拟过程中起了同谋的作用——在数十种洗发水或汽车中进行选择并非自由，而是对自由的模拟。[2] 就像在拉康的理论里不停生成新的能指（signifier）而非所指（signified）的"悲剧性"的符号一样，广告已经成为一种自反性实践。每个消费者的决策都指向另一个广告，而非真正的生活方式、社会、政治或个人选择。我们的环境越来越多地被"迪士尼化"，沦为模拟。

在电子游戏中，我们也见证了这一趋势。2005 年，作为迪士尼乐园 50 周年庆祝活动的一部分，迪士尼推出了《虚拟梦幻王国》（*Virtual Magic Kingdom*）这款免费的多人在线游戏。[3] 该游戏主要面向迪士尼的核心受众群体——7—12 岁的儿童，本质上是一个模拟的主题公园。进入游戏后，玩家可以体验"真实"游乐设施的在线模拟。他们甚至可以"在完成在线挑战后，获得专属福利和游乐设施的优先通行证。线下前往公园的玩家还可以参与现场游戏，并为其在线角色赢取奖励"[4]。这款游戏，是这个名为"迪士尼乐园"的模拟之进阶版本的模拟，或许叫它"营销乐园"（Marketingland）更恰当。

广告已经变得如此无处不在，以至即使是针对它的道德批判，也常常将消费视作一种有意义的文化实践。社会历史

① Jean Baudrillard, *Selected Writings*, ed. Mark Poster（Palo Alto, Calif.: Stanford University Press, 1988）.

② Deborah Solomon, "Continental Drift: An Interview with Jean Baudrillard," *New York Times*, November 20, 2005.

③ Sulake, *Virtual Magic Kingdom*（Burbank, Calif.: Disney, 2005）.

④ T. L. Stanley, "Disney Hopes Virtual Park Delivers Real-World Results," *AdAge*, January 3, 2005. Also see Michael McCarthy, "Disney Plans to Mix Ads, Video Games to Target Kids, Teens," *USA Today*, January 17, 2005.

学家克劳德·S. 费舍尔（Claude S. Fischer）指出：

> 即使是批评主流文化的美国人，也是通过自身的消费行为来表达这种批判的。吃有机食品、穿手工衣服、送礼只送木制玩具、骑自行车上班，这些都成为一种自我标签化的行为。针对非裔美国人市场的营销人员解释道，面对种族污名化，黑人比白人更频繁地购买某些高价商品，既向自己和他人彰显价值感，也向其他黑人表明他们对群体身份的忠诚。推动消费主义加剧的心理力量，实际上是一种日益强烈的自我表达冲动。[1]

正如鲍德里亚所言："消费是一个意义系统，就像语言一样。"[2] 虽然将购买行为本身视为天生就有意义的自我表达是值得怀疑的，但这正是广告商所依赖的一个机制。面对这种过度消费主义（hyperconsumerism），许多经济学家已经完全放弃了区分需求和欲望。[3]

从工业化伊始到电视时代，人们一直在消费商品。最初，市场营销主要涉及提供有关产品能满足的需求、其公允的价格及分销渠道的信息。这些传播受制于信息极端碎片化（如传单、地方报刊等）或噪声（如商品目录等）。随着大众

---

① Claude S. Fischer, "Succumbing to Consumerism? Underlying Models in the Historical Claim" (paper presented at the American Sociological Association Conference, Atlanta, Georgia, 2003).

② Baudrillard, *Selected Writings*, 48.

③ Donald N. McCloskey, "The Economics of Choice," in *Economics for Historians*, ed. Thomas G. Rawski and Susan B. Carter (Berkeley, Calif.: University of California Press, 1996), 150.

传播媒介——尤其是电视，当然还有全国性印刷品与广播电台——的日益普及，商品和服务的生产者得以同时接触到几乎每一位消费者。与此同时，心理学和社会学等社会科学的整合也在进行中。广告从一种极简的、理性主义的策略，转变为一种奇观化、情感化的策略。早在数千年前，随着食物储存和城市文化的发展，人类社会已经超越了生存需求；但大众媒介使得企业能够制造欲望，而非仅仅满足需求。正如营销大师赛斯·高汀（Seth Godin）所说："电视是一个奇迹。它让财力雄厚的公司能够轻而易举地创造更多的财富。"①

在当代媒介环境中，广告公司和消费者都意识到，广告和消费是象征性的符号实践。本质上，消费者已经意识到广告营销是为了促使他们购买，而不是满足其需求。在某种程度上，我们越来越理解被鲍德里亚称为"对自由的模拟"（simulation of freedom）的这个现象；超市利用高杠杆来降低商品的价格——这种杠杆主要源于电视广告所创造的对产品的巨大需求，并且受到同时期汽车文化和郊区化浪潮影响而进一步强化。现如今在面对商场货架上数十种洗发水、麦片或加工奶酪食品时，消费者越来越明白，通过广告实现差异化实为一种降噪策略。

广告营销人员给这种新趋势贴上犬儒主义（cynicism）的标签，并认为即使消费者没有用如此高级的术语来表达不满，他们已然对自由的模拟产生了轻蔑。营销人员越来越多地通过制订新的策略，来"应对"消费文化的转变。广告公司认为这种文化状况是消费者的困扰，而不是广告本身的问

---

① Seth Godin, *All Marketers Are Liars: The Power of Telling Authentic Stories in a Low Trust World* (New York：Penguin, 2005), 19.

题。例如，高汀力劝广告公司承认："作为营销人员，你不再能够强迫人们关注你的信息。"[1] 高汀及其同行将这一"危机"框定为注意力涣散的问题。昔日在广告商的鼓励诱导下进行消费的消费者，如今却被信噪比高得无法忍受的信息轰炸。为了应对这一趋势，高汀发明了一种名为"许可营销"（permission marketing）的技巧。[2] 传统广告依靠插播广告等手段来传递信息，而新型广告公司必须让消费者"主动索取"广告——例如，勾选同意接收产品通知或电子信息。

高汀等人将许可营销的原则延展到技巧领域，本质上将干扰营销转变为特定目标市场希望与其产品和服务相关联的信息。高汀的方式方法，是对乔治·莱考夫的概念框架理论的简化运用。相较于（电视时代到来之前）说服消费者一个产品可以有效地满足需求的策略，或者（电视时代）产品同时创造和满足需求的策略，广告营销应该将其制造的需求重新定位到更细化的利基（niche）当中："产品不过是你逛商店的纪念品，提醒着你在购买时的感受。"[3]

高汀的策略，是对一种媒介生态的回应。在这种生态中，消费者已然解码了电视时代的广告逻辑。除了饱和度方面的更柔性效果，数字录像机（Digital Video Recorder，简称DVR）等设备正在广告领域引发一场麦克卢汉式的冲击。虽然高汀等人指出的注意力涣散现象可能会导致人们觉察到广

---

[1] Seth Godin, *All Marketers Are Liars: The Power of Telling Authentic Stories in a Low Trust World*（New York：Penguin，2005），47.

[2] Seth Godin, *Permission Marketing: Turning Strangers into Friends and Friends into Customers*（New York：Simon and Schuster，1999），23-24.

[3] Godin, *All Marketers Are Liars*，140.

第五章　广告逻辑　　　215

告作为一种需求操纵系统的逻辑，但是像 TiVo（"替录"数字录像机）这样的 DVR 技术，将这种逻辑作为其核心技术可供性凸显了出来。相较于 20 世纪 80 年代初借由卡带式录像机（Video Cassette Recorder，简称 VCR）实现的延时录播功能，现在的观众可以对自家 DVR 进行设置，暂停直播电视，比如节目开头的 20 分钟，之后再观看没有了广告的节目内容。[①] 再加上电视连续剧的数字光盘（Digital Video Disc，简称 DVD）版本的日益普及和快速发行，电视消费者充分认识到，他们的主要娱乐渠道完全是围绕着那个 30 秒的电视广告位构建的。一位 25 岁的海洋生物学家对此评论道："在拥有 TiVo 之后，我才意识到电视中有多少内容实际上是广告。"[②] 这种新的认识，实则是对大众市场电视广告的程序性修辞的领悟：电视台制作旨在吸引特定人群的内容，然后出售节目中的插播时段给定向投放的广告。这种媒介素养的觉醒，建立在数十年间吸引公众关注广告内在逻辑的技术含量不高的人工制品之上：销量超 30 万册的绝对伏特加（Absolut vodka）广告画册[③]；超级碗比赛中常常喧宾夺主的电视广告[④]；引发

---

① 更准确地说，观众可通过数字快进功能迅速跳过广告。

② Frank Rose，"The Lost Boys," *Wired* 12：08（2004）.

③ Richard W. Lewis, *Absolut Book: The Absolut Vodka Advertising Story*（North Clarendon, Vermont：Tuttle Publishing, 1996）; Judith Rosen, "Is Tuttle Ready for Fall? Absolutely," *Publishers Weekly*, August 1, 2005. 销售数据出现在朱迪思·罗森（Judith Rosen）的文章中，该文同时宣布塔托出版社（Tuttle Publishing）计划续作将首印 10 万册。续作即 Richard W. Lewis, *Absolut Sequel: The Absolut Advertising Campaign Continues*（North Clarendon, Vermont：Tuttle Publishing, 2005）.

④ Marguerite Reardon, "NFL to Re-air Super Bowl Commercials"（CNet, 2006［cited February 10 2006］）; available from http://news.com. com/2100-1024_36033515.html/.

Photoshop DIY（自行修图）教程热潮的 iPod（苹果公司出品的多媒体播放器）广告。[1]

高汀的解决方案是利用消费者存续的让广告公司继续制造需求的意愿，尽管传递需求的主要渠道已经受到损害。这种新型广告主要针对的人群是 18—34 岁的男性——他们对于电视经济的理解使其成为广告公司眼中最有价值的目标人群，同时，该群体也被认为是电子游戏的核心受众。[2] 既然消费者已经解码了广告的逻辑，营销人员便将许可营销与有策略地选定的框架结合在一起。广告营销的焦点从媒介技术的程序性修辞（将广告整合到电视台节目的规则之中），转向框架本身的程序性修辞（将广告融入消费者所感知的文化规则当中）。高汀明确了这一策略："我用世界观一词来指代个体消费者在特定情境中带入的规则、价值观、信仰和偏好……当市场营销触及有着相同世界观的人群时，就会成功……这种共通的世界观，使受众倾向于相信营销者讲述的故事。"[3]

电子游戏也没能逃脱广告对于使用新媒介来承载商业信息的渴望。尽管游戏内置广告最早可以追溯到 20 世纪 70 年代中期的街机游戏机和 80 年代初期的家用游戏机，但主流大众仍普遍将这一趋势视为相对新兴的现象。许多兜售基于网络的广告游戏（advergame）的早期小型广告代理商声称"创造"了这一术语，但"广告游戏"一词的正式定义通常追溯到〈kpe〉公司分析师简·陈（Jane Chen）和马修·林格尔

---

[1] 示例参见 http://www.photoshoplab.com/tutorial_Make-Your-Own-iPodstyle-Photo.html/.

[2] Rose, "The Lost Boys."

[3] Godin, *All Marketers Are Liars*, 34, 36.

（Matthew Ringel）在 2001 年撰写的白皮书。^①两人将其定义为"使用交互式游戏技术向消费者传递嵌入式广告信息"^②。自 20世纪 90 年代中期以来，广告游戏逐渐流行，从例如 Blockdot（块点）^③和 Skyworks（天空互游）^④等广告游戏公司制作的简易、低成本且基于互联网的游戏，发展到前文讨论过的制作精良的复杂案例——《美国陆军》。赛斯·高汀的许可营销理念体现在本田（Honda）元素（Element）系列运动型多用途汽车（Sport Utility Vehicle，简称 SUV）于"极限运动"电子游戏《极限滑雪 3》（SSX 3）中的产品植入——旨在展示其汽车可以成为实现滑雪爱好者生活方式完整体的一种手段。^⑤从广告行业的角度来看，电子游戏只是媒介生态中又一个待开拓的新载体，而这个生态本就由广告资本主导。

但随着拟像序列（procession of simulacra）的推进，它也可能会削弱广告实践本身。在鲍德里亚看来，《虚拟梦幻王国》可能会增加迪士尼乐园本身的不真实性，使玩家放弃"真实"体验（本身也是一种模拟）而选择游戏，即对模拟的模拟。但是，游戏亦有可能揭露迪士尼乐园不真实的本质，使主题公园褪去真实体验的光环，更加显露其作为表象的存在——

---

① 参见 http://www.yaya.com/why/index_why.html/.

② Jane Chen and Matthew Ringel，"Can Advergaming Be the Future of Interactive Advertising?" in ⟨kpe⟩ Fast Forward（Los Angeles：⟨kpe⟩，2001）.⟨kpe⟩公司于 2002 年被 Agency.com 收购，公司网站随即关闭。多种存档副本可以在网上找到，截至 2006 年初，有一个版本保存在 http://www.locz.com.br/loczgames/advergames.pdf.

③ 参见 http://www.blockdot.com/.

④ 参见 http://www.skyworks.com/.

⑤ EA Canada，SSX 3（Redwood Shores，Calif.：Electronic Arts，2003）.

这种认识可能会使玩家关注到自身更趋于选择模拟而非现实的倾向。或许即便是小孩子也能体会到，为了在虚拟迪士尼乐园玩耍而线下前往迪士尼乐园的讽刺意味。与鲍德里亚认为拟像序列总是加深有关深度的幻觉的观点相反，也许虚拟的与真实的迪士尼乐园之间的不和谐，实际上暴露了迪士尼乐园与现实世界之间类似的不和谐裂隙。在电子游戏媒介中，广告的无孔不入可能在一定程度上导致对其的批判。

三种类型的广告

20 世纪 80 年代，经济学家保罗·米尔格罗姆（Paul Milgrom）和约翰·罗伯茨（John Roberts）对大量广告——尤其是电视广告——传达极少或全无实际信息的现象表示担忧。[1] 从博弈论这一融合经济学、心理学和数学的领域汲取灵感，二人提出了一种名为"说服博弈"（persuasion game）的理论模型，作为对广告逻辑的一种可能解释。用博弈论的话来讲，说服博弈是非合作的——虽然博弈双方直接互动，但在过程中一方会试图为另一方的行动结果赋值。说服博弈的特征在于，说服者缺乏对相关事件的控制。[2]

在广告这一典型的说服博弈领域，卖家可能会强调，购买行为的后果对潜在消费者很重要，但并不受卖家直接控制。

① Paul Milgrom and John Roberts，"Relying on the Information of Interested Parties," *Rand Journal of Economics* 17（1986）.

② Luca Lambertini and Marco Trombetta，"Delegation and Firms' Ability to Collude"（Copenhagen，Denmark：University of Copenhagen/ Department of Accounting and Finance，LSE，1997）.

此类案例比比皆是：广告公司宣称某一品牌的啤酒能提升买家的异性吸引力，或者某品牌的运动服可能会显著提高穿着者的成绩。在这些博弈中，广告公司期望的结果取决于消费者的选择。说服博弈同样适用于代议制政治、政治游说、有组织影响力的行动、有社会影响的行动以及许多其他领域。笼统而言，说服博弈就是一场关于利益相关方向另一方披露信息，而后者做出的决策将影响披露者收益的"游戏"。可以参与此类说服博弈的广告营销有三种重要类型：示范性广告（demonstrative advertising）、说明性广告（illustrative advertising）和联想性广告（associative advertising）。

示范性广告提供直接信息。此类广告传达了有关产品本质的有形信息。[①] 这种广告与产品的商品属性密切相关，聚焦产品和服务的功能效用。关于这个类型，人们可能会想到电视黄金时代的"赞助商信息"，如现场演示洗涤剂或"奇迹"家电的广告。还有 20 世纪 60 年代至 80 年代文字密集的印刷广告（在《国家地理》等杂志中比比皆是），以及当代的电视购物广告，都属于这一类别。

这类广告侧重于传达产品或服务的特征和功能。以图5.1 中达特桑（Datsun）掀背车的杂志广告为例：在 20 世纪 70 年代石油危机的背景下，广告以"漂亮 50"（Nifty Fifty）的醒目标题，凸显该款车辆在燃油经济性方面的切实优势。广告底部的附加文案进一步合理化并捍卫这一主张，指出带超速档的五速变速器有助于提高汽车的燃油经济性。

---

① Gerard R. Butters, "Equilibrium Distributions of Sales and Advertising Prices," *Review of Economic Studies* 44, no. 3（1977）.

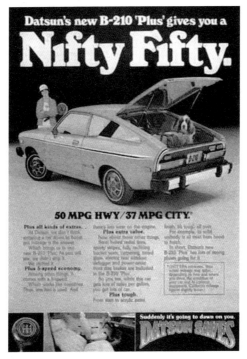

图 5.1 示范性广告突出了车辆的功能性，例如储物
空间和燃油经济性

　　说明性广告则传达间接信息。这类广告可以传递有关产
品的有形和无形信息，侧重边际效用，即购买该产品相较于
购买其他产品或完全不购买的增量收益。[1] 和示范性广告比起
来，说明性广告更侧重于社会和文化语境，对产品或服务进
行情景化呈现。图 5.2 展示的就是另一个汽车广告，关于萨

[1]　Gary S. Becker and Kevin M. Murphy，"A Simple Theory of Advertising
　　as a Good or Bad，" *Quarterly Journal of Economics* November（1993）；
　　Avinash Dixit and Victor Norman，"Advertising and Welfare，" *Bell
　　Journal of Economics* 9（1978）.

博（Saab）轿车的。有别于达特桑广告将车辆置于空旷的空间，萨博广告将汽车放置在道路上，并使用摇摄镜头来传递动感。[1] 广告没有附文字，但是行驶中的车辆展示了速度。在画面中央清晰可见的"实用"四门轿车框架之外，广告着力论证车辆的灵动特质。

图 5.2　在说明性广告中，产品是情景化的，而其功能被淡化了

联想性广告也传递间接信息，但特别关注产品的无形属性。[2] 如果说示范性广告突出产品的大众市场吸引力（"产品即商品"），那么联想性广告则侧重于其在利基市场的吸引力。联想性广告的出现部分归功于制造、销售和分销技术的

---

① Bryan Peterson, *Understanding Exposure*, revised edition (New York: Amphoto, 2004), 80-81.

② Richard E. Kihlstrom and Michael H. Riordan, "Advertising as a Signal," *Journal of Political Economy* 92, no. 3 (1984); Paul Milgrom and John Roberts, "Price and Advertising Signals of Product Quality," *Journal of Political Economy* 94, no. 796-821 (1986).

进步，这些技术使得利基市场产品的出现成为可能。曾几何时，福特 T 型车（Ford Model T，俗称 Tin Lizzie）以"任何颜色都可以，只要是黑色"而闻名。如今，自动化装配线让汽车公司能够生产出各种车型以服务不同消费群体。再来看另一个汽车广告，以图 5.3 所示的大众（Volkswagen）新款甲壳虫（Beetle）汽车为例。与萨博广告类似，该广告摒弃了所有文字说明。但与说明性广告不同的是，甲壳虫广告并没有传达任何关于产品的情景化特征，而是着重传递有关产品社会属性的无形特征。广告画面中，白色的汽车几乎没有出

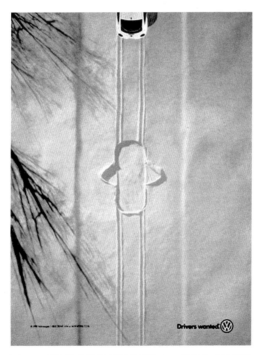

图5.3 联想性广告侧重于无形资产，描绘与产品相关的感受或情绪

现，反而将观众的注意力集中在它暗示汽车可能在拍下照片前一刻刚创造的"雪地天使"图案上。信息很明确：甲壳虫是一款为热爱乐趣的人打造的充满乐趣的汽车。

许多广告运用上述三种类型中的多个技巧来达到目的。虽然达特桑广告中醒目的"漂亮50"标题和附加文案主要采用示范性广告的形式，但说明性和联想性元素也点缀其间。打开的、装着行李和狗的后备箱是说明性的，暗示掀背车的增量效用：这是一款兼具燃油经济性和实用储物空间的小型车。那个看不清男女、拿着网球拍的年轻驾驶员是联想性的，他（或她）为汽车营造了一种运动气息。图片中小狗的形象进一步强化这一形象联想，而打开的后备箱则彰显车主活跃的生活态度。

联想性广告与近年兴起的"生活方式营销"趋势密切相关。[1]生活方式营销始于看似无害的目标：调整广告策略以针对利基市场而不是大众市场。然而，这种营销及其联想性工具在很大程度上依赖新型的数据收集技巧，帮助识别消费者所属的"细分群体"[2]。其中就包括现在无处不在的超市"会员卡"——消费者需要以所购物品的详情换取"特惠"价格，而在会员卡普及之前，这些价格本是"常态"。注册会员卡时，顾客需要提供人口统计信息，而营销人员会将这些信息与各个产品的购买情况相关联。数据采掘让广告公司能够针对个体消费者投放广告，有人说，它终结了大众市场的某些"专制"。然而，一旦营销者发现某些特别有利可图或易于触达的细分市场，生活

---

[1] 示例参见 Ronald D. Michman, *Lifestyle Marketing: Reaching the New American Consumer*（New York：Praeger，2003）.

[2] Ronald D. Michman, *Lifestyle Marketing: Reaching the New American Consumer*（New York：Praeger，2003），1-2.

方式营销就变成对生活方式本身的营销，而不再以生活方式为媒介推销特定产品。因此，联想性广告已日益成为广告公司为制造欲望而非满足需求去雕琢新信息的常见方式。赛斯·高汀建议营销人员将这种类型的策略当作其核心战略。

广告营销游戏的现状

将这三种广告营销类型映射到电子游戏媒介中，有助于揭示这两个领域之间可能的交汇点。基于电子游戏的示范性广告会在游戏中展示产品的使用，提供直接信息。基于电子游戏的说明性广告则通过游戏传递产品的存在，并突出其增量优势。而基于电子游戏的联想性广告会在产品与游戏所代表的活动或生活方式之间建立相关性，从而传递间接信息。在这三者中，联想性游戏最为普遍，但示范性游戏与电子游戏媒介的程序特性最为契合。

陈和林格尔在2001年撰写的广告游戏研究报告中，尝试将三类广告与电子游戏结合进行探讨，并得出了类似的结论。他们认为，联想性广告游戏"可以通过将产品与游戏中展示的生活方式或行为相关联，来提升品牌认知度"[1]。两位作者主张，这种方式应该通过"游戏的内容和主题"，"在逻辑或情感层面强化品牌形象"[2]。作为例子，两人提及一款由

---

[1] Chen and Ringel, "Can Advergaming Be the Future of Interactive Advertising?," 3.

[2] Chen and Ringel, "Can Advergaming Be the Future of Interactive Advertising?," 3.

杰克丹尼（Jack Daniels）赞助的台球游戏。该游戏以高制作水准呈现出三维（three dimension，简称 3D）环境中的台球竞技，而杰克丹尼的标识醒目地出现在台球桌的台面毛毡上以及游戏的各个关键场景中。这个案例试图将特定生活方式中去台球厅打球的行动，与相关产品——人们在打台球时可能会喝的威士忌——联系起来。

陈和林格尔指出，说明性广告游戏"可以在游戏过程中突出展示产品本身"[①]。二人用专为通用磨坊（General Mills）的肉桂吐司脆脆（Cinnamon Toast Crunch）早餐麦片打造的系列游戏举例说明：在其中一款游戏中，玩家需要控制一个卡通角色，"在上学前集齐被风吹散的早餐麦片"[②]。

而示范性广告游戏，陈和林格尔认为：

> 可以充分利用交互性的全部优势，让消费者在游戏的虚拟空间中体验产品。在有些广告游戏对产品或品牌名称还仅是偶有提及时，示范性广告游戏却能通过在产品的自然环境中展示它并邀请消费者与之互动来提高信息传递的有效性。[③]

陈和林格尔对于这三类广告映射到游戏中的方式，几乎没有争议的空间。不过有趣的是，他们选择的示范性广告游

---

① Chen and Ringel, "Can Advergaming Be the Future of Interactive Advertising?," 4.

② Chen and Ringel, "Can Advergaming Be the Future of Interactive Advertising?," 4.

③ Chen and Ringel, "Can Advergaming Be the Future of Interactive Advertising?," 4.

戏案例，是一款由现已倒闭的广告游戏咨询公司 YaYa（亚亚）为耐克打造的灌篮游戏。在游戏中，玩家可以从多款耐克 Shox（弹力柱）篮球鞋中挑选。用二人的话说，这个游戏意欲"在游戏过程中展示鞋子的不同性能特征"[①]。

乍一看，这个关于耐克 Shox 篮球鞋的游戏作为示范性广告案例并无不妥。游戏似乎模拟了鞋子的物理特性，让玩家有机会将产品切实的优点视作体验核心。然而，就示范性信息而言，这确实不是个好例子。虽然鞋子的物理属性肯定会影响穿着者的表现，但是"鞋能提升灌篮能力"的想法本身就是教科书级别的联想性广告案例。事实上，耐克称得上是全球最成熟、最成功的联想性广告商之一，非常擅长在服饰和优越的运动表现之间建立联系。诚然，比赛专用钉鞋、网球鞋的材料设计需要大量研发投入，但耐克的大部分业务来自普通消费者，他们通过穿耐克的产品满足有关运动实力的幻想。

耐克 Shox 篮球鞋这个例子的薄弱，未必会削弱陈和林格尔分类讨论的准确性。相反，它暗示着示范性广告游戏中尚有亟待开发的领域。在我撰写本书时，距离〈kpe〉报告发布已过去五年多，新型说明性和联想性广告游戏大量涌现。效仿陈和林格尔所举的示例，卡夫（Kraft）推出了 Postopia.com（"宝氏邦"网）。这是一个游戏网站，致力于类似肉桂吐司脆脆的游戏，只是更多聚焦在建立宝氏（Post）品牌麦片和尼克国际儿童频道（Nickelodeon）角色之间的联想性关联。[②] 卡夫还创建了另一个类似的游戏网站：Candystand.com（"糖立"网），用

---

① Chen and Ringel，"Can Advergaming Be the Future of Interactive Advertising?，" 4.

② 参见 http://www.postopia.com/.

来推广 Life Savers（救生员）牌糖果。[①] 网站里出现的飞镖、弹球、台球、空气曲棍球、拉力赛车、滑雪和棍网球等，都植入了 Life Savers 的标识和品牌元素。Skyworks Technologies（简称 Skyworks）是一家专门从事说明性和联想性广告游戏的公司，为这两个网站开发了许多游戏。[②] 像 Skyworks 这样的公司会制作出通用的常见游戏模板（如台球、滑雪），然后通过添加标识为特定广告商或品牌"定制"游戏。例如，台球桌台面上印的标识可能会换成对应的新的赞助品牌，而游戏的其余部分保持不变。试图触及"年轻人"的品牌尤其热衷于支持滑雪等"极限运动游戏"的开发，以将其产品推向更年轻的市场。

那些涉足说明性和示范性领域的游戏，仍旧常常在生活方式联想的主要背景下进行。2003 年，Groove Alliance（律动联盟）为激浪（Mountain Dew）开发了一款滑板游戏，恰如其分地命名为《激浪滑板》（*Mountain Dew Skateboarding*）。[③] 在游戏中，玩家在户外场地上滑行，通过完成特技获得分数。玩家必须保持屏幕底部的"激浪能量"槽不耗尽才能继续游戏。为了补充能量，玩家需要收集散落在场景中的激浪产品。《激浪滑板》试图延续该品牌将其高咖啡因成分与滑板等高能量活动联系起来的长期策略，这个联想性广告框架主导着游戏的整体设计。

使用激浪产品作为能量补充工具，可以理解成对软饮里

---

① 参见 http://www.candystand.com/. 网站上线后，卡夫在 2004 年将 Life Savers 和 Altoids 业务出售给了箭牌（Wrigley）。现在，网站由箭牌公司拥有并运维。

② 参见 http://www.skyworks.com/.

③ Groove Alliance，*Mountain Dew Skateboarding*（Somers, N.Y.: PepsiCo, 2003）.

咖啡因刺激的有效模拟。这是一种有着示范性广告特点的尝试。不过，这个技巧的主要目的并不是展示产品的有形益处，而是将产品（更准确地说，产品包装）提升为一种积极但隐形的价值符号。我们可以称其为一种游戏内的拜物教（ingame object fetishism）：玩家追寻激浪，是因为它且只有它在游戏世界中拥有神奇的力量。

在讨论激浪饮料这样的案例时，扎克·惠伦（Zach Whalen）区分了原型（archetypal）和功能性（instrumental）充能道具。① 前者代表着抽象的游戏目标，例如《吃豆人》② 中收集的豆子；后者在抽象游戏目标之外，还赋予道具特定的使用价值：在《激浪滑板》中收集饮料罐会提供能量，使它们成为功能性道具。无论怎样，这些罐子所提供的能量，被证明是玩游戏时的必需品。毕竟，没有激浪，就不会有这款游戏。可以想象一下饮料在游戏中一个更直接的功能性应用场景：例如，玩家为了避免迟到需要从家跑到学校。路障可能会延误行程，而通过滑板特技开辟的捷径可能会节省时间，但是需要能量。在这种情况下，寻找高咖啡因的激浪饮料将为玩家带来功能性的增益。惠伦还以超级任天堂（Super NES）平台冒险游戏《切斯特雄豹》（*Chester Cheetah: Too Cool to Fool*）③ 为例。④ 玩家在该游戏中操纵品牌吉祥物冒险

---

① Zach Whalen, "Product Placement and Virtual Branding in Video Games"（Gameology.com, 2003［cited April 30 2006］）; available from http://www. gameology.org/node/121/.

② Namco, *Pac-Man*（Chicago：Midway Games, 1980）.

③ Kaneko, *Chester Cheetah: Too Cool to Fool*（Dallas, Texas：Recot, 1992）.

④ Whalen, *Product Placement and Virtual Branding in Video Games*.

时，需要收集奇多零食补充生命值。游戏的核心是完成冒险任务，而奇多提供了推进任务的增量优势。尽管如此，零食的功能价值仍然是抽象的（或许就应如此）：在什么情况下会有人说自己需要奇多来维系生命？这些案例表明，即使是功能性充能道具，相较于原型道具，往往也只是在有限范围内提供更多的示范性优势。

电子游戏内置广告的历史，至少可以追溯到 25 年前。像初代电影与游戏联动作品《电子世界争霸战》(*Tron*) [①]、《E.T. 外星人》(*E.T. the Extra-Terrestrial*，简称《E.T.》) [②] 和早期品牌游戏《酷爱饮料人》(*Kool-Aid Man*)，都在 1982 年面世。[③] 但《激浪滑板》和耐克灌篮游戏等例子说明，当代广告游戏热潮的驱动力，并非来自媒介作为新兴市场形式的独特属性，而是因为对电子游戏作为接触特定消费者群体的渠道感兴趣而产生的。这样一来，广告游戏本身就变成了一种联想性营销策略：尝试触及"游戏玩家"这一利基市场的一种元广告 (meta-advertisement)。随着 DVR 和电子游戏"蚕食"电视收视率，广告公司越来越愿意将游戏视为一个可以触及 18—34 岁男性这一"黄金"群体的媒介场域。[④] 通过瞄准易受影响的儿童进而让父母掏腰包的经典策略，在广告游戏中延续——Postopia.com 针对 5—11 岁的儿童，打造出类似周六早间卡通中插播的电视广告的线上内容。有研究表明，35 岁以上的女性占在线休闲游戏玩家的大多数，部分营销人员

---

① Bally/Midway, *Tron*（Chicago：Bally/Midway，1982）.

② Atari, *E.T.*（Sunnyvale, Calif.：Atari，1982）.

③ M Network, *Kool-Aid Man*（El Segundo, Calif.：Mattel，1982）.

④ Rose, "The Lost Boys."

称，广告游戏可以精准覆盖该人群。[1]Blockdot 是一家采用类似 Skyworks 的套壳转售（skin-and-resell）模式的工作室，它克隆了经典益智游戏《宝石迷阵》(Bejeweled)[2]，以推广高洁丝（Kotex）女性卫生用品。[3]《宝石迷阵》是一款三消式匹配游戏，而 Blockdot 为高洁丝开发的名为《匹配女士》的游戏，将前者的宝石图标替换成有关排球、绘画、化妆和芭蕾等的简化图标——暗示使用该品牌卫生巾的同时可以参加这些活动。

将品牌与电子游戏关联起来，并以此作为特定消费群体切入点的趋势，也不是什么新鲜事。1978年，富士发布了可口可乐联名款 Sportstron TV Game 游戏机。[4]它有着红色机身和可乐瓶盖形状的旋钮，实际上是《乓》的家用游戏机仿制版。可口可乐后来继续投资进行普通电子游戏品牌化，推出类似的红色版世嘉（SEGA）GameGear 16掌上游戏机。百事可乐在2005年效仿该策略，推出百事蓝配色版的任天堂（Nintendo）DS掌上游戏机。[5]

这些设备完全不涉及程序性表征的呈现，它们仅仅是带有品牌标志的游戏机。在某些案例中，程序性广告营销会从这些品牌化设备中衍生出来。可口可乐游戏机就捆绑发售过

---

[1] Tim Gnatek，"Just for Fun，Casual Games Thrive Online，"*New York Times*，February 23，2006；David Kushner，"The Wrinkled Future of Online Gaming，"*Wired* 12：06（2004）.

[2] Astraware Limited，*Bejeweled*（Seattle，Wash.：PopCap Games，2000）.《宝石迷阵》的另一个版本曾以《钻石矿》(*Diamond Mine*)的名称发布。

[3] Blockdot，*Ms. Match*（Dallas，Texas：Kewlbox.com，2005）.

[4] Fuji Electronics，*Sporstron S3300 Coca-Cola*（Tokyo：Fuji Electronics，1978）.

[5] 百事可乐主题的任天堂DS掌上游戏机仅在日本市场发售。百事可乐DS掌上游戏机和可口可乐GameGear16游戏机都是备受追捧的收藏品。

一款亦可单独购买的、以品牌为主题的平台游戏——《可乐小子》（*Coca Cola Kid*）。[①] 游戏采用一种初级的说明性原型充能机制，要求玩家收集可乐罐补充"能量"。麦当劳则在任天堂娱乐系统中赞助了一款类似《可乐小子》的平台游戏——《麦当劳小子》（*M.C. Kids*），玩家必须在游戏中从汉堡大盗那里夺回麦当劳叔叔的魔法袋（见图5.4）。[②] 然而，这两款游戏与赞助公司的产品和服务之间的关联可以说是非常基础甚至是欠缺的。其创作动机显然就是为了将品牌形象与电子游戏关联起来，以期影响玩游戏的年轻人。

图5.4　《麦当劳小子》提供了一个早期联想性广告游戏的例子

诸如此类游戏的出现，表明在日益严苛的广告购买市场的驱使下，广告游戏的创作者和发行商更渴望通过游戏的文

---

① SEGA，*Coca Cola Kid*（Tokyo：SEGA Entertainment，1994）．

② Virgin Games，*M.C. Kids*（London：Virgin Games，1992）．据其中一位开发人员称，麦当劳显然不喜欢最终成品，并拒绝在店内推广。参见 http://greggman.com/games/mckids.htm/.

化可信度（而非其表征能力）建立关联。广告代理商试图通过援引以下统计数据，来说服品牌将游戏纳入其媒介规划：

- 游戏行业正以每年 25% 的速度增长，超过电影市场整体票房收入。（《洛杉矶时报》）
- 今年通过互联网玩在线游戏的用户数量达到 4500 万，到 2004 年将增至 7300 万，增速超过任何其他娱乐形式。（朱尼普研究）
- 在线游戏玩家平均每周玩 13 个小时的游戏，与人们花在看电视上的时间差不多，同时远超阅读报纸或杂志的时间。（朱尼普研究）
- 推广游戏的网站占据互联网十大娱乐网站中的八席。（尼尔森）
- 门户网站游戏频道的单次在线时长是普通站点的 4 倍，平均达 28 分钟。（《广告时代》）[①]

此类证据的问题在于，它仅通过电子游戏和在线广告市场的宏观趋势来合理化广告游戏的存在。尤其是，它假设电子游戏市场与其作为有说服力的媒介的潜力之间，存在一种模糊

---

① 我最初在 2002 年从广告游戏咨询公司 YaYa Media 网站的 "Why Games?" 页面（http://www.yaya.com/ why/index_why.html/）收集并重新整理了这些主张。它们被呈现在以下论文中：Ian Bogost，"Persuasive Games：Play in Advocacy and Pedagogy"（paper presented at the Cyberspace @ UCLA Symposium on Playing，Gaming，and Learning，Los Angeles，October 23，2003）. 此后，我发现另一家广告游戏咨询公司 Wright Games 在其公司网站的 "why games" 式页面上采用了这份清单，见 http://www.wrightstrategies.com/wrightgames/why_brand.asp/.

的相关性。这种相关性并未考虑电子游戏的独特属性。广告公司认为恰当的解决方案，是制作广告游戏或将传统广告植入游戏。他们假设游戏和说服之间仅有松散的甚至是不存在因果关系，而前面引用的说辞延续着这种观点：与赞助商关联性很弱的电子游戏，仍能产生显著价值。当代广告营销游戏所采用的策略，是将游戏体验本身视为终极目标，而非通往现实世界行为的桥梁。这使得这些广告成为鲍德里亚口中的"模拟"——没有本体的复制品，对一个不存在的世界的幻想。

广告修辞

广告营销有自己的内在逻辑，影响和构建我在前文中描述的那些态度取向。广告公司基于对客户产品或服务、目标受众以及近期增量目标的深度理解，制订战略性活动，又称"营销战役"（campaign）。这样一个战略规划包括媒介投放目标的资源配置，如广播、户外广告位、电视、平面印刷品、网络等。根据该战略，广告代理商规划各媒介的创意简报，然后落实具体方案、进行投放。最后，代理商通过从中介处购入各种在售的实体、电视或视觉广告位，完成媒介购买（media buy），将广告成品投放到各个媒介。制订战略和活动策划通常以固定费用项目（retainer）的方式结算：品牌向广告公司按月或者按年支付费用，以换取基础服务。而创意的执行——电视广告的实际拍摄、广播广告的录制、系列在线横幅广告的制作等——通常以接近成本的价格向客户收费。

媒介购买是真正的利润中心。虽然某些代理商可能会对调研和创意进行加价，但这种额外收入只是增量，且往往被电视广告导演、工作团队或其他外包机构管理成本吞噬。媒介购买却有复利效应。通常，代理商会在媒介实际成本的基础上加收 15% 的费用。此外，这些代理商雇用媒体买家来完成这项工作，而这些员工的工资通常均摊到所有客户的固定费用项目里。

媒介广告位本质上是商品。电视和广播电台、户外广告牌和张贴海报、杂志及网站以固定价格出售广告空间，定价多少在很大程度上取决于供需关系下的既定时空价值。一个超级碗广告位可能要花几百万美元，而小型刊物的一整版杂志广告可能仅需几千美元。广告公司在购买媒介资源时通常会批量购入：多次播出的电视广告、多个点位的广告牌、多期刊登的杂志广告。超级碗虽属特例，但即便是最常规的电视广告时段，广告位单价也达到数十万美元。这些因素为广告公司带来巨大的杠杆效应：从逐步增加的广告销售中抽取 15% 的佣金，意味着能在维持成本基本不变的情况下带来指数级收入增长。

广告行业的逻辑——其自身的程序性结构——赋予了媒介购买特权。这也解释了广告公司对"创意"这一抽象概念的运用：创意是指能植入已购买的媒介广告位的营销内容。虽然这个术语暗示广告价值来自制作图像时的巧思，但创意的价值或多或少取决于素材在媒介生态中的广泛适配性。理解这个逻辑，有助于揭示 Skyworks 和 Blockdot 等广告游戏公司所采用的策略：通过提供像电视台节目一样预配置的通用游戏模板，使广告公司能够购买游戏内的媒介投放（通常以游戏内的二维标识或横幅形式呈现）。

这个逻辑也解释了为什么广告公司近年来对"游戏内置广告"——在商业电子游戏中动态植入数字广告——如此热衷。Blockdot 的 Kewlbox.com（提供游戏《匹配女士》的网站）[①] 和卡夫的 Postopia.com 等必须引来足够流量，来证明它们的存在是合理的。事实证明，与雅虎游戏（Yahoo! Games）和宝开（PopCap）等休闲游戏网站竞争越来越困难。尽管中年女性玩家群体很有吸引力，但广告公司最关注的还是 18—34 岁的群体从电视市场向电子游戏的明显转移。游戏内置广告旨在将媒介植入"硬核"玩家为家用游戏机和高端个人电脑（personal computer，简称 PC）购买的商业游戏当中。

顾名思义，游戏内置广告意味着在商业电子游戏中直接投放内容。动态游戏内置广告注重的是连接到互联网的设备所提供的实时性：将广告动态推送到游戏场景中的能力。通过关注游戏中的媒介购买机会（而不是开发定制游戏或媒介与游戏的混合体），业内主要的游戏内置广告供应商 Massive Inc.[②]、Double Fusion[③]、IGA Partners[④] 仅 2005 年一年就各自成功筹到 1000 万美元的风投。[⑤] 事实证明，对 Massive 的投资是有回报的：微软在 2006 年春天以大约 4 亿美元的价格将其收

[①] 参见 http://www.kewlbox.com/.

[②] 参见 http://www.massiveincorporated.com/.

[③] 参见 http://www.doublefusion.com/.

[④] 参见 http://www.ingameadvertising.com/.

[⑤] Kevin Newcomb, "Massive Scores $10 Million," *ClickZ News*, January 19, 2005. 另请参阅 http://www.prnewswire.co.uk/cgi/release?id=157815/; http://www.prnewswire.co.uk/cgi/release?id=157815/.

购。^① 三家公司都致力于在商业电子游戏中创建堪比电视的广告网络。Double Fusion 网站上是这样概括这个目标的："Double Fusion 为广告公司提供高效便捷的广告投放渠道，直达青少年和年轻人最热衷的媒介——互动游戏。"^② 游戏内置广告尤其致力于将现有广告单元（advertising unit）——尤其是二维图像和动态图形——的覆盖范围延伸至电子游戏。Double Fusion 向广告公司传达的信息证实，此类广告的主要好处是能够保持现有的广告制作与销售模式："广告公司可以继续使用当前的创意和业务流程，为其传统和在线广告活动创作素材。"^③

专注游戏内置广告的公司旨在推进广告营销而非电子游戏的意图，在其诸多荒诞案例中显露无遗。商业电子游戏深陷游戏类型的陈规：绝大多数游戏设定的背景都是未来主义或军事性的，以竞技战斗为核心主题。Massive 公司官网以幻灯片的形式，展示了他们游戏内置广告解决方案的相关案例。产品植入包括：在游戏《混沌在线》（*Anarchy Online*）中，电影《蝙蝠侠：侠影之谜》（*Batman Begins*）的广告牌与植入的刺客形象并肩而立^④；在战术射击游戏《霹雳小组 4》（*SWAT 4*）中，一个戴着防毒面具的持枪角色站在一台可口可乐饮料机旁边^⑤；潜行动作游戏《细胞分裂 3：混

① Kris Graft, "Microsoft Acquisition a Sign of Ad Revenue," *Business Week*, April 28, 2006.

② 参见 http://www.doublefusion.com. 截至 2006 年 2 月，网站上仍可找到该陈述。

③ 参见 http://www.doublefusion.com. 截至 2006 年 2 月，网站上仍可找到该陈述。

④ Funcom, *Anarchy Online*（Durham, N.C.: Funcom, 2001）.

⑤ Irrational Games, *SWAT 4*（Bellevue, Wash.: Sierra Entertainment, 2005）.

沌理论》（*Tom Clancy's Splinter Cell: Chaos Theory*）中的玩家角色山姆·费舍尔（Sam Fisher）悄悄蹲在健怡雪碧自动售货机前。[①] 而 Double Fusion 网站上展示的案例虽为假设性场景，相较Massive 的暗黑场景设定要"友好"得多，但本质是相同的：在渲染的城市街景中，一辆送货卡车侧面印着芬达软饮的广告，而街边店铺挂着百视达（Blockbuster Video）或星巴克的标志。[②]

产品植入的违和感似乎并没有让游戏内置广告的供应商感到困扰。一个行事隐蔽的间谍会停下来喝一瓶健怡雪碧，或者三万年后的半机械人刺客或许可以欣赏当下的日场电影——这些想法在广告公司看来并不荒谬。事实上，这些供应商为游戏内置广告辩护，声称它增强了电子游戏的真实感。一项针对 900 名出租车模拟游戏《伦敦出租车》（*London Taxi*）玩家的研究显示，"游戏玩家对游戏内置广告反应良好，50% 的人认为它使游戏更逼真，仅 21% 的人持反对意见"[③]。部分玩家认同这种观点。在评论网站 Slashdot 上，有人写道："当广告有助于营造真实感的时候〔如（评论中配图所示）的赛车游戏〕，是绝佳补充。"[④] 但是，产品植入适当与不适当之间的界限非常微妙。最近，一个与上述游戏内置广告公司无关的游击营销公司（guerilla marketing group）在热门对战游戏《反恐精英》中植入了赛百味的广告。[⑤] 有玩家回应道："一

---

① Ubisoft Montreal Studios, *Tom Clancy's Splinter Cell: Chaos Theory*.

② 参见 http://www.doublefusion.com/. 截至 2006 年 2 月，这些都是准确的示例。

③ James Brightman, "In-Game Ads Evolving, Becoming More Effective," *GameDaily*, October 17, 2005.

④ 参见 http://games.slashdot.org/comments.pl?sid=176151&cid=14636210/.

⑤ Valve, *Half-Life: Counter-Strike*.

款把场景设定在偏远地区、聚焦反恐斗争的游戏中，根本不应该出现赛百味三明治的广告。它把可信体验变成了一个营销笑话。"[①]

营销人员有充分的理由试图证明玩家想要游戏内置广告。商业电子游戏的售价通常为50—60美元，且为了适应不断增长的开发成本在持续涨价。在其他媒介中，消费者已经习惯了通过广告抵消内容成本。虽然有线电视和院线电影等付费媒介确实会在播放广告的同时还在涨价，但那是这些媒介市场经过数十年发展才形成的成熟模式。尚无证据表明游戏内置广告会影响电子游戏的零售价格。

为了解决这个问题，游戏内置广告公司高度依赖真实感的吸引力。可以肯定的是，电子游戏市场痴迷于视觉保真度——图形处理器（Graphics Processing Unit，简称GPU）和高清集成技术的进步，盖过了行业对新游戏形式的兴趣。即便如此，在缺乏市场支持的情况下，游戏内置广告供应商不得不通过特殊说辞来说服玩家接受游戏内置广告。Double Fusion和尼尔森（Nielsen，游戏内置广告服务供应与广告效果测量公司）共同资助完成了《伦敦出租车》的案例研究。而另一项由尼尔森与动视（Activision）联合资助开展的研究得出的结论显示，游戏内置广告可以提高"品牌知名度"[②]。动视是一家积极使用游戏内置广告的游戏发行商。然而，更多无利害关系的第三方研究得出了不同结论。伦敦大学近期

① Dyslexia（pseudonym），*Ad-Nauseam?*（February 3，2006［cited February 6，2006］）; available from http://www.mlgpro.com/news/Ad-Nauseam%253F/1.html/.

② Brendan Sinclair，"Study Suggests In-game Ads a Win-Win Proposition,"*Gamespot*，December 5，2005.

一项关于玩家对此类广告反应的研究表明，游戏内置广告"对增强游戏体验或产品购买意愿的影响非常有限"[1]。在这项研究中，只有14%的参与者认为广告提升了游戏体验，远低于Double Fusion与尼尔森研究中50%的数据。虽然没有直接证据表明赞助方和研究者暗通款曲，但鉴于这些相互矛盾的证据，赞助的研究可以被理解为具有修辞性而非科学性的目标。它们是游戏内置广告的广告。

伦敦大学的研究提出，玩家对游戏内置广告的感知与现实世界中的广告不同。即使是在主题本就适合植入广告牌的游戏——如"侠盗猎车手"式游戏的大型开放都市场景中，界面和模拟机制也会让玩家对广告的体验隔了一层。20世纪80年代初以来，广告牌形式的表征在游戏中一直很常见。游戏《杆位》（*Pole Position*）[2]就在赛道边植入了有关发行商雅达利以及开发商南梦宫（Namco）旗下其他游戏——如《打空气》（*Dig Dug*）的广告。[3]但这些广告称得上好笑：在街机厅里相邻的游戏机上为隔壁的游戏机打广告，透着那么一丝讽刺意味。正如我在第三章中所述，《侠盗猎车手：圣安地列斯》中的快餐店承担着类似的讽刺功能。"侠盗猎车手"系列中虚构的广播广告也是如此。[4]事实上，许多游戏会通过模拟当代都市环境来抨击广告的无处不在和毫无意义。风格化第一人称射击游戏《杀手十三》（*XIII*）里有写着"喝苏打

---

① Isabella M. Chaney, Ku-Ho Lin, and James Chaney, "The Effect of Billboards with the Gaming Environment," *Journal of Interactive Advertising* 5, no. 1（2004）.

② Namco, *Pole Position*（Sunnyvale, Calif.: Atari, 1983）.

③ Namco, *Dig Dug*（Sunnyvale, Calif.: Atari, 1982）.

④ Rockstar Games, *Grand Theft Auto: San Andreas*.

水"的广告牌，既暴露户外广告的逻辑、揭示广告的功能失调，又增加了游戏环境的真实感。[1] 类似的情况出现在《侠盗猎车手：罪恶都市》(Grand Theft Auto: Vice City) 中：一些户外咖啡馆挂着"喝啤酒"字样的简单标识。[2] 这是不做广告的广告。

游戏内置广告或许在游戏中天然具有违和性。玩家深知环境是模拟出来的，因此广告永远无法跳出模拟。类比拉斯维加斯的很多仿制空间："纽约纽约"赌场就模拟了纽约市景，配有仿造的当地天际线外观。当然，酒店的楼宇是真实存在的，但其通过巧妙的建筑技术模拟出的天际线，使得这一栋建筑看起来像是由许多风格不同的摩天大楼拼接而成。这个组合式"建筑物"的侧面印有各种巨幅广告，就像是会在实际建筑物上看到的那样。这些广告是真实的吗？广告表面上是可以承载信息的，而上面描绘的产品和服务确实可以购买。但是，因为人们知道这些广告是在一个城市模拟的背景下呈现出来的，他们对广告的认知在很大程度上会被影响。广告的首要任务是帮助完善对城市的模拟，其次（如果有的话）才是实现产品的增量价值。

拉斯维加斯充斥着此类拟像空间，这些装置将游客引向环境中运作的高阶模拟。拉斯维加斯巴黎酒店设立了警示牌，提醒游客在进入"真实再现"的巴黎街道时，小心不要被鹅卵石绊倒。也许其中最高级别的模拟，是位于"纽约纽约"赌场

---

① Ubisoft Paris Studios, *XIII* (San Francisco: Ubisoft Entertainment, 2003). 诚然，《杀手十三》采用了卡通渲染的美术风格，因此写实主义并不是该游戏的表达目标。感谢扎克·惠伦提供的这个例子。

② Rockstar Games, *Grand Theft Auto: Vice City.*

的"女狼俱乐部"（Coyote Ugly）酒吧。同名电影真实再现了现实中纽约市一个"实际存在"的酒吧，而作为电影故事发生城市的模拟，这个赌场酒吧仿照电影中的酒吧建成。① 尽管有女郎在吧台上曼妙起舞，身处"女狼俱乐部"的体验无关醉酒纵欲的感官享受，更多关乎诱人的酒保到底是真实还是虚幻的感知——酒吧里没有桌椅，以便将更多顾客塞进本就狭小的空间里。家具的缺失和夜店般拥挤的现实，使得惯常的酒吧交谈变得不可能。试图在这样的环境中和某人"搭讪"，令人认知混乱：没人确切知道自己行为的界限。我到底是真实的酒吧常客，抑或是一个酒客的模拟？20美元的入场费加剧了这种效应。

动态游戏内置广告还引发了关于隐私和监控的争议。尼尔森和Massive合作开发了一个新的游戏内置广告测量系统。为了衡量广告效果，Massive的系统追踪玩家的移动轨迹和方向，以及呈现广告的设备的物理位置（以投放根据地域定制版广告）。游戏开发者们一直在寻找新的方法来优化产品，部分发行商甚至利用广告数据来优化游戏设计。游戏开发商THQ高级全球品牌经理戴夫·米勒（Dave Miller）表示："如果角色卡在贴有广告海报的砖墙前，我们就知道这个关卡可能难度太高。如今，我们将广告追踪系统视为帮助改进游戏设计的工具。"②

许多在线游戏早已使用复杂的玩家追踪技术，只是玩家可能没有察觉。游戏中引入监控机制，迫使玩家思考他们对于企业掌握其虚拟化身一举一动的感受。多年来，研究人员

---

① David McNally（dir.），*Coyote Ugly*（Touchstone，2000）.

② Reena Jana，"Is That a Video Game—Or an Ad?，"*Business Week*，January 26，2006.

一直隐秘地追踪零售店的顾客，记录每个动作和犹豫不决，并试图将其与环境变量联系起来。许多消费者对这种做法深感厌恶，而游戏内置广告追踪本质上有着相同的性质。

广告营销：从视觉修辞到程序性修辞

现如今，广告公司正将现有修辞策略应用于电子游戏媒介，尽管后者本质上是程序性的。广告历来以视觉为核心。广告公司以提喻法的方式，用"眼球"指代消费者，并努力吸引其注意力。他们进行复杂研究以确定消费者的感知喜好，并区分不同产品类型的目标群体的偏好。色彩与对比的运用、图文的排版和可见性、为增加说服力而调用的动态图像与电影技术，都是广告项目的重要组成部分。

更重要的是，广告实践几乎完全聚焦在二维平面的编写上。杂志广告和广告牌是一种平面。电视屏幕是可以模拟深度和移动的平面。甚至网上的横幅广告，也只是偶尔添加内部或外部动态的平面。广告公司在适应新的广告平面方面取得了巨大成功。最近，萨奇广告公司（Saatchi & Saatchi）为支持"The Privy Council"（盥洗室协会）在纽约市增设公共厕所的倡议活动，制作了男子小便背影的纸板模型。[1] 这些看起来逼真的模型被放置在公园的大树前。一旦旁观者靠近发现是假人后，可以看到印在人形纸板上 T 恤衫背面的网站地址。[2] 杜瓦尔·纪

---

① 参见 http://www.more-public-toilets-ny.org/.
② 有关该营销活动的图片，参见 http://leighhouse.typepad.com/advergirl/2006/02/why_we_love_pro.html/.

尧姆（Duval Guillaume）[1] 位于布鲁塞尔的广告公司制作了印有左轮手枪的白色手提包，其设计使得顾客在提着手柄的时候，看起来像是拿着一把手枪。这些包被用来宣传某热门犯罪小说家发布的新作。[2] 天联广告公司纽约总部（BBDO New York）为联邦快递（FedEx）制作了一款蓝色的 T 恤衫，右下角印有眼熟的联邦快递信封图案。这样一来，远远望去，穿着者似乎胳膊下面真的夹着联邦快递的包裹。[3] 2004 年，哥伦比亚影业原计划在美国职业棒球大联盟比赛期间在垒包上印刷其暑期档电影的广告，但广泛的投诉最终迫使哥伦比亚影业终止了该计划。[4]

所有这些努力，都倚仗在二维平面上的内容编写。在所有的案例中，这些平面都是通用的，也就是说，它们与所宣传的产品或服务没有必然联系。尽管创意巧妙，但在我们的世界中挖掘每一个平面并将广告呈现其上的趋势，将广告进一步推向说明性和联想性领域。如鲍德里亚所言，对广告的需求日益取代对于其曾代表的产品和服务的需求。

尽管游戏内置广告公司越来越大力地宣称在二维平面上呈现文字和图像之外，还可以植入 3D 物体（如比萨盒、汽水罐），但这些三维物体有可能沦为印着广告的空壳，其本身与产品的相关性未必强过设计巧妙的书店购物袋。此外，这

---

① 国内更常见的称谓方式是纪尧姆·杜瓦尔（Guillaume Duval），此处保留了原书所用的人名顺序。——译者注

② 有关曾获 Epica 奖项的这个营销活动，相关图片参见 http://www. epica-awards.com/epica/2004/winners/cat31.htm/.

③ 有关该营销活动的图片，参见 http://garicruze.typepad.com/ad_ blather/2006/02/fedex.html/.

④ Chris Isidore, "Signs of the Times," *CNN Money*, May 7, 2004.

些物体在目标游戏环境中没有行为表现。即使有可能向游戏投放脚本化物体，也很难在游戏的情境中产生有实际意义的行为。广告业的核心逻辑是，没有特定功能的通用平面尤其适合媒介购买。所有这些迹象似乎预示着广告商将迅速且不可避免地占领电子游戏。但是，有一个重大问题仍然存在：与电视广告、杂志广告、户外广告牌、购物袋甚至 T 恤衫不同，电子游戏的根本特征并非承载图像的能力，而是它们运行规则的能力。

第六章　授权许可与产品植入

　　模拟始终是一种再现形式。它们呈现对物质世界中系统和情境运行方式的特定视角。程序性修辞正是利用了这一特性，来阐述事物在现实世界中的运作机制。在广告领域，电子游戏并不是简单地通过将广告图像植入虚拟环境来模拟广告，而是通过模拟玩家（消费者）与产品和服务的互动来运用程序性修辞。

　　鉴于广告行业对视觉呈现的偏好及其对媒介购买的倾向，动态游戏内置广告成为广告行业未来发展的主要愿景并不令人意外。然而，电子游戏中的广告是否注定只能停留在《虚拟梦幻王国》这种高阶拟像的层面？它是否注定只能成为一种幻想生活方式的工具？是否注定像在现实世界中那样，无节制地侵占虚拟空间？我想，电子游戏提供了一种与产品和服务互动的方式。这种方式能够激发人们对消费行为的批判性视角。但要做到这一点，广告必须与电子游戏的基本属性——程序性——重新建立联系。

授权许可

　　在商业电子游戏产业中，很大一部分产品是基于获得授权的内容进行开发的。业内最大的发行商艺电公司

（Electronic Arts，简称 EA 或艺电），约 60% 的收入来自电影和体育等的知识产权（Intellectual Property，简称 IP）授权。[①]如今，授权在各类媒介和消费品中都很常见。我们为孩子购买印有凯蒂猫（Hello Kitty）的内衣，开车带他们去麦当劳买草莓酥饼开心乐园餐时，还要忍受着他们小美人鱼款玩具手机发出的电子哔哔声。甚至当我们从"哈利·波特"系列这种相对"高级"的文化产品中寻求慰藉时，常常忽略了一个事实：该系列的书籍似乎是为了戏剧改编、影院上映，以及后续的玩具、游戏和无穷无尽的衍生产品的发散而精心设计的。孩子们对授权产品的喜爱并非源于其内在价值，而是因为他们认出了印在产品上的角色形象。不仅仅是孩子，模特、音乐家和演员们也越来越多地将自己的名字卖给香水、化妆品或服装品牌。品牌的投资者急于从詹妮弗·洛佩兹（Jennifer Lopez）、布兰妮·斯皮尔斯（Britney Spears）或时下当红明星的名人效应中获利。不论是男孩还是成年男性，都会购买点缀着迈克尔·乔丹（Michael Jordan）形象的鞋子或科比·布莱恩特（Kobe Bryant）的篮球球衣。保时捷（Prosche）将其品牌名称授权给有设计感的烤面包机、太阳镜、烧水壶和计算机硬盘。遵循使乔治·卢卡斯（George Lucas）成为亿万富翁的策略，好莱坞制片人和电影公司现在以"IP"和"特许经营权"来规划他们的开发——这些长期的知识产权综合体，可以同时在电影、电视、电子游戏、商品、漫画以及任何其他公众愿意购买的媒介中被开发利用。

当我们想到当代商业电子游戏中的授权 IP 时，通常首先

---

① Robert Levine, "Video Games Struggle to Find the Next Level," *New York Times*, May 8, 2006.

想到的是电影和体育特许经营权。这些交易金额巨大。据报道，艺电在 2004 年与美国国家橄榄球联盟（National Football League，简称 NFL）达成的独家授权协议总额高达 3 亿美元——而这仅仅是为了获准以 NFL 球队、球员和体育场为蓝本制作游戏的权利。[1]但在 20 世纪 80 年代初，电子游戏的主要授权对象是其他电子游戏。当时的街机游戏比雅达利 VCS 和美泰（Mattel）Intellivision 之类的家用游戏机复杂得多。在街机上取得成功的游戏，在家用游戏机上肯定会畅销。许多热门游戏——如《吃豆人》[2]、《鸵鸟骑士》[3]、《汉堡时代》（Burgertime）[4]、《杆位》[5]和《打空气》[6]等——都被移植到家用游戏机上。创建电子游戏的程序性表征显然比创建电影的程序性表征容易得多。游戏本身就是由软件编码而成的一套规则，且当时的街机游戏非常简单，所以对游戏玩法开展逆向工程往往不需要深入了解游戏最初是如何开发出来的。

大约在同一时期，电子游戏行业首次获得了电影授权。当时雅达利获得了《E.T.》的独家授权。[7]据报道，雅达利在 1982 年向史蒂文·斯皮尔伯格（Steven Spielberg）的安培林娱乐公司（Amblin Entertainment）支付了 2000 万美元，以获得根据当年这部热门电影制作游戏的权利。[8]这款游戏仅用了

---

① Chris Morris, "EA's Big Deal: Touchdown or Fumble?," *CNN Money*, December 14, 2004.

② Namco, *Pac-Man*.

③ Williams Entertainment, *Joust*（Chicago：Midway Games，1982）.

④ Data East, *BurgerTime*（Chicago：Midway Games，1982）.

⑤ Namco, *Pole Position*.

⑥ Namco, *Dig Dug*.

⑦ Atari, *E.T.*

⑧ Richard Ow, "Harnessing Hollywood," *License!*, June 1, 2004.

不到两个月的时间即完成了开发工作，以确保它能在圣诞节假期前上架。游戏广受批评，500多万份产品仅售出了五分之一。其余部分被退回给雅达利，随后被压碎、封装在混凝土中，埋在了新墨西哥州阿拉莫戈多市附近的一个垃圾填埋场里。雅达利VCS版本的《E.T.》和《吃豆人》通常被认为是导致1983年电子游戏市场崩盘的主要原因——这场崩盘被归咎于低质量游戏泛滥。

尽管经历了市场崩溃，家用游戏机行业在20世纪80年代末借助任天堂娱乐系统（Nintendo Entertainment System，简称NES）重新站稳脚跟，而街机业务则几乎已经消亡。与此同时，外部许可——尤其是体育和电影授权——变得越来越流行。到2004年，授权体育游戏的销售额估计达到25亿美元。加上授权电影和电视游戏近20亿美元的销售额，授权游戏在当时最新一代游戏机（索尼PlayStation 2、任天堂GameCube和微软Xbox）硬件上的总销售额230亿美元中占比达到约20%。[①]

所有获得授权的产品都充当了说明性和/或联想性广告的角色，但服装、包装商品和各种小饰品更多是满足迷恋的物件，而不是自成一体的"品牌延伸"或正统作品。我们可以不去简单地将授权许可想成一个知识产权，而是将其视为一种产品网络。其中的产品，都在以某种方式诠释着授权内容。从这个角度来看，将产品网络中每一个新增节点都包括在内，所有的授权产品都在充当广告。电子游戏当然也不例外，但游戏授权代表了知识产权许可中一个具有启发性的先例。尽管盲目许可存在财务和文化上的风险，电子游戏必须以

---

① Richard Ow，"Harnessing Hollywood，"*License!*，June 1，2004.

新的方式运作授权内容；与印有品牌标志的午餐盒或 T 恤衫不同，电子游戏必须允许玩家在其诠释的框架内进行有意义的活动。这种对授权内容的程序化呈现有可能让玩家能够对相应的产权内容进行质疑和批判。当然，授权内容的程序化改编，并不一定会产生批判性的效果，但可以确定的是，它将实现的绝不仅仅是将 IP 里的角色、场景或徽标复制成广告图像。

举一个熟悉的例子。电影授权是游戏发行商的摇钱树，但往往不能满足玩家和评论家的期望。"哈利·波特"系列的大多数游戏由艺电开发和发行，展现了生产和销售授权游戏所需的最低限度的努力。[①] 2001 年第一部电影上映后的 5 年内，艺电在各大平台上发布了 6 款不同的"哈利·波特"游戏，总计超过 30 个不同的库存单位（Stock Keeping Unit，简称 SKU）。[②] 这些游戏大多直接改编自电影情节，由一系列可玩的情景组成，中间穿插着用渲染的过场动画填补的玩不了的场景。例如，在《哈利·波特与密室》（*Harry Potter and the Chamber of Secrets*）中，过场动画描绘了哈利和罗恩从国王十字车站乘坐飞天汽车前往霍格沃茨的禁飞之旅；当汽车

[①] 诚然，自第一款游戏以来，"哈利·波特"系列游戏在玩家和评论家眼中的评价已经有所提升。

[②] Electronic Arts, *Harry Potter and the Chamber of Secrets* (Redwood City, Calif.: Electronic Arts, 2002); Electronic Arts, *Harry Potter and the Goblet of Fire* (Redwood City, Calif.: Electronic Arts, 2005); Electronic Arts, *Harry Potter and the Prisoner of Azkaban* (Redwood City, Calif.: Electronic Arts, 2005); Electronic Arts, *Harry Potter and the Sorcerer's Stone* (Redwood City, Calif.: Electronic Arts, 2001); Electronic Arts, *Harry Potter: Quidditch World Cup* (Redwood City, Calif.: Electronic Arts, 2003); Electronic Arts, *LEGO Creator: Harry Potter and the Chamber of Secrets* (Redwood City, Calif.: Electronic Arts, 2002).

撞上那棵打人柳后，玩家便接管了控制权。玩家在游戏中可以进行的操作大多是重复的，包括学习能够将罗恩从打人柳中放出来的咒语等主要动作，以及收集巫师卡等次要动作。

"哈利·波特"游戏中模拟和省略的系统不仅仅是重现电影的观影体验，同时让玩家能够扮演自己喜欢的角色并演绎熟悉的剧情。这些游戏也让角色更接地气。"哈利·波特"原著小说与系列电影是从第三人称叙述者的视角展开的，但由于游戏这一类型的特殊性，能够让玩家直接以第一人称视角来控制角色。《哈利·波特与阿兹卡班的囚徒》（*Harry Potter and the Prisoner of Azkaban*）的游戏改编，通过让玩家控制哈利、罗恩和赫敏三人组来应对这一挑战。这种视角转换是通过有关团队合作的程序性表征来实现的。玩家一次还是只能控制一个角色，但可以随时在角色之间切换；另外两个角色则会跟随主导的角色行动。由于不同的角色学习不同的咒语并获得独特的能力，所以不可能仅靠一个角色取得进展。在某些情况下，玩家必须按照特定的模式小心地移动角色以完成任务或解谜，例如，打开一扇隐藏的门。

除了使游戏玩法更有趣和更具挑战性，有关团队合作的程序性修辞还会回溯式影响"哈利·波特"系列中的其他内容。毕竟是儿童读物，所以其中的人物相对扁平化，而且每个角色都有缺点：哈利天真，罗恩鲁莽，赫敏学究。但团队的平衡被哈利的主角光环掩盖。他是英雄，因此尽管其他角色做出了牺牲，还是由他收获荣耀。J. K. 罗琳（J. K. Rowling）本意是在故事中营造恐惧与勇气之间的张力——比如，《哈利·波特与魔法石》（*Harry Potter and the Sorcerer's Stone*）中纳威·隆巴顿（Neville Longbottom）试图阻止哈利和队友的举动，最终为格兰芬多赢得学院杯获得了所需的最后分数。但总的来说，故事中的合作是不均衡的。群像角色退化为大量的配角，所有人都为主角服务。团队合作的程序性修辞削弱了这种情况，将注意力转向了促成哈利成功的连属关系、技能和能力系统。通过这种方式，基于"哈利·波特"授权的电子游戏，可能会让玩家在回到现实世界时，对被授权内容（小说）中略过的角色之间的关系有更深刻的理解。

"哈利·波特"游戏还揭示了授权本身是如何运作的。以收集比比多味豆或巫师卡等次要任务为例。这些活动被写入"哈利·波特"原著小说中，似乎预示着它们最终会在现实世界中通过产品授权进行开发（事实上这些产品也确实被开发了出来）。在第一款游戏中，收集这些奖品只不过是虚拟财产的累积，玩家可以在一个特殊菜单中查看这些财产。① 剥去这些收藏品看似拥有使用或交换价值的伪装，该游戏有效地展示了它们在现实世界中犹如包治百病的"蛇油"一般，利润超高且仅仅为了"扩展授权内容"而制造，对消费者几乎没有摆得上台面的好处。安娜·冈德（Anna Gunder）恰当地将这种情况描述为一种"困惑"（aporia）——"我为什么要收集巫师卡片？"这样的问题，在游戏规则中从未得到解答。②

---

① 在第四部游戏《哈利·波特与火焰杯》（*Harry Potter and the Goblet of Fire*）中，情况并非如此。可收集的豆子用于补充魔法值和耐力，而收藏卡可以装备在角色上以赋予特殊能力。尽管新功能可能增强了游戏体验，但它们对授权许可产品本质的表述并不那么有力。

② Anna Gunder, "As If by Magic: On Harry Potter as a Novel and Computer Game" (paper presented at the Digital Games Research Association [DiGRA] Conference, Utrecht, the Netherlands, November 2003).

游戏《哈利·波特：魁地奇世界杯》（*Harry Potter: Quidditch World Cup*，简称《魁地奇世界杯》）针对授权内容提供了另一个不同的视角。[①] 基于"哈利·波特"原著小说和系列电影中虚构的运动创作而成，作者 J. K. 罗琳将魁地奇描述为篮球和足球的结合体。一方面，《魁地奇世界杯》似乎是优秀游戏改编的完美范例。它没有拼凑出一个线性剧情的简陋版本，而是提取了故事的一部分，创作出一款体育游戏，这一类型在游戏媒介中已被证明具有强大的表现力。由于魁地奇需要飞天扫帚才能正常进行比赛，有人认为它只能在计算机图形式电影画面、电子游戏或读者的想象中模拟出来。另一方面，由于魁地奇在原著小说和系列电影中基本上都没有被展开说明，电子游戏中对这项运动的大范围呈现，为评述这项运动提供了特殊的切入点。从某种意义上说，电子游戏开发者可以对这项运动的实际运作方式进行任意诠释。

魁地奇运动提供了多层次的解读机会。一方面，这是一项有规则的运动，这些规则体现了其自身的程序性修辞。篮球和足球都是团队运动，非常重视协作。尽管像科比·布莱恩特和大卫·贝克汉姆（David Beckham）这样的大牌球员越来越多地将这两项运动往个人成就（individual accolades）的方向上带，但它们的规则仍然有利于在球场上相对均衡的球员分配。时至今日，威尔特·张伯伦（Wilt Chamberlain）仍然是篮球这项运动的顶级单场比赛得分手。自他出现以来，篮球一直朝着个人主义的方向发展，但这仍然是一项比美式橄榄球更注重团队均衡分布的运动。在美式橄榄球中，所有进攻动作都由一名球员（四分卫）来协调。尽管贝克汉姆声

[①] Electronic Arts，*Harry Potter: Quidditch World Cup*.

名显赫，但他是一名中场球员，而不是前锋，主要以他精准的传中球闻名。从本质上讲，贝克汉姆的助攻非常有效，他最有名的是将球精准地传给前锋，而前锋负责射门得分。

魁地奇保留了足球和篮球的得分机制，以及蕴含其中的协作精神。但这项虚构的运动增加了一个重要的垂直元素，即"金色飞贼"（一颗带翅膀的小球），以及相应位置的球员，即"找球手"。根据规则，即使是一支在比分上大幅落后的球队，只要队伍中的找球手抓到金色飞贼，仍然可以赢得比赛。这一规则在以团队导向的场上球员（他们还有义务保护找球手免受试图拦截他的游走球的干扰）和找球手之间构成了张力，因为后者无须关心场上的其他赛况。魁地奇运动强化了一种关于个人力量的程序性修辞。其中，一个"天之骄子"用非凡的才能来克服逆境。哈利的找球手身份，进一步强化了他的力量的神秘和超然性质，这是该系列作品中的一个重要主题。就像阿纳金·天行者（Anakin Skywalker）和弗罗多·巴金斯（Frodo Baggins）一样，哈利对自己的独特地位既感到幸运，又感到困扰。尽管从技术层面看，在球场上直接赢得魁地奇比赛是可能的，但原著小说和系列电影更倾向于通过抓住金色飞贼来取胜。在这种胜利中，处于劣势的弱者使用超凡的力量击败了合法竞技的蛮力。

虽然魁地奇运动的规则在"哈利·波特"原著小说与系列电影中均有明确阐述，但这项复杂的运动很难通过浅层的接触真正理解。电影依靠视觉奇观，小说仰仗文字想象来呈现比赛场景。而电子游戏，允许玩家进行一场又一场的比赛。这种深度沉浸式体验，让有关"个体权力"的修辞得以渗透玩家对角色的认知，进而影响其对整个魔法世界体系的解读。

更重要的是，游戏改编版本暴露出魁地奇规则体系存在的根本性缺陷。在《魁地奇世界杯》的开发者试图将小说中作者设定的规则转化为可操作的游戏机制时，必然会意识到：完全遵循原著设定，将导致游戏无法运行。若允许玩家随时捕捉金色飞贼，则场地对抗环节就会丧失存在意义，反之亦然。为此，游戏通过插入新规则来平衡场上攻防与金色飞贼捕捉的动态关系——具体表现为引入"金色飞贼计量器"机制：玩家每次成功完成进球、传球等行动都会提升计量值，当计量条蓄满时，游戏将暂停场上的对抗环节，给予玩家捕捉金色飞贼的机会。

艺电对规则的修改，是为了使魁地奇作为电子游戏可以玩下去，同时凸显了这项虚构运动规则的内在矛盾。即便存在明星球员主导战局的情况，足球、篮球等团队运动仍强调合作。美式橄榄球之类的运动虽然更侧重少数特定位置上球员的表现，但球队的其他球员仍承担辅助功能。但没有任何现实运动像魁地奇这般，允许某个位置球员凭借超然的个人能力直接决定胜负——这就像国际象棋比赛既可通过将死取胜，也能凭借往棋盘上倾倒30年陈酿苏格兰威士忌来获胜。《魁地奇世界杯》通过其规则重构，揭示了这项运动内蕴的个人主义修辞，从而为理解"哈利·波特"的虚构世界提供了小说与电影均未能展现的批判视角。

哈利·波特在面对邪恶势力时展现的"逆袭式个人主义"与英雄主义利他精神，既可以被解读为值得共情与效仿的积极品质，也可能被视作对其力量源泉——先验逻辑（transcendental logic）——的自我中心式确证。魁地奇找球手，实质映射着作为系列核心意象的，魔法世界与人类世界、巫师与食死徒之间不无偏见性质的割裂关系。后来的"哈利·波特"小说逐渐明晰主人公哈利的使命：阻止针对麻瓜与巫师群体的种族灭绝。正如史蒂文·沃尔德曼（Steven Waldman）所言，哈利·波特就好像有着天主教的神学信仰，"坚信个体行为决定最终结果"[①]。如同置身宗教之中一般，哈利的道德罗盘始终受先验力量牵引。同一种力量使伏地魔走向邪恶，将哈利引向至善。

尽管秉持自由主义立场的 J. K. 罗琳或许难以接受其倡导包容的初衷被曲解为单边主义，但哈利·波特对先验的追求，恰与 2001 年 9·11 事件后全球涌现的"牛仔式个人主义"（cowboy-individualist）政治作秀形成互文。虽然此时距离该系列第一本书的首次出版已经过去了四年——《哈利·波特与魔法石》（*Harry Potter and the Philosopher's Stone*）于 1997 年在英国出版，美国版于 1999 年更名为 *Harry Potter and the Sorcerer's Stone* 发行。[②] 相较蜘蛛侠在每个道德抉择关头都要面对善恶的模糊边界，哈利·波特始终被单一的、先验的善指引。即便经受邪恶侵蚀的风险，也被简化为哈利与伏地魔同源本体论的二元对立。当哈利误入歧途——总是源于成年权威者的误导——时，书中诸多扁平化的角色除向邪恶屈服外别无选择。绿魔（Green Goblin）情感层面的自我撕裂挣扎，抑或是电光人（Electro）人物故事所蕴含的社会经济反讽，在这个世界全然缺席。哈利所处的宇宙，摒弃了对蜘蛛

---

① Steven Waldman, "No Wizard Left Behind," *Slate*, March 18, 2004.

② J. K. Rowling, *Harry Potter and the Philosopher's Stone*（London：Bloomsbury Press, 1997）; J. K. Rowling, *Harry Potter and the Sorcerer's Stone*（New York：Scholastic, 1999）.

侠"能力越大，责任越大"这种模棱两可的格言的探究。

制作方与IP持有者依托"哈利·波特"这类特许经营品牌的授权产品来获得许可费收入，并促进其他授权产品的增量消费。这种授权逻辑隐含着一个前提：消费者每次接触授权产品，都会巩固并深化与该IP的情感联结。"哈利·波特"系列游戏表明，特许授权电子游戏或许可以揭示，IP忠实度背后必需的核心价值——这种批判视角的生成，源于驱动IP各组成部分的程序性修辞机制。这些洞察可能会强化玩家与IP的纽带，亦可能会削弱它，这在特许授权产品中是独一无二的。

还有一些游戏与授权IP之间存在类似的复杂关系。多年来，一批低成本PC游戏始终游走于高投入、高画质的主机游戏产业的盲区。这类制作预算有限的游戏通常以零售或数字形式发售，定价多在20美元以下，被归入所谓"经济型价值发行"（value publishing）的范畴。自《模拟城市》①等模拟游戏意外走红后，这类经济型游戏公司陆续推出《购物中心大亨》（*Mall Tycoon*）②、《拖车公园大亨》（*Trailer Park Tycoon*）③ 和《快餐大亨》（*Fast Food Tycoon*）④ 等新颖但标题抽象的游戏。其命名范式源自20世纪90年代初问世的经典商业模拟游戏《运输大亨》（*Transport Tycoon*）⑤ 和《铁路大

---

① Maxis, *Sim City*.

② Holistic Design, *Mall Tycoon*（New York：Take-Two Interactive, 2002）.

③ Jaleco Entertainment, *Trailer Park Tycoon*（Buffalo, N.Y.：Jaleco Entertainment, 2002）.

④ Software 2000, *Fast Food Tycoon*（Santa Monica, Calif.：Activision Value Publishing, 2000）.

⑤ Chris Sawyer Productions, *Transport Tycoon*（Hunt Valley, Maryland：Microprose, 1994）.

亨》（*Railroad Tycoon*）①，后者系早期铁路建设与管理的策略/模拟游戏。这些游戏以建立商业帝国为核心玩法（故得"大亨"之名），深度模拟了特定行业的日常运营难题。除少数现象级作品外，此类游戏没能成为市场主流，不过也在行业里稳稳占据了一个成熟的利基市场。②

早期的"大亨"游戏均采用通用的行业呈现模式，其设计理念与经典桌游《大富翁》相似，后者也展现了房地产垄断的基本逻辑。至21世纪初，发行商开始意识到为这类游戏进行品牌授权的可能性。《游轮大亨》（*Cruise Ship Tycoon*）演变成《嘉年华邮轮大亨》（*Carnival Cruise Lines Tycoon*）。③《主题公园》（*Theme Park*）衍生出《海洋世界冒险乐园大亨》（*SeaWorld Adventure Parks Tycoon*，简称《海洋世界大亨》）。④ 我们可能倾向于谴责这种趋势，认为这是将日常生活品牌化的又一个例子——难道没有什么能逃脱商标品牌的影响？但进一步思考会发现，品牌名称及其实际产品或服务的加入，实际上或许是一个不寻常的对赞助公司进行批判性评

① Microprose, *Sid Meier's Railroad Tycoon*（Hunt Valley, Maryland: Microprose, 1991）.（原书正文中在提及该游戏时省略了"*Sid Meier's*"。——译者注）

② 最引人注目的两款主流成功作品是《过山车大亨》（*Roller Coaster Tycoon*）和《动物园大亨》（*Zoo Tycoon*）。Blue Fang Games, *Zoo Tycoon*（Redmond, Wash.: Microsoft Game Studios, 2001）; Chris Sawyer Productions, *Roller Coaster Tycoon*（Hunt Valley, Maryland: Microprose, 1999）.

③ Artex Software, *Carnival Cruise Lines Tycoon*（Santa Monica, Calif.: Activision Value Publishing, 2005）; Cat Daddy Games, *Cruise Ship Tycoon*（Santa Monica, Calif.: Activision Value Publishing, 2003）.

④ Bullfrog Productions, *Theme Park*（Redwood City, Calif.: Electronic Arts, 1994）; Deep Red Games, *SeaWorld Adventure Parks Tycoon*（Santa Monica, Calif.: Activision Value Publishing, 2003）.

估的机会。

嘉年华邮轮（Carnival Cruise Lines）的 T 恤衫、海报、船模，或海洋世界（SeaWorld）的虎鲸 Shamu（莎姆）毛绒玩具，本质上属于说明性广告：它们实现了品牌曝光。而冠名游戏则构成特殊类型的示范性广告：它们呈现企业提供服务的基础逻辑。在《海洋世界大亨》中，玩家需要规划包含各类海洋生物展区与娱乐设施的主题公园，合理布置餐饮摊位、纪念品商店及公共卫生设施，同时雇佣和管理员工、维护园区清洁并照顾动物。该游戏将运营主题公园的逻辑程序化，而海洋世界通过品牌授权，实质上承认了园区动线设计、溢价定价策略和其他常见的实景娱乐（location-based entertainment，简称 LBE）设计要素在其商业模式中所起的作用。

对于部分人而言，主题公园与度假胜地的运营逻辑早已是公开的秘密——这些场所当然会通过结构与财务手段实现利润与游客停留时间的最大化。但对于其他人来说，尤其是孩童群体，主题公园仍是纯粹的魔法世界。其运作机制隐匿其中，其常态化的商业诡计亦如是。譬如，为何海豹展区单向动线的出口处必然设有堆满毛绒海豹玩偶的大型玩具店？为何将餐饮摊位置于冷门展馆旁可以提升该区域人气？又是哪些底层工人在清洁水族箱与卫生间，以确保中产阶级青少年能够享受家庭假期？通过游戏的程序性修辞机制引导玩家参与到这些环节当中，揭露海洋世界商业运作真正的现实。

这类广告允许批判性的玩法：试想一下，一位家长带着孩子在实际前往海洋世界或搭乘嘉年华邮轮之前，先体验几轮游戏。此举非但不会"破坏旅行魔法"，反而能帮助孩子理解"魔法"是怎样制造的。人们仍然可以购买虎鲸 Shamu

的毛绒玩具，但如果能明白主题公园是如何通过动线设计吸引孩子们在每个展区出口都渴望得到每个毛绒玩具的，难道不是更好吗？比起普通父母"只选一个"的叮嘱，这种新的消费体验将赋予孩子们更强的个人和社会能动性。

其他大亨类策略／经营游戏则致力于向玩家推介边缘化或认知度较低的活动。以《美国农场大亨》（*John Deere American Farmer*）为例，这款以品牌绿色农具为特色的农场模拟游戏可以吸引农学家、农场主与城郊居民的关注。[①]与上面讨论的游戏一样，《美国农场大亨》模拟管理农场，包括选择农作物和牲畜、跟踪天气和市场波动以及管理农场员工。约翰迪尔（John Deere）农业设备在游戏中承担功能性角色，每台机器都严格对应其现实世界的专业用途。

虽然美国未来农场主协会（Future Farmers of America）的新晋成员或许会痴迷于虚拟联合收割机的操作体验，但该游戏可以使通常没有农业经验的城市居民所产生的认知共振更为重要。从约翰迪尔的角度来看，此类广告的终极目标群体并非农场主，而是非农业群体。因为他们或许会在模拟游戏中体验设备及相关农耕任务后，改变自己对于农民和农业机械设备的概念性（和个人化）认知。这种可能性指向一种新式广告形态：它既非传统示范性广告——游戏并未面向农机具实际购买者展示产品的有形特征（可能比较偶然的像压铸联合收割机之类的除外）；亦非常规联想性广告——游戏没有表现品牌产品诸如"性格传统"之类的无形特质，玩家也就无意将约翰迪尔产品与自身生活方式联结起来。若因游戏

---

① Bold Games, *John Deere American Farmer*（Mississauga, Ontario, Canada: Global Star Software, 2004）.

展示了产品形象就将其简单归结为说明性广告，则会严重低估其社会功能。我认为，该游戏通过示范性广告机制，在农业与非农业群体间创造了一个对话空间。这个空间无须实际的言语交流，而是通过抽象层面的对话——同理心的产生来实现。当约翰迪尔通过游戏培养都市玩家对农业生活方式的共情能力时，实际上就完成了精准的政治与社会动员，而不仅仅是实现了商业目标。虽然无从得知那些习惯城市生活的人在玩几次《美国农场大亨》之后，是否会采取行动支持补贴农场的政策。但是在这些话题被讨论到的时候，或者在州际公路上途经约翰迪尔经销商的时候，或许他们会有不一样的感受。

其他游戏也以类似的方式运作。《履带车建筑大亨》（*Caterpillar Construction Tycoon*）之于建筑设备和施工方面的作用，就像《美国农场大亨》在农业方面发挥的作用（尽管不幸的是，对前者的评价普遍很糟糕）。[1]《美国陆军》给予了联合国世界粮食计划署灵感，创作一款主题特别的电子游戏：《粮食力量》（*Food Force*）。这是一个对联合国应急食品援助计划的简单模拟。[2] 该游戏由六个任务组成，每个任务对应世界粮食计划署日常运营的不同方面。在一个任务中，玩家驾驶直升机寻找难民（见图 6.1）；另一个任务涉及食物包的准备；还有一个任务要求玩家空投食物，投放定位时要考虑到风的影响。《粮食力量》可以被看作和《海洋世界大亨》《美

---

① Activision，*Caterpillar Construction Tycoon*（Santa Monica，Calif.：Activision Value Publishing，2005）.

② PlayerThree and DeepEnd，*WFP Food Force*（Rome：World Food Programme，2005）.

国农场大亨》等授权游戏具有相同的功能：它们都是关于合法性的程序性修辞。这些游戏论证，其中所涉职业是正当的工作，值得尊重和向往。事实上，《粮食力量》就相当于《联合国人道主义大亨》（*United Nations Humanitarian Tycoon*）。

图6.1 《粮食力量》通过展示人道主义者的任务和目标，阐明这是一个可行的职业选择

　　电子游戏开发商 Cyberlore 对《花花公子》品牌授权的游戏诠释，在截然不同的领域提供了相似的范本。《花花公子：名模派对》（*Playboy: The Mansion*）融合了《模拟人生》的社交模拟与《运输大亨》的商业模拟。① 除了与明星、制片人和模特建立柏拉图式和实际的亲密关系，玩家还必须规划杂志社的办公空间、策划约稿，并说服这些明星、制片人和模特登上杂志的招牌封面。然后，玩家要在二维空间给这些模

① Cyberlore, *Playboy: The Mansion*（Toronto，Ontario，Canada：Groove Games，2005）.

特拍裸体写真。

　　这个游戏固然颂扬休·海夫纳（Hugh Hefner）[1]为人熟知的标志性生活方式，但更将这种浪子行径语境化为整体商业战略的组成部分。《花花公子》围绕私欲建立了一个帝国，而游戏将这种逻辑程序化了。明星更能引起读者反响，但素人模特更易被说服参与拍摄。采访与约稿同样遵循此道，玩家需要与性格乖张的摇滚明星、演员和其他名人建立商务关系。游戏实质上论证了纵欲本质是商业而非生活方式。消费者的欲望是由一个行业，而不是由一群渴望成名且愿意放纵的年轻女性来满足的。

　　当大亨类游戏在美国仍屈居零售市场次级货架时，日本的授权广告游戏（licensed advergames）已成功跻身主流。登陆 PS2 平台的游戏《吉野家》（Yoshinoya）堪称典型案例。这是一款基于风靡亚洲及部分美国城市的日式咖喱饭连锁餐厅的动作游戏。[2]玩家扮演连锁餐厅的新员工，通过快速按键满足顾客的点餐需求——四种菜品分别对应游戏机手柄的十字键、方框键、圆圈键与三角键。每天早、午、晚班结束后，玩家都会面对一位特殊的终极顾客：为其准备一碗茶与一份牛肉饭的同时，还需反复按键使菜品呈现黄金光泽。游戏风格鲜明，使用卡通渲染画面与大量喜剧桥段。其核心玩法强调极速、精准的服务（见图 6.2）。若长时间得不到服务，顾客的头会随怒气值增长而不断膨胀。在高阶关卡中，终极顾客甚至会以四肢发达的肌肉男或机器人等滑稽形态出现。

---

① 原书中海夫纳的名字拼写有误，此处已更正。——译者注
② Success, *Yoshinoya*（Tokyo：Success，2004）.

图6.2 《吉野家》模拟呈现出这家连锁餐厅的核心价值——服务的速度和准确性。©2004年SUCCESS。由YOSHINOYA D&C授权

因为二者截然不同的设计初衷，《吉野家》在商业经营维度上相比传统大亨类游戏明显简化。该游戏并非使用转喻手法，通过品牌授权来论证某个职业的正当性，而是通过程序性修辞传递品牌价值，用规则约束玩家行为以契合其服务理念。这样做帮助游戏向玩家示范性地呈现他作为吉野家的顾客时能够获得的服务。游戏通过角色倒置（role inversion）的设计完成论证：玩家不再以消费者的身份置于柜台前，而是被迫进入服务者视角，直面众多自我镜像一般的模拟顾客。

《吉野家》的程序性主张都围绕着服务的迅速和准确。这是一家连锁快餐店，速度仍然是一项实实在在的美德。模拟的顾客对服务拖延几乎没有耐心，使得柜台服务的体验充满紧张感。同时，完成订单很简单，只需按下四个主要控制器按钮之一即可。这显然是吉野家餐厅所提供的基础服务选项

的简化版本。它是一个优势，而非问题，代表着有限（但无疑同样美味）的实现美食满足的机会。该游戏借此展示门店运营的基本逻辑：在有限的菜品组合中，实现快速、精准的服务。即使在终极顾客挑战中，也强调了这一价值。玩家需要在计量条的正确区间内停止移动指针以完成茶饭配送，将实体服务流程的单元操作抽象简化为对时机的精准把握。

《吉野家》并非日本PS2平台上唯一的盖浇饭模拟游戏。《咖喱餐厅CoCo壹番屋》（*Curry House CoCo Ichibanya*，简称《壹番屋》）模拟了CoCo壹番屋咖喱餐厅的运营。这是一家在日本广为人知的连锁店，就像西方的麦当劳一样。① 为了不让游戏玩家误认为玩过一个盖浇饭游戏，就等于玩过所有类似的游戏，《壹番屋》的游戏玩法和修辞与《吉野家》的完全不同。

《壹番屋》是一个更复杂的游戏。玩家还是需要操控餐厅的服务员而非顾客，但服务细节的拟真度更高。当顾客入店时，玩家需按下手柄肩键以喊出"欢迎光临！"——日本服务业的标准迎客用语。游戏采用点单制服务流程，玩家必须先记录顾客需求，再制作菜品。烹饪料理是一个错综复杂、多步骤交互的实施过程。该餐厅主打咖喱饭，即在米饭上浇注咖喱酱并搭配蔬菜或肉类。顾客在点单时可指定饭量、加肉选项及辣度等个性化需求。玩家需要通过屏幕下方的操作区完成配菜出餐，运用摇杆手势完成舀饭、浇咖喱、加辣酱

---

① Dorasu, *Curry House CoCo Ichibanya: Kyo mo Genki da! Curry ga Umai!*（Tokyo：Dorasu，2004）. 这款游戏的完整名称翻译成英文应为 *Curry House CoCo Ichibanya: Today I am energetic again! The curry is fantastic!*。

等工序。虽然加辣酱的操作与《吉野家》游戏里按停计量条指针的机制相同，但舀饭与浇咖喱环节对玩家操作的精准度提出更高要求——在浇咖喱时，玩家必须根据屏幕上的计量条提示调整 PS2 摇杆模拟出的倾斜角度以控制咖喱流量，继而旋转手柄完成最终动作（见图 6.3）。把肉类与蔬菜配料投入油炸锅时，玩家要掌握火候避免烧焦，否则将浪费食材与时间。在初级关卡中，有限的客流量让整套流程显得轻松有趣。但随着关卡升级，玩家必须实现多线程管理，在处理各类订单任务之余及时进行迎客问候与送客致谢。

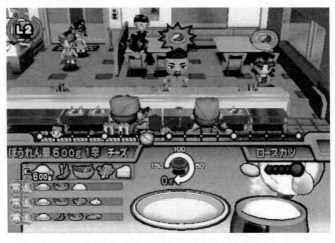

图6.3 《壹番屋》再现了餐厅菜品制备的实操演示过程。©2004 Dorasu ©Ichibanya Co. Ltd.

《壹番屋》和《吉野家》的程序性修辞存在许多差异。《吉野家》将菜品制备简化为单键操作，《壹番屋》则相当详细地对准备工作进行模拟。点单系统的引入大幅增加了菜品组合的可能性，要求更复杂的手动操作。此外，基于手势的备餐和上菜系统需要不断提高的技巧水平。简而言之，《壹番屋》的程序性修辞向玩家表明，餐厅实际上烹饪食物，而不仅仅是将其从预制的容器中舀出来。在客户服务层面，吉野家以极速服务为荣，壹番屋则保留了日式服务的仪式感——前者简化了迎宾礼仪，而后者完整保留问候和个性化服务的形式，暗示着更深层的服务价值观、更多的个人关怀。

作为电子游戏，这两个样例是有趣且不寻常的。其新颖性与荒诞性构成了独特的魅力。作为广告媒介，它们通过精妙设计将餐厅的核心价值——食品品质与服务理念——转化为可操作的游戏机制。由于玩家对餐饮消费有着成熟的经验和理解，所以游戏体验实际上成为检验其个人与品牌契合度的认知实验。品牌授权在此发挥着关键作用，它在游戏体验中植入试金石机制（litmus test）：游戏里的数字表征是否与玩家既往的实际消费经验相符？若存在差异，游戏可被解读为对过往服务缺陷的修复性叙事；若高度吻合，则能更新或强化玩家与品牌的情感联结。对于新顾客而言，游戏充当着消费预演的培训系统。无论如何，这些游戏都通过程序性修辞——规则化的授权品牌服务价值具象，向玩家发出前往实体门店进行体验的邀请。

与《E.T.》和"哈利·波特"系列游戏类似，吉野家和CoCo壹番屋的授权行为必然引发关联性广告效应：餐厅登陆 PlayStation 平台的事实本身，表明它们希望和特定人群进行对话的意图（虽然日本玩家群体的多样性远超西方）。但是，通过对咖喱屋、主题公园、男性杂志帝国和农业的数字化模拟，游戏将产品服务的功能属性重新锚定于社会语境之中。传统上，基于授权 IP 的游戏受到贬损，通常被认为是定好发布日期而赶进度完成的粗制滥造之作。但授权 IP 也为广告客户提供了一个机会，可以对其产品和服务做出示范性声明，从而为批判性地审视这些主张和它们所假设、代表或强调的社会条件创造了空间。

产品植入

据传，克拉克·盖博（Clark Gable）1934 年在电影《一夜风流》（*It Happened One Night*）中不穿汗衫的表演，立即引起了汗衫销量的急剧下滑。[①] 坊间传言，内衣制造商甚至试图起诉发行方哥伦比亚影业以示抗议。[②] 十年后，奥托·普雷明格（Otto Preminger）基于薇拉·凯瑟（Vera Caspary）同名作品改编的黑色电影《罗拉秘史》（*Laura*）中，出现了一款名为"黑马驹"（Black Pony）的虚构的威士忌。[③] 这部电影的成功，直接催生了真实的同名威士忌。第二年，琼·克劳馥（Joan Crawford）在另一部黑色电影——1945 年上映的《欲海情魔》（*Mildred Pierce*）中，倒出正宗的杰克丹尼威士忌，标志着将商业产品写入电影的可行性与吸引力正式确立。这种策略，就是现在广为人知的产品植入（product placement，又称植入广告）。[④]

尽管早期案例成效显著，产品植入策略在此后数十年仍

---

① Frank Capra（dir.），*It Happened One Night*（Columbia，1934）.

② 参见 http://www.imdb.com/title/tt0025316/trivia/.

③ Vera Caspary，*Laura*（New York：The Feminist Press at CUNY，1943；reprint，2005）；Otto Preminger（dir.），*Laura*（Fox，1944）.

④ Michael Curtiz（dir.），*Mildred Pierce*（Warner Brothers，1945）.

处于零星应用状态。直到 1977 年，才有电影《警察与卡车强盗》（*Smokey and the Bandit*）让庞蒂亚克火鸟（Pontiac Trans-Am）跑车与伯特·雷诺兹（Burt Reynolds）共同成为银幕焦点。[①] 但是刻意策划产品植入的现代营销策略，通常以 1982 年史蒂文·斯皮尔伯格执导的《E.T.》为源头——该片亦是前文提及的影游联动授权模式的最初案例之一。[②] 传闻称，M&M 巧克力豆原定为片中外星人撒落的糖果，但玛氏（Mars）公司要求将它们删除，因为担心电影会失败——或是因为不想和外星人联系在一起。[③] 无论真相如何，濒临停产的好时锐滋巧克力（Hershey's Reese's Pieces）因为在片中亮相而重获新生，并一跃成为新的、有持久市场影响力的成功品牌。

时至今日，产品植入已成为影视制作的标配元素。有些例子是显而易见的。追随庞蒂亚克的脚步，20 年后宝马（BMW）在詹姆斯·邦德（James Bond）系列电影《007 之黄金眼》（*GoldenEye*）中完成其 Z3 跑车的首秀。[④] 更多的植入则隐于叙事之中。例如，福特为电视连续剧《24 小时》（*24*）提供了所有车辆，因此观众在剧中看到的大多数汽车都是福特品牌的。[⑤] 这类隐性植入往往不易被观众察觉，除非额外赞助协议要求编剧刻意凸显产品。间谍剧《双面女间谍》（*Alias*）中有一场戏引发了观众的哄笑：詹妮弗·加

---

① Hal Needham（dir.），*Smokey and the Bandit*（Universal Pictures，1977）.

② Steven Spielberg（dir.），*E.T.: The Extra Terrestrial*（Universal Studios，1982）.

③ 参见 http://www.imdb.com/title/tt0083866/trivia/.

④ Martin Campbell（dir.），*GoldenEye*（MGM，1995）.

⑤ Robert Cochran and Joel Surnow，*24*（ABC，2001- ）.

纳（Jennifer Garner）饰演的主角西德妮·布里斯托（Sydney Bristow）在追捕前对迈克尔·瓦尔坦（Michael Vartan）饰演的搭档迈克尔·沃恩（Michael Vaughn）喊"开福特 F-150！跟上那辆野马"[①]。

对产品植入的嘲讽与不满普遍存在。如同影院映前广告与付费有线频道的商业插播，许多消费者将植入广告视为不受欢迎的侵扰。一些电影制作人通过在他们的电影中使用重复的、虚构的品牌产品，来挪揄这种类型的好莱坞商业主义。如昆汀·塔伦蒂诺（Quentin Tarantino）的《低俗小说》（*Pulp Fiction*）、《四个房间》（*Four Rooms*）、《杀出个黎明》（*From Dusk till Dawn*）、《杀死比尔》（*Kill Bill: Vol. 1*）中就曾反复出现"红苹果香烟"[②]。小说家大卫·福斯特·华莱士（David Foster Wallace）在《无尽的玩笑》（*Infinite Jest*）中，以"赞助时间"（sponsored time）概念讽刺了商业赞助。小说中描绘，在不久的将来，纪年方式被赞助商冠名，如"中西部乳制品年""试用装多芬香皂年""可靠成人纸尿裤年"等。[③]这些批评是有效且必要的。广告正逐步渗透日常生活的每个角落。这种"广告侵蚀"（ad-creep）缓慢而危险，如果缺乏对其的警惕，任何体验终将被无止境的广告营销吞噬殆尽。

① Lawrence Trilling and J. J. Abrams, *Blowback* (season 3, episode 14) (ABC, 2004).

② Quentin Tarantino (dir.), *Four Rooms* (Miramax, 1995); Quentin Tarantino (dir.), *From Dusk Til Dawn* (Dimension, 1996); Quentin Tarantino (dir.), *Kill Bill: Vol. 1* (Miramax, 2003); Quentin Tarantino (dir.), *Pulp Fiction* (Miramax, 1994).

③ David Foster Wallace, *Infinite Jest* (New York：Back Bay, 1997), 15, 35, 53.

产品植入之所以面临集中的批评，在很大程度上是因为它最晚加入广告侵蚀趋势当中。部分观点主张广告应彻底退出当代生活，但这种说法需要提供针对消费资本主义的整体性替代方案——不能仅停留在批判层面，更需提出可以快速实施、不会被文化和社会趋势覆盖的解决方案。

在可行替代方案缺失的情况下，我们更应审慎评估什么样的广告营销策略从社会层面上来说比其他的更好或更差，推崇良性策略，遏制有害实践。如前一章所论，说明性和联想性广告属于后一种类型——这些策略主要服务于广告产业的恶性扩张，既无助于客户营销目标，更不用说一般的社会利益了。我认为，产品植入提供了一种具有社会效益的广告视角。它重新引入了广告长期缺失却与程序性密切相关的关键要素：语境。

即便在前文提及的生硬的植入案例《双面女间谍》中，福特汽车仍处于相对"自然"的情境当中——也就是说，这些车辆被我们熟悉的角色合理地使用，我们理解他们所处的情境。福特公司或许希望借势剧集人气——"迈克尔·沃恩开的车一定很酷。"这是联想性广告的典型目标。尽管我们大多数人不打算将车辆用于国际事件，但添加有意义的背景突出了车辆的实际特性和功能：F-150 车身长、扭力大，使其能够拉近与所追逐汽车之间的距离，并可毫不犹豫地冲破停车场闸杆；而野马则快速敏捷，适合逃避政府追捕。

诚然，这些是产品特性的基本展示。但或许令人惊讶的是，它们揭示了产品植入如何整合示范性信息。此外，由于产品是出现在观众已经处于"悬置不信任"（suspended disbelief）的虚构环境中，因此反而面临更严格的审视。在

《双面女间谍》这类高强度剧集中，观众持续推敲剧情发展的合理与矛盾之处。简而言之，娱乐作品的虚构抽象性（fictional abstraction）使产品植入比其他广告形式更易引发批判性审视。

再举一个例子。斯皮尔伯格2002年执导的《少数派报告》（*Minority Report*）中充斥着植入广告。[①]影片中出现未来主义风格的雷克萨斯（Lexus）汽车与运输舱，两者都被实际制造出来并在洛杉矶车展上展示过。故事背景设定在2054年，广告传达的最直接信息是雷克萨斯品牌在五十年后仍然存在。这是对产品质量与耐用性的声明。但更重要的是，这些车辆充当了纵向控制的概念车（longitudinal concept car）的角色。概念车是汽车工业的支柱，其意义远超展示车辆本身。概念车彰显制造商对未来汽车发展方向的判断。事实上，这正是斯皮尔伯格针对雷克萨斯提出的特别邀请："我认为雷克萨斯可能有兴趣进入推测出来的未来，展望五十年后我们的交通系统和高速公路上行驶的汽车会是什么样子。"[②]雷克萨斯的设计师与斯皮尔伯格和制作团队合作，打造了一辆"传统"汽车和一个依靠高速磁悬浮（magnetic-levitation，简称mag-lev）系统行驶的"运输舱"，构成未来主义的自动化高速公路图景。汽车的可行性并没有它替雷克萨斯提出的主张那么重要：这些车相当于概念陈述，展现雷克萨斯对斯皮尔伯格基于菲利普·K.迪克（Philip K. Dick）作品虚构出的未来世界的愿景。

[①] Steven Spielberg（dir.），*Minority Report*（DreamWorks，2002）.

[②] Anonymous，"Lexus Concepts Star in Spielberg's Minority Report"（2002［cited January 2 2006］）；available from http://www.cardesignnews.com/news/2002/020724minority-report/.

雷克萨斯的例子，可以与电影中的另一个植入广告进行比较。当先知预见到由汤姆·克鲁斯（Tom Cruise）饰演的约翰·安德顿（John Anderton）将实施暴力犯罪后，这位惊慌失措的警探试图躲避追捕。逃亡途中，他穿过商业区时在一家未来风格的 GAP（盖璞）零售店被机器人店员拦截。机器人知晓他的身份与过往消费记录，并开始推荐相应配饰。安德顿迅速制服机器人，继续躲避预防犯罪部门的追捕。GAP是否在暗示其未来形态将配备类似亚马逊（Amazon.com）的智能推荐系统？若是如此，二十年前开创现代电影产品植入先河的斯皮尔伯格是否在批判这一做法？这种冲突在电影中是无法解决的，观众不得不思考目前的数据收集和采掘在未来会带来更多还是更少的自由。

在更日常的层面，真人秀节目进一步凸显了产品植入将广告转向示范性维度的潜力。2003—2004 年，《幸存者》（Survivor）的制作人马克·伯内特（Mark Burnett）推出一档名为《餐厅》（The Restaurant）的真人秀节目，记录厨师罗科·迪斯皮里托（Rocco DiSpirito）在纽约经营一家生意兴隆的餐厅的创业历程。[1] 尽管这类节目通常充满戏剧性，但《餐厅》更像一部纪录片，真实呈现餐饮行业的起起落落（更多是低谷）。美国运通（American Express）作为主要赞助商，利用该节目推广其 OPEN Network（"共通网络"）服务。这是一套面向小企业主的服务，包括积分奖励、商业开支节省方案和财务咨询服务等。在节目拍摄过程中，迪斯皮里托偶尔在实际场景里使用美国运通服务，展现其潜在价值。虽然美国运通可能希望制作方建议主人公展示某些特定服务，但

---

[1] Mark Burnett et al., *The Restaurant*（NBC，2003）.

使用场景本身未经编排，因此可以代表服务的实际使用情况。

电子游戏中的产品植入延续了影视传统，将高度定制化、语境化的产品整合到游戏中。相较影视植入，游戏植入往往更为初级，这主要是因为商业游戏的主题与类型更为局限。在前文提及的典型案例中，本田汽车将其元素系列 SUV 植入单板滑雪游戏《极限滑雪 3》中。[①] 本田当时刚推出这款方形汽车，目标客户是拥有"活跃生活方式"的年轻群体——冲浪与滑雪既是实际运动，也是"理想化"生活方式的象征。游戏中，车辆作为特殊障碍物出现在特定赛道上。玩家根据滑行速度与风格获得积分，与元素汽车互动的特技动作可获得额外奖励分数。吉普（Jeep）在《职业滑板 3》（*Tony Hawk Pro Skater 3*）中采用了相同策略，允许玩家在虚拟的牧马人（Wrangler）与自由侠（Liberty）汽车车身上完成特技动作。[②]

这些产品植入的例子，是纯粹的联想性广告。除了让人心生疑虑，几乎没有促使消费者购买的关键互动。本田的《极限滑雪 3》广告，是最接近示范性广告的尝试。游戏中车辆偶尔垂直置于玩家的行进路线上，敞开双侧自杀式车门（suicide doors）以鼓励玩家穿行而过。至少在此处，汽车的这个特征得到了最低限度的展示（本田如此设计是为了便于装载滑雪板等大型物品）。

其他电子游戏中的植入广告同样效果平平。在《超级猴子球 2》（*Super Monkey Ball 2*）中，遍地都是印有都乐（Dole）品牌标志的香蕉。玩家指挥一只被塑料球包裹的猴子

---

① EA Canada, *SSX 3*（Redwood City, Calif.: Electronic Arts, 2003）.

② Neversoft, *Tony Hawk Pro Skater 3*（Santa Monica, Calif.: Activision, 2003）.

在危险的赛道上收集香蕉。[①]巧合的是，这款游戏在日本发售时，都乐正好在当地推出新品豪华香蕉（这种事或许只可能发生在日本）。机缘巧合下促成了一场奇特的联合推广：都乐在店里售卖的香蕉上贴"超级猴子球"系列游戏的贴纸，而世嘉（Sega）则在游戏里的香蕉上添加都乐标志。[②]这种植入甚至难以归入联想性广告范畴。这种颇为另类的植入更像是董事会办公室里的恶作剧。如果勉强视作广告，其功能更接近说明性广告——以原型充能道具形式呈现产品。但即便猴子确实喜欢香蕉，"超级猴子球"系列中的猴子都是被塑料包裹着，吃不了东西的。

电子游戏产品植入中的荒诞案例层出不穷。2006年，艺电在拳击游戏《拳击之夜3》（*Fight Night Round 3*）中引入赞助赛事。[③]现实拳击比赛中赞助赛事司空见惯，因此将品牌擂台与场馆植入扩展到虚拟世界似乎顺理成章。在游戏中，这些赛事以赞助形式或游戏（静态）内置广告的形式呈现。《拳击之夜3》中有一场由汉堡王（Burger King）赞助的赛事，其诡异的"国王"吉祥物会作为新的教练角色来帮助和支持玩家。据称，"国王"教练能提升玩家的"心志"（heart）属性。游戏中，"心志"会影响角色在劣势下选择放弃或反击的概率，但赞助商与属性特殊配对的讽刺意味引发了众多网络论坛对

---

① Amusement Vision，*Super Monkey Ball 2*（Tokyo：SEGA Entertainment，2002）.

② Ryan Vance，*Ads in Games: Who's Buying?*（G4TV，2002［cited November 10，2003］）；available from http://www.g4tv.com/techtvvault/features/36254/Ads_in_Games_Whos_Buying.html.

③ EA Canada，*Fight Night Round 3*（Redwood City，Calif.：Electronic Arts，2006）.

该游戏的关注与讨论。一位玩家评论道："我的意思是，汉堡王什么时候对心脏有益了？我想大概这就是在《拳击之夜 3》中晋级所付出的代价吧。"[1] 汉堡王最近的广告，包括"听话的小鸡"网站，试图通过颠覆性手法在媒体噪声中突围，但将汉堡王与健康的心脏关联起来，似乎只会促使玩家反思这个信息的荒谬性。[2] 如此看来，就汉堡王广告而论，它似乎成功制造了与其预期相反的宣传效果。

部分游戏植入开始接近前面讨论的影视植入的批判效用。汽车制造商更青睐游戏广告的理由之一，源自 20 世纪 90 年代驾驶游戏的演变。驾驶游戏始终广受欢迎——《杆位》和《涡轮》（Turbo）是 20 世纪 80 年代初最受欢迎的街机游戏。[3] 但随着 3D 游戏成为任天堂 64 与 PS 游戏机时代的主流，驾驶模拟游戏迎来了新机遇。制作《跑车浪漫旅》（Gran Turismo）等拟真驾驶游戏需要更完整的车辆模型与参数。[4] 在此过程中，开发者向汽车制造商征询车辆数据，并请求获得在游戏中使用它们的许可。

由此产生的是设计复杂且精妙的虚拟测试赛道，让玩家得以体验从经济型掀背车到 F1 赛车等各类车型。模拟系统极

---

[1] 参见 http://forum.xbox365.com/ubb-data/ultimatebb.php?/ubb/get_topic/f/66/t/003409/p/2/.

[2] 参见 http://www.subservientchicken.com. "The subservient chicken" 是一款基于互联网的应用程序，玩家可以通过输入简单指令（如"吃""死""脱衣""阅读"）来"控制"一个穿着小鸡服装的男子的虚拟形象。这是所谓的病毒式营销的一个例子，试图通过隐蔽的、广告商植入的亚文化话语来创造品牌讨论。

[3] Namco, *Pole Position*；SEGA, *Turbo*（Tokyo：SEGA Entertainment, 1981）.

[4] Polyphony Digital, *Gran Turismo*（Tokyo：SCIE, 1997）.

为严苛，高速急转弯等鲁莽操作不再成为选项。车辆被划分为具有可比性的类别，玩家必须驾驶低性能的车辆赢得比赛，才能赚钱购买高性能的车辆。因此，《跑车浪漫旅》的每个玩家都接触到大量可能实际考虑购买的车型，这种情形人们可能原以为会在拉尔夫·纳德（Ralph Nader）那里发生，而非索尼。

尽管它们相对真实，但驾驶游戏并不是模拟器，也并不号称能提供精准的体验。游戏机的实时渲染需求与有限内存进一步制约了车辆性能的"准确"呈现能力。但对玩家而言，这种缺陷无关紧要。相较于对扭矩、马力、重量与制动力的精确模拟，车辆之间相对性能比较的可信度更为重要。玩家或许无法全面了解一辆汽车，但他可以大致把握同类车型中的各项相对优势。开发人员致力于为所有车辆创造平衡体验，这种中立性虽无法确保但基本意味着不会有单一车型被不当描述。无论如何，此类游戏植入的关键在于，与"本田 ×《极限滑雪3》""吉普 ×《职业滑板3》"不同，对车辆的模拟既是其游戏玩法，又是其广告营销的内核。在这里，广告再次进入示范性的领域，同时保留了通常属于联想性或说明性信息的社会语境。

这种类型的电子游戏产品植入发展缓慢，可能是由于现实世界中产品使用的可信场景与商业电子游戏主题之间交集较小。《模拟人生》是一款为数不多的描绘日常家庭生活的游戏，而大多数消费品就是旨在让家务变得轻松容易。[1] 麦当劳与英特尔均曾将产品植入《模拟人生在线世界》（*The Sims*

---

① Maxis，*The Sims*（Redwood Shores，Calif.：Electronic Arts，2000）.

Online）[1]，据传游戏内物品植入费达七位数。[2] 英特尔的植入，仅仅是呈现公司标志与经典的"Intel Inside"广告曲音效。而麦当劳售货亭则被编进游戏模拟的代码当中：玩家可通过购买快餐降低饥饿值，并因品牌的魅力增加趣味属性。这种机制虽然初级，却通过交互逻辑体现了其广告主张——麦当劳是消除饥饿的、有趣的场所。这是一种简单的程序性修辞。

电子游戏植入产品最复杂的示例之一，来自一个非常规领域——潜行类动作游戏《细胞分裂 2：明日潘多拉》（*Splinter Cell: Pandora Tomorrow*，简称《明日潘多拉》）。[3] 与该系列的其他游戏一样，主角还是特工山姆·费舍尔（Sam Fisher），执行又一次反恐秘密行动。发行商育碧（Ubisoft）与索尼爱立信（Sony Ericsson）达成协议，将后者的两款手机——P900 PDA 与 T637 拍照手机——植入游戏。两款设备以深度玩法整合形态呈现：玩家需要在任务中高频次地使用它们完成重要行动。体型较大的 P900 充当菜单系统，用于玩家更换武器及与远程指挥部进行通信沟通。较小的紧凑型 T637 则作为间谍相机，要求玩家在特定任务中使用它拍摄恐怖分子头目的照片。

乍看之下，这种植入似乎纯属联想性广告。高科技设备被置于谍战环境中，使手机看起来更接近其所效仿的詹姆斯·邦德的随身装备。人们或许会将索尼爱立信的植入与诺

---

① Maxis, *The Sims Online*（Redwood Shores, Calif.: Electronic Arts, 2002）.

② Jana, "Is That a Video Game—Or an Ad?"《模拟人生在线世界》中的物件后来作为下载内容发布给单机版游戏使用。

③ Ubisoft Annecy Studios and Ubisoft Shanghai Studios, *Tom Clancy's Splinter Cell: Pandora Tomorrow*（San Francisco: Ubisoft Entertainment, 2004）.

基亚（Nokia）在《少数派报告》和令人更印象深刻的《黑客帝国》（*The Matrix*）中的植入相提并论。[①] 但是，电影里的广告植入侧重产品外观，而《明日潘多拉》游戏里的植入则强调产品功能。在游戏中，这些设备的模拟相当精细，其形态、界面与功能均与真实产品一致。育碧实质上在游戏中有效创建了产品模拟，它更像是一个亲自上手的演示，而不仅仅是对其外部的粗浅模仿。

手机，尤其是像 P900 这样的高端手机，价格不菲，定价通常超过 500 美元。尽管购买决策重大，但大多数手机零售店无法提供充分的实操体验。设备通常固定在防盗展示架上，无法取下和拿起来操作。许多手机电量耗尽或移除了电池，还有一些则使用模拟屏幕，仿佛这些设备只是展示架的附属道具。零售体验的深度不比《黑客帝国》中的植入更深——设备被简化为表面特征。说明性与联想性广告的"病毒"，甚至"感染"了实体销售点。

移动电话与掌上电脑是非常个人化的设备。我们随身携带，依赖它们实时获取日常生活的各类动态信息，期待其高效的用户界面能快速访问必要功能。尽管秘密特工是从一个想象出来的视角来实现产品演示，但实际上，他与这些现代设备的用户有诸多共性：两者都时间紧迫，都需要在选择与执行手持式计算任务时提高熟练度与效率，都面临重要任务急需处理的高压情境。《明日潘多拉》对索尼爱立信手机的模拟，是通过展示产品在一个可信的线上线下通用情境中的程

---

① Andy Wachowski and Larry Wachowski（dir.），*The Matrix*（Warner Bros., 1999）. 尼奥（Neo）在第二幕中收到的滑盖诺基亚手机引发了影迷们对这款设备的强烈追捧。

序性表征来解决这些问题的。它并非简单宣称"看这个设备多酷！"，而是在说"这些是你可以用这个设备做的事"。这是游戏内产品程序性修辞在起作用的明确体现：它对产品的功能做说明，并将其置于可迁移的社会情境中。这种产品植入具备足够的示范价值与语境支撑，堪与《餐厅》中美国运通 OPEN Network 服务的使用相提并论。这虽然并非一则改变世界的革命性广告，但它是朝着正确的方向迈出的一步。

在前一章中讨论过的植入广告和动态游戏内置广告之间的区别，值得予以明确指出。游戏公司 Massive 或游戏内置广告商 IGA 可以将索尼爱立信 P900 嵌入任何一款游戏当中，只要游戏配置了广告投放中间件（middleware）的接口。但是，单纯的物体或图像植入仅能展示其存在，无法模拟其特性与功能。与影视植入类似，游戏植入也面临着可预见的风险，其中表达力与广告营销之间的矛盾关系最为突出。电视台通常围绕广告投放来制作节目，而不是调整广告投放来契合原创表达。想象一下，《飞黄腾达》（The Apprentice）中的参赛者被迫设计百事可乐、李维斯（Levi's）的广告，这些真的是合适的对其作为潜在房地产开发商的价值的评估吗？[1]若广告商得偿所愿，电子游戏里的故事将全部发生在城市街道与地铁站之类的空间里，因为这些虚拟空间中有足够多的广告牌之类熟悉的可以高效投放内容的点位。

在游戏中明确且有意义地操作产品的需求，标志着与传统广告逻辑在两个层面上的根本决裂。首先，它完全解构了媒介购买模式。游戏产品植入需要语境与代码层面的深度整合，这要求设计与技术层面的高度定制化。好莱坞制片厂始

---

[1] Mark Burnett, *The Apprentice*（ABC, 2004- ）.

终面临此类问题——若需植入，每个影视剧本都必须细致地与产品、服务进行人工整合。但电子游戏将这种挑战推向了新的高度：仅仅是让产品出现在游戏中远远不够（这一点动态广告网络就能实现），它们必须被模拟并融合到游戏玩法中。对游戏发行商与开发者来说，整合的复杂量级与层级远超电影公司。

其次，电子游戏产品植入削弱了广告商对图像的痴迷。在电子游戏中，平面的视觉编写毫无意义，因为游戏的表达力源自程序性表征再现。对现行形态的广告业而言，这一障碍或许难以逾越。尽管广告商自认为十多年来通过万维网（World Wide Web）完成了向数字化的转型，但互联网广告只不过是二维图像的数字化再现，只是换了一种编写平面。整个广告行业因其对平面的痴迷而陷入隐喻性刻板印象：广告人徒有其表，身上的名牌鞋和西装掩藏着内在的贫瘠；广告公司是个空壳，办公室里滑板车穿梭的"创意"环境和裸露的通风设备掩盖了想象力的匮乏。改变这种状况绝非易事。

第七章　广告游戏

　　艺电公司在《模拟人生在线世界》的失败尝试后，取消了《模拟人生2》中的所有产品植入计划。在《模拟人生2》发布时，艺电的广告销售总监朱莉·舒梅克（Julie Shumaker）解释了他们这样做的理由："我们意识到，在这种情况下打破《模拟人生》的幻想会影响玩家的体验，因此我们拒绝了所有提案。"[①]动态游戏内置广告公司一直声称广告总能为游戏增加真实感，而真实感总是有吸引力的，但艺电的决定给他们敲响了警钟。即使广告公司能开发出程序性修辞来展示其客户的产品和服务，商业游戏发行商也可能对在游戏中植入这些广告不感兴趣。

　　更重要的是，各类型商业游戏为市面上各种产品和服务提供的机会有限。随着《模拟人生》退出广告市场，其他流行的商业游戏很少描绘日常家庭场景，但这是植入以消费者为导向的包装商品唯一合理的广告环境，而大量的消费者广告信息是关于这些商品的。像《细胞分裂2：明日潘多拉》这样的可转移场景可能并不总是可行或合适的。电子游戏发行商和消费者可能无法容忍商业游戏中过多的产品植入。预计随着 Xbox 360 和 PlayStation 3 平台上开发 AAA 级主机游戏的成本翻倍，即使是要价七位数的广告植入也未必能抵销足够多的开发成本，使投放合理化。尽管商业游戏中的程序化产品代表了广告在游戏中的一种有趣应用，但目前这一领域

---

① Jana, "Is That a Video Game—Or an Ad?"

对广告公司和开发者来说都很有限。

一种替代方案应运而生：如果没有适合承载特定产品或服务的电子游戏，公司可以创建一款新的游戏，即广告游戏。不幸的是，自原始的〈kpe〉报告在 2001 年发布以来，这个术语被偏颇地用于仅仅指代像《激浪滑板》《匹配女士》之类的关联性网页游戏。但我理解的广告游戏，是指任何专门为了实现对产品或服务提出主张的程序性修辞而创建的游戏。简而言之，广告游戏是对产品和服务的模拟。

尽管广告游戏看起来很新，它其实有着悠久的历史。20 世纪 70 年代，基于纯文本的大型电脑游戏《星际迷航》（*Star Trek*）很流行，尽管这些游戏未获授权，可能被归类到计算机版的同人小说更恰当。[①] 第一个改编自电影的游戏是 1976 年的《死亡飞车》（*Death Race*）——这个颇具争议的街机游戏灵感来源是 1975 年的电影《死亡飞车 2000》（见图 7.1）。[②] 但我能找到的最早获得授权并用于推广产品的游戏，是 1976 年的街机游戏《午夜车手》（*Datsun 280 Zzzap*）。这是一款伪 3D 驾驶游戏，与雅达利更流行的《夜行车手》（*Night Driver*）风格相同（见图 7.2）。[③] 将《午夜车手》称为广告游戏

[①] 关于同人小说历史的更多内容，包括对《星际迷航》的大量讨论，参见 Henry Jenkins, *Textual Poachers: Television Fans and Participatory Culture*（London and New York: Routledge, 1992）.

[②] Paul Bartel（dir.）, *Death Race 2000*（New World Pictures, 1975）; Exidy, *Death Race*（Sunnyvale, Calif.: Exidy Systems, 1976）. 这款游戏因针对其暴力内容的投诉，成为第一款被下架的游戏。从当代的视角来看，这是一个令人深思的故事。游戏要求两名玩家尽可能多地碾轧像素化呈现的人群。

[③] Atari, *Night Driver*（Sunnyvale, Calif.: Atari, 1976）, Midway, *Datsun 280 Zzzap*（Chicago: Midway Games, 1976）.《夜行车手》于 1979 年发布 Atari VCS 2600 版本，1982 年发布 Commodore 64 版本。

可能有点牵强，因为游戏的机制与车辆本身并没有必然的联系，只不过是游戏机器上用一辆达特桑280Z跑车的照片进行装饰。还有另一个更不知名的没有品牌标识的游戏版本，被命名为《午夜赛车手》(*Midnight Racer*)并发行。

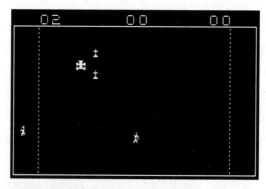

图7.1 受电影《死亡飞车2000》的启发，《死亡飞车》
可能是第一款基于电影的电子游戏

图7.2 尽管车辆本身从未出现在游戏中，但《午夜车
手》是第一款有广告赞助商的电子游戏

到了 20 世纪 80 年代初，品牌对围绕其产品开发游戏的兴趣显著增加。1983 年，包装消费品公司强生（Johnson & Johnson）发布了一款适用于雅达利 2600 的游戏——《牙齿保护者》（*Tooth Protectors*）。[1] 游戏在屏幕底部展示一排牙齿，其上方有一个作为牙齿保护者（简称 T. P.）的玩家角色。一个幽灵般的"零食攻击者"会掉落小颗粒，玩家必须将其弹开（见图 7.3）。击中零食攻击者会获得奖励分数，同时一个新的、技术更熟练的攻击者会取而代之。如果未能挡住颗粒，被击中的牙齿会闪烁（代表蛀牙形成）并最终消失。为了复原闪烁的牙齿，玩家可以通过按操纵杆上的按钮来触发一套完整的牙齿清洁方案，包括刷牙、使用牙线和漱口水清洁。

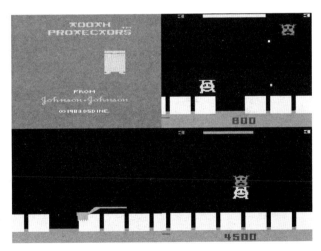

图 7.3　强生推出的这款需要邮购的雅达利 VCS 游戏《牙齿保护者》，并未采用道德说教的方式，而是用逻辑推演阐释保持口腔卫生的重要性

----

[1]　DSD/Camelot, *Tooth Protectors*（New Brunswick, N.J.: Johnson and Johnson, 1983）.

考虑到平台的限制，《牙齿保护者》的设计已经相当复杂。游戏并未让玩家直接控制牙刷、牙线和漱口水——这些强生公司实际生产和销售的产品——而是让玩家掌控口腔卫生情况本身。这里的程序性修辞虽然简单，但非常有效：它呈现了饮食和口腔卫生之间的因果关系。零食颗粒代表不健康的食物，而玩家通过弹开它们（相当于拒绝吃它们）来获得分数。不可避免地，一些零食会绕过牙齿保护者。吃零食并不是世界末日，但当同一颗牙齿和零食颗粒发生三次碰撞后，就会引起蛀牙。玩家拥有的清洁牙齿次数有限，但必须使用它们来挽救蛀牙。达到一定的积分阈值时，玩家会获得额外的清洁次数，相当于游戏中的额外生命。

《牙齿保护者》是一款关于口腔卫生责任的游戏。游戏规则强化了吃零食和蛀牙之间的因果关系，游戏积分机制奖励玩家放弃含糖零食。不过，规则也没有将吃零食视作失败，而是天性。就像玩家不可能弹开每一个零食颗粒一样，孩子也不可能拒绝吃每一份零食。在某些情况下，玩家可能会无意中以一个奇怪的角度反弹颗粒，导致它击中邻近的牙齿。这种针对零食诱惑呈现的程序性表征，是在考虑到雅达利2600硬件限制的基础上相当巧妙的改编。清洁过程本身也强化了时间持续性的程序性修辞：游戏里清洁牙齿的动画相当耗时，持续约15秒。玩家不能跳过这个过场动画，就像孩子不应该缩短刷牙的时间一样。

强生通过《牙齿保护者》成功地引导玩家——在时代背景下很可能是儿童——将牙齿护理视为一个逻辑体系，而非道德说教。就像如厕训练和过马路前要左右看看一样，口腔卫生通常作为一个对错问题强加给儿童：如果你这样做，你就是一个好孩子；如果你不这样做，你就是一个坏孩子。《牙齿保护者》打破了这种模糊且教条的关系，取而代之的是一种理性的关系，并通过游戏的程序性修辞来传递这一理念。

诚然，这款游戏可以与任何制造商挂钩。不过游戏手册解释说，T. P. 是用伸出的牙线弹开零食颗粒（这一细节没有呈现在雅达利的图形画面中，留给玩家想象空间），而牙线正是强生的标志性产品。游戏手册中也展示了强生品牌的口腔卫生产品图片，包括牙刷、牙线和含氟漱口水。但最重要的是，《牙齿保护者》只能通过强生公司直接邮购。玩家必须从强生产品中收集通用产品代码（简称 UPC），并将它们邮寄过去才能获得这款游戏。[1] 在这个例子里，获得电子游戏的承诺充当了广告和直接购买的激励。而游戏本身，则将这种自上而下的成人行为转化成面对面的、按照孩子的方式通过家用游戏机进行的正经对话。

普瑞纳（Ralston-Purina）公司尝试了相同的邮购策略，在同一年针对雅达利 2600 推出了《追逐马车》（*Chase the Chuck Wagon*）。遗憾的是，这款游戏没有给人留下深刻印象。作为早期的电子游戏广告，它既缺乏娱乐性，也没有特别的吸引力。玩家必须控制一只狗穿过迷宫，到达带有熟悉的普瑞纳（Purina）品牌标志的马车，同时避开捕狗人和在游戏场景中弹来弹去的不知名怪异物体（见图 7.4）。这款游戏与《可乐小子》的相似之处多于《牙齿保护者》。这或许是想让孩子们催促父母购买普瑞纳品牌狗粮以获得电子游戏的一次尝试，但它没有传递出像《牙齿保护者》那样有趣的社会性广告信息。

---

[1] 因此，《牙齿保护者》是一款极其稀有的游戏，备受收藏家们的追捧。

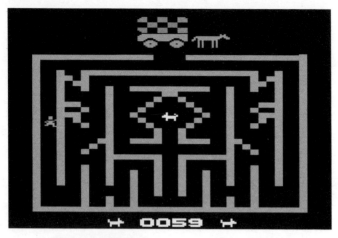

图 7.4 普瑞纳的《追逐马车》是现在其公司网站上联想性广告游戏的前身

由于《牙齿保护者》和《追逐马车》都没有零售渠道，因此它们非常罕见，受到收藏家们的追捧。《追逐马车》是更为人熟知的，也是更受欢迎的一个。[①] 虽然书中没有提到它的名字，但有人认为《追逐马车》就是 D. B. 威斯（D. B. Weiss）2003 年所著小说《幸运的流浪男孩》（*Lucky Wander Boy*）中主人公所寻找的不为人知的游戏。[②] 它们的稀有性反映了这两款游戏有限的接受度。尤其是《追逐马车》，它为品牌赞助的广告游戏提供了一个警示：拥有一款电子游戏的新鲜感可能会超越利用媒介的独特属性进行广告宣传的目的。

无论质量如何，开发一款雅达利 2600 游戏都不容易。硬件系统复杂，相关记录也被严密保存。第三方开发者需要

---

① 示例参见 http://www.atariage.com/software_page.html?SoftwareLabelID= 76/.

② D. B. Weiss，*Lucky Wander Boy*（New York：Plume，2003）.

通过逆向工程来弄清楚如何进行编程。尽管大多数现代在线广告游戏都是用高级语言编写的，雅达利2600游戏不一样——它是用汇编语言进行编写的。游戏卡需要被生产出来，然后通过邮寄或零售渠道进行分销（而商店里的货架空间总是有限的）。但是，自20世纪90年代中期以来，Macromedia公司的Flash（Adobe Flash的前身）和Shockwave多媒体播放器的出现，使简单游戏的开发变得容易。万维网的普及，也让分销变得更加便捷。大量广告游戏被广告公司和互动机构开发出来。

这些广告游戏中的许多像Postopia或Kewlbox网站上的游戏一样，运用说明性或联想性广告策略。但也有一些游戏采取了不同的策略，用电子游戏来模拟产品或服务的互动体验，从而为消费者提供将这些产品当作潜在需求和欲望来审视的机会。

2005年，刀具、剪刀和园艺工具公司菲时卡（Fiskars）发布了一个名为《菲时卡修剪大赛》（*Fiskars Prune to Win*）[1]的广告游戏和促销活动。这个游戏很简单：玩家必须修剪夏季不断疯长的草木，以防后院变得太过杂乱无章。为此，玩家需要正确使用四种菲时卡工具：杆型修剪器、绿篱剪、修枝剪和修枝器。不同的植物要用不同的工具：绿篱剪是用来修篱笆的，而不是树木；修枝器用于灌木，而不是花朵。游戏的操作简单，或许稍显过度重复，但在强调特定园艺操作所需的正确工具方面非常有效。

菲时卡希望消费者购买全部四种产品，这些产品对于任

---

[1] Singularity Design, *Fiskars Prune to Win* (Madison, Wisc.: Fiskars Brands, 2005).

何自诩专业的家庭园丁来说都"显然"是必需的。但游戏以一种不同于平面广告或电视广告的方式呈现这一点：玩家按顺序重复操纵每种工具，以初步了解游戏的程序性修辞，即菲时卡声称"每种工具对特定园艺工作都是必要的"的主张。在游戏的初始阶段，玩家专注于学习工具与植物类型之间的对应关系。完成这个过程后，玩家可能会开始将游戏中的庭院和自己现实中的院子联系起来。两者有什么相似之处？我需要担心玫瑰花丛吗？那些高大的灌木丛是我这边的还是邻居那边的？当玩家离开游戏后，就能理解菲时卡的立场（"我们生产专业的园艺工具，这些就是"），还有他自己的立场（"有些园艺工作是我关心的，有些则不是"）。品牌声称所有的工具都是必需的，游戏的评分系统严格执行这一主张；而现实中最有可能发生的是，顾客在给定选项的情况下选择其中一到两种最符合自己需求的工具。这个游戏就是这两者之间的一种调和手段。

相比之下，葛兰素史克（Glaxo Smith Kline，简称 GSK）在《舒适达食品挑战赛》（*Sensodyne Food Fear Challenge*）中让玩家在多种产品中进行选择。[①] 舒适达（Sensodyne）是一款专为牙齿敏感的人设计的牙膏。而"食品挑战赛"也是一个现实世界中的活动，让那些颌部疼痛的人有机会参加饮食比赛：吃潜在诱因食物、现场咨询牙科专家、参加其他嘉年华式的活动。游戏的主题是拳击，玩家要对抗咖啡杀手（Killer Cup of Joe）、冰激凌凯莉（Ice Cream Kelly）和柑橘挤压者（The Citrus Squeeze）这三个对手中的一个，以守护一颗牙齿。

---

① Sensodyne, *Sensodyne Food Fear Challenge*（Philadelphia：GlaxoSmithKline, 2005）.

游戏要求玩家从八种舒适达产品中选一个作为"防御"手段，但这似乎只是在屏幕上列出产品特性的借口——它们在实际游戏中并没有模拟呈现出不同的效果。

《牙齿保护者》和《菲时卡修剪大赛》实现了最常见的消费者认知，这种认知可以轻松应用到任何品牌冠名产品上。在这种情况下，其他因素（例如菲时卡优质产品的声誉）需要发挥作用以影响人们的购买决策。想要理解广告游戏的潜力，就要明白闭环购买决策并不重要。更重要的是，游戏是否成功地创造了一个开放空间，让玩家能在其中通过一种模拟具身体验来思考卖家对其产品的主张。可以对比一下菲时卡游戏和为了宣传奥斯卡金像奖提名纪录片《超码的我》DVD 发行而制作的网页游戏。[1] 这款名为《汉堡人》（*Burger Man*）的游戏是经典街机游戏《吃豆人》的直接克隆。[2] 只是把主角换成了可爱的、扁平像素化的导演摩根·斯普尔洛克的形象。幽灵被替换为发福的麦当劳叔叔，豆子变成了汉堡，能量药丸变成了胡萝卜。游戏玩法与《吃豆人》完全相同：玩家必须清空棋盘，躲避麦当劳叔叔，或者使用胡萝卜暂时获得力量反转。

《汉堡人》与它所宣传的电影形成了鲜明对比。《超码的我》是一部深入探讨快餐饮食短期和长期影响的个人探究之作。用这位电影人的话来说，影片"探讨了学校可怖的午餐项目、下降的健康水平和体育课程数量、食物成瘾以及人们为减肥和恢复健康所采取的极端措施"[3]。作为一种宣传工具，

---

① Spurlock，*Super Size Me.*

② Namco，*Pac-Man*；SuperSizeMe.com，*Burger Man*（New York：The Con，2004）.

③ 参见 http://www.supersizeme.com/home.aspx?page=aboutmovie/.

这款网页游戏本可以像斯普尔洛克在纪录片中所做的那样，再现这一社会和政治空间，要求玩家做出最基本的饮食和生活方式选择，并揭示公共项目的陷阱、贫困问题甚至是大量消费快餐对健康的影响。这样一款游戏本可以向玩家介绍电影中所探讨的程序性修辞，即快餐是当代美国肥胖问题不可忽视的关键因素之一。但是实际的《汉堡人》游戏成品，不过证明了制片方能够成功制作（或者更有可能是外包完成）一款制作精良的电子游戏。

在某些情况下，制作精良这一点本身就可以作为一种示范性广告策略。在 2000 年互联网泡沫破裂之前，互动机构经常制作展示品来自我宣传，作品通常以网络或邮件传播的节日贺卡形式呈现。经济开始复苏之后，这种做法再次兴起。2005 年 12 月，老牌互动代理机构 Agency.com 推出了《代理商打雪仗》（*Agency.com Snowball Fight*，简称《打雪仗》）。[①] 游戏以俏皮的方式讽刺了互动代理商与客户的关系。玩家可以选择代理机构员工或客户角色，每个角色都以相应的卡通漫画形象来呈现。玩家随后与对手在一场打雪仗中竞赛，背景设定在 Agency.com 办公室所在城市的风格化雪景当中。《打雪仗》是一个元广告游戏（meta-advergame），它所探讨的服务就是 Agency.com 自身制作广告游戏的能力，进而延展到其他富媒体、网络传播的服务。玩家——大概率是该机构的现有、过去或潜在客户——通过玩这款游戏，试水未来是否能与机构开展合作。

也许在基于网络的广告游戏中，最复杂的程序性修辞甚

---

① Agency.com, *Agency.com Snowball Fight*（New York：Agency.com, 2005）.

至不会使用熟悉的 Flash 或 Shockwave 技术，更不用说更复杂的 3D 浏览器插件了。加班到深夜、疲惫不堪的上班族，在寻找片刻放松时，可能偶尔会茫然地盯着电脑屏幕。《现成》（Ready Made）杂志主编肖莎娜·伯杰（Shoshana Berger）就遇到过这种情况。她受够了被杂志截稿日期搞得筋疲力尽，还要处理逾期的办公室装修项目，想要休息一下。盯着面前空白的谷歌主页，她心不在焉地输入"逃离"一词，然后点击了一下页面上那个"我感觉手气不错"按钮。

结果跳出来一个神秘且抽象的游戏。它附带一行指令："单击并拖动红色方块，尽可能久地躲避蓝色方块。"游戏是用 Javascript 编程的。玩家持续移动一个红色方块，直至被移动的蓝色方块击中。这时游戏会弹出一个对话框，显示玩家坚持的秒数（见图 7.5）。游戏下方的超链接将玩家引向爱尔兰山地自行车（Mountain Bike Ireland）的网站。很显然，它赞助或开发了这款游戏。[1]

珍妮特·默里认为，经典益智游戏《俄罗斯方块》是"20世纪 90 年代美国人繁重生活的完美缩影——不断轰炸的任务不仅需要我们时刻关注，还必须以某种方式将其塞入我们已经过度拥挤的日程表中，并为下一轮不期而至的繁重工作腾出空间"[2]。与默里的观点类似，这款《桃源》（Escape）游戏将其希望消解的那种人们难以言说的感觉具象化了。游戏不

---

[1] 该游戏可以在如下网站访问：http://www.mtbireland.com/dodge.html/. 爱尔兰山地自行车的网站：http://www.mtbireland.com/. 截至 2006 年初，游戏页面与伯杰（以及我）初次浏览时已大不相同：现在的页面增加了横幅广告和一些游戏评论，而指向爱尔兰山地自行车的直接链接已被删除，显著改变了用户体验。

[2] Murray, *Hamlet on the Holodeck*，143-144.

仅将办公室工作的焦虑程序化，甚至找到这款游戏的唯一方式，需要玩家自己主动送上门，在搜索引擎里字面意义上地"寻找世外桃源"。一款关于周末逃离忙碌生活去进行山地自行车骑行的传统广告游戏，可能会让你在现实生活中骑上车穿山越岭。那会成就另一个极限运动游戏，另一则联想性广告。但这款游戏做得更好：它首先让玩家意识到日常的烦恼是如何引发这种需求的，然后通过搜索引擎优化功能将游戏传递到那些可能正遭受这些困扰的人手中。游戏不仅构建了一种关于沉重压迫感的程序性修辞，还实际上将这种修辞里外翻转，将游戏包裹进揭示它的体验之中。

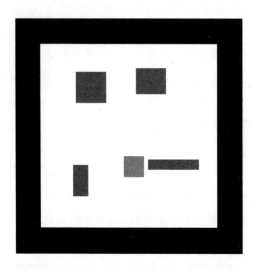

Click and drag the red block, avoiding all the blue blocks as long as you can.

Welcome to the dodge game. Author is unknown. See how long you can avoid the blue squares. This must be one of the most addictive games that has done the rounds on the net. So simple yet so clever.

**图7.5 《桃源》这款抽象的网页游戏所带来的片刻沉迷，
恰恰就是赞助商提供的片刻放松**

同样的程序系统运用在麦当劳不同寻常的广告游戏《鲨鱼诱饵》（*Shark Bait*）中，却显得说服力不足。[1]《鲨鱼诱饵》在基督教四旬期开始前推出，旨在"提醒玩家麦香鱼汉堡全年都供应"[2]。游戏用一个麦香鱼汉堡和游来游去的鲨鱼对经典逃脱游戏进行重新包装。玩家必须尽可能长时间地让汉堡远离鲨鱼。规则是相同的，但环境发生了根本性的变化，这款电子游戏不再模拟与其所宣传产品相关的任何一个过程。

许多小型广告游戏受到预算的限制，且只拥有进行网页发布的专业知识，因此局限于网页端运行游戏的技术。但是有些公司拥有必要的财力和物力来赞助更大型的定制游戏。这些游戏通常运用比网页游戏更复杂的程序性修辞。这并不是因为后者的能力生来较差，而是因为前者（必然）是由专业游戏开发商而不是广告公司设计开发的。一个值得注意的例子是汽车制造商沃尔沃（Volvo）与微软合作开发的《沃尔沃驾驶人生》（*Volvo Drive for Life*）。[3] 这款游戏允许玩家在公司的哥德堡测试赛道上模拟驾驶三款沃尔沃汽车，并可以选择启用或禁用安全功能。据报道，沃尔沃一共制作了十万份可以在 Xbox 家用游戏机上运行的拷贝[4]，并计划在车展和经销商展厅免费发放。

沃尔沃选择的汽车市场推广策略导致其面临许多困难。该公司主要以其安全性能闻名，但这样的特点在试驾中永远

---

[1] Moroch Partners，*Shark Bait*（Oak Brook，Ill.：McDonald's，2006）.

[2] 来自 AdLand 的评论，见 http://ad-rag.com/127922.php/.

[3] Microsoft，*Volvo Drive for Life*（Göthenberg，Sweden：Volvo，2005）.

[4] Stuart Elliott，"Grand Theft Auto? No，Make Mine Volvo，" *New York Times*，November 11，2005.

无法真正得到展示。公司试过展示碰撞测试视频，也曾讲述关于其车辆如何拯救生命的惊险故事，但所有这些策略都依赖口语或视觉修辞。它们引用过往案例，并试图通过扣人心弦（有时带有刻意操纵之嫌）的故事对所有品牌汽车实现可信的泛化概括。[①]

《沃尔沃驾驶人生》采用了不同的策略。通过模拟安全功能，然后将其从体验中移除，玩家可以自行估量沃尔沃所声称的机械创新与实际安全改进之间的关联。模拟的物理准确性在这里并不是主要问题；游戏的目的并非精准模拟车辆在所有情况下的实际反应。相反，游戏为玩家（和潜在的沃尔沃买家）提供了一个主观空间，以便他们能够以探究的心态去体验。《沃尔沃驾驶人生》通过程序性修辞展示机械创新的结果，论证防翻滚稳定和前端碰撞减震这样的功能能够提供切实的安全保障。

在玩家亲身体验过沃尔沃关于其车辆机械性能的主张后，游戏将玩家带入三个真实世界赛道的模拟场景试驾，即太平洋海岸公路、意大利大奖赛赛车道和通往瑞典尤卡斯耶尔维冰雪酒店的道路。游戏在这个板块中包含了交通拥堵和其他障碍，为玩家提供第二个参考点：交通安全。哥德堡测试赛道展示了车辆在安全方面的作用，而这三条车道则展示驾驶员的作用。与《跑车浪漫旅》等以竞速为目标的游戏，或《倦怠大师》（Burnout）等以制造尽可能多的冲撞与破坏为目标的游戏不同，《沃尔沃驾驶人生》的目标是遍历那些有

---

① 譬如，沃尔沃在其网站上设立了一个"Volvo Saved My Life Club"图片库，见 http://www.volvocars.us/_Tier2/WhyVolvo/Safety/Volvo_Saved_My_Life_Club_Photo_Album.htm.

关汽车行驶的平凡现实。

对车辆能力的程序性表征与玩家自身的注意力、反应能力和驾驶习惯交织在一起。沃尔沃认为，机械安全装置与驾驶员对车辆的使用或滥用密切相关。安全的最佳保障是从源头避免事故发生。这是一句耳熟能详的格言，甚至可能是陈词滥调。但是口语化论证（"避免事故的最好方法是永远不要发生事故"）和程序性论证（人类控制和车辆机械系统交汇的个性化体验）之间的区别值得注意。口语化论证趋向于道德说教，对特定风险几乎没有提供有意义的见解。而程序性论证则允许驾驶者的个体倾向与可能抵消这些倾向的机械特性产生共鸣。作为一则广告，《沃尔沃驾驶人生》对安全、设备和个人责任之间的真实关系提出了更为审慎的陈述。

并非所有汽车功能都与驾驶有关。许多广告公司试图用性能或豪华功能吸引买家，但对许多买家（尤其是家庭）来说，更普通但实用的譬如储物空间、座椅布局之类的功能，才是其首先要考虑的因素。电视广告经常将这些功能理想化，展示家庭成员轻松地将可移动的座椅挪来挪去，或者见证家具神奇地自行整齐排列进停驻的汽车后备箱里，就好像车辆标配了一个魔法师。这些广告通常属于说明性或联想性广告。它们记录功能或关联某种生活方式，目的是推动消费者进入购买流程的下一步，例如索取宣传册或者去经销商那里看一看。广告公司有时将这种称为"引起注意"策略。

但这种策略有可能妨碍在真正的需求和产品功能之间建立实际关系，取而代之的是对需求的感知（perception）的模拟关系。这种感知往往会取代消费者的深思熟虑。朱迪思·威廉姆森（Judith Williamson）将这种对需求的感知与广告中缺口的产生联系起来："我们被邀请将自己置身于这个'剪裁'出的空间；从而重新演绎我们进入象征界（the Symbolic）的过程。"[①] 威廉姆森所说的象征界，指的是精神分析学家雅克·拉康（Jacques Lacan）主张的主体形成过程中进入语言的特有阶段。广告给人一种自由的幻觉，但随后又让观众陷入既定的结论中。威廉姆森认为，广告诱使观众进入这个空间，像吸尘器把空气从高压区吸入低压区一样填补进"剪裁"区域的空缺里。[②] 在这些广告情境中，对需求的感知与自认为满足受众需求的职责是可以互换的。有趣的是，威廉姆森所说的缺口与修辞学中的省略三段论有着惊人的相似之处。威廉姆森阐述的不同之处类似于 J. 安东尼·布莱尔对视觉论证的反对意见：广告并没有与观众直接进行辩证对话，而是操纵观众在不知情的情况下提供缺失的前提，参与到某个观点的论证中。

在许多情况下，广告并不回避这一指控。"渴求式"广告作为联想性广告的一个分支，倚仗的是消费者明知产品和服务并不能满足他们的需求，而只是他们希望是需求的东西。前面讨论的耐克《Shox 大灌篮》（Rock Shox）游戏就依赖于这种策略：假如玩家是一名世界级运动员，那么装备的微调可能会产生重大差异。本田在《极限滑雪 3》中的植入也遵循了这个逻辑：仅仅是想要拥有滑雪板运动员的生活方式一条，就足以构成买这款本田元素车型的理由。在制造商看来，

① Judith Williamson，*Decoding Advertisements: Ideology and Meaning in Advertising*（London：Marion Boyers，1978；reprint，2002），75.

② Judith Williamson，*Decoding Advertisements: Ideology and Meaning in Advertising*（London：Marion Boyers，1978；reprint，2002），77.

买家在购买前无须评估或质疑这些感受。

　　然而，广告游戏也有可能瓦解这种需求感知的真空。以戴姆勒克莱斯勒（DaimlerChrysler）最近在其克莱斯勒（Chrysler）和道奇（Dodge）小型货车中内置的"Stow'n Go"（巧易收）功能为例。巧易收是一种座椅解决方案，允许车主将第二排和第三排座椅完全折叠收纳到底板内，而不需要将它们拆下来存放在车库里。当座椅在正常的直立位置展开时，原本用于收纳座椅的隔间可以放置其他物品，如杂货或货物。巧易收是一个典型的例子：传统广告和经销商试驾都无法充分展示这一功能。电视广告呈现出的只是像魔法师般在三十秒内神奇地安排好车辆和生活。而经销商的试驾仅提供对这一功能的简化体验，抛开了所有实际使用场景。

　　2005 年，戴姆勒委托 Wild Tangent 游戏公司开发一款游戏来应对这一挑战。《道奇巧易收挑战》（*Dodge Stow'n Go Challenge*）看起来构思得很好：用电子游戏以更有意义的方式模拟巧易收座椅。[①] 游戏翔实地呈现了一个三维的购物中心场景，并要求玩家在几家商店中选择一家进行购物。有趣的是，其中一家是万能卫浴寝具公司（Bed Bath & Beyond）的品牌商店——这是游戏内置广告植入的一个例子，一种相当反常的"近亲繁殖"。玩家挑出与所选商店相匹配的产品，游戏随后将其转化为抽象的几何形状。玩家需要将这些形状像放俄罗斯方块一样放入小型货车俯视图的网格中。

　　遗憾的是，联想性广告的"幽灵"萦绕着这款游戏。开发者显然意识到，传统小型货车买家与休闲游戏市场的大部

[①]　WildTangent，*Dodge Stow'n Go Challenge*（Detroit，Mich.：DaimlerChrysler Corporation，2005）.

分玩家同属"足球妈妈"群体。因此，一个将产品功能具体化的机会就被放弃了，取而代之的是一种元联想广告。该广告仅仅是将小型货车展示在潜在买家面前。事实上，考虑到游戏对系统的最低要求，包括 3D 加速显卡、DirectX 8.1 软件和 128MB RAM 内存，这款游戏可能甚至没有达到这一目标。[1] 更过分的是，游戏将购物作为巧易收的唯一适用场景。孩子们的足球比赛、家庭野餐、跳蚤市场之旅和送孩子去大学宿舍等场景，都被排除在小型货车的生活方式之外。显然，储物就只意味着存放新购得的物品。

《道奇巧易收挑战》可以与一款类似的游戏进行比较。这款游戏由戴姆勒克莱斯勒旗下的吉普品牌委托我的工作室进行设计和开发。吉普推出了新的指挥官（Commander）系列，这是品牌第一款配备第三排座椅的卡车车型。虽然这款车没有配备巧易收功能，但它确实运用了相同的广告宣传：您需要三排可调节的座椅来接送家人、装载货物。我们开发的游戏《极限差事》（Xtreme Errands）试图证明可调节座椅不仅增加了感知层面的产品价值，还增加了功能性的实用价值。[2]这是一款策略游戏，借鉴回合制单位管理的战争游戏惯例，如《高级战争》（Advance Wars）。[3] 每个关卡都有一个主题，每个回合玩家都可以接送家庭成员、移动车辆或重新配置其座位，以及装卸货物（见图 7.6）。

---

[1] 参见 http://chrysler.homefieldgames.com/chryslersng/htdocs/stowngo.aspx/.

[2] Persuasive Games，*Xtreme Errands*（Detroit，Mich.：DaimlerChrysler，2005）.

[3] Intelligent Systems Co.，*Advance Wars*（Redmond，Wash.：Nintendo of America，2001）.

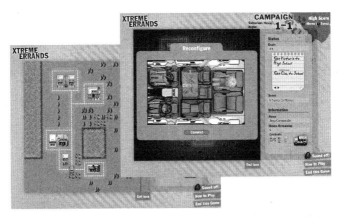

图7.6 《极限差事》提供关于三座SUV如何帮助家庭完成日常任务的程序性表征

　　《道奇巧易收挑战》通过抽象空间的程序化配置来展示可折叠座椅，而《极限差事》的运行则针对有限的时间和资源调度，这个军事指挥官和忙碌的家庭共同面临的问题。尽管戴姆勒克莱斯勒要求各关卡支持滑雪和露营等"吉普生活方式"活动，但这些活动从未在游戏中实际展示过。事实上，游戏漫不经心的标题削弱了生活方式活动的概念。相反，玩家需要送衣服去干洗店、接送孩子、购买杂货，并在比赛日接送整个足球队。游戏挑战玩家以尽可能少的移动和回合来完成这些任务，但玩家并不是非要这样做。游戏真正的目标是尝试准确再现车辆的载货和乘客空间。

　　《极限差事》的程序性修辞表明，指挥官系列配置的灵活座椅和存储功能与某些家庭的日常行动相得益彰。游戏为潜在买家提供了一个沙盒，让他们测试这一主张并反思其在自己生活中的适用性。如果我们像威廉姆森所建议的那样，将广告视为一个留给观众的"剪裁"空间，而不是被吸进这个空间，那么广告会承认这一点，并欢迎玩家拒绝它、接受它或进一步解读它。在这里，游戏规则和玩家主观性之间的空间，是一个程序性省略三段论——我将其称为"模拟的缺口"。与这个缺口的互动，创造了一种危机情境，一种模拟热症。[①]承认这种状况的广告游戏，代表了在广告领域的重大社会进步：玩游戏等同于向着潜在消费者发起挑战，让他们实验一下如果拥有相应产品，可能会如何使用它。

软饮和啤酒

为了进一步说明电子游戏从说明性和联想性广告到示范性广告的转变，我想探讨一个特定的细分市场——饮料行业——的演变，该行业资助和制作游戏至少已有 25 年的历史。

饮料行业是一个独特且竞争激烈的行业。美国饮料协会的数据显示，仅非酒精饮料的年销售额就接近 1000 亿美元。[②]数十个品牌争夺帮助顾客解渴补水的机会，以及更抽象的"提神"的机会。与许多消费品不同，酒精饮料和软饮料产品之间的差异化非常有限。可口可乐和百事可乐、达萨尼（Dasani）或阿夸菲纳（Aquafina）矿泉水、维尔诺斯（Vernors）与 Canada Dry 干姜汽水之间的差异很难有办法展现出来。看起来，区分一种软饮料与另一种的唯一方法，是根据个人偏好。

---

① Bogost，*Unit Operations*，134-135.

② 参见 http://www.ameribev.org/about/industrybasics.asp/. 可口可乐内部用"TLI"这一缩写的故事或并未得到证实，但是该术语似乎已然在业内得到普遍使用。

虽然无法被决定，但个人偏好可以受影响。因此，饮料制造商传统上将联想性和说明性广告当作主要策略。

考虑到这一细分市场的巨大规模，软饮公司赞助了市面上最早一批家用游戏机广告游戏中的一款这件事，也就不足为奇了。1983年，通用食品公司（General Foods）面向雅达利2600和美泰Intellivision家用游戏机系统推出了《酷爱饮料人》。[①] 虽然这款游戏可以在零售店购买，但就像《牙齿保护者》和《追逐马车》一样，消费者也可以通过邮购获得该游戏。根据广告传单显示，酷爱（Kool-Aid）饮料的顾客需要凭借寄送购买饮料凭证获得与所购产品数量相当的积分，攒到30点积分再加10美元，或者直接攒够125点积分，都可以得到该游戏。[②]

抛开琼斯镇惨案[③] 不谈，酷爱饮料以前和现在都主要是一种儿童饮料。[④] 通用食品公司使用了许多流行文化策略，试图让孩子们说服父母购买酷爱饮料，其中包括1983年到1989年一共出版了6期的漫画书——《酷爱饮料人历险记》（*The Adventures of Kool-Aid Man*）。由于酷爱饮料人作为一种跨媒介

---

① M Network，*Kool-Aid Man*（Hawthorne，Calif.：Mattel Electronics，1983）.

② 该传单既用于店内促销，也作为印刷广告使用。我拥有的版本，是一份来自漫画书《神奇四侠》（*The Fantastic Four*）的整版广告。

③ 琼斯镇惨案是发生在美国的一起历史事件。在该事件中，"人民圣殿教"成员喝下了混入毒药的冲调果汁饮料集体自杀。因此，酷爱饮料在美国文化中时而会因为该事件而被用作特殊的含义："喝酷爱"被等同于"盲目听从他人指示而误入歧途"。本书作者在该段落伊始所写的内容，即"抛开酷爱饮料的这层特殊文化历史背景下的含义不谈"。——译者注

④ 尽管关于"人民圣殿教"成员所服毒药的猜测不断，历史学家对其成员用来送服氰化钾的葡萄味饮料究竟是酷爱饮料、Flavorade还是其他糖粉混合类饮料仍存在分歧。

现象的成功，通用食品公司力图利用任何可能有助于交叉推广这一角色和产品的媒介。雅达利版本沿用了广告、漫画书和电视广告中描绘的一个持续主题：酷爱饮料人与邪恶"口渴怪"之间的对抗，这些身上带刺的精怪式生物有着永不满足的渴症。在游戏中，玩家帮助酷爱饮料人挫败口渴怪从游泳池中偷水的企图，同时收集酷爱饮料的成分——"S"代表糖，"W"代表水，"K"代表酷爱饮料——以阻止口渴怪对原本美好的田园风情夏日后院的不断攻击（见图 7.7）。美泰 Intellivision的版本稍有不同。在这个版本里，玩家需要搜索一栋房子，找到必要的装备和材料（水壶、混合饮料粉、糖）来制造更多的酷爱饮料，同时躲避口渴怪。一旦玩家制作好一批酷爱饮料，角色就会反转，他可以像吃豆人一样追逐和吞噬口渴怪。[①]

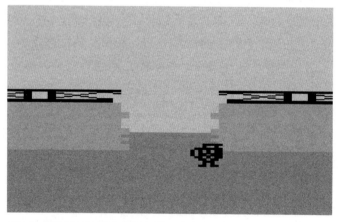

图 7.7　雅达利 VCS 游戏《酷爱饮料人》是最早的广告游戏之一

[①] 为两款主机开发完全不同的游戏是非常罕见的。美泰的工程师主张利用每个平台的优势设计不同版本，而其营销人员则希望保持跨平台一致性。最终营销人员胜出。后来的美泰游戏以及当代的游戏都致力于在众多平台上实现相同的游戏体验。

这里采用的主要是一种"勒索式"广告策略。125包酷爱饮料粉足以制作62.5加仑的饮料。[①]这就意味着为了换取足够多的积分以得到游戏，必须连续几个月大量饮用酷爱饮料。随着时间的推移，这个任务变得越来越困难，父母对此的支持与含糖饮料的消费量成反比。与《道奇巧易收挑战》和高洁丝品牌的《匹配女士》一样，这款电子游戏主要是为了向特定人群展示产品。

然而，游戏中确实出现了一个示范性信息：酷爱饮料本身的制作方法。这款饮料确实好似有一种魔力。其发明者埃德温·帕金斯（Edwin Perkins）的灵感来自他自己童年时对 Jell-O 这种粉末制成的甜点果冻的好奇。受到果冻粉的启发，帕金斯开发出酷爱饮料，解决了运输玻璃瓶装浓缩饮料的问题。尽管制作方法很简单，但酷爱饮料对年幼的孩子来说仍然是一个谜。不知何故，那一小包淡色粉末摇身一变成了一壶甜美的鲜红色饮料。尽管非常粗糙，但雅达利和 Intellivision 版的《酷爱饮料人》都提供了关于实际制作饮料的说明。就像用《海洋世界冒险乐园大亨》揭示主题公园的战略运营一样，《酷爱饮料人》揭示了准备酷爱饮料的操作流程，包括承认其成分里包括几乎等量的糖和水。虽然仅凭这一事实并不能改变饮食习惯，但它的确为讨论糖在当代包装食品中的作用打开了大门。也许在通过《酷爱饮料人》学习如何调配酷爱饮料之后，孩子可能会有兴趣了解在收集这125份购买凭证时自己摄入了多少糖分：按照包装上的说明配比调制的

---

① 酷爱饮料以成包的粉末状制品售卖，因此品牌为其游戏设定的获取机制中凭借购买凭证获得积分的规定，意味着兑换游戏所需的125积分相当于购买125包酷爱饮料粉。——译者注

话，大约65磅，相当于一个8岁孩子的平均体重。在这里，电子游戏既能支持广告公司的业务，也可以对其进行质疑。

软饮公司继续使用游戏作为渗透年轻人市场的工具，第五章讨论的《激浪滑板》就是一个例证。除了品牌游戏机，可口可乐还特别委托制作了大量基于网页的广告游戏，以支持品牌更多的促销计划。可以想想该公司持续推出的以节日为主题的广告活动，其中电脑绘制的企鹅、北极熊和圣诞老人都喜欢喝可口可乐并且把它当作庆祝节日时不可或缺的一部分。互动广告公司 Perfect Fools 开发的《北欧圣诞》（*Nordic Christmas*）①就是这种营销战役延展到电子游戏的一个例子。这一系列设计巧妙且制作精良的网页游戏，是基于2004年假日季的精灵主题广告开发而成的。游戏中，精灵们将可乐作为一种提神饮料，喝完就可以继续他们顽皮甚至有时淘气的节日娱乐活动。游戏围绕一个竞赛展开，其中包括城堡攀爬、击剑、掷标枪和弹射起跳等项目。

在这些游戏中，除了菜单屏幕上精灵角色手中拿着的可乐，可口可乐几乎无迹可寻。这类广告似乎是联想性的，与大众新甲壳虫系列的平面广告一样，将可口可乐与节日的嬉戏和乐趣联系在一起。不过有趣的是，可口可乐想要利用的联想特征与休闲电子游戏的功能特征恰好对应。可口可乐是关于"享受"和"乐趣"的——这正是玩游戏被认为会带来的感觉。②因此，我们可以将像《北欧圣诞》这样的通用广告游戏视为有关

---

① Perfect Fools，*Coca-Cola Nordic Christmas*（Atlanta，Georgia.：Coca-Cola Company，2004）.（原书正文中在提及该游戏时略了"Coca-Cola"。——译者注）

② 或许正如本书希望证明的那样，这也是不幸的。

产品所创造（或者更准确地说，所促进）的享受的程序性表征。与酒精类似，可口可乐将自己定位为一种社交润滑剂，产生乐趣而不是放纵不羁。电视和平面广告在这方面创造了带有共情的愉悦——让人感觉自己能理解小男孩或北极熊在畅饮可乐时的快乐。不过，像《北欧圣诞》这样的广告游戏即使与可口可乐售卖的甜水无关，也确实具有娱乐性。广告本身已经成为产品，提供了产品示范性主张所暗示的实际享受。

这种倒置可以从两个方面来理解。一方面，我们可以将《北欧圣诞》和其他类似的游戏视为印证了鲍德里亚提出的拟像序列。产品已经被广告取代，现在服务于消费者的是广告而不是产品。另一方面，我们可以将这类游戏看成是产品和为支持产品而制作的广告主张之间不和谐的标志。当我们观看北极熊广告时，熊从雪堤上滑下或滑过结冰的湖面，给我们一种享受的印象。但是当我们玩游戏时，我们无须可口可乐就可以获得真实的享受。这种不协调构成了一个模拟缺口，玩家可以在其中审视可口可乐对其产品的持续主张，以及自己是否愿意接受这些主张。

可口可乐游戏中缺少的是"提神"这一可口可乐广告中常见价值的体现。除了在《激浪滑板》中看到的原型充能道具的技巧，人们可以想象这样一款游戏，其中口渴和提神实际上是游戏玩法的核心。可口可乐并未试图推出这样的游戏，可能表明其声称"提神"的主张缺乏具体性——忽视了恢复活力可以在不同时间以不同形式出现的想法。玩家或许会意识到，可口可乐实际上并不产生特定类型的提神效果，它关心的只有一种：涉及购买其产品的那类效果。事实上，可口可乐的策略已经从赢得新客户转向增加现有客户的购买量。

可口可乐产品（包括达萨尼矿泉水、美汁源果汁及其他非碳酸饮料品牌）现在占全球液体总摄入量（简称 TLI）的 10%，而公司希望继续提高这一比例。①

真正接受了这种示范性挑战的一款广告游戏是《匹克威克下午茶》（*Pickwick Afternoon*），由荷兰知名茶叶公司匹克威克公司为推广新口味茶饮活动而制作。② 匹克威克"午后沉醉"（Afternoon Spirit）是一种由薄荷、洋甘菊和甘草根混合而成的草本茶。这种茶被宣传为适合下午提神的饮品，能够唤醒疲惫的身心，恢复精气神，但不像红茶或咖啡之类的含有咖啡因。这款游戏跟一个小型的网页游戏一样简单：三个年轻人坐在沙发上，随着下午的到来，他们不断打瞌睡。玩家控制一个茶壶，给每个人倒茶帮他们提神。游戏玩法本质上是用滚烫的热茶玩"打地鼠"。

作为一款游戏，可口可乐的《北欧圣诞》显然更为复杂，游戏玩法更加丰富、精致。但我认为，作为一款广告游戏，《匹克威克下午茶》更加成熟。它提供了一种基于游戏的产品体验，实际上传达了有关产品的信息。许多营销人员可能不同意我的观点，引用有关开发和维护品牌价值的证据来反驳我。但是，将可口可乐品牌附到一款没有什么实质信息的高质量游戏上，对广告和游戏都不利。围绕产品构建体验的游戏，则有可能同时成为好的游戏和好的广告，不让其中一种媒介从属于另一种媒介。

---

① Jennifer Privateer，"A Personal Account from Bioneers 2002,"*Natural Products and Organic Food*，January 2003.

② Framfab，bone，and FHV/bbdo，*Pickwick Afternoon*（Utrecht，the Netherlands：Pickwick Tea/Sara Lee International，2005）.

在通用食品将像素化的酷爱饮料壶放进家用游戏机的同一年，游戏公司 Bally/Midway 发布了街机游戏《饮料吧》（*Tapper*）。玩家在游戏中帮助一位手忙脚乱的酒保向要求苛刻且越来越暴躁的顾客们提供服务。[①] 这款游戏在各个方面都独具特色，但它的主要亮点是用啤酒桶龙头取代了常见虚拟按钮的界面设计。水龙头感觉很真实，但操作是简化的：玩家向前推以倒满啤酒，然后向后拉把啤酒送给顾客。啤酒会从柜台滑落到等待的口渴顾客手中；如果没有顾客接住，啤酒就会撞上酒馆的后墙摔碎，导致玩家失去一条生命。游戏描绘了四种酒吧风格，对应四层关卡：西部乡村小酒馆、体育赛事酒吧、朋克俱乐部和太空外星人酒吧。

原始版本的游戏在酒吧墙壁（见图 7.8）、生啤杯和过场式奖励游戏中的罐子上都带有醒目的百威（Budweiser）品牌标志。与《吉野家》和《壹番屋》一样，《饮料吧》让玩家扮演服务员的角色，而不是产品的消费者。但这款游戏让玩家与顾客对抗，顾客的醉酒狂热抹去任何同理心的可能。顾客是对现实中醉醺醺的酒吧常客的讽刺——他们的醉态被程序化渲染成一种无意识的几乎行尸走肉般径直向着水龙头前进的动线。

作为啤酒的广告，这款游戏显得颇为奇特。面对着不断涌来的醉汉，玩家成为唯一清醒未醉的角色。与《酷爱饮料人》一样，该游戏可以理解为一个联想性广告。毕竟，《乓》最初是在酒吧里推出的，而 20 世纪 70 年代街机游戏存在的场景主要都由在酒吧和休息室中玩游戏的年轻人主导。[②] 百威既然会把标志印在杯垫上，或者台球桌上方的吊灯上，那么让品牌

---

① Bally/Midway，*Tapper*（Chicago：Bally/Midway，1983）.

② Atari，*Pong*.

出现在电子游戏里也很合理。不过，这款游戏也可以被解读为一个示范性广告。毕竟，啤酒的其中一个产品功能就是提供醉意，而游戏通过顾客的怒气值简略地将其程序化。不管是在酒吧还是在游戏里，玩家很可能都是真正意义上的醉酒顾客，所以，在酒吧里玩酒吧服务游戏有些许讽刺。百威、承载游戏机的酒吧老板以及 Bally/Midway，都从这个荒唐事件中获利。

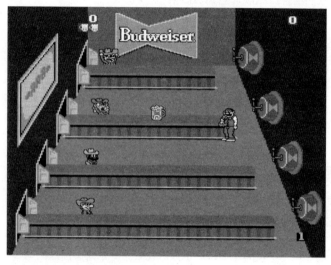

图7.8 《饮料吧》是早期的游戏内置广告案例，把百威啤酒标志当作背景装饰

玩家是如何体验《饮料吧》的？通过跳出自我身份并执行服务员的重复动作，玩家被迫面对百威啤酒行业的现实：醉意影响判断力，恰恰是它能成为社交润滑剂的原因。不过这种影响有时也会无意中促进产业的增长——醉酒者会喝得更醉。《饮料吧》通过其程序性表征和玩家控制的以啤酒桶指代的服务员，把熟悉的消费过程变得陌生化。这种陌生化创造出一个

模拟缺口，让玩家审视自身的饮酒消费行为。百威对这一问题的承认，比起在广告上添加一行小字——"请适度饮酒"——要隐晦得多，但也许这是更有意义的社会服务。有些人可能会反对说，喝醉的酒吧顾客没有这种自我反省的能力。但是，由于醉意而无法控制《饮料吧》里的虚拟酒保，很可能会提醒玩家自己的掌控力正在减弱——这样一个重大信号，其效果不亚于在去厕所的路上磕磕碰碰或者从高脚凳上摔下来。

另一款广告游戏将这种醉酒的跌跌撞撞当成主要的游戏玩法机制。英国饮料制造商碧域（Britvic）生产一种名为 J$_2$O 的软饮料。为了充分解释这个案例，可能需要补充一些文化背景。直到 2005 年底，英国要求所有酒吧在晚上 11 点关门歇业。那些想要喝到更晚的人必须转移到夜总会，舞厅也成了常见的深夜饮酒场所。一旦喝醉，跳舞就会变得更加困难，因此夜猫子们常被建议要适当控制饮酒节奏。当然，水对于越喝越兴奋的夜店客人来说是良药，但碧域希望在这种场合能分一杯羹。J$_2$O 是一种自称"完美软饮缓冲"的饮料。根据碧域的说法，它可以让你在享受这种"成人水果饮料"五种口味中的任何一种的同时，喝酒喝得更多、更久。[①] 为了吸引那些爱好酒精饮料的人，碧域还指出 J$_2$O 是很适合兑酒的饮料。

2003 年，英国的广告公司 Graphico 为推广 J$_2$O 开发了一款广告游戏。这个名为《如厕训练》（*Toilet Training Game*）的游戏让玩家扮演一个需要如厕的醉醺醺的夜店客人。[②] 游戏伊始，玩家会看到一个马桶，两侧站着玩家所饰角色的教

---

① 参见 http://www.britvic.com/retail/Brands/J2O/default.htm.

② Graphico, *J$_2$O Toilet Training Game*（Chelmsford：Britvic, 2003）.（原书正文中在提及该游戏时省略了"*J$_2$O*"。——译者注）

练。① 游戏的主要机制就是排尿，目标是瞄准马桶的中心并避免溅出。每次成功排空膀胱后，玩家就可以再喝一品脱酒。经过几轮饮酒后。准确瞄准变得愈加困难，玩家不可避免地会溅到马桶外（见图 7.9）。随后，玩家必须喝一瓶 J_2O 以缓解醉酒状态并恢复排尿的能力，从而延长派对时光。

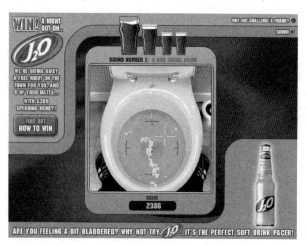

图7.9 《如厕训练》有效地模拟了碧域有关其 J_2O 饮料的主张

这是一个设计巧妙的电子游戏。排尿机制本身就很引人注目。游戏设置了一种奇怪的吸引力，会以愈渐随意的方式吸引和排斥玩家的光标。控制力的丧失易于察觉——这是一个绝佳的展现醉酒后身体和心理失能的单元操作。更重要的是，《如厕训练》是示范性广告游戏的一个绝佳范例。与《饮料吧》对醉酒状态的模拟不同，《如厕训练》专注于一种独特

① 该游戏仅呈现男性视角。尽管玩家在游戏开始时可以通过厕所门上的性别标识进行选择，但女性玩家最终还是被迫以男性角色来玩游戏。

的体验，即解手。J$_2$O 显著的产品功能——缓解醉酒——和一种看似与跳舞、社交或吸引异性无关的活动联系在一起。但无论是参加哪种深夜活动，所有人都必须解决生理需求。而且这种生理需求会把夜店常客和派对参与者从舞池或酒吧的喧嚣中拉走。只有到了安静的厕所里，人们才会完全意识到自己的醉酒程度。就像《饮料吧》再现了假想的酒鬼一样，《如厕训练》再现了玩家在一个模拟的夜晚跟跟跄跄地撞上洗手间隔间的门，开始怀疑导致自己沦落此处的生活方式是否明智。这款游戏可能接近联想性广告的逻辑对立面，是一种将产品与理想生活方式分割开来的广告。J$_2$O 不仅是对夜晚过度放纵的调节，更是对酗酒过度的生活方式本身起到调节作用。

碧域决定在夜店体验中呈现这一关键时刻的行为，为广告游戏在消费文化中发挥积极作用提供了范例。通过在产品的情境中将其实际好处程序化展现，广告挑战玩家去审视他是否真的需要鸡尾酒、啤酒以及广告所宣传的 J$_2$O 本身。通过对产品和服务的程序性表征，广告游戏在示范性广告和具身体验的交汇处发挥了最佳作用。这些游戏形成了关于消费行为的模拟缺口。它们揭示了消费品在进入个人消费者生活时的潜在统一性和不连续性。与朱迪思·威廉姆森笔下"为你提供一种符号的统一，但这种统一只存在于想象"的意识形态装置不同，类似案例中提到的这些广告游戏构建了一个不确定的、并不一定会侵犯个体身份的主观空间。①

在其合著的《宣传时代》（*Age of Propaganda*）中，安东尼·普拉卡尼斯（Anthony Pratkanis）和埃利奥特·阿伦森（Elliot Aronson）研究了一种被他们称为引起注意法（the

---

① Williamson, *Decoding Advertisements*, 65.

pique technique）的顺从策略。[1]二人认为，仅仅激起某人的兴趣或注意就足以触发顺从。在他们的实验中，一个讨要 17 美分或 37 美分的乞讨者，会比讨要 25 美分的乞讨者多获得 60% 的捐款。这种引起注意的情况迫使人们留意请求，而不是将其视为噪声并忽略。目前，广告公司使用引起注意法只是为了将玩家的注意力吸引到他们精心设计的短期信息上，以影响需求和欲望。普拉卡尼斯和阿伦森认为，作为对话的说服——古希腊修辞学中使用的那种——是希望"创造能够阐明当前问题的论述"[2]。他们将这种说服方式与现代媒介进行对比。后者诉诸情感，并发送干扰信息，使我们无法将问题的核心与无关紧要的部分区分开来。[3]电子游戏并不是解决这一问题的灵丹妙药。但是，它们确实提供了一个或许更敏锐的起点：通过部署更复杂的说服性言语，旨在创造而非避免有关产品和服务的不确定性。

反广告游戏

随着媒介图像的增多，对广告的批评也不断增加。在《NO LOGO：颠覆品牌全球统治》（ *No Logo: Taking Aim at the Brand*

[1] Robert B. Cialdini and David A. Schroeder, "Increasing Compliance by Legitimizing Paltry Contributions：When Even a Penny Helps," *Journal of Personality and Social Psychology* 34, no. 4（1976）；Anthony Pratkanis and Elliot Aronson, *Age of Propaganda: The Everyday Use and Abuse of Persuasion*（New York：W. H. Freeman, 2001）；Santos, Leve, and Pratkanis, "Hey Buddy Can You Spare Seventeen Cents?"

[2] Pratkanis and Aronson, *Age of Propaganda*, 12.

[3] Pratkanis and Aronson, *Age of Propaganda*, 355.

Bullies）中，娜奥米·克莱恩（Naomi Klein）主张抵制那些将世界视为一个巨大营销机遇的品牌。[①] 朱丽叶·肖尔（Juliet Schor）特别批评了将儿童沉浸在消费文化中的现象。[②] 阿莉莎·夸特（Alyssa Quart）将这种批评延伸到青少年时期。[③] 夸特专门讨论了电子游戏，包括《超级猴子球 2》和许多其他产品植入的例子。夸特认为，这些游戏对年轻人的思想产生了压倒性影响，给他们一种错误的印象，即充斥着品牌的世界是自然的，甚至是理想的。在她对《职业滑板 3》中衬衫和滑板等品牌产品的批判中，夸特认为年长的滑手抵制商业形象，而年轻的滑手则担心是否呈现正确的品牌形象且梦想获得企业赞助。[④]

有些团体试图直接采取行动，特别是反对游戏中的商业化泛滥。其中一些团体反对广告公司对电子游戏的殖民化，另一些则积极反对特定产品和服务，点名批评具体公司。为了涵盖这两个维度，我提议使用反广告游戏（anti-advergame）一词。[⑤] 一方面，反广告游戏针对公司进行反向广告。如果广告游戏是公司为了推广产品而支持并付费制作的，那么反广告游戏则没有公司背书或支付费用，是为了批评其商业行为而制作的。另一方面，反广告游戏反对在游戏中打

---

① Naomi Klein, *No Logo: Taking Aim at the Brand Bullies*（New York：Picador, 2000）; Pratkanis and Aronson, *Age of Propaganda*.

② Juliet B. Schor, *Born to Buy*（New York：Scribner, 2004）, 19.

③ Alyssa Quart, *Branded: The Buying and Selling of Teenagers*（New York：Basic Books, 2004）.

④ Alyssa Quart, *Branded: The Buying and Selling of Teenagers*（New York：Basic Books, 2004）, 103.

⑤ 我最早使用这一术语来描述游戏《不满！》（*Disaffected!*）。该游戏于 2006 年 1 月由我的工作室推出，下文将对其进行讨论。

广告的行为。如果广告游戏允许品牌和产品进入商业电子游戏，那么反广告游戏则批评或干扰此类广告的插入。

作为后一种类型的例子，评论家托尼·沃尔什（Tony Walsh）为素食者、环保活动家和其他对《模拟人生在线世界》中麦当劳自助售货亭不满的用户，提供了一套反广告策略：

> ● 在最近的麦当劳自助售货亭抗议。站在售货亭前，告诉来访者为什么你认为麦当劳很烂。注意不要使用污言秽语或阻碍其他玩家的行动。礼貌的抗议不会导致你的账户被停用……对吧？

> ● 实际订购并食用虚拟的麦当劳食物，然后以创造性的方式使用《模拟人生在线世界》的"表现性姿势"功能。躺下装死，或表现出在吃了现实生活中的麦乐鸡块后可能会出现的呕吐、恶心或疲劳状况。

> ● 开设你自己的麦当劳售货亭。以麦当劳的名义辱骂所有顾客。大声宣称你的食物有多糟糕，以及它是如何用不合格的原料制成的（或任何你认为会让人们反感的东西）。确保你在每个这样的声明前面加上"在我看来"，以避免诽谤指控。

> ● 开一家独立餐厅。赢得客户的信任，然后让他们知道你的生意正受到无处不在的麦当劳售货亭的影响。要求他们向其他玩家施加压力，让大家支持小企业主，而不是在庞大的特许经营机器中充当齿轮。①

---

① Tony Walsh, *Big Mac Attacked* (2002 [cited December 12, 2004]); available from http://www.alternet.org/story/14530/.

沃尔什鼓励玩家利用麦当劳的功能来颠覆他们想要传达的信息。类似的，当游戏内置广告公司 Massive 开始在商业游戏中投放广告后不久，一群临时组队的黑客通过数据包转储器运行了 Massive 支持版本的《霹雳小组 4》。在找到 Massive 服务的互联网终端后，他们立即发布了如何在本地 PC 上禁用该系统的说明。[①]

There.com（"那世界"网，简称 There），是一个多用户虚拟世界，最初被构想为品牌公司的数字扩展平台。[②] 与许多长久存续的虚拟世界一样，在这里用户通过真实货币兑换虚拟的"那世界"货币——"therebucks"，用于定制虚拟形象或环境。早期版本的 There.com 引入了事先计划好的李维斯牛仔裤和耐克运动鞋的虚拟版本；除了广告，品牌方还希望将虚拟世界用作现实世界新产品的虚拟焦点小组。[③] 但虚拟世界评论家贝茨·布克（Betsy Book）表示，由 There 社区成员在虚拟世界里开发出来，并且用来营销只存在于虚拟世界的服务的原创品牌，无论在商业还是社会层面都取得了更大的成功。[④]

虽然沃尔什在《模拟人生在线世界》中的反企业激进行动、禁用 Massive 广告网络的黑客活动以及 There 用户构建而非消费品牌的行为，都为积极抵制电子游戏里广告的泛滥提

①　参见 http://nationalcheeseemporium.org/.

②　Forterra Systems, *There.com*（San Mateo, Calif.: Makena Technologies, 2003-　）.

③　Tobi Elkin, "Nike, Levi Strauss Test Virtual World Marketing," *Advertising Age*, October 27, 2003.

④　Betsy Book, *Virtual World Business Brands: Entrepreneurship and Identity in Massively Multiplayer Online Gaming Environments*（2005［cited June 15, 2005］）; available from http://ssrn.com/abstract=736823/.

供了有效策略，但是这些举措主要针对电子游戏里的广告，而非广告与现实世界的关联。虽然 There.com 上的"草根"品牌作为虚拟微观经济的案例引人入胜，但它们并非直接支持或反对特定企业推广信息。看到独立创新者颠覆大公司固然令人鼓舞，但布克所描述的用户自创品牌并不是刻意对抗性的。

其他电子游戏则利用媒介的程序性功能，明确针对特定企业进行批判。1999 年，7 位互动小说作者联合创作了《这就是可口可乐！》(*Coke Is It!*)，对 6 部经典文字冒险、互动小说作品进行了改写，以揭露可口可乐营销的无处不在。[①] 作者们将以下 6 部作品——《诅咒》(*Curses*)、《冒险》(*Adventure*)、《坠向行星》(*Planetfall*)、《搭便车者》(*Hitchhiker*)、《抓紧》(*Grip*)、《小熊奇妙夜》(*A Bear's Night Out*)——改编后，以虚拟自动售货机上的按钮形式呈现。每款游戏的目标都被替换成寻找和畅饮可口可乐的某种变体。以下示例摘自《这就是可口可乐！坠向行星》(*Coke Is It! Planetfall*)：

〉检查大门

透过窗户，你可以看到一个巨大的实验室，灯光昏暗。实验室北墙的裂缝透出幽蓝光芒。房间内黑影幢幢，不祥之物游移其间。在门内不远处的地板上，你可以看到一件美丽的东西——一罐闪闪发光的可口可乐，在透过窗户照进来的光线中熠熠生辉。

---

① Adam Cadre et al.，*Coke Is It!*，1999.

开发者还改写了关键的默认响应，以进一步扭曲游戏体验：

> 〉挪动大门
>
> 它是固定在原地的。不像一罐令人神清气爽的
> 可乐。

这种改写虽然简单，但效果显著。通过强制玩家与可口可乐互动，游戏对原互动小说作品进行了荒诞的扭曲，凸显可口可乐对媒介和现实世界双重入侵的不合时宜性。

另一个更微妙的反广告出现在尼克·蒙福特（Nick Montfort）所创作的互动小说游戏《书与卷》（*Book and Volume*）中。[①] 这个作品记录了虚构世界 nTopia 中一家名为 nWare 的神秘（且越发可疑）的企业中心系统的管理员所经历的一个夜晚。当玩家穿梭于城市之间，在大型演示活动到来前完成最后的服务器修复时，越来越诡异的景象不断浮现。游戏整体是对零售店的讽刺，但蒙福特为多数商店虚构了名称——如 MarMart、Pharmicopia、Septisys 等。唯独 GAP 和星巴克未被匿名处理。后者经常出现在城市各处，暗讽星巴克对城市景观的过度殖民化。nTopia 里仅存一家名为 Independent Grounds（"独立之地"）的独立咖啡馆，推测是星巴克迫使其他咖啡店都倒闭了。如果玩家在特定时间定位到 Independent Grounds 门前，他将目睹它被拆除并被另一家新的星巴克取代。

《书与卷》将反广告作为对消费主义和工作文化的隐性批判的一部分。其他反广告游戏则更明确地对特定企业发起

---

① Nick Montfort, *Book and Volume*,（Philadelphia：Auto Mata，2005）.

攻击。软件工程师肖·麦高夫（Shawn McGough）在 2002 年新入手的三菱蓝瑟（Mitsubishi Lancer）汽车，漆面仅数月就开始脱落。在三菱拒绝赔偿后，麦高夫将这家公司告上了法庭。他以 0 美元的象征性赔偿赢得了官司。不堪法律体系的重负，他决定将战场转移至"自己的地盘"。麦高夫开发了网页游戏《融化的三菱》（Melting Mitsubishi），要求玩家保护一辆黄色的蓝瑟汽车免受雨水的侵蚀。[1] 游戏的玩法借鉴了《导弹指挥官》（Missile Command）。[2] 玩家发射圆形炸弹，借助爆炸冲击波击落雨滴。虽然机制简单，但游戏成功地将麦高夫对三菱的直白控诉程序化：水会破坏车漆。但是，如果脱离游戏菜单中附带的文字叙述支撑，游戏的程序性修辞就显得很薄弱。

更复杂的电子游戏抗议需要更精密的有关投诉的程序性模型。我的工作室开发了《不满！》（Disaffected!），一款关于联邦快递金考（FedEx Kinko，又名金考快印）复印店的反广告游戏。该游戏旨在戏仿这家店铺带来的令人沮丧的经历。游戏让玩家扮演被迫在组织性问题众多的混乱环境中服务顾客的员工角色：同事随意调整订单；员工时而感到困惑，并只对反向操作指令做出反应；时而完全拒绝工作，迫使玩家切换角色；即使在订单完成时，客户也常常反馈不满（见图 7.10）。《不满！》是一款街机风格的游戏。玩家必须成功服务所有客户，才能晋级到下一个关卡。在我们的设计中，在金考"成功"的服务，并不一定意味着订单的完成。

---

[1] Shawn McGough, *Melting Mitsubishi*（self-published，2003）.

[2] Atari, *Missile Command*（Sunnyvale，Calif.：Atari，1980）.

图7.10 在《不满！》中，玩家在模拟复印店里控制工作不起劲的员工

将《不满！》的程序性修辞与相应的口语修辞进行比较，颇具启示性。现实中，客户可能会向金考提出书面或电话投诉，详细说明问题所在。一个特定的问题或一系列问题可能会引起足够的不满，导致书面投诉。为便于比较，参考以下虚构的信件：

敬启：

　　9月13日我去了你们的十字路口分店，想要复印一些文件并领取我通过网站发送的打印材料。当我到那儿时，我很失望地发现四台复印机中有三台已无法使用。然后我不得不排队等了至少十五分钟。尽管柜台后面有五个员工，但似乎只有一个员工在做事。当终于轮到我时，服务我的人说找不到我的打印材料。

她找了大约五个不同的地方，然后回来让我重复我的名字。当她终于在一大堆其他文件下找到我的打印材料时，我付完钱就走了。但是当我上车后打开袋子，发现我要打的内容被打印在了错误的纸张上！我不得不回去让他们重做，但此时我已经上班迟到了。

这是我第四次在你们的店里遇到几乎相同的问题。为什么我在得到这种习惯性的糟糕服务后还要回到金考快印？我要求您退还我在糟糕的打印上花费的24.54美元（随函附收据）。

非常真诚的，

顾客　约翰·Q.

我们中的许多人都写过这种投诉信。大多数情况下，我们写信是需要解决具体的个人问题。事实上，消费者权益保护协会也是如此建议的。但是，惯性问题永远不能通过个人投诉来解决。尽管有北美商业改善协会（Better Business Bureau，简称BBB）的可靠性评级，但把钱退给个人往往比处理造成这些问题的根源更加简单快速。《不满！》把这种体验泛化，将其视作金考的惯性和例行做法。此外，客户投诉的流程化版本给玩家带来了实际的挫败感，这是信件或电话不可能达到的效果。投诉信试图说服读者，其作者的权益受到了侵害，理应得到赔偿；而反广告游戏则试图说服玩家，该公司无法运作，绝不能得到支持。

在游戏中使用金考的名称和商标的决定也对此产生了影响。尽管有一份详细的免责声明以及对赋予讽刺作品言论自由权的呼吁，我们做出在游戏中加入金考快印名称和商标的审慎决定并非易事。无论他们是否有权这样做，金考快印很容易对这种呈现采取法律行动。作为一家小型工作室，我们永远不可能与联邦快递这样的大公司抗衡，因此我们考虑过给这家常规模样的复印店起一个引人联想但有着明确区别的名称（当时的选项包括 Slacko's 和 Plinko's）。玩家会很容易辨认出我们评论的对象。这种技巧在电视的反讽节目中也经常使用。早期《查普尔秀》（*Chappelle Show*）里的小品正是使用这种策略来批评金考快印的。在作品中，喜剧演员大卫·查普尔（Dave Chappelle）扮演 Popcopy 的经理，在店里教员工如何激怒客户。[①] 但是，正如广告主以自己的名字宣传自家的特定产品和服务一样，我们也希望用他们本来的名字抨击他们的产品和服务。在一个充斥着品牌的世界里，人们不应该回避批评品牌本身，就像一个人会直呼其名而不是含糊其词地批评一个腐败的政客一样。第一章中讨论过的"软工业"集体推出的游戏《开家麦当劳》，就是另一个牢记此目标的游戏之绝佳示例。

反广告游戏并不利用反证词（例如在公共网站上发布关于糟糕经历的描述），而是凸显反示范性。正如《壹番屋》展示授权方企业价值观的运作一样，《不满！》展现了所谓受害企业价值观的运作。但是在后一种情况下，这些破碎价值的重重问题被凸显。反广告游戏提出了另一种方案，代替被我称为"失败修辞"的、宝贵的程序性修辞形式。《九一二》采用了施加障碍、阻止成功的规则，将失败变成必然结果。[②] 它

---

① Andre Allen and Bill Berner, *Chappelle's Show*（Comedy Central, 2003）.

② Powerful Robot Games, *September 12*.

的程序性修辞确保任何精确发射策略都无法避免夺走无辜的生命，而这种暴力会引发更多的暴力。游戏并不是建议我们应该让恐怖分子更猖獗，而是表明所谓"精准攻击"的特定策略是有缺陷的，需要一个新的策略。在《九一二》里，可以达成的目标实则不可取，所以调用的游戏规则本身就会导致失败——这个游戏不可能赢。《不满！》里的目标是可取的，但游戏规则是有问题的。虽然这些规则可能会导致玩家在尝试服务客户时失败，但这种失败就是针对问题的表征的独到之处。这个程序性修辞，是有关金考快印商业实践的一个单元操作。

设身处地为员工而不是客户着想，会改变话语的声量。虽然口语修辞必然侧重于自身利益和个人得失，但程序性修辞将讨论转移到公司政策以及政治方面。模拟工作的实证经验明确了导致个人客户服务困境的问题规则。因此，游戏得以从两个维度发声。首先，关于消费者的不满：玩家可以在对典型金考快印体验的讽刺再现中发泄，以获得快感。其次，关于企业的恶意行径：凭借在柜台后面的体验，玩家可以思考导致糟糕客户体验的员工弊病背后的可能原因——是无能？是管理困难？抑或是更广层面上的劳动力问题？

《不满！》并非旨在将金考快印的客户服务或劳动力问题的解决方案程序化。但它有关"无能"的程序性修辞确实凸显了当代文化中当事双方都存在的不满问题。我们不满意或不愿意支持权威结构，但我们对此几乎不做任何事情。我们去做福利差、待遇恶劣的糟糕工作。我们对糟糕的客户服务和糟糕的产品满不在乎，认为反正什么都做不了，也忽略了员工或许从源头就感到被剥削的那些原因。我们理所当然地认为，我们无法接触到当权者。这些问题远远超出了复印店的范畴。

因此，反广告游戏与政治游戏有很多共同之处：它们揭露了公司和政府结构的逻辑，并力邀玩家审视、质疑它们。尽管此类游戏似乎与广告游戏促进而非取缔的目标相矛盾，但这两种类型实际上有着共通的基本原则：它们展示了关于产品和服务的功能（或功能障碍）的主张，让玩家以第一人称视角了解这些产品和服务的特性及功能如何与其需求和欲望相交叠。玩家对游戏规则中描述的这些主张的评估，创造出了一个模拟缺口。在这样一个危机空间里上演着说服游戏。通过提供关于产品用途或价值的讨论空间，这些广告鼓励批判性消费：对个人的需求与欲望进行理性和有意识的质询，而不是屈从于那些商业性的内容。

教育
Learning

第八章　程序素养

电子游戏是否具有教育意义？这一问题的答案在很大程度上取决于"教育意义"这一概念的定义，而它本身就存在很大的争议。与其试图简单地给出一个"是"或"否"的答案，不如更有意义地探讨不同用户群体对"教育意义"的理解。假如某个事物具有教育意义，它具体教了什么？又是通过怎样的方式进行教授的？

在大众话语中，教育往往与说教式教学方法相联系，人们常常联想到的是教室和教科书。从这一角度来看，我们通常将"教育"简单地理解为师生之间成功互动的结果。然而，"成功的互动"究竟指什么，一直是教育界争论不休的问题。和其他领域一样，教育理论随着时间的推移不断发展，经历了不同的潮流与变化。在此，我并不打算对教育理论的历史做全面总结，但一些关键的历史节点有助于更好地理解电子游戏中的教育问题。

根据早期行为主义者如爱德华·桑代克（Edward Thorndike）和 B. F. 斯金纳（B. F. Skinner）的观点，学习是一个强化的过程。行为主义者通常将人类视为动物之一，认为有机体会对正向或负面的刺激做出反应。当有机体在相似情境中遇到类似的刺激时，其反应往往趋于一致。学习迁移（transfer of learning）——教育理论中的一个普遍且仍然存疑的问题——通过重复和强化得以实现。[1] 强化理论（reinforcement theory）强调通过刺激—反应学习，分阶段逐步提升学生的能力。[2]

反对行为主义的声音层出不穷。主要的批评集中在其忽视了人类固有的内部心理过程。反对者认为，唯物主义者和经验论者关于学习的理解没有给人类的主观性留有一席之地。这种现象部分归因于行为主义试图解释的不仅是人类行为，还包括动物行为。行为主义者秉持一种客观主义的普遍信念，即心理学应当是一门基于经验观察的"自然科学"[3]，类似于其他自然科学。因此，在最极端形式的行为主义中，内省法并未被考虑在内。

随着让·皮亚杰提出新的理论，学习与心理学理论之间的联系变得更加紧密，对行为主义中过于极端的科学主义倾向进行了修正。皮亚杰提出了整体认知结构或"发展阶段"理论，具体包括：感知运动阶段（0—2岁）、前运算阶段（3—7岁）、具体运算阶段（8—11岁）和形式运算阶段（12—15岁）。[4] 每个阶段都需要不同的适应过程，因此也要求不同的学习方式。皮亚杰认为，认知发展是一个适应环境的过程，这一观点也成为其他建构主义学习理论的基础。然而，皮亚杰的科学认知主义仍然依赖于一种普遍主义的学习

① Edward Thorndike, *Educational Psychology: The Psychology of Learning*（New York：Teachers College Press，1913）.

② B. F. Skinner, *The Technology of Teaching*（New York：Appleton Century Crofts，1968）.

③ G. E. Zuriff, *Behaviorism: A Conceptual Reconstruction*（New York：Columbia University Press，1985），1.

④ Charles J. Brainerd, *Piaget's Theory of Intelligence*（New York：Prentice Hall，1978）.

观，尽管这种普遍主义更多根植于生物学而非理性主义。个体的认知结构受到特定发展阶段的制约，构成了学习者基于个人经验和已有知识主动构建新思想的基础。[①] 建构主义理论的根源可以追溯到约翰·杜威（John Dewey）的认识论，他反对知识在自然界中固守不变的理性主义观点。建构主义假设学习者是独立地"构建"知识的，学习和学习者与环境的互动密切相关。[②] 更为流行的社会建构主义理论基于列夫·谢米诺维奇·维果茨基（Lev Semenovich Vygotsky）的研究，特别强调社会互动在认知发展中的作用。[③] 社会建构主义还包括从维果茨基理论衍生出的其他理论，如苏联时期的活动理论（activity theory）和强调"在实践中学习"的情境学习理论（situated learning theory）。[④]

建构主义同样面临一些挑战。社会心理学家詹姆斯·K. 道尔（James K. Doyle）认为，建构主义的体现性思维与实际未来行为之间的关联尚未得到令人信服的验证。[⑤] 他指出，"思想、行为或组织绩效"的变化往往只是个别传闻或偏见案例，缺乏扎实且可验证的科学依据。[⑥] 对此的回应可能是，建构主

---

① 示例参见 Jerome Bruner, *Going Beyond the Information Given*（New York：W. W. Norton, 1973）.

② John Dewey, *How We Think*（New York：Dover, 1997）.

③ Lev Semenovich Vygotsky, *Mind in Society*（Cambridge, Mass.：Harvard University Press, 1978）, 55-58.

④ Jean Lave and Etienne Wenger, *Situated Learning: Legitimate Peripheral Participation*（Cambridge：Cambridge University Press, 1991）, 29-31.

⑤ James K. Doyle, "The Cognitive Psychology of Systems Thinking," *System Dynamics Review* 13, no. 3（1997）: 253.

⑥ James K. Doyle, "The Cognitive Psychology of Systems Thinking," *System Dynamics Review* 13, no. 3（1997）: 254.

义本身就拒绝普遍化的结论，强调个体学习者的独特性。西蒙·派珀特（Seymour Papert）基于皮亚杰的建构主义理论提出了构式主义（constructionism）的概念，强调在物质世界中主动创造事物的重要性。[①] 因此，建构主义将教育的焦点重新转向个性化的认知发展，将其视为独立的目标，而非总是与学科知识的学习成果相关联。

无论采用哪种教育理论，所有教育哲学的核心假设都是培养学生的有效方法应当建立在该哲学的基本原则之上。学习理论的主要目的是为教育实践提供指导和框架，这一点几乎没有争议。尽管存在过度简化的风险，当代对（正式）教育的理解大多可以归于行为主义或建构主义这两大理论流派。[②] 传统课堂通常依赖于行为主义学习策略。学生在提问与回答的框架下强化对学科知识的掌握。学生通过口头或书面回答问题，并以正强化或负强化的形式获得即时反馈。行为主义的课堂假设经过强化的行为有可能再次出现。因此，基于这一经验主义假设，通过正强化来构建的学习环境足以维

---

① Edith Ackermann, *Piaget's Constructivism, Papert's Constructionism: What's the Difference?* (2001 [cited February 10, 2006]); available from http://learning.media.mit.edu/content/publications/EA.Piaget%20_%20Papert.pdf/.

② 这种过度简化排除例如先天论（nativism）等观点，即认为人生来具有知识的认识论立场，但这种知识必须从潜在状态中被引导出来才能使用。苏格拉底方法——通过引导性问题得出基于推理而非经验的回答——是这种认识论最常见的例子。尽管由于柏拉图的贡献，我们对这种形式的先天论很熟悉，但它在当代高等教育环境中仍是一种相对罕见的策略，更不用说在小学和中学课堂里了。有些人会反对使用"建构主义"一词来指代略有不同甚至有时对立的观点，例如皮亚杰和皮埃尔特的理论。然而，一个基本的相似性——学习者作为其自身认知现实的构建者——证明了这个通用术语的合理性。

持学生的学习效果。在行为主义影响下的教育实践中，教师主导的死记硬背往往成为常态。

尽管当代教育普遍倾向于行为主义，但最典型的建构主义学习形式来自大部分人接触到的第一个课堂——幼儿园。19 世纪德国教育家弗里德里希·福禄贝尔（Friedrich Fröbel）是幼儿园的创始人，极为重视每个学生及其独特需求。他在1826 年出版的《人的教育》（*On the Education of Man*）中写道："教育的目的是鼓励并引导人作为有意识、有思想、有感知的存在，使其通过个人选择，成为神圣内在法则的纯粹体现。"[①] 福禄贝尔的幼儿园通过游戏、学习材料和活动激发创造力，从而促进个体自我完善。在幼儿园课堂中，个人经验成为理解世界的关键。

同样，意大利教育家玛利亚·蒙台梭利（Maria Montessori）提倡以儿童为中心的教育方法，首先关注感官发展，其次是智力发展——这种方法主要源于她对智力障碍儿童的教学经验。[②] 与福禄贝尔不同，蒙台梭利更强调"实用"的学习，课程围绕实际操作练习展开，通过不断提升现实世界体验来逐步实现学习进步。[③]

一般来说，现代行为主义课堂被视为一种科学工具，旨在帮助学生逐步发展出能够准确反映物质世界真实性的能力。这个世界充满了事实和原则，或者说"学习内容"。而教育则通过强化手段将这些内容有效地传递给学习者。相比之下，建

---

① Friedrich Fröbel, *Die Menschenerziehung*（Leipzig：Weinbrach，1826），2.

② 参见 Maria Montessori, *The Montessori Method*（New York：Schocken，1964）.

③ Maria Montessori, *The Absorbent Mind*（New York：Dell，1967），205.

构主义的教育方法通常局限于非常幼小的儿童阶段。尽管这一成长阶段在文化层面被高度关注，让年幼的孩子探索自己正在形成的身份，通常不会引发太大争议。然而，一些人对蒙台梭利式课堂似乎过于自由的教学方式提出了反对意见，认为它相较于其他更为结构化的课堂形式显得过于宽松。建构主义的学习环境有时可能演变成相对主义的"游乐场"，在这种环境中，学习者的抽象个体成长可能会掩盖或削弱实际的教育内容。

当前，电子游戏作为教育工具的使用反映了我们对课堂的理解。尽管电子游戏作为教育工具尚属新兴，尚不能明确归属于某种教育哲学，但我们可以大致将关于电子游戏与学习的观点分为行为主义和建构主义两种类型。

如果说行为主义依赖于一种经验主义的、科学的世界观——一个单一、可知的概念宇宙——那么，行为主义模式下的教育类电子游戏便将这一宇宙映射到游戏世界中。尽管电子游戏并非物质世界的完整模型，但它们无疑是一个微观世界。从行为主义教育者的角度来看，这些虚拟世界以一对一的方式再现了物质世界。因此，电子游戏模拟了物质世界的实际动态，而玩游戏的效果与现实世界中的学习过程相似。换句话说，游戏中的强化机制能够建立重复的行为，玩家／学习者通过这种方式进行适应。如果游戏中的行为与教育者在现实世界中正强化的内容一致，那么电子游戏便具备了（潜在）与之相当的功能和价值；反之，如果这种行为与教育者在现实世界中负强化的内容一致，那么电子游戏则被视为有害且不可取。简而言之，电子游戏传授内容，而且这种内容能够转化为现实世界的经验。

举几个例子。《微软模拟飞行》（*Microsoft Flight Simulator*,

简称《模拟飞行》）是历史最悠久的电子游戏系列之一，主要模拟驾驶飞机。游戏模拟了各种设备的机械操作、气象和天气条件，为玩家提供了一个真实的飞行模拟体验。从行为主义的角度来看，这款游戏将其主题内容迁移给玩家。可以理解为，游戏教玩家航空知识，而玩家再运用这些知识来理解真实世界里飞机如何飞行。这一说法看似合理，但正如比尔·巴克斯顿（Bill Buxton）所指出的，尽管计算机模拟常用于飞行员训练，但很少有人愿意乘坐由只玩过《模拟飞行》的飞行员驾驶的飞机。[①]

　　另一个例子是《模拟城市》，一款广受欢迎的城市管理游戏。[②]在游戏中，玩家通过划分土地、选择能源来源、投资基础设施（如道路、铁路和公共服务）来建设城市。从内容上看，这款游戏教授了关于城市规划的一些基本知识，玩家可以将这些知识应用于现实中的城市规划。与《模拟飞行》类似，《模拟城市》很明显地简化呈现了一些可以用到现实世界中的经验。但一个信奉行为主义的电子游戏教育者可能会认为，这款游戏传授了城市规划的"基础"知识。

　　那么《忍者龙剑传》（Ninja Gaiden）呢？这款最初在任天堂娱乐系统（NES）[③]和其他平台上线的横版街机游戏，后来发展成广受欢迎的 Xbox 格斗游戏。[④]无论哪个版本，游戏

---

①　Bill Buxton，"Simulation and Learning"（paper presented at the Age of Simulation，Linz，Austria，January 12，2006）.

②　Maxis，*Sim City*（Alameda，Calif.：Brøderbund，1989）.

③　Tecmo，*Ninja Gaiden*（NES），（Tokyo，Japan：Tecmo，Ltd.，1989）.

④　Tecmo，*Ninja Gaiden*（Xbox），（Tokyo，Japan：Tecmo，Ltd.，2004）.

的核心都是玩家操控一名忍者，挑战无数强大的敌人。正如忍者的常规操作一样，玩家角色在游戏中利用潜行、近战和投射攻击来复仇。从行为主义的角度来看，这款游戏几乎没有太多的解读空间。如果遵循我们对《模拟飞行》和《模拟城市》的逻辑推导，《忍者龙剑传》似乎教授了某些关于日本封建时期的潜行技巧，而玩家可能会将这些知识应用于实际的间谍活动和复仇行动。媒介效应理论试图将这种情况与青少年的攻击性行为和暴力联系起来。这种典型的行为主义观点认为，电子游戏通过正向强化"负面"表征（在本例中为忍者暴力），使得玩家将其视为一种适当的行为。[1]

从行为主义的视角分析内容，打开了媒介效应争论的潘多拉魔盒。如果电子游戏传授的是本该负强化的内容，那么接触这些游戏就相当于被正向强化了负面内容。虽然只有最坚定的行为主义者才会认为玩《忍者龙剑传》将培养出身穿黑色兜帽、擅长潜行的战士，但对像《侠盗猎车手》这样的游戏持怀疑态度的人不在少数。《侠盗猎车手》里自由城（Liberty City）和圣安地列斯的时代真实感或许意味着游戏在传授一些关于犯罪的知识，而玩家会将这些知识应用于现实中的犯罪行为。从普遍的社会失序到校园枪击事件，许多社会问题被归咎于类似《侠盗猎车手》的参与式游戏，通过不断正向强化加剧了暴力表现。

在行为主义概念下，教育电子游戏潜存的阴暗面远不止暴力。2001 年 9 月 11 日恐怖袭击事件后，游戏《模拟飞行》

---

[1] David Grossman, *Teaching Kids to Kill* (2000 [cited January 23, 2005, no longer online]); available from http://www.killology.org/article_teachkid.htm/.

也成了争议的焦点。袭击发生三天后，微软宣布将从其 2002 版游戏中移除世贸中心大楼，理由是"我们不希望未来的游戏版本让任何人感到痛苦"[1]。游戏说明书中将《模拟飞行》描述为"极为逼真"。而据报道，游戏宣传片的一段对话里，其中一位玩家对另一位说："约翰，你差点撞上帝国大厦了！嘿，那会很酷。"这种言论引发了行为主义式思维的教育者、立法者和家长的担忧。[2] 2004 年，一位母亲帮她 10 岁的儿子在马萨诸塞州的一家史泰博（Staples）文具店咨询《模拟飞行》这款游戏。根据后来的报道，店员因"担心 10 岁的孩子学会飞行"而报警。这位母亲是一名空军后备役飞行员，几天后发现联邦调查局的探员在自家附近进行调查。一位评论员写道："当局迅速采取行动，不愿留下任何隐患。"[3] 行为主义者对电子游戏可能"将正确的知识传授给错误的人"这一潜在风险格外关注。[4] 正如我之前提到的，《模拟城市》也因向年轻人灌输"美国式税收模式"[5] 以及过于简化的城市动力学理解[6] 而备受争议。这些担忧正是类似批评声音的根源所在。

[1] CNN.com, "Microsoft to Alter 'Flight Simulator' Game" (CNN.com, September14, 2001 [cited January 23, 2006]); available from http:// archives.cnn.com/2001/TECH/ptech/09/14/microsoft.flight.sim/.

[2] CNN.com, "Microsoft to Alter 'Flight Simulator' Game" (CNN.com, September14, 2001 [cited January 23, 2006]); available from http:// archives.cnn.com/2001/TECH/ptech/09/14/microsoft.flight.sim/.

[3] Andrew Orlowski, "Flight Sim Enquiry Raises Terror Alert," *Register*, January 8, 2004, http://www.theregister.co.uk/2004/01/08/flight_sim_ enquiry_raises_terror/.

[4] Bogost, *Unit Operations*, 103-104.

[5] Turkle, "Seeing through Computers."

[6] Paul Starr, "Policy as a Simulation Game," *American Prospect* 5, no. 17 (March 17, 1994), http://www.prospect.org/print/V5/17/starr-p. html/.

行为主义的观点存在诸多问题。对于试图反驳媒介效应理论的人来说，这一立场几乎强迫玩家接受以下想法：那些正强化负面行为的游戏，必然只能产生负面影响，无法带来任何益处。然而，扮演游戏中的某个角色并不意味着玩家默认支持游戏所模拟的行为。正如前文所述，电子游戏也可以为玩家提供机会，让他们接触到现实中很难遇见的人物和情境，例如《救救达尔富尔》和《不满！》。即使玩家在游戏中扮演罪犯、忍者或人道主义者的角色，这也并不意味着他们一定会在现实中认同、拒绝或模仿这些行为。行为主义对游戏的分析，忽略了"模拟缺口"这一概念——游戏中对某一主题的程序性表征与玩家个人解读之间的裂隙。确实，行为主义普遍倾向于忽视学习的个体化背景，无法解释不同玩家的多样化背景，也难以顾及创意作品中固有的意义模糊性。这种对科学逻辑的绝对依赖遮蔽了文化的细微差别和表征的主观性，而我认为这种主观性恰恰是电子游戏分析中的必要因素。[1]

那么在建构主义理论下，又是如何看待和分析电子游戏的呢？在蒙台梭利教育体系中，学生与抽象形状和拼图的触觉互动，并非为了培养抽象表现主义的雕塑家。在某种程度上，蒙台梭利提倡学生参与像扫地和擦拭门把手之类的有创造性但琐碎的工作，目的是让学生"全身心投入每一件事的完成中"[2]。乐高（Lego）将品牌出品的由电脑辅助搭建积木机器人的系统命名为"头脑风暴"（Mindstorms），这一名称借自建构主义理论家西蒙·派珀特。[3] "头脑风暴"的主要目标

---

[1] Bogost, *Unit Operations*, 129-135.

[2] Maria Montessori, "The Child," *Theosophist* 30, no. 6（1942）.

[3] Seymour Papert, *Mindstorms: Children, Computers, and Powerful Ideas*（New York：Basic Books, 1980）.

是教授计算机编程技能，同时培养学生的创造性和表达能力。尽管机器人技术在其中扮演了重要角色，但其核心意义在于激发孩子的兴趣。这些玩具的教育价值更多体现在提升儿童编程能力和创造性表达的潜力上。

从这一视角来看，电子游戏传授的是服务于一般问题解决能力和学习价值的理论原则。以之前的例子为例，建构主义者可能将《模拟飞行》视为一种通过"先运用后掌握"（performance before competence）的理念来教授专业知识的工具。这一理念源自学徒制教育的概念。[1] 这种方法不仅能激发学习者对航空学的兴趣，更重要的是，它在更广泛的层面上鼓励学习者在知识领域中大胆尝试，不必因尚未完全掌握知识而畏惧失败。

同样，《模拟城市》也可以作为探索各种职业的催化剂。同时，这款游戏也是建构主义学习原则的另一个实例。在《模拟城市》精美逼真的城市图像背后，隐藏着一个基于杰伊·福瑞斯特（Jay Forrester）城市动力学理论的城市发展抽象模型。[2] 在这一模型的简化表层之下，游戏通过元胞自动机（cellular automata）管理城市发展单元之间的互动。元胞自动机是控制任一系统中各单元（或称"细胞"）之间交互的一种技巧模型。[3] 正如"头脑风暴"中的机器人为学习通用编程技能提供途径，电子游戏的建构主义教育方法有时将游戏视

---

[1] Courtney Cazden, "Performance before Competence: Assistance to Child Discourse in the Zone of Proximal Development," *Quarterly Newsletter of the Laboratory of Comparative Human Cognition* 3 (1981).

[2] Jay Forrester, *Urban Dynamics* (Cambridge, Mass.: Wright Allen, 1969).

[3] Bogost, *Unit Operations*, 96-97.

为揭示其背后抽象系统的一种工具。《模拟城市》可以被看作一款教授复杂动态过程运行方法的游戏，例如系统理论和自创生理论（autopoietic）。通过与游戏的互动，玩家能够学会认真思考现实世界中自然或人为系统的设计。[1]

在这种观点下，《忍者龙剑传》中的"忍者特性"反而成了关于一般性学习原则的次要工具，甚至几乎是无关紧要的。2005年严肃游戏峰会上，游戏与学习领域的学者詹姆斯·保罗·吉展示了该游戏的学习原则并指出，游戏通过探索和逐渐增加难度的任务来教玩家游戏规则。游戏连续进阶式关卡设计——不论是攀登墙面还是对特定类型敌人使用特定忍者攻击——都会首先演示，然后检查确认，最后再进行挑战。总体而言，游戏教会玩家如何将技能转化为战略，将失败转化为成功。[2] 由于其独特的高难度，《忍者龙剑传》成为这一教学技巧的典型例子。除非玩家能够有效地学习游戏，否则他们将难以取得进展。

这种方法强调了电子游戏在培养高阶思维能力方面的潜力。在另一个相关例子中，吉指出即时战略（RTS）游戏《国家的崛起》（*Rise of Nations*）"鼓励玩家从关系的角度，而非孤立的事件或事实，来思考问题"[3]。这种对问题的延展，

---

[1] Gee, *What Video Games Have to Teach Us about Learning and Literacy*, 42-43.

[2] James Paul Gee, "Demonstrating the Important Learning Found in COTS Games" (paper presented at the Serious Games Summit 2005, San Francisco, 2005). 另请参阅以下文章中的相关综述：Brandon Sheffield, "Playing Games with Jim: Demonstrating the Important Learning Found in COTS Games," *Gamasutra*, March 8, 2005.

[3] James Paul Gee, *The Classroom of Popular Culture* (Harvard University, 2005 [cited February 2, 2006]); available from http://www.edletter.org/past/issues/2005-nd/gee.shtml/.

使玩家能够以一种在行为主义课堂里无法获得的抽象视角来审视问题。吉认为，这款游戏帮助玩家"清楚地看到我们获得的每一条信息和学习的每一项技能如何与我们正在学习和实践的其他事紧密相连。我们将游戏视为一个系统，而不仅仅是一组独立的技能"[1]。约翰·C.贝克（John C. Beck）和米切尔·韦德（Mitchell Wade）将这种电子游戏中的抽象技巧称为"超越思维"（going meta），即"从当前情境中抽离出来，分析选项和概率，找到正确的策略"[2]。他们认为，"电子游戏一代"（截至2005年时年35岁及以下的人）通过玩电子游戏学会了这种抽象能力，在商业领域中占有独特的优势。

或许行为主义与建构主义的观点都不理想，但原因截然不同。行为主义对电子游戏内容采取了单一的理性主义视角，忽略了马歇尔·麦克卢汉（Marshall McLuhan）提出的观点，即我们应将媒介本身视为塑造人类体验的工具，而不仅仅是内容的载体。相比之下，建构主义可能完全忽略了特定电子游戏的独特性，只关注其体现的宏观、抽象的原则。尽管贝克和韦德的观点出发点是好的，但他们对电子游戏的看法代表了一种建构主义的立场，对媒介的表达潜力提出了疑问。他们并未将电子游戏视为一种有表现力的媒介，其中每个都

---

① James Paul Gee, *Situated Language and Learning: A Critique of Traditional Schooling*（London：Routledge，2004），66. 另见 James Paul Gee, *Learning about Learning from a Video Game*（Academic Advanced Distributed Learning Co-Lab，February 10，2005［cited February 10，2006］）；available from http://web.reed.edu/cis/tac/meetings/Rise%20of%20Nations.pdf.

② John C. Beck and Mitchell Wade, *Got Game: How the Gamer Generation Is Reshaping Business Forever*（Cambridge，Mass.：Harvard Business School Press，2004），167.

是值得关注和尊重的独特作品，而是将其看作一种文化潮流，认为玩家群体在被"妥善"培养，以拥有商业影响力。这种观点与"严肃游戏"所面临的问题相似，后者试图利用游戏的特点来巩固现有的社会霸权。正如吉在分析《忍者龙剑传》时所言，游戏真正教的是如何玩游戏。[①] 我们可以从两个角度理解这句话：一是如何玩这款游戏——《忍者龙剑传》；二是如何玩那个抽象层面的游戏——商业领导力。

如果我们拒绝上述两种立场，那么该对这类教育电子游戏持何种理解呢？让我们从吉在其长期研究的成果《游戏改变学习：游戏素养、批判性思维与未来教育》（*What Video Games Have to Teach Us about Learning and Literacy*）中的有益总结开始，看看他认为电子游戏中的学习过程是如何发生的：

> 当玩家以积极且批判性的方式玩电子游戏时，游戏的内容大体可以概括为，**通过具身体验，在多模态空间中构建意义、解决问题、反思虚拟世界设计的复杂性，并探索现实与虚拟之间的社会关系以及身份的构建。**[②]

换句话说，电子游戏模拟了特定的体验，提供了对驱动这些体验的普遍关系的洞察。吉将这种实践称为"情境化"或"具身学习"[③]。我并不否定吉的观点，只是不满足于他的观点。电子游戏不仅提供对真实世界与想象世界及其关系的情境化

---

① Gee, "Demonstrating the Important Learning Found in COTS Games."

② Gee, *What Video Games Have to Teach Us about Learning and Literacy*, 48.

③ Gee, *What Video Games Have to Teach Us about Learning and Literacy*, 86.

意义和具身体验，还提供了关于特定世界和特定关系的意义与体验。尽管作为游戏内核的抽象过程可能传递一些关于策略、掌控和互联性的普遍经验教训，但这些教训总是与某个具体主题紧密相关。例如，《模拟城市》中的税收系统、《侠盗猎车手》中的犯罪描绘，以及《粮食力量》中的人道主义议题，这些都绝非偶然。电子游戏的基础模型为其选择的主题建立了特定的程序性修辞。换句话说，修辞立场总是具体的，论述或表达不可能在抽象的层面进行。游戏的程序性修辞通过限制策略的成功或失败，影响玩家与游戏之间的关系。

第一章和第二章中讨论的图形套壳概念，为这一问题提供了另一种视角。游戏中的表层表现或图形外壳并不仅仅是抽象规则的外在包装，任何具体的呈现方式都不是任意的、可有可无的。同样，将不同的图形外壳与类似的程序模型结合，并不意味着这些过程的逻辑必然与外壳的主题相契合。这也是为什么像《刚果琼斯之树皮奇兵》《白宫骑士》《匹配女士》这样的游戏显得不连贯：它们的主题仅与图形外壳相关，而与底层过程并无直接联系。杰斯珀·尤尔（Jesper Juul）将游戏的这两层分别称为规则和虚构，并认为二者并非不可分割。他通过比较两款规则相同但图形外壳不同的游戏——均为改编自《太空侵略者》的射击游戏——来说明这一点："在第一款游戏中，玩家控制一艘宇宙飞船，与电视节目主持人的头像作战；而在第二款游戏中，玩家同样控制一艘宇宙飞船，但与各种叙事学理论对战。"① 尽管这两款游戏因拥有相同的底层代码而具有相似性，但尤尔总结道："规则

---

① Jesper Juul，*Half-Real: Video Games between Real Rules and Fictional Worlds*（Cambridge，Mass.：MIT Press，2005），13.

与虚构之间的关系……并非随意的……在第一款游戏中，玩家通过外太空作战表现出观众与电视名人之间爱恨交织的关系；在第二款游戏中，他们展现了学术讨论……还是通过外太空作战。二者都基于某种已知的对立背景——这也是它们之所以有效的原因，因为规则与表征以一种比喻的方式相契合。"[1] 与《刚果琼斯之树皮奇兵》不同，在这些游戏中，程序性表征是基于与游戏主题的适用程度而刻意选择的。

游戏设计师拉夫·科斯特设想了一个经典益智游戏《俄罗斯方块》的重新套壳版本。在这个新版本中，原始游戏里的抽象四连方块被替换成了具象的模拟物。在新旧两个版本中，抽象层面的游戏目标——将方块整齐地排列成行——保持不变。然而，通过为相同的规则赋予新的语境，游戏从一个无害的益智游戏，转变为一个如科斯特所说的假想的可能引起文化争议的"模拟器"。"我不知道你怎么想，我是不会想玩这个游戏。但是，它仍然是《俄罗斯方块》。"[2] 在所有电子游戏中，抽象过程与特定主题的结合会产生特定的意义，并代表特定的立场。或者，如科斯特所指出的："游戏的基本机制并不能决定其语义负载。"[3]

当吉讨论游戏中的"具身体验"时，他并不是指玩家与特定主题的程序性主张之间的单独交锋。相反，吉更多是将具身体验与符号域（semiotic domains）联系起来——得以在

① Jesper Juul, *Half-Real: Video Games between Real Rules and Fictional Worlds* (Cambridge, Mass.: MIT Press, 2005), 15.

② Raph Koster, *A Theory of Fun for Game Design* (Scottsdale, Ariz. Paraglyph Press, 2004), 168.

③ Raph Koster, *A Theory of Fun for Game Design* (Scottsdale, Ariz. Paraglyph Press, 2004), 168.

特定群体中构建意义的系列实践。[1] 这个概念虽然听起来与程序性修辞相似，但吉将符号域作为一个更为广泛的概念来使用：电子游戏的符号域，或者说是游戏类型以及玩家学习并精通这些游戏的实践。[2] 在这种背景下，电子游戏中的学习被视为对其他情境下学习方式的类比。例如，当人们玩第一人称射击游戏时，他们不仅学习这些游戏的惯例和标准，还学习游戏内外玩家的价值观和交流方式。[3] 尽管所有第一人称射击游戏的符号域可能因为共享的程序模型（关于移动、射击、潜行等的单元操作）而相似，但每个游戏的含义会因对这些过程的修辞应用不同而有所区别。《毁灭战士》讲述的是拯救世界免于地狱恶魔侵害的故事，《韦科复活》则探讨宗教狂热背后的政治。吉有关符号域和具身体验的理论，确实阐明了电子游戏中的学习与传统课堂教学之间质的差异，但他的研究在具体游戏的教育意义上仍然存在一定的模糊性。高阶思维技能固然重要，但忍者技能同样不可忽视。

公平地说，吉并未将他对电子游戏教育结构的分析视为这一媒介教育潜力的最终形态。他指出："虽然我讨论了许多实际的电子游戏，但我真正想探讨的，是电子游戏的可能性。"[4] 这一观点既令人鼓舞，也引发了忧虑。一方面，它为电子游戏打开了更广阔的可能空间，拓展了许多通常属于正式教育领域，因而往往被商业开发排除在外的主题。另一方面，这也暗示了当前电子游戏中的学习方式存在某种程度的

---

① Gee, *What Videogames Have to Teach Us about Learning and Literacy*, 18.

② Gee, *What Videogames Have to Teach Us about Learning and Literacy*, 19.

③ Gee, *What Videogames Have to Teach Us about Learning and Literacy*, 26-27.

④ Gee, *What Videogames Have to Teach Us about Learning and Literacy*, 9.

缺失，或者说现有的商业现货（commercial off-the-shelf，简称 COTS）电子游戏中能够实现的，往往只是一些与具体学科无关的抽象的学习。其实无论是否通过电子游戏呈现，这些学习方式和内容实际上只是作为模型展示了如何在其他正式或非正式环境中更有效地学习。因此，"电子游戏教会你如何玩游戏"这一观点，实际上为更多类型和主题领域的电子游戏入场打开了大门。在这些游戏中，玩家所学到的内容将与现实生活经验之间建立更深层次、更有意义的联系。更为重要的是，吉的建议提示我们，需要对教育游戏进行一种全新的理解，这种理解能够在学科特异性与抽象性之间找到平衡。为此，我提出了一种关于程序素养（procedural literacy）的新观点，作为切入这一话题的起点。

从编程到文化

20 世纪 70 年代中期，早期个人计算机的出现激发了人们对编程教育的浓厚兴趣，尤其是在儿童编程教育方面。在施乐帕洛阿尔托研究中心（Xerox PARC），艾伦·凯（Alan Kay）和阿黛尔·戈德堡（Adele Goldberg）提出了一个让任何人都能通过编程做出模拟的运行环境。[①] 他们认为，通过使用他们的

---

① Alan Kay and Adele Goldberg，"Dynamic Personal Media，" in *The New Media Reader*，ed. Noah Wardrip-Fruin and Nick Montfort（Cambridge，Mass.：The MIT Press，1977）. 施乐帕洛阿尔托研究中心是 20 世纪 70 年代计算机创新的中心。在众多创新中，凯和他的同事开发了图形用户界面（GUI），并将其集成到 Xerox Star 系统中，成为苹果 Macintosh 系统的基础。

Smalltalk 语言（一种面向对象的程序设计语言），任何人都可以将计算机当作表达的工具。不久之后，西蒙·派珀特提出了教儿童使用 20 世纪 60 年代他在麻省理工学院与同事共同开发的 Logo 语言进行编程的项目。[1] 作为皮亚杰的学生和合作者，派珀特在皮亚杰的建构主义理论基础上进一步发展了自己的理念，提出知识是通过主动创造现实事物的实践而获得的，这一理念被他称为"构式主义"。到了 20 世纪 80 年代初，编程不仅被视为职业技能培训的一部分，还开始被视为一种独立的素养。这种新的趋势被称为程序素养。[2]

自此之后，针对零基础学习者，尤其是儿童的编程教育一直在持续推进。肯·佩林和玛丽·弗拉纳根发起了一项由美国国家科学基金会（NSF）资助的名为 RAPUNSEL（全称为 Real-time Applied Programming for Underrepresented Students' Early Learning）的计划。这是一个专为未步入青春期和青春早期女孩设计的编程课程（这一阶段许多女孩对科学和技术失去兴趣）。[3] 与派珀特的"头脑风暴"项目类似，RAPUNSEL 把主题性内容当作"胡萝卜"来激励编程兴趣。然而，与前者使用计算机"乌龟"或后来的机器人创作抽象几何艺术这一明显具有男性倾向的"胡萝卜"不同，RAPUNSEL 采用了"舞蹈"作为激励。这个设计同样带有性别色彩，只不过它对女孩更具吸引力。在 RAPUNSEL 中，用户将舞步程序嵌入虚拟环境中

---

[1]　Papert，*Mindstorms: Children, Computers, and Powerful Ideas.*

[2]　B. A. Sheil，"Teaching Procedural Literacy," in *Proceedings of the ACM 1980 Annual Conference*（New York：ACM Press，1980）.

[3]　Ken Perlin，Mary Flanagan，and Andrea Hollingshead，"RAPUNSEL Manifesto," *RAPUNSEL Research Web*（2005），available from http://www.maryflanagan.com/rapunsel/manifesto.htm/.

的服饰里，甚至可以通过交换服饰部件来创作新的舞蹈。尽管RAPUNSEL的开发者尚未将其打造成一个功能齐全的系统，但他们目前的设想是一个多人游戏，利用社交互动来激发并维持玩家对计算机编程的兴趣。

RAPUNSEL 的出现，恰逢多份报告指出美国在科学与工程领域逐渐远落后于其他国家。[①] 计算素养对于基础科学和应用科学各类职业来说是一个基础，因此，编程正日益被视为一种基本能力。然而，计算机处理仅仅是程序性的一个维度。从更广泛的角度来看，程序素养指的是重新配置概念和规则以理解和处理流程的能力，这种能力不仅限于计算机领域，还适用于更广泛的场景。电子游戏中高度的程序表现力表明，它们天然适合作为程序学习的媒介。[②] 但是正如我在前面所说的，电子游戏中的学习并非仅仅由抽象过程组成（遵循建构主义传统），也不仅局限于其表层内容（遵循行为主义传统）。相反，电子游戏通过抽象过程对特定主题进行程序性表达。表达式人工智能与互动戏剧研究员兼设计师迈克尔·马特亚斯对程序素养给出了一个修订版的定义，有助于部分实现对其的修正：

> 程序素养是指具备阅读和编写过程的能力，能够参与程序性表征和美学的表达，并理解人类意义建构的文化实践与技术媒介化流程之间的互动关系。[③]

---

① Engineering Committee on Science, and Public Policy, "Rising above The Gathering Storm: Energizing and Employing America for a Brighter Economic Future" (Washington, D.C.: The National Academy of Sciences, 2005), 79-80.

② Crawford, "Process Intensity."

③ Michael Mateas, "Procedural Literacy: Educating the New Media Practitioner," *On the Horizon* 13, no. 2 (2005): 101-102.

马特亚斯的定义将程序性能力与文化和美学紧密结合，强调程序素养不仅是一项驾驭技术能力的实践，更是技术与文化精通融合的综合实践。我想进一步阐明其立场中所隐含的一点：程序素养不应局限于能够抽象地理解对文化价值的程序性表征，而应基于这一理解，能够深入探讨、评论和运用特定的真实或虚构过程中特定的表现形式。

在探讨电子游戏如何以这一特定方式帮助学生提升程序素养之前，有必要先审视"普通"素养的概念——字面意义上的"文字"读写能力——并思考它如何在帮助解决这一问题的同时，也会引发混淆。

第二次世界大战后不久，J. R. R. 托尔金（J. R. R. Tolkien）与 C. S. 刘易斯（C. S. Lewis）的挚友、中世纪史专家多萝西·塞耶斯（Dorothy Sayers）在牛津大学发表了题为《失落的学艺》（The Lost Tools of Learning）的演讲。① 塞耶斯在演讲中指出，教育系统未能教会孩子们最重要的技能。她主张，与其单纯向学生灌输具体的学科知识，不如首先教会他们如何学习。她借鉴中世纪的教育方法，提出了"三艺"的概念——文法、辩证法和修辞学。这一教育方法最早由亚里士多德提出，失传多年后于公元五、六世纪翻译成拉丁文后广泛传播。作为中世纪研究者和基督教护教士，塞耶斯推崇的"三艺"更侧重于拉丁作家而非构成古代学习基础的古希腊作家，以及以拉丁语为基础的古罗马文化。

乍看之下，塞耶斯的观点可能会被误解为早期建构主义。若她反对"学科"而提倡"学习的艺术"，是否意味着她

---

① Dorothy Sayers, "The Lost Tools of Learning" (Oxford University, Reprinted in *National Review*, 1947).

主张用抽象原则代替具体学科的学习？[①] 然而，这并非塞耶斯的真实意图。正如她所说："某种形式的'学科'当然是必要的。人们不可能不学习一门实际语言就理解文法理论，也不可能不针对具体主题进行讨论和演讲就掌握辩论和演说的技巧。"[②] 塞耶斯从她的中世纪学术背景中汲取灵感，提出了教育所需的具体学科。这些学科包括后古典拉丁语、神学、古典神话与欧洲传奇、历史人物与事件，以及自然科学和数学。通过这种方式，塞耶斯将文法重新与多门学科相结合，而不仅局限于语言学科。在辩证法阶段，学生在掌握具体主题基础知识的前提下，进入分析领域，如"很多经验教训，无论关于哪个具体学科，常常以辩论形式发生。""这位政治家的行为是否正当？""神学……将为有关行为与道德的争论提供素材。"[③] 修辞学要求学生运用辩证法的工具，合成对广泛议题的具有批判性、表达式和辩论性的观点。

传统课堂教学，无论是在塞耶斯的时代还是在当今社会，都倾向于优先强调单一学科的孤立学习，而非整合性学习。这也正是学生常常发出"这在现实生活中有什么用？"这一抱怨的根源。然而，塞耶斯并未主张通过学习拉丁语、数学或历史本身来增强心智，而是认为这些学科中所蕴含的内在逻辑为学生探究新问题、解决陌生挑战提供了必要的工

---

① Dorothy Sayers，"The Lost Tools of Learning"（Oxford University，Reprinted in *National Review*，1947）. 原始出版物已绝版，但读者可以参见其诸多线上复制版，如 http://www.gbt.org/text/ sayers.html/.

② Dorothy Sayers，"The Lost Tools of Learning"（Oxford University，Reprinted in *National Review*，1947）.

③ Dorothy Sayers，"The Lost Tools of Learning"（Oxford University，Reprinted in *National Review*，1947）.

具。这些工具不仅为他们成年后生活的成功奠定基础，还为大学阶段学习更高级学科（相当于中世纪"三艺"之后的"四艺"）提供了坚实的支持。[①] 然而，塞耶斯的提议源自传统中世纪研究者的视角，仍带有典型的西方价值观。尽管我们可以接受或拒绝她对素养具体内容的建议，但她的结构性思路颇具启发性：通过特定学科的抽象化学习方法，为进一步的学习奠定坚实基础。

塞耶斯并未主张直接沿用中世纪的"三艺"，而是对其进行了修订和现代化调整。她的建议更多是一个假设性、高层次的框架，并不足以直接构建完整的课程体系。近年来，受塞耶斯《失落的学艺》一文中理念的启发，一些教育者尝试将她的模型融入现代教学实践。塞耶斯的影响在私立和教会学校中尤为显著，这些学校尤其认可她对宗教教育的重视；与此同时，世俗版本的教育方法也逐渐兴起。这些学校通常称其教育方法为"古典教育"，以体现对"三艺"古典起源的致敬。然而，由于塞耶斯的提议本身是对中世纪传统"三艺"的再修订，这些新方法更恰当的称谓是新古典教育：在中世纪传统"三艺"的基础上，进行修订以适应新时代的需求。

尽管塞耶斯的建议清晰明了，现代的改编却将"三艺"中的特定学科根基剥离，这实际上重复了建构主义的错误。在近期一些较受欢迎的新古典教育实践中，杰西·怀斯（Jessie Wise）和苏珊·怀斯·鲍尔（Susan Wise Bauer）合著的《训练有素的头脑》（*The Well-Trained Mind*）是一本颇具

---

① 传统的"四艺"由算术、几何、音乐和天文学四个科目组成，构成中世纪通识教育的基础。

影响力的著作。[1] 乍看之下，怀斯和鲍尔的"三艺"似乎与塞耶斯的提议一致：文法、辩证法和修辞学这三个阶段依然存在（尽管她们将辩证法改名为逻辑），并且落实了塞耶斯关于将这三个阶段与发展水平相对应的建议：文法阶段对应小学，逻辑阶段对应初中，修辞学阶段对应高中。然而，怀斯和鲍尔的方法与塞耶斯的不同之处在于，她们剥离了"三艺"原有的特定经典内容，如拉丁语、神学和史诗，转而关注工具化和抽象化的内容。这样一来，怀斯和鲍尔的新古典主义将学习与社会和文化传统——这些作为知识核心的内容——脱钩，这种倾向类似于建构主义偏重抽象而非具体的特点。与此同时，她们并未对塞耶斯的西方中心主义和传统主义进行适当修正。尽管新古典主义的方法意图进行现代化调整，但她们仍然强调语言表达，尤其是书面表达，并对视觉和计算媒体持批评态度。[2] 这一问题与行为主义对单一学习模式的坚持如出一辙。理解传统素养学习方法如何割裂抽象与具体学科之间的关联，将有助于我们在程序素养领域中避免类似的错误。

举一个例子。在新古典教育哲学中，拉丁语是优先被强调的学科之一。在谈到拉丁语在学习上的作用时，多萝西·塞耶斯这样阐述自己的观点：

> 我会毫不犹豫地、非常坚定地说，教育的最佳基础是拉丁语文法。我之所以这样说，并非因为拉丁语

[1] Jessie Wise and Susan Wise Bauer, *The Well-Trained Mind: A Guide to Classical Education at Home*（New York：W.W. Norton, 1999）.

[2] Jessie Wise and Susan Wise Bauer, *The Well-Trained Mind: A Guide to Classical Education at Home*（New York：W.W. Norton, 1999）, 210.

具有传统或中世纪的价值，而是因为即便只对拉丁语有基础的掌握，也能将学习任何其他学科的努力和痛苦减少至少 50%。拉丁语是所有日耳曼语系语言词汇和结构的钥匙，也是所有科学专业词汇的核心，更是整个地中海文明的文学与历史文献的关键所在。[①]

塞耶斯强调拉丁语在欧洲语言演化中的影响，并且同样重视其在西方文明经典文本中的重要地位。现在来看怀斯和鲍尔在《训练有素的头脑》中对拉丁语的描述：

> 拉丁语能够训练人们以有序的方式进行思考。拉丁语……是最具系统性的语言，遵循成套的规则……完成词尾拼接和句法结构，是如同每天进行两英里[②]慢跑一般的心智锻炼。而由于拉丁语对精确性的要求，受过拉丁语训练的头脑会逐渐习惯于关注细节。[③]

在这里，拉丁语作为一种结构化的思维训练受到重视，而并非因为它作为了解西方文化，尤其是古罗马和中世纪教会文化核心内容的一扇窗户的价值。然而，看待拉丁语更恰当的方式是在其形式特征和文化内涵之间灵活切换。一方面，拉丁语具有合成词尾等形式特征，这些特征赋予其结构化的表达能力。通过这种句法结构变化，可以实现特定的文化消耗抑或创造。此外，拉丁语的表达有时还会受到额外形式的约

---

① Sayers, "The Lost Tools of Learning."
② 约等于 3.22 千米。——译者注
③ Wise and Bauer, *The Well: Trained Mind*, 200.

束，例如以六步短长格为韵律的创作规范。

现在，我们尝试将面向传统素养的新古典教育方法经验应用于程序素养。拉丁语的合成词尾和韵律的形式逻辑，既限制又构建了拉丁文学的表达潜力。而更具形式约束的写作实践（例如乌力波的文字实验——回文①、漏字文②以及监禁式约束写作③）则被施加了比自然语法和"普通"文学惯例更为严格的限制。然而，这种实践旨在为书面表达创造全新的模式。计算机通过硬件和编程语言的设计，进一步将这种限制推向极致。事实上，我们可以轻易地将怀斯和鲍尔描述中的拉丁语替换为某种编程语言（如 Java、Smalltalk 或 C 语言），从而有效地讽刺任何学科仅为抽象目标服务的单一价值。在许多方面，编程和乌力波式写作比拉丁语更能证明系统训练的益处。毕竟，自然语言总是有可能受到人类错误与误解的限制。

拉丁语、C 语言及其他语言系统之间共享一些基本共性。它们都有一套内置的自我校验规则，这些规则构成了语言表

---

① 回文（palindrome），一个正读和反读都相同的单词或短语。最著名的例子是乔治·佩雷克（Georges Perec）的 "Le grand palindrome"（约 1500 字），收录于佩雷克诗集 *La clôture et autre poèmes*（Paris：Hachette/Collection P.O.L.，1980）；and Nick Montfort and William Gillespie's *2002*（2002 words）（Edwardsville, Ill.：Spineless Books，2002）.

② 漏字文（lipogram），一种禁止使用特定字母的文本。最著名的漏字文是乔治·佩雷克的 *La disparition*，这部作品全文不使用字母 e。Georges Perec，*La disparition*（Paris：Gallimard，1990）. English translation，Georges Perec，*A Void*，trans. Gilbert Adair（Boston：Verba Mundi，2005）.

③ 一篇禁止使用带有上升或下降笔画字母的文本，即 b、d、f、g、h、j、k、l、p、q、t 和 y。

达的可能性空间。因此，无论是自然语言还是计算机语言，语言本身通过句法、语法和结构等规则，在每个创造性产物中施加了一种程序化的修辞。然而，拉丁语与 C 语言的文化、历史和物质背景截然不同。只精通其中一种语言的句法和文法，既能开启也可能关闭关乎未来知识与表达的某些世界。

从行为主义的角度来看，拉丁语适合用来学习古典文学，而 C 语言则是学习编程的工具。建构主义者则可能主张，无论是拉丁语还是 C 语言，都能帮助学习者掌握逻辑和语法。程序性在行为主义的抽象不足与建构主义的内容匮乏之间提供了一种可能的桥梁，它强调的是学习过程中如何汇聚各种元素以生成意义。但是，我想讨论一个对于前文所述的将程序素养等同于编程的构想的重要偏离。

从最初的设想到像 RAPUNSEL 这样的近期项目，程序素养一直是建构主义教育实践的延伸。例如，A. J. 佩利斯（A. J. Perlis）在 1961 年提出的编程课程，被马特亚斯认为是"普适性程序素养"最早的概念之一[①]：

> 我提议的首个编程课程……不是为了教人如何为特定的计算机编程，也不是为了教授新的语言。课程的核心目标，在于教会人们如何构建和分析过程。[②]

再来看吉给电子游戏学习功能框定的更宏观的教育框架：

---

① Mateas, "Procedural Literacy," 103.

② Martin Greenberger, *Computers and the World of the Future* (Cambridge, Mass.: MIT Press, 1962), 206. Cited in Mateas, "Procedural Literacy," 105.

> "情境认知"……主张人类的学习不仅是头脑中的活动，而是完全嵌入（情境化于）一个物质的、社会的、文化的世界之中……（另一个）相关领域是连接主义研究，这一观点强调人类作为强大的模式识别者的能力。研究认为，人类在试图通过逻辑推理或脱离实际经验的普遍抽象原则进行思考时，往往并不是思维表现最佳的状态。[①]

乍一看，情境认知论者的观点似乎与更广泛的建构主义理论相似。毕竟，建构主义强调将学习重新与个人经验相结合。然而，情境认知的基本前提在某些方面忽略了与特定抽象原则交织在一起的经验类型。吉进一步指出：

> 与通过抽象原则进行推理相比，人们在基于现实世界中实际经验积累的模式进行推理时，思维表现更加出色。这些模式可以随着时间的推移被总结概括，但仍然深深根植于具体的经验领域。[②]

在我们对建构主义学习，尤其是程序素养的理解中，具体的经验领域往往被排除在外。然而，这恰恰揭示了一种将学科特性从学习中剥离的纠正方式。即使是流行文化中对电视和电子游戏的认知益处的赞美，也多集中于抽象的（虽然个性化的）概念性学习。例如，流行文化评论家史蒂文·约翰逊

---

① Gee, *What Video Games Have to Teach Us about Learning and Literacy*, 8.

② Gee, *What Video Games Have to Teach Us about Learning and Literacy*, 8.

（Steven Johnson）^① 在《坏事变好事》（*Everything Bad Is Good For You*）一书中写道：

> 文字问题……在某种基本层面上对思维有益：它们教授概率、模式识别和理解因果关系的抽象技能，这些技能可以应用于无数情境……《塞尔达传说》（*Zelda*）玩家所面临的问题可以轻松地转化为这一形式……^②
>
> 当我们感叹十岁孩子在技术方面的普遍精通程度时，真正值得称道的并不是他们熟练运用某个特定平台，比如 Windows XP（微软计算机操作系统）或 GameBoy（任天堂便携式游戏机），而是他们无须翻阅手册就能快速适应新平台的那种游刃有余的能力。他们学会的不仅仅是某个系统的具体规则，而是可以用于应对任何复杂系统的抽象原则。^③

约翰逊还提到了一些利用空间关系进行的智力测验，如瑞文推理测验（Raven's Progressive Matrices）^④ 或各种韦氏量表（Wechsler measures）。这些测验需要的是不同于死记硬背的综合能力，因此常被用来评估一般性操作智力。约翰逊认为，像《俄罗斯方块》这样的益智游戏为玩家提供了丰富的复杂

---

① 原文中将该书作者姓名误写作 Stephen Johnson。——译者注

② Steven Johnson, *Everything Bad Is Good for You: How Today's Popular Culture Is Actually Making Us Smarter*（New York：Riverhead，2005），59.

③ Steven Johnson, *Everything Bad Is Good for You: How Today's Popular Culture Is Actually Making Us Smarter*（New York：Riverhead，2005），176-177.

④ 原文中写作 Raven Progressive Matrices，此处按照常规用法进行了微调更正。——译者注

关系处理经验，从而提升了他们在这些智力测验中的表现。[①]
尽管电子游戏或许让我们变得更聪明，帮助我们更好地理解
智力测验的策略，但谁又会将对智力测验的熟练掌握视为对
人类进步的真正贡献呢？

约翰逊的观点隐含着一个假设，即认知上有益的事物必
然在社会、文化或政治层面上也具有积极作用。以 Windows
XP 为例，操作系统的具体功能并非无关紧要。在如今电子设
备普及的背景下，人机交互的基本原则有助于消费者适应不
断变化的环境。然而，Windows XP 的具体功能和限制又如何
呢？这跟拉丁语与因纽特语、C 语言与 LISP（一种通用高级
计算机程序语言）在文化和形式上的差异类似。操作系统的
程序性特征至关重要：它们不仅限制了用户能够进行的计算
活动类型，也决定了这些活动的方式和可能性。

一些程序化学习方法已经在避免将内容或抽象概念作为
唯一学习成果方面迈出了小小的步伐。例如，米切尔·雷斯
尼克（Mitchel Resnick）版 Logo 语言。[②] 被他命名为 StarLogo
的这种语言，保留了基于 LISP 的 Logo 语法，但与速写式乌
龟不同，它驱动多个乌龟进行分布式系统仿真，模拟鸟群、
交通流和其他涌现现象。[③] 尽管这些方法在作为社会和生物系

---

① Steven Johnson, *Everything Bad Is Good for You: How Today's Popular
   Culture Is Actually Making Us Smarter*（New York：Riverhead，2005），
   148-151.

② 参见 http://education.mit.edu/starlogo/.

③ 参见 Mitchel Resnick, *Turtles, Termites, and Traffic Jams: Explorations
   in Massively Parallel Microworlds*（Cambridge，Mass.：MIT Press，
   1997）；Vanessa Stevens Colella，Eric Klopfer，and Mitchel Resnick，
   *Adventures in Modeling: Exploring Complex Dynamic Systems with
   StarLogo*（New York：Teachers College Press，2001）.

统入门工具方面展现出前景，它们主要关注的仍然是机械层面的操作。StarLogo 和《模拟城市》在凸显元胞自动机和涌现机制作为一种原则性、一般性学习成果上有许多相似之处。那么，当程序素养对动力学系统的表征和对文化的表征同样重视的时候，它将呈现怎样的面貌呢？

程序化历史

怀斯和鲍尔在其新古典主义的革新中，强调了"知识的关联性"。她们倡导一种跨学科的学习方法，具体来说为一种四年迭代的学习模式，分别涵盖文学、历史和科学，内容从古代、中世纪、早期现代到现代依次展开。对于怀斯和鲍尔来说，关联性意味着在不同的知识领域之间建立联系，例如历史、文学和科学。在他们的构想中，这些联系主要由共享的历史时代定义。例如，希腊史诗、英雄主义的概念以及希腊历史构成了一个跨学科的关联群体。

怀斯和鲍尔试图打破当代行为主义课堂中各学科之间的壁垒。在传统课堂中，历史、文学和科学通常被视为独立的学科，每个学科都有各自的练习、评估和教师。然而，跨学科的连接方式也可能模糊历史进程的本质，将历史事件（作为"内容"的历史）与历史逻辑（作为"抽象"的历史）割裂开来。

贾雷德·戴蒙德在《枪炮、病菌与钢铁》一书中采取了另一种方法。[1] 在作为进化生物学家研究新几内亚鸟类期间，戴蒙德的一位当地朋友提出了一个问题："为什么来自西方

---

[1] Diamond, *Guns, Germs, and Steel*.

的白人拥有如此多的财富，而本地人却几乎一无所有？"戴蒙德从这个问题出发，重新审视了世界历史的进程。他指出，我们虽然知道历史上发生了什么——欧洲人通过海上航行、马匹、火器及天花等疾病征服了世界的大部分地区——但我们并不了解，为什么历史会以这样的方式展开，导致欧洲人获得如此巨大的优势。如果枪炮、病菌和钢铁是我们所知历史进程的直接原因，那么这些因素的根本原因是什么？他进一步提出疑问："为什么阿兹特克人没有航行到欧洲并征服西班牙人呢？"

戴蒙德注意到，传统的历史假设往往认为，不同人类群体在能力或智力上的差异是造成贫富差距的原因。然而他认为，这一问题的答案并不在于人类的内在特质，而在于一些地理和自然资源的偶然因素。在土地肥沃的地区，如美索不达米亚和中国，古代人偶然实现了农业创新，这使得他们能够长期定居，而不像游牧民族那样在资源枯竭后四处迁徙。这些地区还恰好拥有更多易于驯化的动物，如马和猪，适合作为食物或负重和劳作工具。定居的农业社区因此得以壮大，并通过创造粮食盈余，使一部分人能够从日常谋生的困境中解脱出来。在地理上具有东西向广阔轴线的地区，如欧亚大陆，相似的气候条件跨越了广阔的经度范围，促进了作物、动物、农业方法和畜牧技术的传播，从而支持了大范围的社会发展。而在南北向轴线的大陆，如美洲，由于纬度间气候差异较大，加上如安第斯山脉和巴拿马地峡等地理障碍，相同的作物和牲畜无法在等距离的范围内广泛传播。

一旦粮食储存使一部分人摆脱了从事农业的负担，日益发展的社会便能够将这些人口分配到其他任务上，如当兵、造船、技术发明、宗教和政治。尤其是宗教和政治领域，为将部落发展成酋邦，进而演变为国家提供了必要的组织架构。发明家创造了新的工艺，其中包括冶金方法，用于锻造坚固的钢铁工具和战争武器。

随着社区发展为乡镇和城市，人类与驯化动物的密切共处使得疾病传播变得更加容易。虽然这些灾难性的疾病大大削减了当地人口，但它们也促使人群对最致命的疾病产生了强大的免疫力。当这些群体携带着先进的船只和武器向外扩张时，他们所遇到的人们无论在武器、盔甲、政治制度还是免疫系统上，都远远落后于这些入侵者。简而言之，戴蒙德认为，欧洲之所以能够通过马匹、枪炮、病菌和钢铁实现征服，根本原因在于偶然地拥有了肥沃的土地、优越的地理条件以及丰富的动植物资源。

戴蒙德历史观的一个后果是对个人成就的淡化。他认为，发明和创新更多是由环境因素决定的结果，而非单纯源自个人的非凡创造力。在他看来，"知识的关联性"（借用怀斯和鲍尔的术语）与历史瞬间的关系，不如与这些瞬间背后基本条件之间的关系那样重要。这些基本条件既包括实际发生的事件，也包括塑造这些事件的地理和物质环境。

戴蒙德描述了一种程序性的历史体系，认为政治和社会的结果是由物质条件的特定配置决定的。这一抽象系统构成了具体历史结果的基础。正如塞耶斯将抽象的学习过程与具体的文化价值观结合一样，戴蒙德将物质过程的抽象逻辑与具体历史时间线结合起来。这种历史观要求学习者理解事件的发生顺序与推动这些事件的物质逻辑之间的关系。在《枪炮、病菌与钢铁》中，戴蒙德通过程序化历史的视角，强调了地理偶然性在推动历史事件发生中的作用。

戴蒙德通过书籍和文字修辞展示了他的程序化历史理论。为了理解这一理论，读者需要通过思想实验追溯历史实例，探索这些实例与物质条件之间的关系。正如在第四章提到的，《文明》^① 和《地球帝国》^② 之类的电子游戏就呈现了与戴蒙德理论相似的历史模型。在《文明》中，玩家需要把一个社会从雏形渐显发展成巅峰帝国。国家的成长依赖于稳定的粮食供应和其他自然资源，这些资源促进了政治稳定，并随着时间的推移，推动了军事力量或技术（社会性、政治性和物质性）的投入。尽管《文明》中的抽象物质过程与《枪炮、病菌与钢铁》相似，但它所呈现的历史真实的事态发展的窗口是有限的。玩家可以选择特定文明（如蒙古或罗马），但这一选择除了有关文化的视觉表征基本没改变其他什么。此外，《文明》中的地理环境每局都会重新生成，因此玩家的起始条件可能与历史实际条件大相径庭。不过，生成性地理环境也为游戏提供了丰富的程序性表征，特别是在自然资源与文化进步之间的关系上。

其他的游戏则是将关于物质偶然性的程序性修辞与真实历史进程结合起来。例如，《欧陆风云》（*Europa Universalis*）让玩家控制一个处于殖民时期（1492 年至 1792 年）的欧洲国家。^③ 游戏的核心在于通过军事扩张、宗教影响、外交和贸

---

① Sid Meier and Firaxis Games, *Civilization*（Paris, France：Infogrames, 1991）.

② Stainless Steel Studios, *Empire Earth*.

③ Paradox Entertainment, *Europa Universalis*, Montreal：Strategy First, 2000.

易来实现殖民扩张。《欧陆风云》准确再现了欧洲大陆的地理现实及其固有的物质和政治条件。尽管玩家可能不会严格按照历史事件的顺序操作，但游戏中每个国家的相对优势与劣势都源自其实际的历史背景。

历史的分歧既是《文明》和《欧陆风云》这类电子游戏的限制，也为玩家提供了机遇。一方面，为了将游戏的抽象模型与实际历史的细节联系起来，玩家需要从游戏外部，譬如传统的教育媒介获取知识。另一方面，游戏中的历史信息（如《文明》中的地标或《欧陆风云》中的地理条件）凸显了虚拟历史与现实历史之间的不一致。这些"与事实相悖"的条件，为玩家提供了思考差异的空间，让他们能够探讨游戏中对埃及或俄罗斯的呈现与历史（及地理）记录之间的差异，从而加深对历史的理解。总体而言，像《枪炮、病菌与钢铁》《文明》《欧陆风云》这样的作品表明，程序素养不仅仅来自编写计算机代码，还来源于与程序系统本身的互动，尤其是那些在模型中的过程与表现目标之间建立了紧密联系的程序系统——这些系统拥有强有力的程序性修辞。换句话说，我们可以通过游戏过程本身培养程序素养。

从早期阶段开始，派珀特的"头脑风暴"项目就利用Logo语言，让孩子们为自己的机器人设计程序。从20世纪80年代中期起，派珀特与他的团队开始与玩具制造商乐高合作，将乐高的建构式玩具与Logo语言结合起来。孩子们可以用乐高积木建造电梯、机器人等，并将这些物体和一个可以通过Logo对其进行编程的接口盒连接在一起。然而，即便没有Logo接口，乐高本身也能传递程序性知识。乐高的"创造力"核心特征，实际上源自其物理连接逻辑：单个乐高积木通过简单的装配规则，可以以多种方式重新搭配，组建出新的物体或系统。即使没有派珀特式的 Logo 编程指导，孩子们在玩乐高积木时仍能培养出程序素养。通过多种组合模式，乐高能够创造出新的、前所未有的意义。

另一个经典的儿童玩具是摩比世界（Playmobil）。与侧重物理搭建的乐高一样，摩比世界也是由塑料件构成，并按不同主题出售，如机场、海盗和骑士等。然而，摩比世界与乐高的区别在于，它的单元体积较大，物理上的可重组性较低，但在文化意义的体现上则更加丰富。例如，一个"荒岛求生"主题摩比世界套件，包括荒岛、棕榈树、带破损白旗的枯树、一个破旧的临时搭建物、漂流瓶、三只螃蟹、三条鱼骨、两颗海星以及一堆漂流木。当我开始为我的孩子购买摩比世界时，本以为这些玩具无法提供与乐高同样的创造性玩法，因为乐高能够以更多的方式进行重新组合。然而经过深入思考，我意识到，摩比世界组件的高度特异性，实际上在文化层面提供了比乐高更深层次的程序性学习。我们在摩比世界中看到的不只是骑士，而是十字军；不仅是战士，还是蒙古战士。摩比世界通过提供与人类文化紧密相关的具体参考点，不仅赋予了这些玩具特定的文化意义，还具备了抽象的替代过程。每个系列的组件，为孩子们重新组合玩具提供了足够的背景，以便在重组过程中能够保留、探讨，或是颠覆每个部件的文化背景。当孩子们（或成年人）玩摩比世界时，他们将文化意义深厚的元素进行重新组合——如停车管理员、烟囱清扫工、冒泡的啤酒杯和机场安检点（见图 8.1）。这种重组方式不仅能够帮助孩子们理解这些文化标志的个体意义，还能通过实验性地将其置于不同情境中，更深入地理解文化符号如何在不同背景下变化和转化。

图8.1　摩比世界玩具让孩子们（或成年人）能够构建社会和文化情境。图中所示的情境由作者拼搭并拍摄

作为程序素养的程序性修辞

　　程序素养通常被理解为对编程的学习——在一个日益依赖计算的世界中，这是一个既有价值又值得追求的目标。然而，程序素养的价值远超编程本身；事实上，任何鼓励根据特定逻辑主动组装基本构件的活动，都有助于提升程序素养。书面和口语语言的学习确实需要概念性的思维，但如果认为像玩具和电子游戏这样的媒介不需要概念性的能力，这是错误的。同样，认为电子游戏能够自然而然地产生超越其特定主题的综合抽象规则，也是不准确的。具备程序素养的人，既能对一个物质概念特定的性质有认知，又能理解支撑该概念的抽象规则。

为了区分电子游戏与叙事媒介，希瑟·卓别林（Heather Chaplin）和亚伦·鲁比（Aaron Ruby）认为，前者依赖模型，而后者依赖描述。[①] 作为例子，他们将通过教科书或讲座学习行星轨道的方式，与通过天体仪学习行星轨道的方式进行比较。天体仪是一个机械模型，通过一系列齿轮系统模拟行星的旋转和轨道，并以正确的相对速度进行运动。卓别林和鲁比解释道，天体仪"不是通过描述太阳系来呈现它，而是通过作为其模型来再现太阳系"[②]。描绘行为的模型（如天体仪）推动实验进程，这是一种更为正式的程序性互动，其中机械系统的规则限制了设备的操作。

模型和玩具同样可以强化程序性修辞。天体仪通过机械规则限制行星的行为，而这些规则代表了引导天体轨道的物理法则。如今，行星轨道并非一个具有争议的话题，但在 15 世纪初，哥白尼提出日心说之前，这一观点几乎不被接受。天体仪的现有形式始于 18 世纪，但哥白尼及其同时代人也曾使用机械模型来说明他们的理论，通过这些模型的机械过程来展示他们对天体运动的论证。一些玩具也像模型一样发挥作用，通过机械过程来规范行为。摩比世界之类的玩具虽然不会直接强化程

---

① Heather Chaplin and Aaron Ruby, *Smartbomb: The Quest for Art, Entertainment, and Big Bucks in the Videogame Revolution* (Chapel Hill, N.C.: Algonquin Books, 2005), 2.

② Heather Chaplin and Aaron Ruby, *Smartbomb: The Quest for Art, Entertainment, and Big Bucks in the Videogame Revolution* (Chapel Hill, N.C.: Algonquin Books, 2005), 2.

序性修辞，但它们为玩家构建程序性修辞提供了可能。当一个孩子用危险品处理小组和海盗的零部件构建摩比世界场景时，他实际上是在构建一个关于这些角色如何行动的论证。这个论证通过孩子选择鼓励或禁止的行为类型这一过程本身得以实现。

程序性修辞是一种程序素养，它推动并挑战行为背后的逻辑，以及这些逻辑的运作方式。程序素养包括解读和编写程序性修辞的能力——通过代码所示的单元操作来构建和理解论证。形成程序性修辞的"阅读"和"写作"方式引发了以下几个关键问题：

> 系统的规则是什么？
>
> 这些规则（相较其他规则）的重要意义是什么？
>
> 它们对世界提出了什么样的主张？
>
> 我该如何回应这些主张？

让我们带着这些问题重新审视之前提到的几款教育电子游戏。

对于《模拟飞行》和《模拟城市》，评估这些游戏的教育价值可以通过吉提出的具身经验的拓展视角来展开。大卫·威廉姆森·谢弗（David Williamson Shaffer）运用这种方法，研究了游戏如何帮助个人从特定的职业的角度看待世界。① 他将游戏视为"认知框架"的实例，解释了参与特定实践社群的成员如何进行行为组织，并为该社群的持续发展做

---

① David Williamson Shaffer, "Epistemic Games," *Innovate* 1, no. 6（2005）, David Williamson Shaffer, "Pedagogical Praxis：The Professions as Models for Postindustrial Education," *Teachers College Record* 10（2004）.

出贡献。[①] 谢弗将认知游戏（epistemic game）[②] 定义为"一个模拟过程，它保持了'知道'与'做'之间的联系，这一联系是认知框架的核心"[③]。

《模拟飞行》和《模拟城市》可以被视为认知游戏，因为它们模拟了职业情境。作为模拟游戏，这些游戏体现了航空和城市规划的操作逻辑，并展示了其中的程序性修辞。需要注意的是，认知游戏中的程序性修辞，并不意味着玩家会学到某一职业的具体工作，而是学会理解推动该职业功能的规则体系。玩家学习的是飞行和城市建设中所涉及的任务、问题及其解决方案的规则。

虽然谢弗主要（但并非唯一）关注认知游戏作为特定职业情境的教学工具，但我同样——甚至更加——关注程序性修辞作为一种批判性实践。回想一下那位因购买游戏而被美国联邦调查局"登门拜访"的母亲的故事，一个可能的视角是探讨航空规则如何导致或避免恐怖主义行为。在前文中我讨论了《侠盗猎车手：圣安地列斯》中关于营养、阶级和犯罪的程序性修辞。通过带入这种视角来玩游戏，玩家能够基于自己对这些社会问题的现实经验，解读游戏中关于犯罪、营养等主题的隐含主张。

前面的章节里还提到了《夺回伊利诺伊州》之类的游戏，

---

① David Williamson Shaffer, "Epistemic Frames and Islands of Expertise"(paper presented at the International Conference of the Learning Sciences [ICLS], Santa Monica, Calif., 2004).

② 在中文网站上能够查询到有关 epistemic game theory 的信息，该词被翻译成"认知博弈"，但是考虑到该段的上下文，此处译作"认知游戏"。——译者注

③ Shaffer, "Epistemic Games."

推动了关于医疗改革、教育管理和工作激励的程序性修辞。[1] 这些逻辑并不是作为必须内化并积极强化的自然法则呈现的，而是作为需要质疑和审视的系统——这正是修辞学的核心原则。

《模拟人生》因其消费资本主义的程序性修辞而受到批评。[2] 无可否认，游戏将物质财富的获取作为模拟成功和幸福的关键因素。一些人认为这款游戏是对消费主义的讽刺，认为模拟市民的单一目标是对当代美国理想的讽刺——一种"美国电视文化"[3]。然而，评论家贡萨洛·弗拉斯卡对此观点持不同意见：

> 我遇到过一些人，他们坚信《模拟人生》是讽刺作品，认为它实际上是在批判消费主义。就个人而言，我不同意这个观点。虽然游戏确实具有卡通风格，但我并未从中找到讽刺的成分。当然，游戏可能在取笑郊区的美国人，但由于每当玩家购买新物品时都会获得奖励，我认为这不能算作讽刺。[4]

这个反对意见的正确与否并不重要（尽管设计师威尔·赖特坚持认为游戏是一种夸张的描绘），但游戏的教育价值之一，正是通过参与并解构消费规则与追求虚拟满足之间的关系，来挑战玩家对消费主义的理解。

在本章伊始，我提出了一个疑问：如果电子游戏具有教

---

[1] Persuasive Games，*Take Back Illinois*.

[2] Maxis，*The Sims*.

[3] Chaplin and Ruby，*Smartbomb*，138.

[4] Gonzalo Frasca，"*The Sims*：Grandmothers Are Cooler Than Trolls," *Game Studies* 1，no. 1（2001）.

育意义，它们究竟在教什么，又是如何教的？对这个问题的总结是，电子游戏玩家通过与游戏中呈现的特定真实或虚构过程的抽象模型互动，发展出程序素养。电子游戏教授关于事物如何运作的特定视角，并通过程序性修辞传递给玩家。玩家通过直接参与和批评，来对这些修辞进行"解读"。

第九章 价值观与理想

    在美国，越来越多的家长和学生开始关注到一个令人不安的现象：我们的教育系统似乎过于侧重培养顺从、接受标准教育的大众，以致那些具备独立思考能力和接受过真正教育的个体反而成了例外，成为在教育过程中不招人待见，却最终获得了真正教育的"异类"。[①] 作为一项政治议题，教育一直是 2004 年总统大选前美国公民最关心的四大问题之一。[②] 关于教育的几种主流立场，正是从公众的愤怒情绪中应运而生。以下是一段关于这个问题简明扼要的总结：

        自由派人士通常主张，应加大对教育的资金投入，增加教师数量以降低学生与教师的比例，并提升教师薪酬，使之与其他职业相当。他们还强调，教育资源应更加公平地分配，以确保贫困学区的学生不会被边缘化。相比之下，保守派则认为，教育领域已经获得了大量资金支持，但效果甚微。他们主张将教育政策的控制权还给州和地方政府。此外，许多人认为，提供私立和公立学校选项能够引入市场竞争，从

[①] 参见 http://www.buildfreedom.com/tl/wua3.shtml/.

[②] 参见美国全国广播公司（简称 NBC）新闻和《华尔街日报》（*Wall Street Journal*）共同发起的民意调查：http://www.pollingreport.com/prioriti.htm/. 其他三个问题，通常关乎外交政策、安全和医保。

而促进教育质量的提升。[1]

尽管存在各种不同的观点，近年来美国教育的联邦化趋势却在不断加强。小布什总统在 2001 年上任后不久提出了一项规模高达 470 亿美元的教育改革计划，批评联邦政府在教育责任上的缺位。这项改革计划于 2002 年正式通过并被命名为《有教无类（No Child Left Behind）法案》（简称 NCLB 法案）。该法案要求加强标准化测试，尤其是在小学阶段，并对未能达到国家标准的学区实施更严格的惩罚措施。[2] 对于 NCLB 法案，批评者最常质疑的问题集中在资金不足、问责机制以及标准化测试的有效性上。[3]

《有教无类法案》假设教育系统本身是合理且高效的，问题的根源在于部分学校和教师的表现欠佳。法案的逻辑是，通过要求这些群体承担更大的责任，可以解决教育中的问题。然而，这一法案同时揭示了一个重要事实：教育的基础设施和课堂环境并非中立或无偏见的场所。无论是学校、职场培训中心、昂贵的高管研讨会，还是继续教育课程和技术认证项目，这些场所无一例外地受到更大社会、政治或企业结构的影响，或是它们的复杂交织体。

对教育机构的不信任并非 20—21 世纪后工业化社会的独特现象。早在 1869 年，约翰·斯图尔特·穆勒（John Stuart Mill）就提出了类似的观点：

---

[1] 参见 http://www.policyalmanac.org/education/index.shtml/.

[2] 有关《有教无类法案》的更多信息，参见 http://www.whitehouse.gov/news/reports/no-child-left-behind.html#1/.

[3] 参见 http://www.brookings.edu/views/op-ed/loveless/20040108.htm/.

一般性国家教育只不过是一种工具，用于将人们塑造成彼此相同的样子。这种塑形的模具，服务于政府中掌权者的需求——无论权力属于君主、神职人员、贵族，还是当代多数人的意志。教育的效率越高、越成功，就越会在思想上建立起专制，并且按其自然趋势，最终可能导致对身体的规制。[1]

我们可以将教育区分为在学校上学（being schooled）和接受教育（being educated）。在学校上学意味着熟练掌握学校体系的运作方式，掌握在校园环境中表现良好的技巧，并顺利适应教育体系的要求。这包括学会如何排队、在被点名时恰当发言，以及遵循指示行事。换言之，上学是理解系统运作的规律，并充当其高效运转的一部分。与之相比，接受教育则更加关注个体的内在成长和持续进步。这不仅要求具备某一知识领域的基本素养，还需要懂得如何提出有力的论点、独立思考、清晰表达并不断提升自我。接受教育还意味着具备通过创新挑战现有体系的能力，推动社会的进步与变革。

当"上学"发生在企业或组织中时，它通常被称为培训（training）。这一术语源于古法语中的动词 trahiner，意为引导某物按特定形状成长，最初常用于描述植物的培育过程。培训通常暗示外部力量施加的期望，就如同盆景艺术家通过修剪和弯曲枝叶塑造植物的预设形态一样。或许并非巧合，作为动词的上学或者说"上课"一词在非正式语境中有时带有贬义，形容一种主体对另一主体的绝对控制，例如"我完全是给你上了一课"。相比之下，教育一词源自拉丁语里的

---

[1] John Stuart Mill, *On Liberty* (New York：Penguin, 1975), 177.

educere，意为引导出来。虽然教育一词很不幸地往往与学校上学或培训的概念紧密相连，但"真正的"教育并非将个体局限于既定框架之内，而是通过引导他们认识这些框架的局限性，帮助他们超越这些支撑系统，从中脱离出来。

关于消费

学校上学式教育与消费之间有着紧密联系。在 2004 年麻省理工学院主办的 Education Arcade（教育拱桥）会议上，评论家兼资深教育软件设计师布伦达·劳雷尔（Brenda Laurel）就此问题提出了尖锐的意见。以下是对她发言的转述[①]：

> 学校的核心任务是教授基本技能。自 20 世纪以来，学校不仅承担了社交化的职能，更重要的是为忙于工作的父母提供看护服务。此外，学校教学生如何应对考试，并向他们灌输权威概念：教师拥有知识与权力，而学生处于从属地位。学生能够实现的自主表达仅限于学校给定框架内的"轻微越轨"或"卓越表现"。

> 在美国，公立教育的主要功能之一是灌输等级观念，以培养一个高效运转的底层阶级。学校训练学生成为优秀的劳动力和消费者……

[①] 以下内容并非劳雷尔的原话，而是我在她演讲期间所做笔记的叙述性总结。虽然我相信我很好地抓住了她的核心思想，但我无意声称这是直接引用。

公立教育并未教导年轻人如何有意义地行使自主权、如何进行批判性思考、如何发出自己的声音、如何参与公共讨论，或如何成长为负责任的公民。[1]

这一批评反映了一种更为广泛的趋势。路易·阿尔都塞曾提出，教育体系的核心作用是社会现有生产关系的再生产。[2]

劳雷尔的观点，与约翰·泰勒·盖托（John Taylor Gatto）和菲利普·杰克逊（Philip Jackson）[3]等教育评论家的看法相呼应。盖托曾任公立学校教师，著有《美国教育秘史》（*The Underground History of American Education*）和《愚弄美国》（*Dumbing Us Down*）。[4] 杰克逊则在《课堂生活》（*Life in Classrooms*）一书中提出"隐性课程"的概念，指出公立学校通过隐性机制，将教育变成一种社会化训练而非知识传递的过程。[5] 在 Education Arcade 会议的演讲中，劳雷尔呼应了盖托和杰克逊等人的观点。她指出，学校实际上是在培养学生顺应体制，并学习识别能够让他们在现有系统中获得成功的有效知识。换句话说，这种教育模式关注的并非真正意义上的教育，而是上学式教学。劳雷尔认为，学校在传授等级制度和消费主义理念的同时，其存在的核心功能之一是让父母

---

① 参见 http://www.watercoolergames.org/archives/000142.shtml#laurel/.

② Louis Althusser, "Ideology and Ideological State Apparatuses," *Lenin and Philosophy and Other Essays*, trans. Ben Brewster（New York：Monthly Review Press, 2003）.

③ 原文中误将该学者写作 Brian Jackson，但结合后面提及的《课堂生活》一书，确认实为 Philip Jackson，即菲利普·杰克逊。——译者注

④ 参见 http://www.johntaylorgatto.com/.

⑤ 如欲了解更多有关杰克逊及其著作的内容，请参阅 http://www.sociology.org.uk/tece1el2.htm/.

能够进入职场，从而为国内生产总值做贡献。然而，父母因经济压力背负越来越重的债务，这种债务反过来强化了他们作为顺从公民的角色。近年来，一些令人担忧的趋势，例如强制学前教育，似乎更是在优先考虑提升成年人的生产力和经济活动，而非促进年轻人的教育发展。[①]

正如政治类电子游戏通过程序性修辞推动现有或拟议的公共政策，广告游戏通过程序性修辞推广产品和服务。同样，教育游戏也利用程序性修辞强调特定概念或物质系统的运作方式。政治游戏和广告游戏可以被视为教育游戏，正如《如厕训练》《不满！》等广告游戏可以被视作政治游戏一样。我所理解的教育游戏，并非指那些直接用于学校或职场的电子游戏，而是指通过程序性修辞引导玩家思考现实世界各个方面的游戏。

让我们来看一个简单的例子。《豪宅特工队》（*Mansion Impossible*）是一款关于房地产投资的网页游戏。[②]游戏展示了一个网格化的社区（见图 9.1）：房屋从空地上冒出来并上市，售出后再度消失。每栋房子都明码标价，房价会经历一次涨跌循环，随后趋于稳定。玩家从 10 万美元起步，目标是积累足够的资本购买屏幕边缘 1000 万美元的豪宅。玩家需要点击房子进行买卖，并精确掌握时机，以获得最大利润。小镇被划分为低成本和高成本区域，最考究且昂贵的住宅区位于豪宅旁区域的右上角。

虽然《豪宅特工队》简化了许多细节，但是游戏通过程序性修辞展现了一个有趣的房地产投资理念。首先，它鼓励玩家持续进行投资——将资金存入银行无法产生任何收益。

---

① 示例参见 http://www.eagleforum.org/educate/2002/apr02/pre-school. shtml/.

② 3Form, *Mansion Impossible*（Jersey, U.K.: Jersey Insight, 2003）.

虽然游戏并未涉及抵押贷款融资的主题，但其机制模拟了杠杆效应的概念。通过资本利用最大化，玩家能够以最小的投入获取最大的回报。[①]

图9.1 《豪宅特工队》对房地产投资进行简化，重点展示有关地理位置的策略

　　游戏还将城镇划分为价值不同的社区，每个区域都不断有房屋上市。玩家可以通过观察价格区间，轻松辨别哪些区域更具吸引力，哪些区域相对逊色。尽管城镇内并未设立推动整体升值的统一房地产市场，玩家仍可以识别出相对热门和相对冷门的社区，进而制订相应的投资策略。这一机制与现实中的房地产投资策略高度一致。[②]

---

① Dolf de Roos and Robert T. Kiyosaki, *Real Estate Riches: How to Become Rich Using Your Banker's Money*（New York：Warner, 2001）, 5.

② Dolf de Roos and Robert T. Kiyosaki, *Real Estate Riches: How to Become Rich Using Your Banker's Money*（New York：Warner, 2001）, 53, 81.

第九章　价值观与理想　　　　377

《豪宅特工队》中最引人注目的单元操作是对地理位置接近性的模拟。尽管玩家的操作仅限于点击鼠标，游戏的节奏却异常紧凑，房产在地图呈现的各个市场中不断出现和消失。玩家不仅要扫描市场寻找理想的新房产，还需要关注自己已持有的房产，以避免发生亏损。管理当前和未来投资的最有效策略，是专注于某一特定区域。尽管其他区域的高价值房产可能升值更快，但同时投资两个距离较远的区域会因分散注意力而增加亏损的风险。从概念上讲，这一游戏机制对应了房地产投资中的一个比较复杂的理论原则：投资者应选择自己熟悉的区域，并优先购买位置便利的房产（如靠近工作地点、居住地或通勤路径上的房产）。[1]

　　《豪宅特工队》并非一款专门的房地产投资电子游戏。它并没有涉及投资抵押贷款、物业管理、税务或政府法规等相关知识，也并不试图呈现这些内容。与此相比，许多房地产投资的流行书籍往往花费大量篇幅来为这一实践奠定理论基础，而《豪宅特工队》则通过程序化的方式传递了一种投资理念：专注于某一地区的投资，并尽可能将资本投入市场。玩家可以考虑多种方式将这一新的逻辑结构应用于现实生活中，例如更加关注自己所在社区的潜在投资机会，或是向邻里协会提意见，批评那些在街区内大量购房、改建为豪宅并转售的投机者。玩家也可能将这一概念放在心中，日后在日常对话或实践中提取并加以运用。在短短几分钟的游戏时间里，《豪宅特工队》便为玩家提供了一个便捷的途径，使其接

---

[1] Dolf de Roos and Robert T. Kiyosaki, *Real Estate Riches: How to Become Rich Using Your Banker's Money*（New York：Warner，2001），42，126.

触到通常需要阅读多本房地产投资书籍才能掌握的深奥且高阶的概念。

当然，《豪宅特工队》本身也略显晦涩难懂，是众多在线游戏中较为复杂的一款网页游戏。商业游戏同样也会通过程序性修辞探讨日常之事。例如，任天堂 GameCube（第四代家用游戏机）上的《动物森友会》（Animal Crossing）被称为一款"动物村庄模拟器"[①]。在游戏里，玩家进入一个充满着卡通动物角色的小镇，购买房屋后开始工作、交易，并个性化打造自己的小环境。游戏提供了一系列无害且看似平凡的活动，如抓虫、做园艺和设计墙纸。正如《模拟人生》一样，《动物森友会》的核心隐喻在于社会互动与家庭定制。

尽管游戏机支持最多四名玩家同时进行游戏，《动物森友会》却每次只允许一名玩家操作。游戏可以在一个共享的小镇中存储最多四个玩家的档案，玩家之间的互动主要通过间接方式实现，如留言、赠送礼物、完成任务，甚至是种植花草或树木。此外，《动物森友会》将游戏世界与现实世界紧密相连，其日期和时间与控制台的时钟同步。在游戏中，时间以实时方式流逝——晚上天会变暗，冬天会下雪，万圣节时动物们会出去"不给糖就捣蛋"。由于游戏时间与现实时间绑定，玩家可以将游戏视为日常生活的一部分，而非从生活中抽离出来的经历。这种将现实与游戏融合的设计，为家人或朋友之间提供了一种协作的可能性，而这种协作在传统的实时多人游戏中可能无法实现。[②] 由于全家共用一台游戏机，游戏的持续状态能够自然地促进不同作息的家庭成员之间的合

---

① Nintendo，*Animal Crossing*（Kyoto，Japan：Nintendo，2002）.

② 参见 Bogost，"Asynchronous Multiplay."

作。例如，孩子可能在下午发现了一块化石，并通过游戏中的邮寄系统将其寄给父亲的角色。到了晚上，她可以告诉父亲，需要将化石送到博物馆进行分析，以便第二天将其展示在本地画廊。正如评论家库特·斯奎尔和亨利·詹金斯所言："当今的家庭（无论形式如何）越来越过着分散的生活，但即使很少能聚在一起吃晚饭，全家人依然可以通过《动物森友会》共同体验游戏的乐趣。"[1]

游戏中最具挑战性的任务之一是偿还房屋的抵押贷款。《动物森友会》允许玩家将房屋升级，但这要求玩家在游戏开始时借款建造初始房屋，之后还需要支付更高金额的翻修贷款。[2]尽管游戏有意省略了一些关于长期债务的相当苛刻的细节，如复利计算，但要改善自己的家，需要玩家在游戏世界中不断努力。通过抓鱼、挖掘化石、捕捉昆虫以及为其他镇民完成任务，玩家可以赚取收入，用来偿还抵押贷款，或购买地毯、家具和装饰品来美化自己的家。

《动物森友会》有效利用程序性修辞重现当代物质财富理念引导下重复的世俗劳作。当我（彼时五岁的）儿子开始认真玩这款游戏时，他很快意识到自己面临的两难境地。一方面，他希望用通过收集水果和昆虫赚来的钱购买新家具、地毯和衣物；另一方面，他又希望能还清房贷，从而拥有像我

---

[1] Henry Jenkins and Kurt Squire, "Playing Together, Staying Together," *Computer Games Magazine*, December 2003.

[2] 这里举个例子，让读者感受一下《动物森友会》游戏中玩家需要承担的工作量。最后一次房屋扩建的贷款高达 70 万 "铃钱"（游戏里的货币单位）。玩家在游戏中可以捕捉到的最赚钱的鱼和昆虫售价为 1 万 "铃钱"，但这些物种十分罕见。更常见的物品售价通常在 300—1000 "铃钱" 之间。

的一样更大的房子。然而，一旦他攒够钱还清了抵押贷款，镇上的商店老板兼房地产大亨狸克（Tom Nook）便会建议他扩建房子。尽管玩家可以选择拒绝扩建，但这个不起眼的浣熊总会在玩家每次光顾他的商店时不断提出翻修的建议。我的儿子逐渐意识到自己陷入了一个循环：拥有的物质财富越多，需要的空间就越大，而为了获取更多空间，他不得不背负更多债务。额外的空间又会刺激更多的物质需求，导致这一循环反复上演。

20世纪70年代，心理学家将富裕带来的精神空虚和内疚称为"富贵病"（affluenza）。约翰·德·格拉夫（John de Graaf）等人后来进一步扩展了这一概念，涵盖社会各阶层背负越来越多债务、攫取越来越多物质财产所表现出的狂热之举。[①] 作为文化实践的购物行为、不断增加的债务以及频繁的破产现象，已经成为这一状态最显著的标志之一。[②] 学会如何聪明地积累和分配资本，成为许多成年人难以回避的课题——我们常常听到的建议是"少消费，多储蓄"。

《动物森友会》通过程序性修辞呈现了债务与消费之间的动态关系，成功模拟了"富贵病"的症状。正如我之前提到的，《模拟人生》因将消费描绘为解决孤独和不幸福问题的手段而受到批评。首席设计师威尔·赖特辩解称，《模拟人生》通过对物质资本和社会资本的平等追求实现了最佳平衡，反

---

① John de Graaf, David Wann, and Thomas H. Naylor, *Affluenza: The All-Consuming Epidemic*（San Francisco：Berrett Koehler，2005），xvi.（原注释将格拉夫的姓氏拼错，此处及后续脚注中已更正。——译者注）

② John de Graaf, David Wann, and Thomas H. Naylor, *Affluenza: The AllConsuming Epidemic*（San Francisco：Berrett Koehler，2005），xvi，11-22.

映了对美国理想的讽刺。[①] 在游戏中，玩家角色对拥有更多物质财产的人表现出更积极的反应，尤其是对那些拥有大房子和热水浴池的朋友青睐有加。

　　与此不同，《动物森友会》中的 NPC 角色则简单得多。这些可爱的动物角色如果一段时间未见玩家，可能会严厉地责备他，但它们似乎并不关心玩家所拥有物品的数量或种类。偶尔，动物们会表达对玩家携带的某件衣物或家具的渴望，并提出交换，但这样的交易既罕见又富有魅力；动物们通常以一种长久渴望的语气提出请求——"我一直想要一盏现代灯！"——这一点与那些沉迷于消费的购物者形成鲜明对比，后者的"唯一兴趣就是花钱"[②]。

　　《动物森友会》模拟了一个小镇的社会动态，但避免了"与邻居攀比"的物质追求。游戏为玩家提供了一个实验场，探索如何重新组合个人财富，而这些财富的抽象程度远远超越《模拟人生》中的经济系统。当玩家努力偿还新买一层楼的贷款时，NPC 小动物们却依旧住在简陋的小屋里，它们似乎并不在意家中摆满了鱼、岩石或水果做的家具。有人可能会认为，这种简朴的生活方式仅仅是因为任天堂对构建更复杂的人工智能装饰系统不感兴趣。然而，程序化抽象在电子游戏设计中有其独特的意义。《动物森友会》中的动物们喜欢在户外散步，黄昏时在门廊上打盹，停下来看玩家钓鱼，漫无目的地闲逛，并积极参与节日社区活动。它们并非消费者，

---

① Will Wright, "Design Learning: How Other Fields Can Inform Interactive Design"（paper presented at the Living Game Worlds 2006: Designers on Design, The Georgia Institute of Technology, Atlanta, Georgia, 2006）.

② De Graaf, Wann, and Naylor, *Affluenza*, 15.

而是自然主义者，更像是亨利·戴维·梭罗（Henry David Thoreau），而非帕丽斯·希尔顿（Paris Hilton）。

这些隐居的动物与镇上的商店老板狸克形成了鲜明对比。每当玩家还清房屋贷款后，狸克便会关闭商店进行升级。游戏开始时，狸克的商店只是一个木屋小商店，最后发展成了一个两层楼的大型百货商店。每次升级都意味着狸克能出售更多商品。尽管城里的动物们从未光顾狸克的商店，偶尔也会略带不屑地提到它——这些动物似乎对消费并不感兴趣，玩家却完全融入了消费的循环：偿还债务、购买商品、销售商品。狸克购买商品并将其转化为财富。当玩家还清贷款、升级家居以存放更多商品时，他可以看到狸克如何将这些财富转化为更强的商业杠杆。这种债务和银行业务之间的简单因果关系，具象化了一个大多数房贷人未曾意识到的现象：个人债务使别人变得富有。《动物森友会》以简单而有效的方式程序化了这种关系：减少自己的债务，增加狸克的财富，随后狸克利用这些财富从玩家那里获得更多资本。玩家的资源始终保持不变，而玩家花得越多，狸克赚得也越多。通过将所有金融交易浓缩成玩家与狸克之间的资金流动，游戏使得即使是年轻玩家也能轻松理解财富再分配的过程。狸克是商业资产阶级的一种形象缩影。

此外，游戏中的其他机制进一步模糊了《动物森友会》与消费之间的关系。每个小镇都设有警察局和垃圾场，警察局充当失物招领处。偶尔，一些物品会出现在这两个地方，玩家可以随意拿走任何他们想要的物品，也可以将不需要的物品丢进垃圾场，这些物品会在第二天消失。警察局和垃圾场的设定是狸克商店和玩家债务系统的有益补充。它们并不鼓励物质财富的积累，而是提供了一种选择：即使物品是免费的，玩家也可以选择不去获取。失物招领处更进一步揭示了人们获取不需要物品的倾向。每当玩家发现物品时，警察总会问："这是你的吗？你可以拿走……"然而，失物招领处里的物品并不属于玩家——即使是随意丢弃在小镇上的物品，它们似乎总是静静地待在那里。因此，从失物招领处拿取物品总会让玩家怀疑自己是否真正需要这些物品。而垃圾场则将这一点推向了更深的层次。玩家几乎可以将任何物品卖给狸克，而垃圾场则让玩家在没有金钱回报的情况下放弃物品。即便玩家很少使用垃圾场，它的存在仍在游戏的消费生态中起到了重要的平衡作用，让物品可以完全失去经济价值。

玩家收集物品的动力之一来自游戏中的一个独特功能——快乐家协会（Happy Room Academy，简称 HRA）。每天，玩家都会收到一封来自 HRA 的信，信中会对玩家的家进行评分，并附上一条简短的、通常难以捉摸的信息。HRA 的评分逻辑基于一种复杂的室内设计模拟，但这种逻辑从未在游戏或其手册中公开过（玩家可以通过查阅网上的粉丝网站解码其规则）。[1]HRA 通常倾向于对一些易于测试的目标给予较高评分，比如将同一系列的家具搭配在一起，或是将壁纸与地毯搭配在同一房间内。评分还会考虑家具的摆放位置、来源以及其他无形因素（例如是否开设了银行储蓄账户）。[2]尽管玩家可以选择忽视 HRA 的评分，但每天收到的信件仍然在无形中鼓励玩家最终参与其中。

HRA 的逻辑大多基于消费主义目标，如宝可梦风格的

---

[1] 详细信息参阅 http://www.animalcrossingcommunity.com/.

[2] 参见 http://www.animalcrossingcommunity.com/hra_guide.asp.

"收集所有"的配套家具的逻辑。但评分系统并未考虑玩家的个人偏好，因此迅速让人感到不满。HRA为每个家庭应用统一的生活方式评分标准，假设了某些必要条件和特定的审美偏好。它将时尚程序化，特别是追求拥有来自"正确"品牌或商场的"正确"物品。玩家常常试图取悦那个看不见的HRA评审团，却常因其难以捉摸的标准而感到失望。有时，HRA的信件会质疑玩家："如果不合理利用这些空间，那拥有这么大的房子又有什么意义？"即使玩家的家已经堆得杂乱无章，几乎无法走动。作为时尚的模拟，HRA不仅鼓励玩家渴望那些自己尚未拥有的物品，还激发对潮流无常的愤慨。追赶潮流，似乎成了一个永无止境的过程。

　　一般说来，如果玩家选择拒绝HRA的影响，另一种机制也会促使玩家重新思考收集和保留物品的问题。玩家可以通过修建地下室来存储那些目前不使用的衣物、地毯和家具。狸克明确表示，HRA的评分并不考虑地下室，因此玩家可以放心地将不常用的物品存放在那里。正如空置的车库或储藏室通常会促使人们购买新商品一样，《动物森友会》中的地下室也发挥了类似的作用。理查德·斯文森（Richard Swenson）博士将因物品过多而产生的压力称为"所有物超负荷"，并认为这种压力与任何其他形式的焦虑一样对身体有生理上的危害。[1]当玩家对HRA空洞的时尚追求感到不满或感到压力时，他们可以通过丢弃、卖掉或赠送物品的方式，拒绝继续储存那些未使用的物品。

　　尽管HRA和地下室机制鼓励消费，但《动物森友会》中简单的物品操作和处理方式促使玩家更多地思考自己对虚拟

---

[1]　De Graaf, Wann, and Naylor, *Affluenza*, 39.

物品的真正需求。在游戏中，玩家只需站在物品旁边，按下控制器上的按钮，物品便会变成一片叶子，无论本身的大小或重量如何，都可以轻松携带并移动。这一看似简单的设计技巧，不仅解决了在屏幕上展示成百上千种物品的难题，还为反对盲目消费提供了一个便捷的象征。就像在郊区的妻子面对客厅思考如何重新布置家居时，通常不会考虑将物品处理掉——家具可能会被移到不同的位置，或者被更新换代，但很少会被完全移除。而在《动物森友会》中，物品变成叶子的设定暗示了它们的短暂性。像一片叶子一样，这些物品可以随风飘走，飘入河流，腐烂后消失在土壤中。事实上，玩家通过将这些代表物品的叶子丢进城镇的垃圾场，迅速让它们消失，从而摆脱了不需要的物品。通过这种方式，游戏的消费主义修辞逐渐解构，从过度积累转向理性的极简主义。我们可以把《动物森友会》中的房屋看作日本庭院的模拟，而非典型的美式住宅——只有当没有多余的物品需要移除时，它才是完美的。[①]

　　《动物森友会》对自然主义的关注在游戏中通过对镇外环境的程序性表征得到了延续。村庄四周被树木、悬崖、河流、瀑布、花坛和沙滩环绕。得益于游戏与主机时钟的实时同步，黄金时刻总是不经意地在傍晚时分到来，晚上夜幕降临，秋天的叶子在风和日丽的日子里泛红并飘落，冬天的积雪覆盖大地。季节轮换的模拟创造了一个不断变化却又永恒存在的世界。春天的某些日子会下雨，动物们会撑起伞。沉浸在回忆里的小镇居民在夜晚入睡，蟋蟀在短暂而快乐的夜空中鸣

---

① Michael Ashkenazi and Jeanne Jacob, *The Essence of Japanese Cuisine* (Philadelphia：University of Pennsylvania Press，2002)，142.

叫。栖息在河流中和岩石下的鱼类与昆虫也会随着季节的摇曳变化而有所不同。冬天，生物稀少；春天，万木葱茏。某些动物只会在一年中特定的两个星期内出现。[①] 生动的户外世界与静止的室内世界形成鲜明对比，室内的物品似乎缺乏生气，仿佛在静止中停滞不前。

就像日本庭院一样，玩家可以对镇上的景观进行精心设计和改动。他们可以种植树木和花卉，或砍伐树木以创造更开阔的空间。杂草的出现与玩家的游戏频率成反比。如果玩家长时间未回到自己的镇子，通常需要花费多日才能整理好花园，恢复其原貌。正如HRA固化了消费主义，《动物森友会》的生态田园规则则通过游戏中的许愿池得以体现。每个镇子都有一个开阔的区域，中央设有一座喷泉。玩家可以向喷泉的许愿池询问镇子的状态，许愿池会通过含糊的提示告知景观状况——某片区域的树木过多，另一片的绿植太少、杂草太多，等等。玩家可以根据这些提示进行适当的园艺工作，以恢复镇子的生态平衡。与HRA每天寄反馈信件不同，许愿池的反馈较为缓慢，通常需要几周时间才能改变对镇子的总体评价。当镇子达到"完美"状态，并维持两周后，许愿池将奖励玩家一把金斧子，象征着通过淘汰和精简——而非积累——达成的精致与和谐。

尽管HRA和许愿池都会提供难以捉摸的建议，它们遵照的让人困惑的逻辑却有所不同。HRA通过寄信的方式，展现一种由隐形的理性的群体做出的判断。这种"缺席"凸显了时尚计算的不可接近性，玩家不得不不断调整

---

① 有关鱼类和昆虫季节性出现的更多信息，参见 http://www.animalcrossingcommunity.com/items_list.asp/.

自己的品位，以迎合这些看似任意、不断变化的时尚标准。HRA 的信件更像是《时尚》（*Cosmopolitan*）或《现代家庭》（*Dwell*）杂志，它们通过广告和推广来塑造时尚与室内设计趋势，而非记录现有的潮流。尽管许愿池的反馈实时到达，但其来源始终保持神秘。如果说 HRA 是有关消费趋势的单元操作，那么许愿池则是关于精神层面的单元操作。玩家从神秘的许愿池中以一种半先验的方式获得对小镇宜居性的全新理解。许愿池邀请玩家将小镇的户外环境视为一个共同的空间，影响着所有居民——无论是其他玩家还是 NPC 小动物。

物质财富与社区利益之间的紧张关系在小镇的博物馆中得到了进一步体现。博物馆接受鱼类、昆虫、化石和画作的捐赠，而这些物品必须由玩家亲自捕捉或寻找。为了完成每个展览，镇上的玩家需要共同努力，捐赠所有必需的物品。每件物品只能捐赠一次，捐赠者的名字会刻在物品旁的牌匾上，仿佛现实中的博物馆一般。

捐赠让玩家面临艰难的抉择。某些鱼类、昆虫和画作极为珍贵，卖给狸克能获得可观的利润。然而，一旦这些物品被卖掉，它们便会从市场中消失，再也无法在镇上的商店中购买。博物馆迫使玩家在追求个人物质利益与支持集体利益之间做出选择。尽管 NPC 小动物从未出现在博物馆内，但由于游戏中的时间在玩家退出后仍然流逝，活动依旧在进行，动物们可能在玩家离开后继续参观博物馆。这一机制特别适合孩子们，他们富有想象力，能够弥补游戏中的空白。即使玩家选择卖掉第一只金翅鱼或巨型天牛，打算下次再捐赠，追求物质财富而非集体利益的决定也可能在未来的钓鱼和捕虫活动中引发一丝内疚感。

《动物森友会》中的程序性修辞呈现出明显的冲突。一方面，消费主义的修辞鼓励玩家追求更多的物品和更大的房屋。在这种情境下，日常的园艺、钓鱼和为动物们跑腿变成了一种"工作"，是维持这种生活方式所需的必要但让人厌烦的忙碌。[①]另一方面，田园主义的修辞鼓励玩家照料土地，欣赏起伏的山丘和潺潺的瀑布，进行社交活动后再回到简朴的家中休息。游戏在这两种修辞之间摇摆不定，试图将二者对立起来。这种内心的冲突，正是被我称为"模拟热症"的心理危机——它源于游戏规则与玩家主观反应之间的矛盾。[②]《动物森友会》成功地让玩家在消费与自我反省之间产生了认同危机。

《动物森友会》的主题不仅体现在游戏本身，还在其作为商业产品和品牌的背景中得以体现。首先，这款游戏最初仅在任天堂GameCube游戏机上推出，其中包括一个热带岛屿，玩家只能通过插入任天堂GameBoy Advance（第二代便携式游戏机）来访问。为了实现这一功能，玩家需要拥有手持主机（最低售价为79美元）和一条专门的GameBoy-GameCube连接线（大约10美元）。[③]此外，任天堂还推出了《动物森友会》集换式卡片，数量达到数百张，类似于棒球卡或宝可梦卡，以十张一包出售。玩家可以单纯地收藏这些卡片，或者

---

① De Graaf, Wann, and Naylor, *Affluenza*, 44.

② Bogost, *Unit Operations*, 134-135.

③ 2005年，任天堂发布了《动物森友会》的Nintendo DS掌上游戏机版本：*Animal Crossing: Wild World*（Kyoto, Japan：Nintendo, 2005）。此时GameCube版本已发行三年，而大多数相关产品都是围绕这个主机版本构建的。

将卡片上的内容导入游戏世界。然而，要实现这一功能，还需要购买 GameBoy Advance 的 E 卡（E-Card）读卡器（约 40 美元）。所有这些额外花费加起来，玩家可能需要花费几百美元，而这些花费还不包括购买任何《动物森友会》授权的周边产品——如钥匙链、树脂人偶、毛绒玩具等。

这些需要使用读卡器的 E 卡和 GameBoy 连接设备可以看作任天堂不加掩饰地鼓励年轻玩家进一步消费——尤其是购买更多任天堂产品的手段。这无疑精准地反映了任天堂的商业目标。然而，这些副产品的存在，不仅推动了消费，还进一步加剧了消费与反思之间的紧张关系。跨平台联动和授权产品像"触手"一样，扭曲了游戏的修辞。购买 GameBoy 游戏机、角色毛绒玩具和 E 卡的欲望，本质上是通过游戏试探玩家对消费行为的态度。

我并不想暗示这些商品仅仅是诱惑，购买其中任何一件就意味着屈服于消费主义。相反，这些物品促使玩家作为消费者来反思物质商品与无形感受之间的关系。GameBoy 为玩家提供了进入《动物森友会》岛屿的途径，玩家可以在岛上遇到新角色，收集椰子，并将它们带回自家沙滩上种植。同样，许多电子卡片也允许玩家将新角色引入模拟世界中。此外，社交互动是否也能成为获取物质商品的合理理由？游戏中的 NPC 小动物是单纯的收藏品、堕落的私人动物园，还是它们具有值得玩家欣赏甚至关心的个性？有时，动物会离开小镇，这种情节甚至能在玩家的内心引发一股真实的失落感，类似于家乡村庄中的一些真实事件。尽管《动物森友会》看似是一款主要面向儿童的商业游戏，但通过这些与现实世界的连接，它允许玩家将游戏中的商业态度带入现实并进行反思。实际上,《动物森友会》可以被视为对当代消费文化的一种批判,试图让玩家正确理解物质获取的沉醉感与克制的微妙乐趣。

关于工作的价值观

与学校一样,工作场所也是试图培养个体遵循社会规范的机构。关于企业培训的传统印象往往是沉闷乏味的。每当我们想到职业培训时,常常会联想到厚厚的手册,在荧光灯照亮的带着一股消毒水味道的房间里播放的过时且枯燥的培训录像,抑或是不近人情的同事和主管不到几个小时就一笔带过的手把手指导。这些不属于人类文化的高光时刻。

工作是公民在学校上完学后最终进入的地方。正如约翰·穆勒、约翰·盖托、布伦达·劳雷尔等人所说,学校是培养年轻人成为职业工作者的机构。在学校里,学生们学会服从权威,学会整天不抱怨地坐在一个地方,完成与实际背景无关的任务。同样,他们也意识到,挑战或质疑这一体制会招致惩罚和训斥。在学校中,要摆脱这一环境需要付出相当大的努力。即便是被开除的学生,强制入学法也确保他会被其他学校接收。然而在工作场所,未能按预期行事可能会导致被解雇。失业不仅意味着失去薪水,还使得支付抵押贷款、购买商品和服务变得困难——无论是基本生活必需品,还是德·格拉夫等人所提到的超出需求的消费欲望。简而言之,学习如何在工作场所生存,实际上意味着要服从其背后的逻辑和价值体系。

大多数学校的运营逻辑基本相同。在 NCLB 法案的影响下，美国公立学校几乎都必须遵循相同的模式。与此相比，工作场所并没有统一的规范，虽然某些行业确实需要遵守特定的国家、州或联邦标准，如 OSHA 标准（职业安全与健康标准）、美国汽车工人联合会（简称 UAW）劳工实践规范或美国证券交易委员会（SEC）报告要求。尽管如此，工作场所的基本运作逻辑在不同城市和行业之间仍然存在很大的相似性。总体而言，大多数企业的运作方式相似，拥有类似的公司层级结构、政策实践和行政要求。这些运作模式可以通过软件加以呈现，而电子游戏正日益成为企业培训中的一种流行方式。

早期的培训电子游戏更多是作为激励工具，而非真正的学习工具。例如，1983 年，可口可乐委托电子产品制造商万代（Bandai）为其销售人员制作了一款掌上电子游戏。最终作品《接可乐》(*Catch a Coke*) 是万代于 1981 年推出的流行掌机游戏《接椰子》(*Monkey Coconut*) 的改编版。[①] 在原版游戏中，玩家控制一个热带土著角色接住猴子从屏幕顶部投下的椰子；而可口可乐版本则将背景中的热带场景改为可乐自动售货机，并将土著人替换为穿着西装的可口可乐销售人员，猴子也不再投掷椰子，而是投掷可口可乐罐。

同年，可口可乐还委托雅达利为其年度销售大会制作了一款游戏卡带。最终作品《百事侵略者》(*Pepsi Invaders*) 是经典街机游戏《太空侵略者》的一个变体，游戏中的外星人被替换成了拼出 "PEPSI" 字样的字母（见图 9.2）。[②] 这款游

---

① Bandai, *Catch a Coke* (Atlanta, Georgia: The Coca-Cola Company, 1983); Bandai, *Monkey Coconut* (Tokyo: Bandai, 1981).

② Atari, *Pepsi Invaders* (Atlanta, Georgia: The Coca-Cola Company, 1983).

戏实际上是对雅达利《太空侵略者》卡带的"合法"破解。雅达利在公司内部自行制作这款游戏，并将其刻录到常规的ROM（只读存储器）芯片上，而非可重写的EPROM（可擦除可编程式只读存储器）芯片上。[1] 其他有趣的变化包括无限生命和三分钟的时间限制。据报道，所有参加会议的125名销售人员都收到了一台雅达利2600游戏机和一份《百事侵略者》副本。这款卡带是黑色的，而且没有标签。由于生产数量极为有限，这款游戏如今已经非常稀有，成为收藏者争相追捧的珍品。[2]

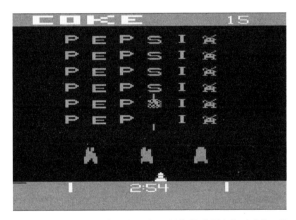

图9.2　为可口可乐销售人员专门制作的《百事侵略者》，将竞争对手当作入侵者

---

① ROM芯片在制造时被编程，一旦创建便无法更改。EPROM芯片可以被擦除和重复使用，这使其适用于调试和小批量生产。EPROM通常通过将芯片暴露在紫外线光源或电场（对于EEPROM，即电可擦除可编程只读存储器）中来擦除。

② 价格指南将这款游戏的估价定在400—500美元，但在2005年，它的一份拷贝在eBay上的售价超过1800美元。David Ellis, *Price Guide to Classic Video Games*（New York：House of Collectibles, 2004），99.

这两款游戏都是作为激励措施提供给销售人员的，并不教人任何商业发展的原则。仔细审视就能发现，这些例子只能被视为将销售培训程序化的一种尝试。《接可乐》中的重复性和持续性，要求玩家克服无聊、挫败和失望感。而《百事侵略者》与《税务侵略者》将税收增加描绘为具有威胁的外星入侵者类似，将竞争对手塑造成危险的入侵者，威胁着公司的生存，因为他们伪造的外星可乐危及公司的经济命脉。

《接可乐》和《百事侵略者》这样的游戏虽然有其历史新颖性，但是它们更像是董事会的恶作剧，而非大规模的培训方案。这两款游戏仅仅是对传统激励措施微不足道的补充，与销售经理通过鼓舞或威吓来激励员工的方式相去甚远。相比之下，钢笔、奖牌和手表等传统奖励方式可能仍然是更有效的激励工具。

近年来，企业培训变得更加有针对性。由于商业实践通常具有相似的操作流程和培训重点，企业培训已成为严肃游戏开发者的热门领域。如果培训内容具有通用性，那么一个培训解决方案就可以在同一行业甚至跨行业的多个客户中推广。① 这种逻辑也支撑了传统的培训教材、VHS 视频（录像视频）和类似演示文稿形式的在线课程——正是这些传统形式让企业学习变得枯燥乏味。而严肃游戏的支持者则认为，游戏能够有效解决这些传统"静态学习"形式中的驱动

---

① David Michael and Sande Chen, *Serious Games: Games That Educate, Train, and Inform*（Boston：Thompson Course Technology，2006），145.

力问题。^①大卫·迈克尔（David Michael）和桑德·陈（Sande Chen）总结了这一观点：

> 严肃游戏……为培训带来了显著的范式转变。员工不再被动地接受那些容易被忽视的信息。相反，他们将沉浸在需要学习的课程中，并在严肃游戏的背景下展示自己对内容的掌握程度。^②

支持商业培训游戏的观点认为，传统形式的培训活动，如课堂授课和视频学习，难以有效覆盖某些工作技能，尤其是那些难以通过数值验证的抽象技能。迈克尔和陈进一步指出：

> 一些技能，如人事管理和人际交往能力，难以通过视频学习的线性方法进行良好的教学……为了真正掌握这些技能，而不仅仅是机械记忆答案，学员需要主动参与到教学内容中，主动权衡后果、斟酌所做决定。^③

这些观点与 20 多年前关于电子游戏在培训中应用的研究不谋而合。1984 年，詹姆斯·德里斯克尔（James Drisken）和

---

① David Michael and Sande Chen, *Serious Games: Games That Educate, Train, and Inform*（Boston：Thompson Course Technology，2006），149.

② David Michael and Sande Chen, *Serious Games: Games That Educate, Train, and Inform*（Boston：Thompson Course Technology，2006），149.

③ David Michael and Sande Chen, *Serious Games: Games That Educate, Train, and Inform*（Boston：Thompson Course Technology，2006），147.

丹尼尔·德怀尔（Daniel Dwyer）指出，企业可以通过"引入电子游戏的激励作用和注意力集中属性"来提升培训效果。[①]在经典行为主义框架下，德里斯克尔和德怀尔将重点放在游戏如何提高最枯燥的培训任务的参与度上："通过将更可能发生的行为……与本质上不那么有趣的行为关联起来……我们可以提升执行这些较不吸引人的行为的可能性。"[②]事实上，这两位电子游戏培训的早期理论家最关心的是效率，他们将电子游戏描述为"实用的"，并声称其能"将培训时间缩短30%"[③]。在迈克尔和陈的最新研究中，虽然增加了战略性效益的讨论，但本质上重复了类似的观点。[④]电子游戏培训的主要优势在于节省成本，并提供一种更有效的方式来向员工灌输公司流程和价值观。

事实上，电子游戏确实能够模拟复杂情境的体验，这在传统的讲座或书本学习中是难以实现的。然而在企业环境中，这些游戏始终服务于出资的公司：员工在公司既定的程序性修辞框架下接受培训。如果像我在本书中所主张的那样，电子游戏与程序性修辞的互动能够激发批判性思维，那么这种体验会对员工产生何种影响？又会对赞助开发这些游戏的公司产生什么样的影响？

酷圣石冰激凌（Cold Stone Creamery）是一家国际连锁冰激凌店，以其独特的自定义冰激凌体验著称。与芭斯罗缤

① James E. Driskell and Daniel J. Dwyer, "Microcomputer Videogame Based Training," *Educational Technology* (February 1984): 11.

② James E. Driskell and Daniel J. Dwyer, "Microcomputer Videogame Based Training," *Educational Technology* (February 1984): 13.

③ James E. Driskell and Daniel J. Dwyer, "Microcomputer Videogame Based Training," *Educational Technology* (February 1984): 11.

④ Michael and Chen, *Serious Games*, 164.

（Baskin-Robbins）提供固定的、不可更改的 31 种口味不同，酷圣石的核心口味较少（约 12 种），但搭配了大量可选的配料或"拌料"，让顾客可以根据个人口味自由组合。顾客既可以创作专属的冰激凌"作品"（酷圣石的术语），也可以从"酷圣石原创"菜单中挑选——这些组合由总部设计，旨在实现能够快速下单的多样化选择。不论选择哪种方式，酷圣石的店员（自称"团队成员"）都会舀出冰激凌，加入配料，并在冷冻的花岗岩石板上将所有材料混合均匀（这也是店名的由来）。因此，酷圣石冰激凌是一家专注于定制冰激凌的店铺。

作为一个特许加盟式的食品服务连锁品牌，酷圣石面对着许多类似企业的常见挑战，包括员工流动率高、高峰与低峰流量的巨大波动，以及全球超过 6000 家门店可能存在的服务不一致问题。2005 年，酷圣石委托我的工作室开发了一款电子游戏，旨在解决一个非常具体的培训难题：分量控制。酷圣石提供三种单人份冰激凌的标准大小以及几种外带份额。与许多餐饮服务企业一样，其利润与原材料成本息息相关，因此避免浪费始终是一个持续的挑战。由于酷圣石独特的服务方式，确保分量的一致性尤为困难。冰激凌需要手工混合，无法使用标准量勺进行测量。酷圣石的"团队成员"们需要用平刮刀"拉取"冰激凌，再将其转移至冷冻的花岗岩石板上进行混合。

电子游戏《酷圣石冰激凌：圣石城》（*Cold Stone Creamery: Stone City*）模拟了这个过程。[①] 玩家在游戏中扮演酷圣石的员工，每天需完成三个工作班次。顾客来到柜台下单后，玩家需要根据顾客的要求舀取冰激凌、混合并交付成品（见图 9.3）。为

---

① Persuasive Games，*Cold Stone Creamery: Stone City*（Scottsdale，Ariz.：Cold Stone Creamery，2005）.

了突出游戏的核心目标——精准的分量控制，游戏将口味选择限制为33种酷圣石原创搭配，并将混合过程自动化。玩家的得分取决于是否能在规定的误差范围内，准确选择正确的冰激凌口味并提供符合要求的分量。分量不足虽然能够节约原料成本，但会导致顾客不满，进而影响未来的销售；而分量超标虽然不会直接让顾客不满，却会对店铺利润产生负面影响。每个工作日结束后，游戏会生成玩家的表现总结，并预测其服务质量和分量准确度的月度及年度表现，同时将这些数据转化为利润率和顾客留存率的估算值。

图9.3 《酷圣石冰激凌：圣石城》通过冰激凌舀取模拟，直观呈现了分量过大或不足对财务状况的影响

　　《酷圣石冰激凌：圣石城》具有几个显著特点。不同口味的冰激凌具有不同的稠度和黏性，因此舀取每种口味时的手感各不相同。正因如此，玩家无法仅凭肌肉记忆掌握针对特

定分量的舀取时间或终点。游戏中引入了铲取黏度模型，这是分量控制过程中至关重要的一环。此外，冰激凌托盘的平整度也会影响舀取的难易程度，进而改变舀取时的手感。随着一天销售的进行，托盘表面因冰激凌逐渐减少而变得不平整，从而使得配料的分量更难预测。这些细节都被游戏精确模拟。游戏实际上将冰激凌的物理特性、员工的操作以及两者之间的互动进行了程序化呈现。

回想迈克尔和陈关于电子游戏为课堂或书本学习难以覆盖的技能提供全新培训机会的主张，《酷圣石冰激凌：圣石城》的确优化了在传统环境中分量控制培训的复杂过程。目前酷圣石采用的是视频教学和在厨房现场实践两种培训方式。视频教学通过专家示范操作，将控制分量这一复杂任务呈现得似乎轻而易举；而在厨房现场实践既浪费食材，又需要额外投入时间和人力资源成本。

不过，虽然一个有着冰激凌黏度模型的电子游戏相对新颖，但是得益于其所带来的培训成果的只有公司，员工并没有从中受益。酷圣石的加盟商和总部均可通过减少冰激凌浪费获得收益。但即使是加盟商，也未必能够直接从顾客忠诚度的提升中受益，因为酷圣石致力于确保所有门店的产品和环境保持一致，就像大多数连锁加盟企业一样。而地理位置上的区别，无关个人化的忠实程度，其实不过是图个方便。

对于"团队成员"而言，真正的学习收益以另一种形式呈现：关卡总结。在这一过程中，游戏揭示了每一个冰激凌舀取动作对加盟商层面的影响。程序性修辞呈现出的内容，远超总部通过看不见的店主下达的官僚式指令。实际上，舀取冰激凌的过程与本地加盟商和公司总部的利润要求紧密相关。游戏的程序性修辞暴露了公司商业模式的本质——这种模式并不直接惠及员工，就像大多数低薪的餐饮行业工作一样。

视频和现场演示详细说明了如何按照特定方式舀取单份冰激凌，而电子游戏则将这一方法的逻辑转化为可操作的步骤，应用于每一份冰激凌的舀取过程。传统培训向员工提供足够的信息，这意味着上司可以在其操作失误时进行斥责。这种做法是基于行为主义的教育策略。而《酷圣石冰激凌：圣石城》则赋予员工掌控关键操作的能力，或者用传统的说法就是"控制着生产的方式方法"。由于冰激凌销售的特殊性质，酷圣石的门店经常面临极高或极低的客流量。在快节奏的时段，门店能够接待的顾客数量是有限的，完成交易的速度也只能降低到一个合理的限度。但同时，允许分量超标的冰激凌数量会逐步递增。加盟商的成功不仅依赖于经理的商业智慧，更关乎如何平衡节省与销售产品之间的比例。

这样的洞察对于员工来说可能并不立即具备实际转化性。酷圣石自称是"最佳的第一份工作"。的确，它的许多员工仍是高中生。对于生活富足的人来说，第一份工作可能就是挣一些零花钱；而对于不那么幸运的人来说，这能够为他们提供购买日常用品或者给车加上油的钱。但是，这份工作提供的有一点内容，多多少少和学校以及企业培训所提供的是一样的：早期的被制度规训的经验。

当培训式电子游戏不再将游戏过程强加为一套服务于组织的规则，而是开始揭示员工所需遵循的商业模式的程序性修辞时，它们便转变为教育工具。一旦员工对这种商业模式有了自己的理解，便能够将其视为一种价值体系进行审视，而不再仅仅将其看作一种雇佣条件。在这种情况下，加盟店的成功不再单纯依赖于每笔交易中卖出的冰激凌数量——顾客选择的尺寸，而是通过在销售中保持适当的误差范围，即在过少（导致顾客不满意，回头客减少，进而导致毛利下降）和过多（导致单个顾客的利润减少，但顾客回头率不变甚至增加，从而导致净利润下降）之间来实现利润最大化。虽然像《酷圣石冰激凌：圣石城》这样简单的游戏不太可能取代商学院的课程，但它确实让员工能够将自己工作中的机械性动作与整体商业流程联系起来。

所谓上学，其实就是将社会、政治和经济背景加诸学习语境之上。麦克卢汉认为，教育机构是一种媒介、载体，它结构化了人类的经验与行为。而酷圣石冰激凌的"团队成员"和《动物森友会》的居民，都在审视关于消费的程序性修辞。这些玩家与塑造他们日常生活情境的程序性论点互动，并将自己的行为和态度向着有意识的支持或反对进行调整。

道德与信仰

电子游戏中的道德问题，通常是在报纸头条上而非游戏机制中成为焦点。关于"道德与电子游戏"的讨论，通常集中在对媒介有效性的质疑或对表现形式适当性的探讨上。虽然《侠盗猎车手：圣安地列斯》中的"热咖啡"成人向小游戏重新引发了有关游戏中性欲表征的关注（尤其是在美国）①，但暴力仍然是争议的核心话题。尽管电子游戏在视觉

---

① Tor Thorsen, "San Andreas Rated AO, Take-Two Suspends Production," *GameSpot*, July 20, 2005.

逼真度上取得了显著进展，但令人惊讶的是，关于电子游戏的许多争议与 20 年前几乎没有变化。例如，受到批评最多的早期电子游戏案例之一，就是基于雅达利 2600 开发的《卡斯特的复仇》(*Custer's Revenge*)。这款 20 世纪 80 年代初期发行的糟糕游戏，充斥着"色情"（且极具冒犯性）的内容。[①]

正如任·雷诺兹（Ren Reynolds）所观察到的，尽管"好"和"坏"这两个话题常常出现在关于电子游戏的讨论中，但这些术语通常只是用来描述基本的消费者满意度（例如"《侠盗猎车手》是个好 / 坏游戏"）或评判游戏的堕落性（例如"《侠盗猎车手》是个引人腐化堕落的游戏"）。[②]正如雷诺兹所说，参与这一话语的各方实际上是在各说各话：电子游戏行业强调言论自由的权利，这是义务论的立场（基于责任），而反对者则关注潜在的危害，这是后果论的立场（基于后果）。电子游戏的支持者，如麻省理工学院的亨利·詹金斯教授，通常会淡化后果论的论点，不去提出替代的道德框架。例如，詹金斯曾指出，尽管电子游戏日益流行，但暴力犯罪的总体水平实际上有所下降。他还补充道："因暴力犯罪服刑的人，在犯罪前使用媒介通常比一般人要少。"[③]詹金斯反驳了所谓的媒介效应理论，认为这些研究常常将媒体图像

---

① Mystique, *Custer's Revenge* (Northridge, Calif.: Mystique, 1982). 该游戏说明书宣称卡斯特对"少女"的所作所为是"得分"而非强暴。这一描述显然是对电子游戏中数字得分惯例的双关语。参见 http://www.atariage.com/manual_html_page.html?SoftwareLabelID=119/.

② Ren Reynolds, "Playing a 'Good' Game: A Philosophical Approach to Understanding the Morality of Games," *International Game Developers Association* (2002), http://www.igda.org/articles/rreynolds_ethics.php/.

③ Henry Jenkins, "Reality Bytes: Eight Myths about Video Games Debunked," *PBS: The Videogame Revolution* 1 (2005), available from http://www.pbs.org/kcts/videogamerevolution/impact/myths.html/.

去情境化，从而使实验的条件悬置无效。

詹金斯这样的受人尊敬的学者的支持，无疑有助于推动电子游戏的开发与研究，但上述论点背后潜藏着一种风险。如果我们无法有效证明电子游戏在抽象层面上能够"将一个原本正常的人转变为杀手"，那么这是否会影响我们对于程序性修辞在推动现实世界"积极"行动（如政治、健康、消费等领域）中的作用的讨论呢？[①] 为了让程序性修辞超越电视屏幕和计算机显示器的界限，我们显然需要承认，电子游戏不仅仅是对说服的模拟，它们实际上能够促成真正的说服。

解决这一问题的一种方法是将电子游戏中的道德议题与其程序性表征所呈现的决策类型重新联系起来，既考虑游戏程序提供的选择，也要思考这些选择既定的局限性。正如雷诺兹所指出的："想想你在游戏中为了胜利而必须做出的选择，并思考这样的选择反映出怎样的你。"[②] 然而，玩电子游戏并不意味着玩家必须接受游戏所呈现的价值体系；玩家可能会反对、质疑或以其他方式内化游戏中的主张。游戏中包含了哪些过程，又排除了哪些可能性？它执行了哪些规则，而这些规则与游戏外部现有的道德体系如何相关、契合或冲突？

电子游戏往往通过意识形态强化道德价值观。例如，《美国陆军》推崇一套与美国陆军所强调的"责任和荣誉"相呼应的正统道德准则。然而，正如我之前所提到的，这类游戏也在某种程度上限制了对士兵所执行任务背后更广泛政治背

[①] Henry Jenkins, "Reality Bytes: Eight Myths about Video Games Debunked," *PBS: The Videogame Revolution* 1 (2005), available from http://www.pbs.org/kcts/videogamerevolution/impact/myths.html/.

[②] Reynolds, "Playing a 'Good' Game."

景的质疑。商业游戏同样也试图进行伦理探讨，某些游戏通过设置明显的道德禁令——类似于《美国陆军》中的规则——来实现这一点。米格尔·西卡尔（Miguel Sicart）用《杀手十三》里关于一个被植入间谍程序的失忆特工的故事举例："游戏将玩家置于一个道德界限模糊的秘密特工角色之中。叙事探索了这种道德模糊性，但在某些情节中，杀死一名警察会导致游戏失败，这显然体现了主角所代表的道德价值观。"[①] 西卡尔指出，道德律令体现在角色设定中，游戏的结果让玩家意识到他们在游戏中扮演的角色所反映的道德价值观，而非他们外部的道德标准。程序性修辞不能算是规范性陈述，它并没有辩称虚拟角色与玩家本体之间存在行为转嫁。

其他游戏则试图为道德选择创造出一个程序化的可能性空间。例如，《星球大战：旧共和国武士》（*Star Wars: Knights of the Old Republic*）是一款基于著名电影系列的角色扮演游戏。[②] 在这款游戏中，玩家的每个决定——无论是选择帮助谁、与谁作战，还是忽视谁——都会影响角色的道德属性。在"星球大战"的宇宙中，这一属性被划分为"光明"或"黑暗"的"原力"。其计算方式相对简单，玩家的每个选择都会增加或减少角色的光明或黑暗属性。到了游戏中期，玩家的道德倾向便基本确定。

这种善与恶的程序性修辞在游戏中屡见不鲜。著名英

---

① Miguel Sicart, "The Ethics of Computer Game Design" (paper presented at the Digital Games Research Conference 2005, Vancouver, June 2005), 3.

② BioWare, *Star Wars: Knights of the Old Republic* (San Francisco: LucasArts, 2003).

国游戏设计师彼得·莫利纽（Peter Molyneux）曾在两款游戏中运用过这一方法。在《黑与白》（*Black and White*）中，玩家控制一个类似神祇的生物，通过悲悯之心或威慑之力来统治地球上的人类。[①] 而在另一款角色扮演游戏《神鬼寓言》（*Fable*）中，玩家引导一个男孩长大成人。玩家在游戏过程中做出的每一个决定都会影响他的声誉，这一声誉通过角色外观的变化来体现（如天使光环或恶魔的角）。甚至一些儿童游戏也融入了这一元素。20 世纪 80 年代末，世嘉 MasterSystem 家用游戏机版本的经典游戏《刺猬索尼克》（*Sonic the Hedgehog*）发布。游戏的主角成为世嘉的官方吉祥物。[②] 索尼克一直被塑造为"正义"的代表，展现出为公正而战的英雄特质。他既善良又勇于牺牲自我，是典型的英雄形象。后来，游戏中引入了"刺猬夏特"这一反派角色，代表了索尼克的道德对立面。在某些游戏版本中，玩家可以同时操作索尼克和夏特，在相同的环境中，以不同的视角体验同一个世界。在《刺猬夏特》（*Shadow the Hedgehog*）这款游戏中，玩家在每一关前可以选择"英雄"、"普通"或"黑暗"的任务。[③] 根据玩家的选择和在游戏中的行动，故事情节会出现变化并生出新的支线。游戏最终有十种不同的结局，每个结局都展示了基于玩家决策的不同的可能结果。

　　这些游戏都试图创建道德的程序化模型，但它们仅通过

---

① Lionhead Studios，*Black & White*（Redwood City，Calif.：Electronic Arts，2001）．

② SEGA，*Sonic the Hedgehog*（Tokyo：SEGA Entertainment，1991）．

③ SEGA，*Shadow the Hedgehog*（Tokyo：SEGA Entertainment，2005）．

运算的逻辑来实现这一目标。行为要么被视为善良的，要么是恶劣的（"黑或白""光明或黑暗"），而道德始终处于这两者之间线性进程中的某个定点。如我们在讨论《侠盗猎车手：圣安地列斯》时所提到的，善与恶的程序性修辞实际上是对于乔治·莱考夫"道德账户"隐喻的一种直接、简化的解读。

《刺猬夏特》采用一种更为微妙的道德模型，揭示了夏特在道德层面上与其他角色相比更加差劲的事实。在这一设定中，夏特在受到伤害时比其他角色失去更多的金环（游戏中一种可收集能量原型）。当夏特失去所有金环时，他会死亡。因此，他在某些方面天生比其他角色更脆弱，无法像他们那样维持自己的力量。玩家可以通过摧毁游戏中的目标来保留金环，这使得夏特的力量在很大程度上依赖于外部因素。

《刺猬夏特》的游戏规则中存在一个道德系统，但它依然是一个基础的且充满幻想的道德寓言。詹姆斯·吉曾以《刺猬夏特》为例，阐释一款游戏如何通过玩来传授道德体系。的确，游戏的结果会根据玩家的选择而发生变化，这些选择会产生不同的后果，以至可能产生显著的影响。[①] 然而，作为道德的模拟，《刺猬夏特》及其同类游戏强化了寓言式的道德观念，将善与恶具象化为物质形式，并赋予它们过度的道德效果。就像《侠盗猎车手：圣安地列斯》避免明确规定玩家角色与个别 NPC 之间的阶级关系一样，《刺猬夏特》和《神鬼寓言》也避免明确规定玩家角色与环境中行为之间的道德关系。在这些游戏中，玩家无法与角色建立个人的道德

---

① Gee, *What Video Games Have to Teach Us about Learning and Literacy*, 139-143.

联系——这正是莱考夫在讨论道德账户时所指出的。游戏中的道德只是一个属性，是从寓言中抽象出来并整体赋予的特质。

更复杂的程序性道德表现较为罕见，最复杂的可能出现在《隐形战争》（*Deus Ex*）中，这是一款由《神偷》（*Thief*）的创作者之一沃伦·斯派克特（Warren Spector）主导设计的第一人称动作/策略游戏。[①]《隐形战争》继承了《神偷》在第一人称射击游戏中引入隐秘元素的做法。[②] 在这两款游戏中，暴力策略都有后果，但《隐形战争》大大拓展了《神偷》中已经出现的对隐秘性的关注。在《隐形战争》中，玩家扮演一名反恐特工，身处半个世纪后反乌托邦的未来世界，与利用毒品、恐怖主义、暴力和疾病驱使世界陷入混乱的全球阴谋活动做斗争。玩家面对的每一个障碍，都可以通过运用战斗力、隐秘行动或聪明才智（如黑进电脑以合法进入另一个区域）等多种方式克服。每个决策都会影响游戏的主线故事，政府和非政府官员的不同派别身份昭示他们动机背后的逻辑。类似于玩家在玩《终身教职》时所感受到的不确定性，在《隐形战争》中玩家需要时刻面对这种模糊性——曾经看似正确的选择，后来可能显得并不那么正确。

《隐形战争》构建了一个充满道德不确定性的程序性修辞。与简化的相对主义不同，游戏呈现了道德决策中的固有复杂性。在《星球大战：旧共和国武士》或《黑与白》中，玩家的行为总是直接映射到道德价值上，而在《隐形战争》中，玩家的选择是更宏观的反思与和解过程中的一部分。尽

---

① Ion Storm, *Deus Ex*（San Francisco：Eidos，2000）.

② Looking Glass Studios, *Thief*（San Francisco：Eidos，1998）.

管《隐形战争》更为复杂深刻，游戏依然没有明确给出一个正确的道德罗盘。在这款游戏中，暴力行为是怪诞的。斯派克特也承认，他希望通过这些血腥场面引起玩家的不适感。[①]然而，游戏所构建的程序性道德，主要指向的是在模糊的全球战争背景下，正义与荣誉的深刻不确定性。这种设计也可以被看作对游戏发布一年后爆发的"反恐战争"的一种预警。

将《美国陆军》与《隐形战争》做比较，后者之中，道德悬置于错综互联的利益之间，关于"正确"从未有明确的答案。而《美国陆军》预设了道德体系，并通过一套军队程序的单元操作来强化它。竞争的队伍将对方视为敌人，全然不顾对方可能在文化、社会或历史层面拥有的正当性。玩家可以根据自己的政治信仰选择接受或拒绝《美国陆军》的价值观，但玩《隐形战争》的时候就不能如此，否则无法适应游戏中的多重道德罗盘。

这两款游戏针对程序性修辞和道德，提供了富有启发的一课。一方面，电子游戏通过打破某一道德维度上的行动轨迹，在另一个道德维度上进行垂直移动，从而体现伦理层面的疑问。另一方面，电子游戏也能通过强制玩家执行特定道德谱系的逻辑来表达伦理立场。

令人惊讶的是，后一种策略在旨在支持稳定道德体系的游戏中并未得到更广泛的应用，在那些基于有组织宗教的游戏中尤其是这样。宗教题材的游戏有着相当悠久的历史，至少可以追溯到任天堂娱乐系统时代。Color Dreams（彩色

---

① Warren Spector, "Are Games Educational?" (paper presented at the Education Arcade Conference, Los Angeles, May 10, 2004).

梦）这家生意不甚景气的游戏发行公司在20世纪80年代末成功绕过了任天堂锁定芯片技术。它曾尝试通过一系列宗教主题的游戏来吸引信奉基督教的玩家。Color Dreams后更名为Wisdom Tree（智慧树），并将多款旧游戏重新包装，融入带有宗教色彩的主题。这些游戏本身往往显得荒诞可笑。例如，《圣经大冒险》（*Bible Buffet*）要求玩家在向对手投掷餐具和收集胡萝卜的同时，回答圣经知识问题。[①]《欢乐礼拜日》（*Sunday Funday*）是Color Dreams经典平台跳跃游戏《派金宫君》（*Menace Beach*）的套壳版，要求玩家控制一名滑板少年避开障碍，以确保按时到达主日学校。[②]其他游戏则运用当时流行的2D平台游戏形式，制作以圣经为主题的冒险故事。在《出埃及记》（*Exodus*）中，玩家扮演摩西，发射代表上帝之言的"W"字母（见图9.4）。[③]而在《圣经大冒险》（*Bible Adventures*）中，玩家可以重温三个圣经故事："诺亚方舟""婴儿摩西""大卫与歌利亚"[④]。此外，《灵性战争》（*Spiritual Warfare*）则借用了《塞尔达传说》（*The Legend of Zelda*）中的动作或角色扮演元素，玩家需要帮助一名年轻的基督徒驱除恶魔，使小镇上的恶魔皈依基督教信仰。[⑤]

---

① Wisdom Tree，*Bible Buffet*（Tucson，Ariz.：Wisdom Tree，1992）.

② Wisdom Tree，*Menace Beach*（Tucson，Ariz.，Wisdom Tree，1990）；Wisdom Tree，*Sunday Funday*（Tucson，Ariz.，Wisdom Tree，1995）.

③ Wisdom Tree，*Exodus*（Tucson，Ariz.，Wisdom Tree，1991）.

④ Wisdom Tree，*Bible Aventures*（Tucson，Ariz.，Wisdom Tree，1991）.

⑤ Nintendo，*The Legend of Zelda*（Kyoto，Japan：Nintendo，1986）；Wisdom Tree，*Spiritual Warfare*（Tucson，Ariz.，Wisdom Tree，1992）.

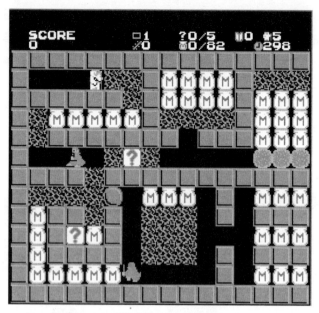

图9.4 《出埃及记》这类游戏中的信仰和价值观并非通过程序化的
方式表现出来，而是通过圣经问答和宗教角色及图标的视
觉元素进行呈现

    Wisdom Tree 似乎并非仅仅出于信仰的原因创作这些游
戏。Color Dreams 在销售其非宗教游戏时面临困境，因为任
天堂施压要求零售商不能销售未获许可授权的游戏。而由于
基督教书店和专业商店本不销售任天堂的游戏，Wisdom Tree
准确预测到这些零售商会乐意销售他们未获许可的游戏，且
不用担心任天堂的发难。应该承认该公司是开创宗教电子游
戏领域的先锋。时至今日，他们仍在市场上销售自家的老版
和新版游戏。

    虽然 Wisdom Tree 的游戏在类型上有所创新，但它们
并未通过程序化的方式呈现宗教信仰。相反，这些游戏借

用了平台游戏和冒险游戏的操作逻辑，将多少带有宗教或圣经元素的场景与熟悉的移动、射击和跳跃动作简单结合。许多游戏实际上只是对 Color Dreams 早期作品直接进行改编，进一步突出它们对游戏的动作元素而非宗教信仰本身的关注。

值得注意的是，在 Wisdom Tree 首次涉足宗教游戏过去15 年后，情况并没有发生根本性变化。2000 年，N'Lightning Software（夜闪软件）发布了《慕道者》（*Catechumen*），一款基督教题材的第一人称射击游戏。[①] 游戏背景设定在古罗马，玩家必须击败由魔鬼派遣的恶魔军队，阻止它们腐化罗马人的灵魂。《慕道者》对 Wisdom Tree 的游戏类型进行更新，采用了 3D 射击游戏的形式，而非早期的 2D 平台游戏。2005年，Crave Entertainment（热望娱乐）发布了两版《圣经游戏》（*The Bible Game*）：一个是棋盘游戏风格的圣经问答游戏，适用于家用游戏机；另一个则是为 GameBoy Advance 掌上游戏机推出的动作/角色扮演类圣经问答游戏。[②] 这就好像广告公司制作极限运动游戏，旨在将特定生活方式的行动，与电子游戏玩家这一目标群体联系在一起，而非只是模拟玩家与产品和服务的互动一样。基督教游戏开发者通过推出宗教游戏，试图将圣经知识与电子游戏玩家目标群体联系起来，而不是模拟其与信仰体系的互动。

游戏中更为引人注目的程序化宗教的尝试之一是《末日

[①] N'Lightning Software，*Catechumen*（Medford，Ore.：N'Lightning Software Development，2000）.

[②] Mass Media and Crave Entertainment，*The Bible Game*（Newport Beach，Calif.：Crave Entertainment，2005）.

迷踪：永恒的力量》（*Left Behind: Eternal Forces*），这是一款将宗教仪式融入游戏玩法的即时战略游戏。它改编自蒂姆·莱希（Tim LaHaye）和杰里·詹金斯（Jerry Jenkins）合著的畅销书系列"末世迷踪"（*Left Behind*），系列总销量已超过6000万本。[①] 这个系列的故事，讲述在"被提"（Rapture）事件后被"遗留下来"的一群人的挣扎。"被提"是某些新教分支中广泛流行的概念，认为所有基督徒都会在耶稣第二次降临之前被接升天，留下不信基督教的人类。[②] 书中的四位主角与反基督教的力量展开对抗，努力通过改造他人建立信徒抵抗军。游戏延续了这一情节，玩家将控制纽约市的市民，利用信徒去转化中立角色，并运用这些力量去占领建筑物，将其转化为基地和训练设施，或用于攻击反对基督教的军队。

毫无疑问，《末日迷踪：永恒的力量》是一款策略战争游戏，但其规则以一种独特的方式融入了精神信仰元素。除了人力和金钱，玩家还拥有一个"精神"资源。对于信徒来说，较高的精神值能够增强转化和战斗效果。对不信者而言，较低的精神值则有助于提高效果。两方的精神值会随着时间推移而变化——信徒的精神值会逐渐向不信者倾斜，而不信者的精神值则会趋向信仰。玩家可以通过祷告来提升精神值（见图9.5），也可以通过不道德行为来降低精神值——例如，

[①] Left Behind Games, *Left Behind: Eternal Forces*（Murietta, Calif.: Left Behind Games, 2006）. 此处评论基于游戏的预发布版本，该版本由开发人员在2006年5月的电子娱乐博览会（E3）期间向作者展示。

[②] 该系列的第一部作品是蒂姆·莱希和杰里·詹金斯的 *Left Behind: A Novel of the Earth's Last Days*（Carol Stream, Ill.: Tyndale, 1996）. 截至2006年春季，该系列已出版14本著作，并衍生出2部电影及多本儿童图书。

杀害无辜者会导致精神值大幅下降。然而，祷告会完全占用场上的角色，使其无法进行转化、攻击、防守或建造。从游戏设计的角度来看，这一机制增强了游戏的平衡性，玩家必须策略性地决定何时进行祷告，因为它既有好处，也会带来不利影响。从精神层面来看，这一机制传达了关于祷告最佳运作方式的理念。精神值会"逐渐消退"，意味着定期祷告是维持高精神值的最有效方式。尽管祷告会完全占用角色，但游戏对精神值的显著下降施加了更大的惩罚。恢复极度低落的精神值比避免祷告所需的时间和精力要多得多。此外，游戏还表明，祷告是一项全身心投入的活动，无法与其他任务同时进行。

图9.5　在《末日迷踪：永恒的力量》的这一场景中，左侧的角色正在祷告以提高精神值，为战斗做准备

　　尽管《末日迷踪：永恒的力量》中的祷告机制颇具创意，但它回避了书中关于拯救的教派特有的观点。所有基督徒都

相信拯救是获得永生的保证，但"被提"这一信仰主要存在于美国的原教旨主义者，尤其是一些浸信会和五旬节派教徒中。与书中的情节类似，游戏显然依赖于"被提"的概念；游戏开始时，玩家从太空中看向地球，灰色的灵魂从地球表面飞散而出。游戏的整体情节——与反基督教军队作战，拯救地球上剩余的灵魂——直接依赖于"被提"末世论。但在实际的游戏玩法中，宗教是泛化的。玩家需要寻找"灾难卷轴"，这些卷轴提供了末日的线索。完成关卡后，玩家会获得一些神秘且大致数字化的圣经奇物。游戏本身并未试图让玩家接受"被提"末世论或任何形式的原教旨主义思想。

定期祷告的机制无疑具有基督教主题，尤其是通过精神值来记录祷告的方式，将精神值视作神的显现媒介，但这一概念同样适用于其他宗教。事实上，伊斯兰教和犹太教都要求严格的定期祷告，并规定了每天祷告的次数。这种更为规律的仪式性观念，也许更能准确反映《末日迷踪：永恒的力量》中精神程序化衰退的设定。然而，游戏的开发者在很大程度上淡化了其原始素材中的宗教具体性。创作者表示，在游戏中"宗教已不再重要"，取而代之的是"圣经真理"[1]。他们声称，游戏专注于"永恒的事物"，处理的是"永恒重要的事务"[2]。这种模糊的表述似乎是为了规避商业游戏市场的风险。一款士兵在战斗中祷告的游戏，确实与当前商业趋势大相径庭——在我看来，这也是一种值得欢迎的创新。然而，

---

[1] Ian Bogost, interview with Troy Lyndon and Greg Bauman, May 9, 2006.

[2] Ian Bogost, interview with Troy Lyndon and Greg Bauman, May 9, 2006.

如果未能将开发者关于"被提"末世论的观点进行程序化，游戏本应具备的宗教表达潜力便会大打折扣。尽管开发者表示希望通过《末日迷踪：永恒的力量》激发广泛的讨论，但宗教主题最终仍被军事策略取代。[①]

或许，《末世迷踪》最有力的宗教评述，是关于宗教在市场中存在的普遍作用。基督教产品的市场规模庞大，2003年估计已达68亿美元（不包括基督教书籍），几乎与当年电子游戏产业的70亿美元收入相当。[②] 尽管大多数基督教产品的开发者对信仰深具虔诚，但作为一个零售产业，涉足其中的人们往往不得不在信仰的基础上同时注重消费。基督教游戏将信仰与产品紧密结合，在传递宗教原则的同时也关注宗教消费，甚至有时将消费置于信仰之前。《末日迷踪：永恒的力量》这样的游戏确实鼓励祷告，但祷告似乎并没有明确的宗教目的。同样，《隐形战争》通过模拟其抽象意义的存在来探讨道德问题。这些游戏在探讨这世上正确的持信仰、守规矩、做事情的方式时，通常持有相对局限的立场。

宗教游戏缺乏程序性修辞，使人联想到学校上学与真正的教育之间的区别。就像上学强调现有制度的价值，而不是用新观念挑战旧观念一样，伦理和宗教模拟也只是确认道德困境和信仰在世界中的存在，而非通过程序性修辞推动这些概念的革新。它们对现有的道德和信仰体系几乎没有影

---

① Ian Bogost，interview with Troy Lyndon and Greg Bauman，May 9，2006.

② Packaged Facts，"The U.S. Market for Religious Publishing and Products"（New York：Packaged Facts，2004）；The Entertainment Software Association，"Essential Facts about the Computer and Video Game Industry."

响，也没有通过程序性修辞来呈现理想（或不理想的）伦理、信仰体系的功能。与其说是关于如何过上更好的生活的模拟，不如说它们简单地肯定了道德和信仰作为世界中存在的概念这一现实。这个议题，仍然是未来电子游戏的广袤之地。

第十章 体育运动

《劲舞革命》(*Dance Dance Revolution*,简称 DDR),是由科乐美公司(Konami Corporation)旗下的 Bemani(贝曼尼)音乐游戏部门开发的系列舞蹈模拟器游戏。1998 年,第一代游戏登陆日本街机,之后推出近百个更新版本,扩展至索尼 PlayStation[①]、索尼 PlayStation 2[②]、世嘉 Dreamcast[③]、任天堂 64[④]、微软 Xbox[⑤]、任天堂 GameCube[⑥] 等多个平台。《劲舞革命》是一款节奏游戏,玩家需要跟着音乐节奏在触控感应跳舞毯上踩下感应器进行游戏。屏幕上以箭头形式出现的提示会告诉玩家正确的节奏,箭头叠加在颇具视觉冲击力的动画背景上,彰显了游戏特有的电子舞曲风格。尽管主机版本的《劲舞革命》允许玩家使用标准控制器的方向键进行游戏,但街机版的实体界面把游戏变成了一个公开表演的平台——玩的

---

① Konami, *Dance Dance Revolution* (Tokyo:Konami, 1999).
② Konami, *DDRMAX: Dance Dance Revolution 6thMIX* (Tokyo:Konami, 2002).
③ Konami, *Dance Dance Revolution 2ndMIX Dreamcast Edition* (Tokyo:Konami, 2000).
④ Konami, *Dance Dance Revolution Disney Dancing Museum* (Tokyo:Konami, 2000).
⑤ Konami, *Dance Dance Revolution Ultramix* (Tokyo:Konami, 2003).
⑥ Konami, *Dance Dance Revolution Mario Mix* (Kyoto:Nintendo, 2005).

时候颇为劳累、耗费体力。[1]

　　不久后，作为家用游戏机外设的跳舞毯面世，受到游戏宅们的特别欢迎。它削弱了公共街机游戏表演引发的认知失调感。一个新的《劲舞革命》休闲玩家群体也随之诞生。2004 年夏天，高端跳舞毯外设制造商 Red Octane（红烷）推出宣传和信息网站 GetUpMove.com（"动起来"网），介绍如何通过跳舞毯和 PlayStation 版《劲舞革命》来减肥。[2] 与所有减肥宣传一样，GetUpMove.com 重点展示了一些最让人惊叹的成功案例，比如一位年轻女士不进行任何其他锻炼，仅仅靠玩 DDR 就减掉了 95 磅。Red Octane 的此类宣传吸引了大量媒体关注，福克斯新闻（Fox News）[3]、《今日美国》（USA Today）[4]、美国有线电视新闻网（CNN）[5]、《早安美国》（Good Morning America）[6] 等媒体纷纷在显著位置对故事进行报道。在如此声势浩大的曝光之后，坊间市场报告显示，消费者开始仅仅为了锻炼的目标而购买 PlayStation 2 游戏机、跳舞毯外设和《劲舞革命》游戏光盘。这一新趋势很快就被媒体贴上"运动

---

[1] DDR Freak, "Tournament Performance and Strategy"（2004）; available from http://www.ddrfreak.com/library/contributor-article.php?postID=7890162/.

[2] Red Octane, *GetUpMove.com*（Red Octane，2004［cited March 3 2005］）; available from http://www.getupmove.com/.

[3] Catherine Donaldson-Evans, "Players Break a Sweat with Video Games," Fox News, July 9, 2004.

[4] Associated Press, "Video Game Fans Dance Off Extra Pounds," *USA Today*, May 23, 2004.

[5] Anita Chiang, "Video Game Helps Players Lose Weight," CNN.com, May 24, 2004.

[6] ABC News, "Toys to Get Kids Off the Couch," *ABC News Good Morning America*, December 15, 2005.

游戏"（exergaming）的标签："运动与电子游戏的结合体。"[1]

这一游戏类型的热度居高不下。2005年，在美国内华达州拉斯维加斯举办的国际消费类电子产品展览会（Consumer Electronics Show，简称CES）上，就有6家运动游戏供应商参展。同时，业界也开始就这类游戏对身体健康、自尊心等的影响展开研究。[2] 在游戏行业越发被诟病、肥胖人口不断增加的背景下，此类研究或许可以帮助证明游戏的正当性。但是，关于游戏如何激励玩家将健身活动作为生活的一部分，相关研究所涉甚少。例如，玩家在玩这些游戏时，会学到哪些与锻炼相关的知识？要想搞清楚游戏如何改变人们对运动健身的态度，就不能只审视个体成功的短期结果，还必须探究运动游戏中蕴含的程序性修辞。回顾过去几十年的物理输入游戏，有助于了解近期的游戏。从程序性修辞的角度看，我关注的不是这些游戏产生的生理效果——哪种游戏能带来更多或"更好"的健康效果。相反，我试图理解这些游戏的核心修辞——这些游戏是如何被设计出来激励玩家参与健身活动的。

运动游戏的起源

无论是分别讨论还是合并讨论，媒体对电子游戏和肥胖症的关注度都在持续提升。这大大激发了公众和商业界对运

---

[1] Star Lawrence, "Exercise, Lose Weight with 'Exergaming,'" *WebMD*, January 18, 2005.

[2] Red Octane, "Dance Video Game Supports Academic Success," *GetUpMove.com research report*, June 29, 2005.

动游戏的兴趣。这种媒体宣传攻势，可能会让人误以为运动游戏是一种新潮，但其实最早的实例至少可以追溯到 25 年前。下面，我们来简要回顾一下电子游戏在初期阶段是怎样触发或要求进行体育活动的，以帮助大家了解运动游戏的前世今生。

如今，我们已经习惯将电子游戏看作一种居家久坐的活动，类似于看电视。但在 20 世纪 70 年代至 80 年代的游戏厅，无论是玩《爆破彗星》（*Asteroids*，又名《小行星》）[1] 还是《立体空战》（*Zaxxon*）[2] 等任何一款游戏，都要站在游戏机前，用大幅度的身体动作来控制游戏机。这种与游戏机的身体互动，起源于第二次世界大战前后流行的弹珠机。这种机器由大家熟知的摇杆等模拟机械控制，根据玩家施加的作用力大小做出相应的反应。倾斜或轻推游戏机后来都成了游戏规则的一部分，包括推得太使劲会导致损失一颗弹珠的情况。

除了不太常见的鸡尾酒桌式游戏机，投币游戏时代的玩家通常都是以完全直立的姿势进行游戏的。哪怕是玩像《小蜜蜂》（*Galaxian*）这样标准的太空射击游戏，想要成功通关一轮也得站上半个钟头，用力晃动游戏机摇杆。[3] 和弹珠机一样，早期许多街机都是安装在酒吧和休息室里的。后来，游戏厅出现在公共商业场所，未到法定驾驶年龄的小孩只能步行或骑自行车去玩游戏。对于 20 世纪 70 年代末到 80 年代初的孩子来说，玩游戏意味着要快速步行或者骑车去附近的便利店、商场或游戏厅。

---

① Atari，*Asteroids*（Sunnyvale，Calif.：Atari，1980）.

② SEGA，*Zaxxon*（Tokyo：Sega Entertainment，1982）.

③ Namco，*Galaxian*（Chicago：Midway Games，1979）.

当玩家开始坐在客厅的沙发上玩雅达利、Colecovision 或 Intellivision 游戏机时，玩家与游戏之间的物理联结并没有完全消失。在早期的家用游戏机中，玩家与屏幕之间的物理交互仍然占据着一定地位。雅达利 2600 就提供了摇杆和旋钮控制器，并且该款游戏机兼容的所有游戏卡带标签上都印有对可用控制器的说明（"使用摇杆控制器"）。尽管电子游戏强调了人机交互的重要性，但玩家坐在椅子或沙发上使用手持摇杆或游戏控制器时，发现它在限制而不是鼓励自己做出动作。久而久之，玩游戏似乎变得和看电视一样缺乏健身活动，甚至可能还会造成重复性劳损等不幸后果。不过，现在这一趋势在某种程度上正在逆转。任天堂 Wii 游戏机凭借其配有运动传感器的独特物理交互，试图将健身活动重新融入家用电子游戏当中。

虽然肢体动作、倾斜传感器以及走到街角游戏厅这些行为与剧烈的有氧运动并不相同，但游戏厅确实强调了与游戏的身体互动，哪怕是以摇杆进行的游戏也是如此。这种活动能否被认定为"运动"还有待商榷，但它确实表明了物理动作——尤其是有节奏的、重复性的动作——与电子游戏之间关系密切。

跑　动

20 世纪 80 年代末，游戏产业已经从 1983 年的大崩溃中恢复过来，任天堂公司凭借广受欢迎的 NES 系统重振行业荣光。在这次的第二波家用游戏机浪潮中，人们对久坐式媒介消费的替代方案展现出了更加浓厚的兴趣。正是在这种环境下，出现了专门为促进或进行健身运动而设计的游戏。

1987 年，Exus（艾克瑟斯）公司推出可搭配雅达利 2600 游戏机使用的地毯式外设 Foot Craz（脚底生风）[①]——今天大家熟知的《劲舞革命》跳舞毯的最原始前身。Foot Craz 是一个小垫子，上面有 5 个彩色按钮，可以对触碰做出反应。Exus 在外设上搭载了两款游戏，这也是他们为雅达利 VCS 开发的仅有的两款游戏。游戏在该款主机流行末期才推出，与外设 Foot Craz 一起，至今都是最罕见的雅达利收藏品之一，印证彼时 Foot Craz 在市场上的相对失败。一年后，任天堂发布了配有类似脚控外设的新版任天堂娱乐系统，并将其命名为"能量垫"（Power Pad）。[②] 与 Foot Craz 相比，能量垫更大也更复杂，采用双面设计：一面是由 12 个触控圆圈组成的网格，另一面则是 8 个呈星形排列的圆圈（见图 10.1）。20 世纪 80 年代末到 90 年代初，任天堂和第三方开发商开发了多款适用于能量垫的游戏，其中许多游戏将垫子当作跑步用的地面。

20 世纪 80 年代初的一款热门街机游戏是《田径》（*Track & Field*），该游戏允许玩家参加 6 项奥林匹克式比赛项目。[③] 这是首款采用了"狂按按键"操作模式的游戏。在基础赛事中，玩家通过街机机柜上的两个按钮控制一名运动员。其中一个代表运动员的左脚，另一个代表右脚。要让运动员

---

① Exus，Foot Craz（Exus，1987）.

② 能量垫最初由任天堂的长期第三方合作开发商万代公司开发，一年前以"家庭训练机"（Family Trainer）之名发布。任天堂随后从万代购买了该设备的版权，以自有品牌重新发布。能量垫在欧洲市场更名为"家庭趣味健身垫"（Family Fun Fitness）。

③ Konami，*Track & Field*（arcade）（Tokyo：Konami，1982）.

图10.1 虽然这不是第一个垫式控制器，但NES能量垫是此
类中第一个得到广泛采用的设备

跑起来，玩家就得快速交替按下左右两个按钮；玩家按得越
快，运动员跑得越快。这款游戏的挑战性在于必须按照正确
的顺序按下按钮；如果只是随意乱按，成绩就会很一般。[①]
《田径》后来也登陆了雅达利2600游戏机（附带一个特殊控
制器），但无论是街机版还是主机版游戏都不需要玩家有非凡
的身体素质，只要能忍受快速敲击硬塑料按钮即可。[②]

在早期为Foot Craz和能量垫设计的运动游戏中，绝大多
数都采用了《田径》的核心游戏机制，用脚替代手指进行操
作。跑动类运动游戏要么是速度竞赛，要么是耐力比拼，而

---

① 一些聪明的《田径》玩家发现了一个漏洞：在街机按键面板上放置
塑料直尺，然后用铅笔或钢笔垂直按压尺子中部，只需用手或者拳头
来回刮擦直尺即可获得更高的分数。后续街机版本在按钮上方加装斜
面保护盖，以防止此类扰乱游戏公平性、损害街机营业收益的操作。

② Konami, *Track & Field*（Atari 2600）（Tokyo：Konami，1983）.

田径游戏通常更侧重于前者。鉴于这些垫式外设的特性，跑步游戏成为容易改编的目标也就不足为奇了。1988年，一套名为"Power Pack"的组合产品问世，其中包括NES主机、光枪、能量垫，和一个包含《超级马里奥兄弟》《打鸭子》（Duck Hunt）和《世界田径运动会》（World Class Track Meet）三款游戏的卡带。[1]《世界田径运动会》基本上就是《田径》的简化复刻版，专为和能量垫互动而设计。[2] 玩家可以进行4项不同田径项目的比赛——110米短跑、跳远、100米跨栏和三级跳远。当使用能量垫进行游戏时，这款游戏就变成了一个跑步运动模拟器。

在《世界田径运动会》中，玩家跑得越快，评分就越高。然而，由于能量垫只能检测到对正确传感器的冲击，玩家必须在适当的位置冲刺——即使没有能量垫带来的不便，这仍是一个几乎不可能完成的任务。《田径》则使用了交替按键的机制来让跑道上的跑步抽象化；快速按下按键成了冲刺的基本操作。因此，《世界田径运动会》将街机游戏中的刻意限制转化成了健身活动的基础。手指在按键上的快速移动是为了模拟专业运动员腿部的快速运动。那些以冲刺作为锻炼主要动力的游戏，只是借用了"快速按键模拟冲刺"的模式，并将其调整到玩家的脚部。这些游戏试图让跑步变得可操作化，以制造出与玩家动作对应的屏幕效果。

真实的田径运动员不会只练习冲刺。他们的训练方案通

---

① 万代曾于1987年推出了《体育馆赛事》（Stadium Events）。《世界田径运动会》是任天堂1988年对同一款游戏的更名再版，专为适配能量垫外设进行了改版。

② Bandai, World Class Track Meet（Tokyo：Nintendo，1988）.

常包括力量和爆发力的增强式训练、提高耐力和灵活性的中距离跑，以及针对特定项目的阶梯冲刺训练。实际上，人们普遍认为，对不经常锻炼的人来说，突然开始冲刺会对身体造成负担。垫式外设本身的特性让这种运动游戏的模式变得更加糟糕——Foot Craz、能量垫以及《劲舞革命》风格跳舞毯的底部都很光滑，很容易在脚下移动，甚至可能从玩家脚下滑走。虽然很容易把这种设计想成是新型物理输入设备因为仍在实验摸索阶段而产生的粗糙产物，但实际上即便是新发布的奥运会官方体育游戏——使用跳舞毯进行游戏的 PS2 版《雅典奥运会2004》（*Athens 2004*），也采用了相同的程序性修辞。[1]

敏捷性

一些运动游戏采用了改良版的冲刺修辞。通常，这类游戏会在最后的冲刺机制中插入一项与主项目不同或互补的活动以强行实现物理行为的转变，就像人们在有氧运动中会做的那样。

即使在《世界田径运动会》和《雅典奥运会 2004》这样的游戏中，也能看到最基本的中断冲刺机制以跳远或跨栏等跳跃项目的形式出现。在这些项目中，玩家必须停止触碰垫子上的传感器（或者触碰不同的传感器）才能完成跳跃动作。然而，运动员起跳前的奔跑速度决定了跳跃的力度，进而决定了跳跃的距离和得分。由于这种设计，这些游戏仍然更注重跑动而非跳跃。

[1] Eurocom, *Athens 2004* (Foster City, Calif.: SCEA, 2004).

还有一些游戏采用更为平衡的跑步修辞。以《慢跑者》（*Video Jogger*）①——Exus 为 Foot Craz 创造的两款游戏之一——为例，游戏屏幕上显示了上下两条椭圆形跑道，每条跑道上都有一个对手的角色（用圆圈表示）。玩家通过垫式外设在跑道上奔跑，同时避开对手（见图 10.2）。要做到这一点，玩家就必须不时按下 Foot Craz 上的另一个按键切换跑道。

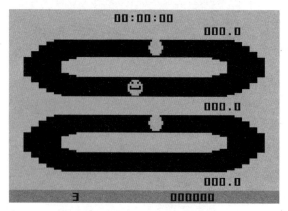

图 10.2 《慢跑者》，Foot Craz 的两款游戏之一

NES 能量垫游戏《田径运动会》（*Athletic World*）在业余赛事模拟方面进一步发展了这一模式。②游戏中的五个项目里有两个直接展现有关冲刺的修辞，而其他项目则要求玩家进行一段一段的短距离跑动，甚至需要先站立然后随时转移到垫子上的不同位置，以示切换不同的物理活动。例如，在"跳木头"（Hop a Log）项目中，玩家需要在中央的木头上跑动，然后用右脚或左脚的单脚跳转移到两侧的木头上。在

① Exus，*Video Jogger*（Exus，1987）.

② Bandai，*Athletic World*（Tokyo：Bandai，1987）.

"漂流"（Rafting）项目中，玩家操控角色乘坐木筏顺流而下，左右缓慢移动脚步以避开障碍物，有时还要跳跃或蹲下避开横跨河流的木头。蹲下意味着玩家必须俯身按下垫子上的两个前向传感器，同时保持双脚站在中央传感器上。这些游戏试图依靠多种相互干扰的不同身体动作将敏捷性变成程序操作。可以说，它们展现了关于敏捷性的程序性修辞。

《田径运动会》称得上是一款营地游戏模拟器。游戏中的项目类似于孩子们在夏令营或者"野外演习日"聚会上进行的休闲活动。因此，它摒弃了冲刺修辞，转而强调敏捷性。游戏规则要求玩家小心流畅地切换不同的身体状态——有时需要迅速，有时则不需要。《慢跑者》则提供了更为简单的敏捷性修辞，玩家必须不时地放慢跑步的速度来避开跑道上的敌人。同样地，玩家只有完全停止奔跑才能切换跑道。而在《田径运动会》中，玩家在慢跑、踏步、跪地和跳跃之间切换的频率还要高得多。在这些游戏中，玩家因敏捷性而非速度获得奖励。此外，由于需要与能量垫上相对较小且紧密排列的传感器进行身体交互，精确性也得到了进一步强调。

在运用程序敏捷性的物理输入游戏中，最不同寻常的是NES能量垫游戏《街头警察》（*Street Cop*）[①]。游戏中，玩家扮演一名搜捕小偷和流氓的巡警（见图10.3）。游戏场景设定在一条水平的街道上，有三条不同的可供玩家和其他角色占领的人行道。为了控制警察的角色，玩家需要在感应垫中间步行、慢跑或奔跑。如果需要换道，玩家就要向右或向左迈步，然后继续行走。切换方向则需要按下能量垫上的一个感应器。要抓捕罪犯，就得按下其他感应器。在这种有趣的混

---

① Bandai，*Street Cop*（Tokyo：Bandai，1987）．

合控制模式中，玩家还可以通过常规的 NES 游戏手柄上的按键来实现提到的最后两种动作。

图 10.3　在游戏《街头警察》中，玩家通过能量垫来控制移动而非节奏

　　显然，《街头警察》是尝试将能量垫用于非跑动类运动游戏的一次实验。一个类似《守卫者》游戏风格的小雷达会显示罪犯在街上的位置，玩家通过慢跑或步行接近他们。玩家需要注意不错过犯罪者，同时还要避开无辜的路人。虽然身体的敏捷性与巡逻之间没有明确的对应关系，但游戏玩法鼓励玩家有意识地在慢跑、侧步和斜向移动之间切换。

　　更为不同寻常的敏捷性程序化方法是将游戏与更加专业的物理输入设备相结合。Amiga（艾美加）公司率先尝试了这种方法，推出板形外设 Joyboard，玩家无须传统的摇杆操作，而是站在游戏板上向不同的方向倾斜（见图 10.4）。使用 Joyboard 时，玩家必须通过平衡全身的动作来代替摇杆移动。该设备还附带了一款专门为其设计的滑雪游戏《滑雪也疯狂》（*Mogul Maniac*）。[1] 滑雪时左右移动的动作非常适合 Joyboard，但在实际操作中，该设备获得的反响并不理想。Amiga 公司还为 Joyboard 开发了另外两款游戏，但最终都没有发布：一款是"西蒙说"（Simon says）风格的《摇来晃去》（*Off Your Rocker*），玩家需要根据屏幕上的色彩和声音提示向正确的方向倾斜[2]；另一款则是冲浪游戏《来冲浪吧》（*Surf's Up*），玩家需要小心地操纵冲浪板避免翻板。[3]

图10.4　家用游戏机最早的体感游戏控制器之一，Amiga Joyboard

① Amiga，*Mogul Maniac*（Santa Clara，Calif.：Amiga Corp.，1983）.

② Amiga，*Off Your Rocker*（Santa Clara，Calif.：Amiga Corp.，unreleased）.

③ Amiga，*Surf's Up*（Santa Clara，Calif.：Amiga Corp.，unreleased）.

尽管专门为 Joyboard 开发的游戏很少，但该设备也可以作为雅达利 2600 游戏机的标准输入设备使用，因此 Joyboard 用户仍然可以用它试玩 VCS 游戏库中数百款游戏中的任何一款。成功的机会自然是有限的，因为该设备并不能精确地对应标准的摇杆控制，但这种敏捷性测试仍然是可能的。后来，游戏公司 LJN 为 NES 推出了名为 Roll'n Rocker 的外设，其概念与 Joyboard 十分相似。设备看起来很像 Pogo 球，一种当时非常流行的平衡玩具。玩家站在上面，通过左右和前后晃动控制屏幕上的角色。一个标准的任天堂控制器插在板子的侧面，玩家可以用空着的手握住它进行按键操作。

　　但与 Joyboard 不同，Roll'n Rocker 并不是为特定游戏设计，而是作为通用配件出售的，玩家可以用它畅玩大多数的 NES 游戏。与《田径运动会》和《街头警察》不同，它利用了一种抽象的敏捷性概念，满足了大多数 NES 游戏对快速方向键移动的普遍需求，并将动作从拇指转移到全身。就像《世界田径运动会》那样，Roll'n Rocker 也依赖于标准控制器输入和物理控制器输入之间的一一对应关系。在这样做的过程中，它利用了《超级马里奥兄弟》[①]、《魂斗罗》(Contra)[②] 等热门 NES 游戏的内部机制，这些游戏都需要手指在标准控制器上快速操作。在此类游戏中，成功取决于能否快速按下正确的按键。Roll'n Rocker 试图借用标准电子游戏精心设计的敏捷性要求，并将其与玩家的身体动作相结合。但该设备在商业上并未取得成功，这或许证明了将现有游戏与物理输入相结合的难度之大。不过，它还是给了我们一个关于适应

---

① Nintendo, *Super Mario Bros.*

② Konami, *Contra*（Tokyo：Konami, 1988）.

性的教训。没有任何事物能阻止玩家将《劲舞革命》风格的跳舞毯作为 PlayStation 或 Xbox 的标准输入设备。跳舞毯提供了四种方向控制和至少两个按键控制。在跳舞毯上玩《跑车浪漫旅》①之类的游戏，感觉十分像是在冲浪。尽管如此，像 Roll'n Rocker 和任天堂能量手套（Power Glove）这样对通用物理输入设备的失败尝试，还是可能让当代的跳舞毯制造商不再试图将它们用于其他类型的游戏。

反应能力

如前所述，从广义上讲，街机游戏可以被视为运动游戏的前身。但是，我们甚至可以在非屏幕式的街机游戏和嘉年华游戏中找到更早的先例。

这类游戏中最常见的是《打地鼠》（*Whack-a-Mole*），玩家需要用大木槌敲打从游戏机柜孔中随机冒出的小动物。这个游戏起源于射击和投球之类的嘉年华游戏。游戏中，玩家需要用有限的时间或资源击中一定数量的目标。其起源甚至可以追溯到更早的力量竞赛。20 世纪 90 年代，曾经流行的电子游戏街机转向更年轻的受众，这类游戏也随之出现了更多的版本。现在，一个热门的打地鼠衍生游戏是《踩蜘蛛》（*Spider Stompin'*）。这款游戏通常出现在 Chuck E. Cheese's（查克芝士）餐厅之类的地方设置的儿童区域。游戏有一个八边形的平台，上面印有蜘蛛网图案。在蜘蛛网图案中，散布着一些塑料按键。这些按键周围绘有蜘蛛图案，当玩家踩上

---

① Polyphony Digital, *Gran Turismo*（Tokyo：SCIE，1997）.

去时会给人一种踩扁蜘蛛的感觉。平台前方立着一个大型计分板。游戏过程中，蜘蛛按键会按照选定的难度等级对应的速度依次亮起和熄灭。玩家必须在灯光熄灭之前踩到按键。不同的难度等级控制着亮起的按键数量和它们熄灭的速度。

《打地鼠》和《踩蜘蛛》这类游戏不需要像《世界田径运动会》或《慢跑者》那样持续进行身体运动。相反，它们需要玩家对外部的刺激（通常是视觉刺激）及时做出精确的身体反应。这类基于时效性反应的物理输入游戏实现了快速反应的可操作化，形成一种关于反应能力的程序性修辞。

测试反应能力的电子游戏的历史与运动游戏一样悠久：Exus 随 Foot Craz 设备一起发布的两款游戏之一就是《虚拟反应》（Video Reflex）[1]——《踩蜘蛛》的高度简化版本。在《虚拟反应》中，屏幕上会显示 5 个彩色方块，每个方块都对应一个 Foot Craz 上的彩色编码传感器。游戏过程中，虫子会出现在这些彩色方块上，玩家需要按下对应的传感器来踩死虫子（选中的方块中会出现一个脚印图标）。任天堂也为能量垫开发了一款类似于《打地鼠》的游戏《炸蛋危机》（Eggsplode）。[2] 在这款游戏中，小鸡占据了一个 3×4 的网格，对应能量垫有 12 个传感器的那一面。玩家需要及时按下相应的传感器，在小鸡下方的炸弹爆炸之前将其拆除。

当代运动游戏中也有关于反应能力的程序性修辞。索尼 PlayStation 2 的 Eye Toy 摄像头外设在首次发售时，绑定销售一组名为《Eye Toy 之来玩吧》（Eye Toy: Play）[3] 的小游

---

① Exus，*Video Reflex*（Exus，1987）.

② Nintendo，*Eggsplode*（Kyoto，Japan：Nintendo，1990）.

③ SCEE，*Eye Toy: Play*（Sony Computer Entertainment Europe，2003）.

戏，其中许多游戏都采用了反应修辞。例如，《功夫》（*Kung Foo*）需要玩家击落飞行的忍者和猴子，《碟盘平衡》（*Plate Spinner*）则要求玩家在棍子上保持各种盘子的平衡。两者都需要对屏幕上出现的刺激做出偶发但果断的反应，而不是像《世界田径运动会》那样连续不断的移动，也不像《竞技游戏》（*Athletic Games*）那样或持续或突然中止的运动。

有趣的是，《Eye Toy 之来玩吧》常被人吐槽虽然是单人游戏，实则是适合一大群人玩的完美派对游戏。因为 Eye Toy 并不是通过地板上的少数固定传感器来检测单个玩家的输入，而是通过相机自身对焦范围内的大型传感器阵列来检测。因此，多名玩家可以同时参与游戏，通过身体的任何部位来触发屏幕上的事件。从技术上讲，这种玩法可以视为利用漏洞，因为游戏在开始之前需要配置为单人模式。但这种利用漏洞的游戏方式，让人想起在街机或嘉年华中类似的行为，即多名玩家可能会同时玩《打地鼠》或《踩蜘蛛》，这样比单个玩家玩时的成功率要高得多。虽然那些跑步或敏捷性修辞的游戏通常会像田径比赛那样计得分，但反应修辞游戏通常是靠积分来计分：例如，玩家每打死一只虫子就可以得一分。虽然玩家的确可以在《田径运动会》中竞争最短时间，但积分是更为具体的竞争和合作基础。在街机游戏中，《打地鼠》《踩蜘蛛》之类的游戏通常会像滚球游戏一样根据最终得分发放奖券。玩家可以保存这些奖券，并用它们兑换玩具，以此激励自己继续玩和再次来玩。因此，基于反应修辞的运动游戏似乎比其他类型的游戏更具社交性和竞争性。

锻　炼

　　或许运动游戏最直接的应用，是将传统的锻炼方法以电子游戏的形式进行重现。1988 年，游戏公司万代率先尝试了这种做法，为 NES 能量垫开发游戏《有氧舞蹈》(*Dance Aerobics*)。[①]《有氧舞蹈》使用能量垫作为输入设备来监测传统的有氧运动。据报道，万代希望这款游戏能够吸引女性玩家，因此游戏及其营销中都只使用女性角色。

　　与前面讨论的所有其他游戏都不同，《有氧舞蹈》并不想将输入设备变成一个透明的窗口，让玩家通过它与游戏进行交互。相反，这款游戏非常清楚地表明，能量垫是用来测试玩家进步的设备。游戏中，屏幕上会出现一个有氧运动教练的角色，就像现实里的有氧课程或家庭视频中带领一组人训练的教练一样指导玩家。如图 10.5 所示，游戏甚至在屏幕上的角色下方描绘了一个能量垫，帮助玩家根据计算机显示的动作纠正自己的动作。

　　游戏过程中，屏幕上的角色会首先向玩家展示某个特定有氧运动（如侧步或触脚尖）的若干次重复动作。倒计时结束后，玩家必须跟随屏幕上的教练同步模仿这些动作。为了确保锻炼效果，每个动作都需要玩家接触能量垫上特定的传感器组合。屏幕一侧的小框里会持续显示剩余的犯错机会数量：如果玩家未能正确完成一个有氧动作，就会被扣除一次机会。

---

① Bandai, *Dance Aerobics* (Tokyo: Nintendo, 1988).

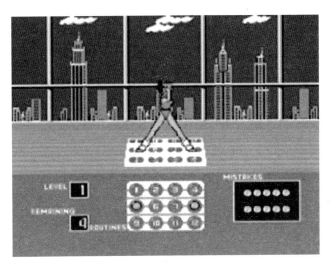

图10.5 《有氧舞蹈》通过要求玩家在指定时间内按压能量垫上的传感器来确认锻炼情况

按照《有氧舞蹈》的设定，当犯错机会用尽，就意味着玩家没有完成指定的锻炼动作，游戏会随之终止。但就像许多跑动类运动游戏一样，实际上玩家很难准确地踩到正确的传感器——或者确保抬脚时不会因为身体倾斜而误触其他传感器。一开始就对锻炼过程进行严格要求似乎有些荒谬，因为一个不够精准的腿部伸展动作应该比完全不做任何动作更有价值。但是游戏强制要求把精确触碰传感器作为有氧锻炼的基础单元操作。在真正的健身房中，教练可以环视整个房间，评估班上每个人的表现。教练可以给出笼统的鼓励（"继续加油！"），或者单独指出某个学生需要改进之处（"把脚抬高点！"）。这种"软性"反馈在《有氧舞蹈》中是无法实现的，因为游戏只能从玩家那里获得非常基础的反馈——能量垫上的数字传感器触碰。

尽管存在这一局限性，《有氧舞蹈》仍然明显不同于其他类型的运动游戏。该游戏也可以理解为采用了反应修辞；玩家需要在特定时间内触摸特定的传感器。但与《慢跑者》或《炸蛋危机》不同的是，《有氧舞蹈》依赖的是外部的文化参照物——私人教练，而非抽象的系统来构建游戏规则。

私人教练通常是个人或团体雇佣的专业人士，负责制订专门的运动计划。作为导师和监督者，私人教练可以提供微观和宏观两方面的指导：他们既要推荐合适的运动项目，又要确保客户正确锻炼，在达成最有效结果的同时避免受伤。然而不可否认的是，《有氧舞蹈》中确实体现了这种修辞方法。那些拥有关于反应能力的程序性修辞的运动游戏，通常只要求玩家在特定的、往往是计算机随机生成的事件下做动作。而在拥有关于锻炼的修辞的游戏中，身体动作和这些动作之间的停顿同样重要。玩《有氧舞蹈》的玩家很快就会注意到有氧动作之间的节奏，这种节奏也延伸到了角色动画上，动画以断断续续的方式配合熟悉的节拍式有氧运动的节奏。

《有氧舞蹈》发布以来的二十多年里，输入设备并没有发生太大变化，但计算机图形技术有了显著进步。2004 年，ResponDesign（设响）公司开发了一款私教式游戏《健身教练》(*Yourself! Fitness*)。[①] 该游戏适用于更加现代的 Xbox、PlayStation 2 游戏机以及个人电脑。ResponDesign 是一家由健身和运动鞋公司高管创立的企业，也是第一家专注于健身游戏的独立开发商、发行商。位于美国俄勒冈州波特兰市的这家公司和邻近的耐克公司建立了合作关系，得以使用耐克

---

① ResponDesign, *Yourself! Fitness* (Portland, Ore.: ResponDesign, 2004).

先进的消费者焦点小组和运动专家资源。其首款游戏《健身教练》意在将家庭健身视频重塑为电子游戏。

这款游戏以玛雅（Maya）为主角，她是一个由精细建模和动作捕捉动画结合生成的"虚拟私人教练"，同时也是游戏的主持人，负责主要的游戏交互。玛雅本身就是一个引人注目的角色，她是各式各样的文化和种族表征的融合体。玩家可以把她看作高加索人、波斯人或拉丁美洲人。她外表强壮，但没有威胁感：身材健美又不失柔和，给人一种平易近人的感觉。[1] 与之前讨论的所有游戏都不同，除了使用标准控制器进行菜单选择这种无关紧要的操作，《健身教练》几乎没有使用任何控制输入。尽管《有氧舞蹈》发布以来的二十多年里，计算机技术有了巨大创新，但控制输入的方式基本上保持不变：游戏主机能够检测到数字按键的按压情况；在更新版的主机上，还能检测到模拟摇杆的压力等级。ResponDesign 不打算在人类输入的基础技术上取得进步，而是决定让玩家自身提供程序所需的大部分输入。

玩家设置个人资料时需要输入身高、体重、生命体征以及锻炼目标等。随后，玛雅会根据这些信息制订一份个性化的锻炼计划，通常每天不超过 30 分钟，大多数内容都是标准的有氧运动。与早期像素风格（8-bit）的《有氧舞蹈》相比，《健身教练》提供了流畅的运动步骤动画。这种图形上的改进可能会削弱运动的规则感，这种规则感正是之前游戏的像素图形带来的意料之外的好处。但后者也利用更强大的图形处理能力让玛雅的行为多样化。她所做的运动、发出的语音指令以及活动速率，都是由玩家提供的生理数据生成的。在

---

[1] 我要感谢维什·乌尼坦（Vish Unnithan）提供的细致观察。

开始锻炼前，玛雅会先让玩家测量心率，并询问玩家感觉如何。如果玩家不适合进行锻炼，她可能会建议当天休息。不像《有氧舞蹈》那样有"错误分配"机制，这款游戏只是让玩家在实际锻炼过程中自行监测自己的表现。

不同于刻板印象中喋喋不休的有氧运动教练，《健身教练》不会在微观层面上指导有氧运动，而是模拟了私人教练的一对一指导风格。《有氧舞蹈》致力于让玩家跟上屏幕中角色带领的虚拟班级的步伐，《健身教练》则是监测玩家对自己身体状况的感知，并根据这种状况以及玩家的健身目标来调整当前和未来的锻炼计划。

为了制订一个全面的健身计划，这款游戏还提供了健康饮食的菜单和食谱。尽管出发点是好的，但这些菜单暴露出了游戏在量化玩家行为方面的急迫性。最让人难以忘记的，还有其程序化教练角色的宽松态度。玛雅会让玩家输入自己每天计划消耗的卡路里数值，并根据输入和其他保存的设置创建菜单。考虑到主机的计算能力，游戏强迫玩家手动合成像卡路里摄入这样简单的计算概念实在让人惊讶。如果这一机制能够帮助玩家建立饮食档案，从而确定每日的卡路里量并提供相应的菜单，那么它就能够更加有效地完善运动管理的部分。

作为对健身视频的一种重新构想，《健身教练》试图消解这种媒介中无法避免的重复性——正如其创造者菲因·巴恩斯（Phin Barnes）描述的那样："同样的女人在同样的海滩上说着同样的话，伴随着同一时间拍打着岸边的同一片海浪，日复一日。"[①] 为了对抗这种乏味感，游戏允许玩家解锁新的

---

① Phineas Barnes，"A Fitness Game for Xbox and PC"（paper presented at the Games for Health Conference，Madison，Wisc.，September 20，2004）.

锻炼场地和音乐，就像赛车游戏中的玩家可以解锁新赛道一样。像《跑车浪漫旅》或《雅典奥运会2004》这样的竞速游戏，会根据表现（比赛中的完赛名次）给予奖励，而《健身教练》则根据动作的一致性，也就是连续完成锻炼的次数给予奖励。[①] 在私教式《健身教练》游戏中，可被解锁的内容取代了《有氧舞蹈》中的增量传感器按压。后者通过"游戏结束"来惩罚不一致——这确实是一种奇怪的鼓励锻炼的方式，而前者则通过更换场景来奖励定期锻炼。但解锁新场景能否成为定期锻炼的动力尚无定论。

《健身教练》将老旧的健身视频更新为适合游戏主机的形式。事实上，ResponDesign之所以能够获得投资开发这款游戏，似乎正是因为这种市场转变——同样的理念，不同的媒介。ResponDesign显然希望那些主导家庭健身市场的女性消费者能够在孩子睡前利用家里的Xbox进行锻炼。[②]

但是《有氧舞蹈》和《健身教练》之类的游戏仍然依赖于传统的个人锻炼修辞：锻炼的主体必须调动内在动力来开始、进行并持续其锻炼计划。这两款游戏都想要提高玩家在单次有氧运动中的成功率，后者还努力鼓励玩家进行定期锻炼。然而，两者都采用了传统的、有些过时的方法来推广健身活动。《健身教练》重塑了私人教练的形式，但还没有将其职能真正可操作化。

我在前文中提到过，《打地鼠》和《炸蛋危机》这样含有

---

① 任天堂日益风靡的"脑锻炼"（*Brain Age*）系列认知训练游戏，同样通过新增运动项目奖励玩家的持续性投入。

② 截至2006年末，ResponDesign公司仍然深陷长达两年的侵权诉讼（参见 http://xbox.ign.com/articles/567/567385pl.html），这已经严重阻碍其新品研发能力。

关于反应能力的程序性修辞的游戏，往往会使用抽象的数字分数作为激励玩家持续游戏的手段。在这类游戏中，基于分数的激励只有在游戏结束后才会出现：玩家在一局游戏后查看自己的得分，并决定是否要超越它或者退出游戏。一些运动游戏已经摒弃了教练的形象，转而专注于在单次游戏过程中使用更抽象的办法来鼓励和维持以游戏为基础的锻炼。《健身教练》之类的游戏也采用了基于个人锻炼的程序性修辞，但这些游戏重新制订了锻炼规则，而不是改变教练的形式。游戏中的每个动作都是为了激发玩家更多的身体反应，就像健身房中的每个动作都是为了激发参与者更多的身体反应一样。和包含跑动修辞的游戏一样，这些游戏也可以促使玩家进行长时间的健身活动；但就像那些有着反应或敏捷性修辞的游戏一样，它们也重视运动中的休息，并利用这种休息来改变和丰富玩家的身体动作。

一个简单的通用程序化锻炼游戏的例子是《出餐啦》（Short Order），这款游戏与《炸蛋危机》同步登陆能量垫。[①]游戏融合了操场游戏"跳房子"（hopscotch）和经典街机游戏《汉堡时代》[②]的元素。游戏的目标是用少量的基本组件——面包、汉堡肉、生菜、番茄和奶酪等组装出特定的汉堡。游戏会显示目标汉堡，其难度随着汉堡的高度（组件数量）变化。玩家可以短暂地看到完整的汉堡，然后凭借记忆重新制作它。要选择一个汉堡组件，就得跳到能量垫网格侧两个相邻的正确传感器上。与反应类游戏不同，玩家没有时间限制，但是一旦走错步就会结束当前游戏，并损失一条生命。

---

① Nintendo, *Short Order*（Kyoto, Japan：Nintendo, 1990）.

② Data East, *BurgerTime*.

玩《出餐啦》时，玩家需要仔细考虑后再进行下一次跳跃，确保能够选择到需要的汉堡组件。放好一个组件后，玩家就得立刻集中精神到下一个组件上，直到汉堡制作完成。在完成一系列动作后，游戏就会转到下一个更大、更难的汉堡制作任务中。虽然《出餐啦》是一款非常简单的游戏，只有一种物理动作输入，但它把每次对能量垫设备的反应结构化，让每个动作在游戏中都会产生相应的后果。尽管这款游戏的计分机制与《炸蛋危机》中的反应计分十分相似，但《出餐啦》为每个身体动作都设定了具体的情境，使其具有了实际意义：玩家能够直观地了解汉堡制作的过程。这是一个具有已知和可衡量结果的日常活动，玩家可以直接与之产生关联。相比之下，在《健身教练》中完成一系列开合跳的动作，只有在健身语境下才有意义。

《劲舞革命》是我在本章开头提到的热门运动游戏，也是一个非常复杂的锻炼修辞案例。要想发挥《健身教练》的效果，玩家必须要有开始并持续进行健身锻炼的自我激励意识。但《劲舞革命》是把锻炼作为游戏本身自然产生的结果。

《劲舞革命》的核心机制——伴随着音乐节奏在跳舞毯上踩下与屏幕上箭头相对应的位置——与《健身教练》中的有氧运动有些相似。有氧运动通常是伴随着音乐节奏进行的，爵士健美操等衍生出的健身项目更是明确将有氧运动与爵士舞结合在一起。尽管使用流行音乐作为背景具有一定吸引力，但这些内容及相关项目仍然无法强制玩家在运动期间或运动间隙持续进行健身活动。而《劲舞革命》在运动游戏修辞上的主要创新，正是填补了传统运动计划中的这一空白。

《劲舞革命》的打分机制分为两个方面。一方面，玩家必须注意保持全局能量计处于正值。每当玩家错过一个箭头时，能量就会消耗一部分；如果能量耗尽，游戏就会结束，这与在《出餐啦》中犯错或在《有氧舞蹈》中用完犯错机会后游戏结束的情况相似。能量值为玩家提供了消极动机，激励他们不要轻易放弃游戏。

另一方面，游戏对玩家的每一步行动都给出了直接反馈。根据玩家脚步的准确性，屏幕上的文字会显示每一步的表现："Perfect"（完美）、"Great"（优秀）、"Good"（良好）、"Almost"（差一点）或"Miss"（错过）。与《有氧舞蹈》或之前讨论的各种跑动类游戏不同，《劲舞革命》会根据理想步点和实际步点之间的时间差来区分单个舞步的成功程度。更重要的是，游戏支持基于单个舞步分数的连续得分机制。连续多个"完美"或"优秀"会形成连击，并且连击的总数会显示在屏幕中央的显著位置。这些累积的分数是《劲舞革命》对玩家在单次重复动作后给予肯定的程序化体现；它们不仅强化了玩家当前的动作，还加强了产生该动作的整体节奏感。因为连击得分是数值形式，所以游戏会鼓励玩家尽可能长时间地保持这种活动水平。为了强化数值反馈的效果，关键时刻会有一个像教练一样的画外音使用"你做得很好！"之类的话术鼓舞玩家。与《健身教练》中玛雅对玩家的动作一无所知不同，《劲舞革命》会根据玩家的全局能量水平和个人连击模式程序化地生成语音反馈。这让游戏能够就玩家当前的表现（而不仅仅是他们完成最后一组动作后）进行鼓励或赞扬。

尽管《劲舞革命》的语音反馈与私人教练可能提供的口头反馈非常相似，但游戏将教练的概念机械化并扩展为对玩家身体的流畅延伸。通过对每个身体动作进行简洁但鼓舞人心的反馈，《劲舞革命》成功将私人教练直接嫁接到玩家的感知中。有人可能会把《劲舞革命》比作慢跑者的轻型抬头显示器，它会在路面上投射出正确的脚步，然后就跑步者的速度和姿势提供即时的建设性反馈。与老虎机和街机投币奖励的心理强化不同，《劲舞革命》将程序性修辞与玩家自己的目标相结合：完成舞蹈表演，完成日常锻炼。

　　基于其他外设的游戏也出现了这种更为复杂的程序化锻炼机制。许多早期的 Eye Toy 游戏采用了反应力玩法，但最近的一款游戏《Eye Toy 之反重力》(*Eye Toy: Antigrav*，简称《反重力》)[1] 将这一外设发展成了一种引人入胜的运动游戏工具。早期的 Eye Toy 游戏通过摄像头将玩家的形象显示在屏幕上，但《反重力》仅仅是将摄像头作为输入设备，用来控制屏幕上的角色，让角色复刻玩家在现实世界中的动作。《反重力》是一款悬浮滑板游戏，其起源可以追溯到 Amiga 公司的 Joyboard。玩家的角色滑着滑板穿越复杂的 3D 世界，通过转身、蹲下或跳跃来实现转弯和避开障碍物。虽然从原理上讲，《反重力》与《田径运动会》等游戏的基本敏捷性玩法十分相似，但它利用 Eye Toy 摄像头结合计算机视觉系统可以实现更加精细的动作追踪。

　　《反重力》与竞速游戏有着许多共同点，其中一种评分方式是计算完赛的时间，类似于《世界田径运动会》。但在关卡内，玩家可以通过收集赛道上的奖励物品来获得增益效果和额外分数。关卡的设计需要玩家在获取这些物品时，不断小

---

① Harmonix Music Systems, *Eye Toy: Antigrav* (Foster City, Calif.: SCEA，2004).

心调整头部和手臂的方向。例如，在上坡时，玩家可能需要将一只手臂伸到侧面，并在快速转弯时以弧形缓慢地向上再向下摆动。尽管《反重力》并未采用与《劲舞革命》相同级别的渐进式鼓励，但其游戏玩法的每个瞬间都在引导玩家将注意力集中在非常短期的目标上，比如获得下一个奖励道具。这种逐步累积的心理冲动，意在说服玩家即使身感疲劳也要继续保持全身心投入游戏所需的健身活动。

通用物理输入设备同样可以促使玩家持续进行健身活动。前面我以 Roll'n Rocker 为例，说明了同类控制器未能将手指在方向键上的反应需求完全转化为双脚在平衡板上的动作。但是最近，Powergrid Fitness 公司开发了一款更为复杂的通用控制器，不仅实现体力消耗，还可以将这种消耗与任何主机游戏联系起来。

Powergrid Kilowatt（简称 Kilowatt）是一款健身车大小的设备，可以帮助实现等长（isometric）运动。设备没有活动部件，通过力传感器将玩家在设备把手上施加的作用力转换为游戏中的动作。前文中讨论的大多数运动游戏实现的是有氧运动，但等长运动属于无氧运动，其增强力量的方式与举重非常相似。Kilowatt 锻炼背后的原理与 Roll'n Rocker 相同：通过任何电子游戏的内在激励机制，促使玩家活动全身，而不仅仅是动动拇指。但是与 Roll'n Rocker 不同的是，Kilowatt 实际上为大多数游戏提供了一个相当合理的控制机制。此外，Kilowatt 可以促使玩家持续进行游戏和锻炼：因为等长运动锻炼的特性，这种锻炼真的很难坚持！与能让玩家出汗或提高心率的有氧运动不同，等长运动锻炼的效果能立刻在上半身中感受到。这种"知道它在起作用"的感觉，同时对玩家的游戏目标和锻炼目标起到了引导作用。

　　甚至任天堂 GameCube 游戏机的邦戈鼓控制器也利用锻炼修辞来激励物理互动。邦戈鼓控制器包含两个触摸传感器，每个鼓面一个，还有一个麦克风传感器用于检测双手在上方拍击出的声音，该控制器与《大金刚手鼓》（*Donkey Konga*）一同推出。这款音乐节奏游戏模仿了南梦宫的家庭版日本太鼓模拟器《太鼓之达人》（*Taiko Drum Master*，一种类似《劲舞革命》的节奏游戏）。① 游戏采用与《劲舞革命》相同的修辞手法，但敲击鼓面比在跳舞毯上移动整个身体要轻松得多。然而，另一款兼容邦戈鼓控制器的游戏《大金刚丛林节拍》（*Donkey Kong Jungle Beat*）则需要玩家将邦戈鼓作为平台战斗游戏的控制器。② 敲击右侧的鼓会让大金刚向右移动，敲击左侧则让他向左移动，同时敲击两侧则会让他跳跃。拍手可以抓取附近的香蕉，而这些香蕉是进入后续关卡所必需的。在每个关卡结束时，玩家还可以根据收集到的香蕉数量获得特别奖章。

　　与《劲舞革命》类似，《大金刚丛林节拍》也采用了累计分数制，鼓励玩家尽可能延长成功动作的时间。游戏中，通过拍手收集香蕉的得分是直接从香蕉旁边走过的两倍。而且，在空中飞行时连续收集多个香蕉会进一步增加得分倍数。此外，玩家必须在每个关卡结束时与小型敌人和大型首领交战，这些都需要玩家调整位置并采取《田径》式交替敲击左右鼓

---

① Namco，*Taiko Drum Master*（Tokyo：Namco，2004）；Nintendo，*Donkey Konga*（Kyoto，Japan：Nintendo，2004）.

② Nintendo，*Donkey Kong Jungle Beat*（Kyoto，Japan：Nintendo，2005）.

面。虽然猛击塑料鼓可能会导致双手酸痛，而不是强健肱三头肌，但游戏的规则会激励玩家进行更多的健身活动，即使这些运动接近于痛苦。

《健身教练》试图借助可解锁的背景和音乐来激励玩家，但这些内容与游戏中的有氧运动玩法联系并不密切。《劲舞革命》和《反重力》这样采用了锻炼修辞的运动游戏，往往通过制造持续的激励措施来重新定义锻炼的概念，鼓励玩家持续进行健身活动。然而，《健身教练》可能给出一种更统一、更正式的有氧运动方式；毕竟，它确实采用了经过验证的锻炼套路。但不应一味盲目追求运动游戏的生理价值最大化；相反，长期的收益可能来自更低强度但持续进行的专业健身运动。《劲舞革命》这类游戏的优势，就在于它们能够在不要求玩家具备复杂健身知识的前提下，让玩家在游戏中进行健身活动。这些更为复杂的有关锻炼的程序性修辞，意在将锻炼者的核心属性，即一连串连续、高质量的身体动作的驱动力，而不是锻炼者的身体动作可操作化。

客厅的局限性

各种各样的运动游戏通过玩法和输入设备来激励健身活动。但是，如果不考虑这些游戏所处的游玩环境，那么分析就是不完整的。如今，市场上销售的大多数游戏都是在游戏主机而非个人电脑上玩的。游戏主机需要连接到电视上，而电视通常是整个家庭共用的大型家电，不易移动。电视通常会放在客厅或休息室，周围都是沙发和椅子。不少这样的房间还会在沙发和电视之间放一张咖啡桌或其他大型家具。人们常常边看电视边吃喝。咖啡桌上放着咖啡、啤酒、汽水和其他小吃，以供观看黄金档喜剧、周末体育赛事或晚间新闻时享用。因此，客厅通常是一个不活跃的静态空间，里面摆放着庞大笨重的家具，将一个开放的大空间分隔成许多更小的封闭空间。

这里讨论的每一款运动游戏都需要相当大的物理空间才能顺利、安全地进行玩要。除了索尼 Eye Toy 和任天堂邦戈鼓控制器，其他游戏都需要在玩家脚下放置某种设备。而且除了邦戈鼓控制器，几乎所有游戏都要求玩家周围有足够的活动空间，包括四周开放的空间以防止因失误而受伤。尽管大众媒体对此话题的讨论不多，但任天堂 Wii 的许多游戏也需要相当大的活动空间，包括将大幅度身体动作直接映射到游戏内动作上（如挥动网球拍或刀剑）的最新概念性操作。

产品宣传册和家居展厅通常会把客厅或休息室理想化为一个配有食物和饮料放置区域的休闲放松的场所，被舒适的座椅环绕，而人们的视线都朝向电视机。仔细想想，许多美国家庭普通的客厅或书房似乎都需要把家具——尤其是咖啡桌——移开，才能玩运动游戏。像 Kilowatt 这样的设备很重、很难移动，占用的空间与大型固定自行车或家用举重机相当，和普通健身器材一样有着不合理的空间需求。在分析运动游戏时，不能想当然地接受这些设备的不可行性。就连《劲舞革命》的跳舞毯也是体积较大的设备，必须藏在家具下面或硬塞进壁橱里。而像邦戈鼓和 Joyboard 这样笨重的塑料材质的外设，也很难成为美观的装饰品。这些设备的广告和宣传图片经常把它们展示在一个空旷的空间里——比如一个画廊式白色房间，在那里除了运动游戏再无其他活动发生。这样的环境，甚至超越了家装产品册上的理想化空间，好似存在于虚无之中。

玩运动游戏还面临着各种细节和技术层面的限制。通常，人们会将客厅的座椅摆放在一个理想的位置，以便坐在或靠在椅子或沙发上舒适地看电视。即使没有咖啡桌或其他障碍物挡在潜在的运动游戏玩家面前，玩家一般也需要站在距离电视三英尺 [①] 或更近的地方玩游戏，这可能会导致他无法看清屏幕上的全部画面。随着高清电视（HDTV）的普及，尤其微软和索尼在 Xbox 360 和 PlayStation 3 游戏机上大力推广高清技术的情况下——越来越多的潜在运动游戏玩家把传统电视机升级为等离子、液晶显示（LCD）或背投式高清电视。但是这些高清电视价格昂贵，且通常配备专为其设计的家具。视听专家还对高清电视显示屏应当安放的位置提出建议：当观众坐在电视机前时，他们的眼睛应该与屏幕中心对齐。[②] 而这些新型电视机——特别是那些价格相对较低的背投式液晶显示屏和 DLP（数字光处理）电视——通常存在垂直视角大幅缩小的问题，使得站在《劲舞革命》跳舞毯上或面对 Eye Toy 摄像头的玩家看到的屏幕画面变暗，甚至无法观看。

在个人电脑上也可以玩这些运动游戏，但同样面临诸多挑战，甚至可能比在游戏主机上玩时遇到的问题更多。《健身教练》确实推出了 PC、Xbox 和 PlayStation 2 版本。由于这款游戏针对的是非传统游戏机用户群体，所以 PC 版本可能是为

---

① 即不到一米的距离。——译者注

② 参见 http://www.myhometheater.homestead.com/viewingdistanceca lculator.html/.

那些没有游戏主机或者不想购买游戏主机的玩家开发的。但是，大多数家庭并没有宽敞整洁、留有足够空间的办公室来进行锻炼或运动，而且大多数家庭的电脑显示器也没有电视那么大，无法在安全距离内提供适当的视觉反馈。

但是，对运动游戏的可行性限制并不是一个独立的问题。在过去的60年里，美国家庭的客厅设计已经考虑到了特定的生活方式因素。一个或多个成年人通常会在早上早起，洗澡、刮胡子、吃早餐，然后通勤去上班。孩子们甚至更早出门去上学，所以家里大部分时间都是空着的。下班或放学后，那些和睦的家庭可能会共进晚餐，然后在电视机前享受片刻放松——而不是汗流浃背地运动。随着远程办公和居家办公的逐渐普及，许多职场人士在家里找到合适的空间来专心工作已属不易。而这进一步压缩了可用于看电视、读闲书、玩游戏等娱乐活动的空间，更不用说像做有氧运动、使用健身器材或玩运动游戏等健康活动所需的空间。无论好坏，现实是大多数有时间和金钱购买电子游戏机和运动游戏软硬件的美国郊区家庭，其住房从设计上就无法支持它们的运行。体育运动往往只能存在于附近的人行道上、当地的健身房里，或者更常见的情况下，根本没有地方能够开展。

当与极易获得的长期信贷相结合时，被我们简称为"美国梦"的战后工作伦理开始鼓励家庭购买只有延长工作时间才能负担得起的房子。大房子迫使我们搬到更远的郊区，又导致我们要在日益拥挤的城市扩张中通勤更长时间。工作和通勤时间的延长，缩短了我们与家人、与自己相处的时间，各种形式的体育活动也越来越少，最终形成一个恶性循环。因此，无论任何关于运动游戏的修辞多么有效，最重要的因素或许仍存在于那些能够决定我们所处空间的复杂的社会、政治和物质结构之中。运动游戏揭示了工作与运动或休闲之间的不协调，以及迫使我们多工作、少运动的意识形态结构究竟有多普遍。

第十一章 说服的目的

当我们提出意在说服的主张时，如何判断其是否成功？作为目标导向的活动，说服的有效性似乎仅在其真正达到预期效果——说服的对象改变了观念或行为时，才具有意义。亚里士多德的"目的因"概念阐释了行动的根本动因，例如某人可能为了健康而行走。[①] 当应用于修辞学时，目的因涉及达成"正确的判断、行动或信念"的说服目标。[②] 亚里士多德划分的三种说服性演说雄辩术各自具有不同的目的因：法庭演说追求司法正义，议事演说谋求公共利益，而展示性演说旨在彰显荣辱观念。[③] 这些领域同样适用于程序性修辞的范畴。例如，计算机模拟在法庭中的应用日益频繁，它们在此发挥着法庭演说的说服作用。第四章讨论的游戏《刺杀肯尼迪》若被设计用于奥利弗·斯通（Oliver Stone）的电影《刺杀肯尼迪》（*JFK*）所描绘的阴谋论审判场景，其说服基调将大相径庭。本书第一个板块论及的诸多公共政策游戏通常采用议事演说进行说服，而后两个板块所探讨的广告游戏和教育游戏则主要运用展示性演说实现说服效果。

亚里士多德认为，陈述之所以具有说服力，是因为"有

---

① Aristotle, *Physics*, 39（Ⅱ.33, 194b132）.

② Kennedy, *Classical Rhetoric and Its Christian and Secular Tradition*, 77.

③ Aristotle, *The Rhetoric and Poetics of Aristotle*, 32-33（1358b）.

人被其说服"[1]。但是，如何确切判断程序化"陈述"是否以及何时成功地说服了受众？在古典修辞学的理想形态中，说服需要通过深思熟虑的审议，以理性认同促成实际行动。对话者可能直接表明说服成功："你已说服了我。"在这种情况下，说服效果具有即时性、确定性和直接可知性。法庭可能是这种确定性说服的最典型例子之一。被告提出辩护，等待陪审团审议，最终收到关于说服是否成功的正式通知。议事演说虽然效力稍逊，但通过民主程序遵循相似的逻辑来实现。现代政治选举延续了这种说服效果测试方式。然而，演讲、海报、电视广告等多种说服手段复杂交织，往往使具体策略的成败难以辨明。展示性演说通常涉及对事物（或者更多时候是人物）的褒贬，属于仪式性演说的范畴。这类案例常与议事演说和法庭演说形成镜像关系，演说者呼吁受众信任或质疑某个主体。所有说服模式都有能够直接接触说服对象的优势：法庭、公共广场和私人聚会等场景都支持公开质询与挑战。在宗教修辞中，以皈依为目的的布道（如传教宣讲）同样提供简单明了的说服证据：被说服者接受耶稣为救世主，并参与特定教派的入教仪式。这类说服性结果与法庭或公众论坛中的情形并无二致，都是通过某种具体可衡量的行为来确认说服对象接受了演说者的论点。

在这些情况下，判断某人是否被说服的标准是明确的。说服对象需要对其回应负责，甚至可以说被"挟持"做出回应。陪审团如果不对每位候选人的说服效力做出评价，就无法完成其职责。选民也是如此，他们同样无法回避对候选人相对有说服力的回应。唯一能够规避这种责任的行为是弃权。但即便陪

---

① Aristotle, *The Rhetoric and Poetics of Aristotle*, 27（1356b）.

审员或选民集体弃权，这种群体行为也不再是对候选人或被告说服力的评判，而是对他们被要求的评判方式本身提出疑问。

电子游戏——尤其是严肃游戏——也遵循类似的责任逻辑。在特定情境下，电子游戏的价值总是与默认玩家对生产游戏的体系持支持态度的这样一种评估方法相关联。以商业游戏为例，其成败主要通过两种方式进行评判：首先，商业游戏的成功与否取决于游戏杂志和网站（如 Metacritic.com）的综合评价。Metacritic.com 汇总来自各个来源的评价，并计算加权平均分，从而得出产品的"元评分"[①]。这种评分对买家和发行商都具有重要意义。艺电公司首席创意官宾·戈登（Bing Gordon）曾表示，EA 管理层将 Metacritic 网站评分视为衡量其游戏短期和长期成功与否的温度计。[②]其次，商业游戏的成功还通过其财务表现来评判。畅销产品通常会被认为比滞销品更具有文化和艺术价值。游戏与电影、图书等娱乐产品共享此评判标准，在这些领域，质量往往（有争议性地）与市场表现混为一谈。当某些小众的利基市场试图论证某产品的质量时，这类产品通常被赋予特殊的"邪典地位"，游离于常规商业成功之外。邪典电影、漫画、图书和电子游戏很少成为大众市场的宠儿，因此商业产业实际上并未将其影响力纳入考量。事实上，"邪典"一词的使用本身就暗示了这些作品与主流实践的疏离，就像宗教异端信仰与正统规范的偏离一样。即便主流群体以同等热情从事类似活动，邪典崇拜

[①] 有关该过程的完整说明，参见 http://www.metacritic.com/about/scoring.html/. for a complete description of the process.

[②] Bing Gordon, "Developing and Educating Creative Leaders at EA"（paper presented at the Living Game Worlds 2005, The Georgia Institute of Technology, March 16, 2005）.

常常仍被视为愚昧甚至危险的。因此，商业游戏排除了市场标准之外的一切评判标准，市场数据就像陪审团投票或选票一样，被精确统计和比较。

严肃游戏采用了一种清晰但相似的策略来确定其成功与否。在之前章节中讨论的政治、广告和教育等领域，每个领域都有其代替市场标准的评判逻辑。政治领域寻求建立支持政治个体及其选民的政策立场，意识形态通过为政治结构的目标奠定基础来支撑这些主张。广告领域旨在创造支持广告机构发展的形象市场，媒介购买通过为广告主的目标提供基础来支撑这一体系。教育领域则致力于知识结构的再生产，上学式教育通过将其教育目标与制度化和生产目标对齐，来支持经济和工作体系的运作。

我之前曾讨论过，当前形式的严肃游戏运动支持并扩展了这些机构既定不变的目标。"严肃性"有助于反对琐碎性，将政府、商业和教育机构的目标与娱乐目标相对立。具有讽刺意味的是，正如 Metacritic 网站的例子所示，商业（娱乐）游戏将休闲与商业联系起来，将光盘和数字内容的交换与资本挂钩。而严肃游戏则用政治体制的循环、工业生产的循环和制度化社会目标的循环取代了资本循环。正如商业游戏产业无法接受那些有人气但不赚钱的产品，只得将它们归入"邪典"领域一样，严肃游戏产业也无法接受那些挑战其服务对象——各类机构——运作方式的颠覆性产品。

在商业电子游戏将财务成功作为主要衡量标准的同时，严肃游戏则采用其他相对陌生的评判因素。如果说大型企业以其收入规模为衡量标准，而政府、教育等机构的逻辑则在严肃游戏中取代了资本的主导地位，严肃游戏的成功必须以其对赞助机构的支持程度来衡量。此处请参考大卫·迈克尔和桑德·陈对商业游戏与严肃游戏开发差异的阐释：

> 现代教育建立在掌握（或记忆）特定内容的概念之上，通常按照不同教育层级（如小学、中学、大学等）逐步递进，最终获得文凭或学位。即使在教育领域之外，企业培训和军事训练也采用类似的结构。课程内容被传授给学生或受训者，他们的掌握情况会通过各种方式进行测试，合格后将授予相应的学分或学习成果认证。
>
> 为了使严肃游戏成为教育者和培训者有效的工具，它们必须提供测试和进度追踪功能。测试结果必须能够在教育或培训的框架内得到认可。[1]

这一分析清晰地表明，严肃游戏必须支持教育者的目标才能取得成功。迈克尔和陈认为，教育建立在可验证的所学知识掌握基础之上，在行为主义强化框架内进行测试，并以"学分"——一个象征玩家／学习者"收益"的货币化隐喻，即文凭或赞助机构认可的其他价值凭证作为最终认证。拒绝参与这种教育经济体系的行为根本不被视为学习。迈克尔和陈还明确指出，严肃游戏必须对教育者和培训者"有用"。这类游戏的产出成果必须在这些机构的账簿上"有迹可循"。其动机本身于严肃游戏渴望发展成为像商业游戏那样（财务上）成熟的产业，而实现这一目标最直接的途径，就是支持那些愿意为此类服务支付可观费用的机构的目标。

尽管先前援引行为主义测试理论，但迈克尔和陈进一

---

① Michael and Chen, *Serious Games*, 37.

步阐明，严肃游戏提供了突破书面测试的可能性，转而展示"过程、互动、系统、因与果"。这一主张与被我称为程序性修辞的说服类型相契合。[①] 然而，两人也明确表示：这种方法论带来了额外的要求。引用克拉克·C. 阿布特在 1970 年首先提出的严肃游戏概念，迈克尔和陈采纳了前者评判游戏"有用性"的标准：

> 所有玩家的积极参与和激励；
>
> 足够的真实性以传达模拟的本质真理；
>
> 规则和游戏玩法中因果关系的清晰性；
>
> 整个过程的可重复性和可靠性。[②]

其中，第一条和最后一条标准最具启示性。要有用，严肃游戏必须能够激励并吸引所有玩家，而不仅仅是部分玩家。在学校或企业中，这意味着所有学生或员工都必须从游戏中获得相应的价值，否则其价值将随受众的分化而迅速降低。正如商业游戏力求吸引尽可能多的买家，严肃游戏也应努力吸引尽可能多的学习者。在这种情况下，商业上用来衡量成功的金钱数值转移到游戏的支持机构中。例如，有多少学生能够接受到符合州立标准的化学教育，或者，基于游戏培训企业人员能够降低多少机会成本。此外，游戏的结果必须具有重复性和可靠性，不仅仅是部分环节，而是贯穿"整个过程"。换言之，游戏过程必须与机构的现有流程紧密联系起来，以确保其对流程的有效支持。"真实性"和"清晰性"有

---

① Michael and Chen, *Serious Games*, 38.

② Michael and Chen, *Serious Games*, 38.

助于传达这一连接的"本质真理"。

迈克尔和陈为严肃游戏开发者提供了确保项目满足这些期望的策略。他们建议开发者包含"对玩家所有选择和行为的广泛、详细记录",以便在游戏结束后将游戏内外的行为关联起来。据推测,任何未能产生或促进理想机构活动的行为都应从游戏中剔除——或者至少开发者应加强那些能最大化机构目标的游戏内行为。此外,迈克尔和陈认为,严肃游戏"应当协助老师,而非取代他们。因此,严肃游戏需要与教育过程相结合"[1]。也就是说,严肃游戏是机构的工具,通过利用其在游戏领域之外的现有影响力来推动进步的齿轮。教育者或培训者引导玩家的进步,以确保他不会"误玩"游戏,从而考虑超出理想、认可学习范围的见解或结果。在这些情况下,严肃游戏甚至可能与其他衡量机构成功的标准相结合。例如,教育环境中的严肃游戏通常帮助学生准备书面考试。企业培训中的严肃游戏则常常与学习管理系统集成,这些技术基础设施通过网络界面自动进行书面评估。[2]不可避免的是,严肃游戏取决于其对权威的负责任程度。

评 估

严肃游戏所涉及的整体问责的类型,通常被称为评估。评估被用于各种学习理论中,通常指教师或其他权威人物评

---

[1] Michael and Chen, *Serious Games*, 38.
[2] Mark Prensky, *Digital Game-Based Learning*（New York：McGraw-Hill，2001），340.

价某人的过程。教育理论家往往对最佳评估方法存在分歧。常见的评估方法包括布鲁姆分类法[1]、定量与定性表现的锚点或评分细则、间接衡量方法（如毕业生调查问卷），以及基准测试或定量对比。在每种情况下，评估都需要将学生的实际表现与预期、期望或预测的表现进行比较。严肃游戏直接采用了这种对评估的理解。例如，布莱恩·伯杰隆（Bryan Bergeron）在其关于开发严肃游戏的专著中，提供了以下针对软件开发评估的具体定义："评估涉及将开发需求规范阶段建立的目标与玩家在游戏后的可测量行为变化进行比较。"[2]

评估总是需要诉诸现有领域。评估通过某种处于中间地带的测量，将一种符号行为等同于另一种符号行为。在严肃游戏中，游戏玩法（一种程序性符号行为）通过书面测试或工作表现等具象测量，与机构内的理想行为进行比较。

值得注意的是，评估还有另一个相关含义：一般意义上的和具体到税收领域的估值。人们评估房屋或钻石的价值，就像评估商业问题的重要性一样。这个单词源于拉丁语"assidere"，字面意思是坐在旁边，自中世纪时开始承载征税的含义。在当今时代，我们仍然在和税收相关的语境中使用该术语。例如，对某个地区的房产以某种税率进行评估。从其拉丁词源的角度来看，评估也可能暗示敌意、围攻或封锁，这种含义无疑支持了将评估视为征税的概念。税收本质上是为了获得通行或继续的许可而征收的费用。

---

[1] 参见 Benjamin Bloom, *Taxonomy of Educational Objectives: The Classification of Educational Goals*（White Plains, N.Y.: Longman, 1956）.

[2] Bryan Bergeron, *Developing Serious Games*（Hingham, Mass.: Charles River Media, 2006）, 216.

因此，评估从根本上与物质交换和经济回报相关。一个主权或政府提供保护和服务以换取税收。公司提供工作和行业培训以换取工作职责的履行。公立学校提供教育以换取朝着既定社会目标取得直接进展。通常，这种交换背后隐藏着未言明的要求。纳税人对政府如何使用税收款项只有有限的控制权。员工必须接受雇主的目标和价值观。学生必须认同制度化教育中隐含的社会目标。在许多情况下，不接受它们的后果是相当严重的。未能缴纳税款会引发经济处罚或审计；屡次未缴税款可能会导致监禁。未能履行工作职责会被解雇；多次被解雇就可能面临生存困境。拒绝接受教育系统会招致社会成见；习惯性拒绝则可能招致耻辱。

在大多数情况下，政治、企业和教育机构依赖一种基本的评估形式，这种形式直接衍生自税收机制中的金额估算：数值测量。这一目标促使迈克尔和陈建议开发者存储玩家每个选择和行动的细节。如果每个行动都被存储，那么游戏可以输出任何类型的数值报告，从平均成绩到平均玩家速度。定量评估在严肃游戏和教育技术中普遍存在。这些数据是教育评估的基础。我们给学生打百分制成绩，这些分数通过加权的对错答案计算得出，而对错的判定则由测试表格里特定数字上的铅笔标记决定。我们按年级水平以数字顺序计算学业进展，进展随年份同步递增。我们通过标准化考试成绩来判断我们子女的水平及其未来的大学生涯，这些数字已成为潜力的隐喻。我们按数字单位来计算大学学分，并将学业努力程度理解为一个关于各门课程被分配学分相对数量的函数。我们给知识的学习分配时间和时长，每一节课的持续时间与前后课程相当。我们根据当地学校的升学率选择居住社区，而这些学校又通过同样的表现衡量标准来筹集资金。美国的《有教无类法案》放大了教育对数值测量的关注，旨在从对学生的净评估中计算学校的表现，以此来强化"问责制"。

在政治领域，报纸报道盖洛普民意调查，将公众意见数字化。结果被分解为选区、人口统计、利益集团以及其他可想象的类别。在美国的选举之夜，我们看到各个选区、县和州陆续报告结果，这些结果被转换为选举人票数，并进一步汇总，以确定获胜者。潜在的政治人物首先通过他们获得多少请愿签名来衡量成功，然后通过筹集的竞选资金，接着通过民意调查，再通过出口民调，最后通过投票的原始计数来衡量成功。公共政策往往与财政支出等同，预算数字成为道德价值的替代品。第三章里提到的政治顾问弗兰克·伦茨会付钱给普通人，让他们来到他的公司，为新的信息构建提供素材。参与者观看录制的采访，并不断调整手持拨盘，以呈现他们在特定时间对发言人的相对积极或消极的反应。伦茨的"信息构建"团队通过数据采掘，将其与相应时间点上的口头话语进行交叉引用，基于数值来评估大众对于不同术语的接受或拒绝态度。

在广告领域，观众人数通常以"眼球"来指代。几十年前，尼尔森媒介研究（Nielsen Media Research）发明了电视收视率系统，该系统基于抽样和观众日志来确定节目的价值。观众越多，节目中的广告位就越有价值。由于尼尔森在广告指标市场的垄断地位，营销价值已与尼尔森的观众份额算法直接挂钩。其他营销媒介的价值主要与观众人数相关——如经过广告牌的汽车数量、地铁站台的通勤人数或杂志的订阅人数。类似于民意调查，市场营销人员将这些数据与人口统计信息相关联，瞄准最大数量的目标观众。互联网因其能够提升广告问责能力而在营销圈备受推崇。现在，横幅广告的展示可以通过点击率进行追踪，从而显示观看广告的用户中有多少转化为网站访问者。优惠券、网站点击和直邮反馈将观众人数与购买行为联系到一起，产生了新的响应率和"举手"式衡量标准。促销活动和竞赛收集消费者信息，用不断增加的记录数值填充数据库，而这些记录反过来又为后续的直邮广告和电子邮件优惠提供了精准的投放依据。

当数值评估应用于电子游戏时，其目的是即时且不可更改地记录玩家的操作，以服务于赞助方的已知和预设的目标。伯杰隆、迈克尔和陈敦促严肃游戏开发者应首先为游戏设定明确的目标，然后将玩游戏时的数值输出与这些目标相关联。确定无疑的经验性结果是游戏的有效性。通过与实现相同目标的其他已知方法进行比较，可以确定游戏的投资回报率，即实现预期结果的相对成本效益。再次强调，表现被简化为财务支出。

以之前提到的广告游戏为例。像《匹配女士》这样程序性修辞较弱的游戏，模仿流行的休闲游戏，目的是提高玩家玩游戏的次数和单次游戏时长。根据迈克尔和陈关于记录指标的建议，托管游戏的网站可以测量页面和游戏的加载次数，以及玩家的游戏时长。此外，通过开发者搭建的 Kewlbox.com 门户网站，他们可以让玩家在单次访问中体验多个不同客户的广告游戏，从而提供增量的数值指标。同样，游戏内置广告公司 Massive 与数据分析公司尼尔森合作，创建了针对游戏内置广告的测量工具。[①] 通过正常的互联网连接，尼

---

① Chris Marlowe，"Nielsen to Measure Massive Ads," *Inside Branded Entertainment*，December 16，2004.

尔森可以记录玩家在 Massive 植入的广告前停留的时间、该玩家和广告在游戏或游戏关卡中的位置，以及玩家与广告图像之间的视角等几何细节。这些数据使广告行业能够继续通过定量测量来证明广告的价值。广告商也在不断扩展这一模型。2006 年初，来自加拿大蒙特利尔的游戏公司 First Person Plural（简称 FPP）宣布他们打算将游戏用作数据库营销。该公司计划免费发布一款名为《人之极限》（*HumanLimit*）的赛车游戏，并以 100 万美元奖金的承诺吸引玩家。[1] FPP 将收集玩家注册信息未来用于营销，并通过类似 Massive 的系统在游戏的城市环境中出售广告空间。这又是一个试图通过即时数值来确证效果的游戏案例。

其他游戏试图通过心理或生理指标来衡量其成功。以教育／医疗保健游戏《火眼金睛之矩阵帝国》（*EyeSpy: The Matrix*）[2] 为例，这是一款旨在增强自尊的训练游戏。游戏中，玩家会看到一个 4×4 的人脸网格。网格中有一张脸在微笑，其余则皱着眉或怒目而视。玩家被要求尽快点击"微笑／表现出接纳"的面孔。开发这款游戏的研究人员在对游戏玩家和对照组进行访谈和效果测量后，发表研究报告声称，通过游戏中随机呈现的微笑面孔，可以提升玩家的自尊。[3] 他们认为，游戏仅仅通过让玩家接触到这些微笑的面

① Paul Hyman, "Technology Seeks to Measure Game Ad ROI," *Hollywood Reporter*, February 24, 2006.

② Mark Baldwin, *EyeSpy: The Matrix* (Montréal, Quebec: McGill University, 2004).

③ Mark Baldwin, Jodene Baccus, and Dominic J. Packer, "Increasing Implicit Self-Esteem through Classical Conditioning," *Psychological Science* 7 (2004).

孔，就隐形地增强了玩家的自尊。此外还有 Red Octane 公司的《劲舞革命》游戏推广营销，其中声称谭雅·洁森（Tanya Jessen）通过玩这款游戏——作为她唯一的锻炼运动——就成功减重 95 磅。[①]

在严肃游戏中，表现通常被认为与数值进展相关，而数值进展则直接或间接地与资本的积累或减少挂钩。此外，这种表现评估通常被认为能够迅速产生效果，甚至可能在游戏完成会话后立即显现。这是资助并使用严肃游戏的机构——包括军队、政府、教育机构、医疗机构以及企业——提出的需求。对这些机构而言，说服意味着尽可能迅速地产生认同。但正如我在前文所述，程序性修辞同样可以挑战其所在的设定情境，揭示其运作逻辑，并为新的配置可能性打开大门。在程序性修辞希望质疑的系统框架内，将导致的相应结果"数值化"是不可能的，因为系统"货币"已不再有效。如果我们想知道说服性游戏究竟如何说服，就需要找到另一种模型。

深　思

当我们制作《艾奥瓦州支持霍华德·迪恩》这款游戏时，竞选活动正处于通过基层外联动员取得成功的巅峰。竞选团队相信，他们的努力能够促使更多人登记成为选民、捐款并进一步承诺参与志愿服务。因此，他们要求我们在游戏中加入这些活动的链接，将玩家引导至相关活动页面。这些链接

---

① Michael and Chen, *Serious Games*, 185.

的点击量会被记录到一个统计服务器上，竞选团队用这些数据来跟踪各项活动的表现。当我与媒体谈论《艾奥瓦州支持霍华德·迪恩》或《不满！》这样的政治游戏时，记者们总会询问有多少人玩了游戏、玩了多久，以及是否能够将游戏玩法与登记选民数量或筹款金额关联起来。他们期望获得类似统计服务器存储的具体信息。然而实际上，这款游戏带来的最有趣的结果，并非来自游戏的游玩次数、点击量或捐款数额，而是源于有关游戏程序性修辞本身的讨论。

在第四章中，我提出数字民主未能通过计算技术有效表达政治议题的问题，认为它反而更多依赖于像博客这样的百科全书式的媒介，而非像电子游戏等程序性的媒介。电子游戏促使玩家对基于规则驱动系统的思考，而博客则促进开放的讨论。巧合的是，迪恩的竞选正好赶上了博客作为流行媒介崭露头角的时候，我们有幸能观察玩家在大众媒体和博客中分享他们的游戏体验。玩家的反应各不相同，从"半吊子的思想控制实验"[1]，到"我还没决定这是创意还是诡异"[2]，甚至是"它太不可思议了，无法用语言形容"[3]。这些定性的反馈，即使是那些尖锐的、负面的评论，都令人感到亲切又好笑。其中最具价值的，是那些尝试在总统竞选的大背景下，理解我们针对基层推广所设计的程序性表征的反馈。

尽管许多博主表达了他们对游戏的喜爱、厌恶或矛盾心理，但也有其他一些人审视其规则，并试图将这些规则与

---

[1] 参见 http://www.thegamersforum.com/showthread.php?t=7506/.

[2] 原来在 http://www.radiosilent.org/mt/http://www.radiosilent.org/mt/000152.html 可见，但现已下线。

[3] 原来在 http://www.gendeanblog.com/ 可见，但现已下线。

竞选的意义联系起来。评论家贾斯汀·霍尔（Justin Hall）写道："这是实时战略游戏的街机/动作版，通过快速点击来收集资源。但既没有结果概览，也没有政治资源分配游戏的元素。"[1] 游戏记者大卫·托马斯（David Thomas）在他的评论中进一步阐述了霍尔的观点：

> 　　游戏的得分系统非常简单——你为迪恩阵营招募的人越多……你的招募就越成功；同时，你会看到支持迪恩的信息在屏幕角落闪烁……
>
> 　　在短短几分钟的简单游戏过程中，政治的本质被揭示出来——一场纯粹的数字游戏。迪恩游戏表明，他的竞选与布什的竞选并无本质区别，与记忆中近期的其他任何竞选也没有什么不同。政治过程已被分析家和策划者把持，他们通过分析人口统计数据，设计如何通过口碑传播制造压倒性的影响力。在这款游戏中，无论迪恩说什么，都不重要，在现实世界中也是如此。这只是一个关于动员的数学题。只要招募到足够多的志愿者，并让他们继续招募更多志愿者，你就能打造出完美的安利式金字塔——通过多层次营销走向总统宝座。[2]

---

[1] Justin Hall，*Clicking for Dean*（Game Girl Advance，2003 [cited December 23，2003]）; available from http://www.gamegirladvance.com/archives/2003/12/23/ clicking_for_dean.html/.

[2] David Thomas，*The Dean of Political Games*（Buzzcut：Critical Videogame Theory，December 24，2003）; available from http://www.buzzcut.com/article.php?story=20031224234034103/.

与多数流于表面的评论不同，托马斯的批判深入游戏规则的意义内核。《艾奥瓦州支持霍华德·迪恩》认为，政治本质上是一场数字游戏。如同广告、教育以及之前提到的评估概念，这款游戏将"人头数"置于公共政策之上。在这种情境下，政治行动被无限延宕。霍尔为这种策略辩护，认为它作为竞选策略具有可信性："《艾奥瓦州支持霍华德·迪恩》确实提醒我们，政治进程由忠诚的追随者执行的一系列机械任务构成——越早介入越好。因此，作为政治教育项目，它在基础层面是成功的——尽早且频繁地招募支持者。"但托马斯担心，这种策略永无终结，候选人永远忙于竞选而无暇施政。托马斯的批评，一方面是针对迪恩的竞选，认为其过度关注基层动员和招募，几乎忽视了任何关于候选人政治议题的讨论。迪恩在佛蒙特州乡村地区作为温和的中间派的记录，被其沿海城市追随者的激进形象取代——那些喝着拿铁、开着沃尔沃的左翼人士，用集体形塑的政治人格取代了迪恩本人的个体特质。另一方面，托马斯的评析表明，不仅迪恩，所有政客都将这种"人力资本积累"置于政策之上。他继续写道，"《艾奥瓦州支持霍华德·迪恩》告诉我们竞选的一切本质：它关乎选票而非议题，关乎招募而非人民，关乎制造声势而非是非对错"[1]。这便是政治的程序性修辞：积累支持者只为支持本身。用阿兰·巴迪欧的话说，政治正义沦为"利益博弈的和谐化"[2]。

---

① David Thomas，*The Dean of Political Games*（Buzzcut：Critical Videogame Theory，December 24，2003）；available from http://www.buzzcut.com/article.php?story=20031224234034103/.

② Badiou，*Infinite Thought*，73.

那么，大卫·托马斯对《艾奥瓦州支持霍华德·迪恩》修辞的这番有趣解读该如何看呢？数值证明的幽灵再次浮现。我们可以考虑托马斯在联合报纸专栏的影响力，统计其文章首发网站 buzzcut.com 的读者数量，计算文章评论区中的回复数量或不同发声者的数量。又或者像谷歌一样，我们可以统计外部链接的数量，将引用作为价值的衡量标准。但这些衡量方式恰恰将托马斯对政治的批判施加于其自身的解读：议题、辩论和思考被符号化价值取代。

托马斯对游戏立场的真正回应价值应来自话语分析，而非数值分析。他和他的读者如何运用这种对迪恩竞选或竞选活动整体的新视角？他们是否因此全然失去了对民主进程的信任？是否呼吁革新？是否敦促候选人摒弃抽象概念转向具体政策讨论？更重要的是，这类反馈应被视为说服的成功还是失败？

需要重申，《艾奥瓦州支持霍华德·迪恩》的说服目标，是激励观望派支持者参与竞选活动。托马斯本人似乎将自己视为这一目标群体的一员："我和许多人一样，认为霍华德·迪恩当总统或许不差。这位'努力争取支持的中间派'看起来只是想做正确的事情。在美国政坛，这实属罕见，甚至近乎神话。"[1] 如果有效说服仅体现为捐款或志愿服务，那么托马斯显然并未被说服。但若对候选人及竞选活动日益深入的审视可视为潜在支持者向审慎支持者转化的证据，那么我们便不能断言游戏说服失败。该游戏并没有产生可量化的支持或反对结果，而是引发了思考——这种状态既不意味着立即认同，也不代表断然拒绝。

---

[1] Thomas，*The Dean of Political Games.*

在修辞类型中，存在以引发思辨作为说服证据的先例。非传教性质的犹太—基督教修辞模式与以证据为核心的古典模式较难对应。《旧约》里的圣约演说遵循固定模式："首先通过提醒受众上帝的作为来强化其权威；其次颁布新诫命；最后警示违背诫命的后果。"[①] 这种修辞行为的主要目的在于巩固人与上帝之间的圣约，继而引导日常行为符合先知告诫，因此很难与古典修辞模式——对应。在基督教布道术中，命题往往伴随责任或忏悔的呼召，通常诉诸经文的真理性，将其视为"被灵魂捕获"的信息，再通过经文研习加以思考并最终接受。[②] 在此，说服处于悬置状态。当信徒同意将布道内容视为责任或忏悔的命题时，某种形式上的说服就实现了。在天主教会和新教教会中，布道通常以祈祷或悔罪的形式直接呼召承诺或忏悔，此类行为可视为布道说服听众的证据。然而，后续（尤其是新教）对释经学的呼吁使问题复杂化。乔治·A. 肯尼迪（George A. Kennedy）将基督教释经学与亚里士多德的辩证法类比：二者都涉及发现新素材并将其作为命题用于论证。[③] 然而，布道是单向进行的：神职权威为会众阐释圣经章节，并指导如何将其应用于日常生活中。而释经学则帮助信徒个体将布道阐释具体化至个人情境。"讲道"（homily）与"布道"（sermon）这两个词分别源自希腊语（ὁμιλία）和拉丁语（sermō），皆含"对话"或"共在"之

---

① Kennedy, *Classical Rhetoric and Its Christian and Secular Tradition*, 141.

② Kennedy, *Classical Rhetoric and Its Christian and Secular Tradition*, 159.

③ Kennedy, *Classical Rhetoric and Its Christian and Secular Tradition*, 157.

义，但这种交流并非发生在会众与神职人员之间，而是由布道框定可能对话的疆域。释经学帮助信徒将普适性布道规则适配于具体情境。

广义的布道，尤其是讲道，通过放弃测量、转向质询的方式，对说服效果评估采取重要的立场。神职人员的任务是为信徒开启概念空间，使其能据此重新审视个人生活。古典说服修辞重视思辨、辩论和回应，但通常在议题决定后便终止了此类辩论。而讲道与之不同，它施加系列约束（称其为规则亦无不可），旨在引导听众的思想和行为，以实现说服的目的。讲道本身是口语性而非程序性的，但其口语修辞植根于程序系统——此处即经文所描绘的信仰体系。宗教思想整体为规则系统的自觉表达提供了独特先例。在这种情况下，说服或许永远无法达到完美，而是随着时间持续展开，通过与底层系统的新的"对话"不断接受挑战与重构。

在宗教修辞中，程序性系统被刻意编入圣物、传统和经文。我们称对此系统的信奉为信仰，即对该系统的献身。阿兰·巴迪欧以不同方式使用了忠诚（fidelity）一词。忠诚是"筛选出……依赖事件的元素"[1]的程序集合。需要注意的是，巴迪欧所说的"事件"指颠覆性重构情势、可能完全脱离原有结构的突变。其忠诚概念以爱情关系而非宗教信仰为模型。爱情关系建立在对爱者与被爱者原本生活的扰乱之上，它"奠基于介入"[2]。对此事件的忠诚体现为对其结果的持续维护。例如，作为爱情忠诚象征的婚姻，是对"两个独立生命转化为交织生命"的持续承诺。建立情势的行为——被巴迪

---

[1] Badiou, *Being and Event*, 232.

[2] Badiou, *Being and Event*, 232.

欧称为"计数为一"的操作，也即我所说的"单元操作"——为忠诚设定规则。如巴迪欧所言："评估忠诚的依据是其结果。"[1] 其标准是产生可纳入情势的新行为。忠诚帮助我们理解巴迪欧"事件"概念的独特性：事件并非孤立实例，而是始终统摄参与者。彼得·霍尔沃德解释道："旁观爱侣的第三者可能感到愉悦或心烦，但难以分享爱情本身的体验。"[2] 新事件可能随时发生，重构情境并提出对新的忠诚的需求。例如孩子的诞生可作为改变爱侣忠诚关系的事件，要求建立新形态的忠诚。

巴迪欧将主体（subject）之名保留给被事件转化为忠诚关系的存在者。事件具有颠覆性，能重构情势结构。在巴迪欧的术语体系中，我们或可认为，程序性修辞可视为对情势结构的声明，以期激发颠覆性事件。然而，事件及其生成的主体具有个体性，系统逻辑（如政治竞选）与单一主体（如公民）之间不存在普适关系。此外，事件本身在情势结构中是不可被理解或预见的。巴迪欧提出情势配置中潜在事件的痕迹，他称之为事件场所（eventalsite）。[3] 事件场所是"异常多元体……可构想的结构最小效应。它属于情势，但其所属元素却不属于情势"[4]。这种奇异多元体是通往其他情势的"虫洞"。如时空裂隙一般，巴迪欧将事件场所定位于"虚空边缘"[5]。事件场所可同时属于多个情势而不致矛盾，并为情势参与者提供可能导致颠覆的视角。彼得·霍尔沃德试图简

---

① Badiou, *Being and Event*, 233.
② Hallward, *Badiou*, 128.
③ Badiou, *Being and Event*, 175.
④ Badiou, *Being and Event*, 175.
⑤ Badiou, *Being and Event*, 175.

化这一概念："事件场所作为情势元素，从情势内部视角审视时，不具备可辨识的自身元素或特质（与情势没有任何共有元素）。"[1] 霍尔沃德还举了一些清晰的例子。在反犹主义的情势中，参与者并不将犹太人视为个体，而是将其看作"正常社会结构中难以辨别的裂隙"[2]。同样，在恐同的情势中，参与者并不将同性恋者视为"建立特定关系的具体男女"，而是异性恋情势下的单一异质元素。[3]

事件场所相对于情势具有特殊地位，它是"激进创新"的萌发之地。[4] 真正改变情势需要事件的发生，但对情势结构的自觉认知可以发生于事件场所。程序性修辞与巴迪欧的集合论本体论存在深刻契合。巴迪欧将情势理解为通过"计数为一"操作建立的元素排列，而这种操作定义了情势的状态。我将这种状态理解扩展为单元操作的概念，它不仅涉及情势中元素的组织方式，也涵盖情势运作的内在逻辑。

说服性游戏通过揭示情势逻辑，引导玩家关注事件场所并鼓励其质疑现状。电子游戏本身无法制造事件——毕竟，它们终究是表征系统——但它们能帮助情势参与者审视主导逻辑并启动改良进程。大卫·托马斯对《艾奥瓦州支持霍华德·迪恩》的批判以出人意料的方式展现了这种机制。它既消解了竞选活动的原初意图，又以更复杂的方式赋予其新意义。

此前，我曾在论述中指出，电子游戏存在于程序化再现与个体主观性的裂隙中。[5] 模拟系统与玩家对原型系统理解的

---

① Hallward，*Badiou*，118.

② Hallward，*Badiou*，118.

③ Hallward，*Badiou*，118.

④ Hallward，*Badiou*，120.

⑤ Bogost，*Unit Operations*，107.

差异催生认知危机，被我称为"模拟热症"的这个问题激发了对双重系统规则的质询。[①] 这种热症所带来的眩晕感——让人如同晕船一般晕模拟——激发了批评的产生。

程序性修辞同样引发模拟热症。它推动玩家整体审视情势逻辑，尤其关注其崩溃并让位于新情势的临界点。采用巴迪欧的术语，当程序性修辞帮助辨别出情势的事件场所（现行实践失效之处）时，它便开始说服。当玩家陷入与此逻辑相关的危机时，即被说服。这种说服，与玩家对于作者直接或间接的情势逻辑主张的辨识和理解密切相关。

我们可以设想几种程序性修辞的形态。首先，说服性游戏可能试图封闭事件场所，强化现有情势逻辑。例如，《美国陆军》旨在再现并巩固美军价值体系及美国国防和军事政策的交换逻辑。另一方面，说服性游戏可能试图解构现有逻辑，凸显特定事件场所。例如，《不满！》旨在将消费者的不满转化为对消费实践的反思。还有一些说服性游戏游走于对现有逻辑的支持与颠覆之间，如《艾奥瓦州支持霍华德·迪恩》和《侠盗猎车手：圣安地列斯》。前者意图支持竞选进程，却在特定维度形成了对其的削弱。后者试图简化种族和社会阶级议题，但其深层解读揭示的内容远超表面呈现。

对　话

大卫·托马斯对《艾奥瓦州支持霍华德·迪恩》的批评，以及我对《侠盗猎车手：圣安地列斯》的解读表明，话语生

---

① Bogost, *Unit Operations*, 108.

产能够有效追踪程序性修辞中的说服状态。布道修辞目标与艺术实践中阐发的"反思"概念，为游戏行为提供了有益延伸——程序性修辞揭示系统运作机制，而反思则创造并延长这一过程。批判性思考是反思的组成部分，但形式化的话语要求常将其限制于学术和文化精英群体。广义而言，说服性游戏可能引发公共话语生产，正如围绕迪恩游戏涌现出的博客讨论所证实的。

亨利·詹金斯和库特·斯奎尔指出，《动物森友会》通过架构设计促进非正式话语生成：

> 乍看之下，诸如种花之类的简单游戏互动可能显得平淡无奇，但试想：当你的伴侣发现你砍倒了她心爱的树当柴火时的沮丧，或是挚友留便条请你周日早上去市场买些食材以完成任务的温馨时刻。家庭（无论类型如何）的生活日益碎片化，但即便全家人很少能一同围坐吃饭，他们仍可以一起玩《动物森友会》。当家人团聚时，这款游戏提供了共同的参照点和讨论话题。在最佳情况下，《动物森友会》重现了经典桌游《大富翁》、《大战役》（Risk）、《游戏人生》（The Game of Life）等曾引发的深度社交互动。[①]

游戏的时间结构——与主机系统时钟绑定的持久世界——在游戏体验中制造裂隙。例如，儿童可能因就寝时间而错过常在夜晚出现的高价值鱼类。孩子可能请求父母代其捕捉，并

---

① Jenkins and Squire, "Playing Together, Staying Together." Also available at http://educationarcade.org/node/102/.

通过游戏内的邮政系统将其寄送。[①] 正如詹金斯和斯奎尔所述，此类请求常发生在餐桌对话中，继而引发对游戏经济系统的非正式讨论。父母可能会问孩子计划如何使用捕获所得，甚至要求支付"代劳佣金"。这类讨论不仅揭示游戏的程序性修辞——形成在地化的非正式批判，更促使玩家分享他们与游戏对于消费和满足感的模糊定位之间持续变化的关系。

在广告界，对话的价值日益提升，但前提是这些对话能够服务于既有目标。以赛斯·高汀对广告营销中社群所扮演角色的思考为例：

> 让他们（人群）成为社群的关键在于，他们能够彼此交流。他们分享想法，并根据社群其他成员的行为调整自己的偏见和选择……我决定偶尔用社群这个词来代替市场，因为我认为，最好的营销发生在你与一个共享世界观并且彼此互动的群体之间——一个社群。[②]

正如詹金斯和斯奎尔所描绘的《动物森友会》的玩家家庭，高汀认为社群通过话语建立和完善其信仰。但对广告商而言，社会的价值源自人口统计稳定性而非话语潜力。换言之，社群的有益性和有用性在于其杠杆效应——用单一信息触达庞大群体的能力。尽管高汀进行了巧妙的话术运用，其实，社群不过是市场的委婉替代品。社群的自我审视、完善、修正和重塑的能力，唯有当其形成足够庞大的媒介投放信息消费

---

① 有关此主题的更多信息，参见 Bogost，"Asynchronous Multiplay."

② Godin, *All Marketers Are Liars*，55.

群体时，才对广告商具有价值。即便是利基市场策略也遵循相同逻辑；如博客广告或搜索关键词网络等工具，无非是小规模复刻大众媒介广告模式。

相比之下，《如厕训练》或《海洋世界冒险乐园大亨》等游戏采用的修正性实证广告通过程序性修辞揭示产品和服务的运作主张。玩家将这些功能网络置于自身社会语境中，进行个性化考量。在某些情况下，这种对话可能发生在多个参与者之间。例如，一个家庭在玩《极限差事》时，可能会讨论吉普指挥官车型的适用性。而在其他案例中，更多情况下，这种对话是内省性的。玩家会反思产品特性如何与个人生活和价值观相契合。

在教育技术领域，反思常通过电子游戏等计算机媒介系统之外的对话质量或内容来评估。麻省理工学院 Education Arcade 项目开发了一款名为《革命》(*Revolution*)的游戏，模拟殖民时期威廉斯堡的生活。[①] 作为热门角色扮演游戏《无冬之夜》(*Neverwinter Nights*)的改编版[②]，《革命》为玩家设定了特定的"从上层的律师到爱国铁匠，再到非裔美国籍的家奴"等社会角色，从多元视角探索社会环境。[③] 与多数以独立战争为主题的历史课程不同，《革命》的教育目标涵盖 18 世纪生活中相互关联且时常冲突的各类诉求。

牛津大学研究者拉塞尔·弗朗西斯 (Russell Francis) 采用创新方法评估《革命》的学习成效。鉴于该游戏价值源

---

① MIT Education Arcade，*Revolution*（Cambridge，Mass.：MIT，2004）.

② BioWare，*Neverwinter Nights*（New York：Infogrames，2003）.

③ 参见 http://educationarcade.org/revolution/.

于对社会历史的质询，弗朗西斯认为必须通过多维度交叉对话解析其复杂的社会系统。他首先要求学生通过撰写游戏角色日记来整合体验，进而扩展至游戏电影（machinima）创作——让学生制作并解说角色虚拟生活的短片，以呈现他们对游戏内容的综合理解。[①] 弗朗西斯指出，这些游戏电影日记及其构成元素可以成为进一步学习平台，或转化为邮件讨论的素材，从而激发更多的交流与对话，催生额外话语。

其他研究者尝试将对话系统直接植入教育游戏。玛丽·尤利萨克等人（Mary Ulicsak et al.）描述了一款由英国国家科学、技术和艺术基金会未来实验室（NESTA Futurelab）开发的游戏《大草原》（Savannah）。[②] 在这款游戏中，儿童在一片虚拟大草原上扮演狮子，而移动电子设备将游戏世界映射至学校操场的地形上。尤利萨克等人这样解释游戏机制：

> 在"野外"场景中，儿童需要直面狮群的各种挑战，如饥饿、口渴、人类威胁，以及季节更迭。在这一过程中，玩家组成一个由六只狮子构成的狮群，必须制定集体狩猎与生存策略。而另一个单独设置的空间——"巢穴"——则是一个室内场景。在这里，儿童不再扮演狮子，而是以"游戏玩家"的身份规划野外行动策略。在"巢穴"中，他们可以获得导师指导、

---

① Russell Francis, "Revolution: Learning about History through Interactive Role Play in a Virtual Environment" (paper presented at The Education Arcade Conference, Los Angeles, May 19, 2005).

② Mary Ulicsak et al., "Time Out? Exploring the Role of Reflection in the Design of Games for Learning."

查看显示狮群动向的交互式白板，还可以使用纸张等辅助工具。[1]

此设计将综合实践空间内嵌于游戏架构，教师互动与白板／纸质记录构成可交付的成果。

类似情况发生在第一章讨论到的杂货店挑战中。该游戏实际发生于超市货架间，但其网站充当玩家的虚拟俱乐部。除获取最新的囤货指南和优惠券清单外，玩家还能通过网站的留言板相互鼓励。许多人分享自己的目标，包括他们的省钱计划以及玩这款游戏的动机。以下是从网站上摘录的几条玩家留言：

> 我……已还清两张信用卡，仍在努力偿还其他几张，并攒够了房子的首付款。虽然房子对于我们七口之家来说不算大，但是从每月1000美元的租金降到400—500美元的房贷，并且还能搬到乡间去住，让这一切都非常值得。
>
> 我用省下来的钱雇了家政服务员。无论四个孩子把家里弄得多乱，我知道每周至少会有一次家里是干净整洁的——哪怕只能维持60秒……通过降低原来失控的杂货店、山姆会员店、开市客的开支，我省下来的钱在支付这笔家政开销之外还有富余。[2]

---

[1] Mary Ulicsak et al., "Time Out? Exploring the Role of Reflection in the Design of Games for Learning."

[2] 杂货店挑战留言板详见链接：http://www.terismessageboard.com/. 该网站的管理员似乎会定期归档并移除旧帖，因此所提及的这些讨论帖子现已无法查看。

这样的目标将游戏的程序性修辞个性化——击败零售食品行业的商业模式，把钱留在你的口袋里。更重要的是，它帮助玩家意识到，杂货店挑战本身垂直于资本的获取。目标不是为了额外的消费而省钱，而是在掌握这种逻辑后，重新思考个人财务状况和财务目标。

社会科学家可能会指出，这样的对话可以通过定性分析来衡量。意义的社会建构是定性研究的常见主题，尤其是在社会学等领域更为突出。这类研究通常淡化甚至完全避免对统计有效性的依赖，而像民族志这样的在地（in situ）研究有助于将意义构建过程置于实际而非理想的社会情境中。通过分析产生的对话和合成产物——例如《革命》的游戏电影日记或《大草原》的白板策略——社会科学家或教育技术专家可能会将玩家的表现与预期的教学目标相关联。最常见的是，这类研究依赖于实地观察、参与者访谈以及对研究对象产生材料的分析。所有这些方法都潜在地适用于说服性游戏，尤其是那些程序性修辞不产生简单数值结果的游戏。

然而，定性研究同样依赖于一种回报的经济性。这类研究通常通过抽样或归纳法在个体实例之间建立共性。定性研究（尤其是人类学家常用的民族志研究）的普遍应用，有助于证明他们对描述社会和文化系统一般运作的特殊兴趣。研究人员会花费时间——有时是相当长的时间——与研究对象相处，从中推断并建立对社会动态的主观描述。有时，这些观察结果会与已知或期望的行为相关联，例如学生的实际表现与预期表现之间的对比。但即使在没有预设目标的情况下，定性研究仍然会将观察结果纳入理论整体中进行解释。基于民族志研究，研究人员得出的结论会将其观察结果有条理地归纳起来：每一个社会行为都有其位置；每一个行为都在其适当的位置。

各种评估都需要问责制，以确保资金、时间和承诺能够为赞助机构带来相应的价值回报。政治机构希望获得认同和支持，广告商和企业希望获得商业回报，而教育机构则希望得到可预测且符合期望的综合反馈。就像一个有点神经质的或是有共生依赖的人一样，评估会持续存在，直至它能确定某种结果——无论积极或消极——已经发生。

哲学对恶性经济循环提出了许多深刻的思考。雅克·德里达认为，真正的礼物会扰乱经济学，因为它既不要求也不期待回报。[1] 许多礼物披着慷慨的外衣，但仍然期待某种形式的回报，即使这种回报来自一种不相关的真实或模拟的货币形式。例如，牺牲"提出了一种奉献，但仅以破坏的形式存在，它通过这种破坏交换、希望或期待某种利益，即剩余价值，或至少是一种补偿、保护和保障"[2]。伊曼努尔·列维纳斯（Emmanuel Levinas）提出了一种世俗的宗教概念，即自我与他者之间不可逾越的分离，"一种自我与他者之间建立的联系，但这种联系并不创造一种整体性"[3]。这种关系也构成了伦理学的基础，其特点是对这种无限分离的尊重。在巴迪欧的情势概念中，当一个多元体（数学意义上的集合）中的元素不再足够时，事件就会爆发。新的情势从空无（空集）中构建，而空无始终是每个集合的成员。即使程序性修辞在事件场所

---

① Jacques Derrida，*Given Time 1. Counterfeit Money*，trans. Peggy Kamuf（Chicago：University of Chicago Press，1992），137-138.

② Jacques Derrida，*Given Time 1. Counterfeit Money*，trans. Peggy Kamuf（Chicago：University of Chicago Press，1992），137.

③ Emmanuel Levinas，*Totalité et Infini*（Paris：Kluwer，1971），30.

引发强烈的模拟热症以至某个事件爆发，事件本身也永远无法理解其后果。

德里达将礼物与他所称的弥散联系起来，这是一种对交流的替代，它承认信息的发送者无法确定其成功传递。文学表达是弥散传播的。读者自行解读，直面作者的不可接近性——即使作者从物理层面来讲在场，他与读者主观性之间的分离也是不可逾越的。不管怎样，我们继续阅读、解读和批判文学——或艺术、电影甚至是电子游戏。评估试图通过将表达系统的输出视为其设计的功能来关闭这些系统。评估帮助确认了构建我们世界的机构，为它们提供证据，证明它们的策略支持现有的战略。在这些机构的眼中，我们始终处于审判之中，"证据"则用来证明我们的无辜或有罪。评估要求预先对某物如何服务于权威进行全面问责。

然而，如果程序性修辞挑战了包含它们的结构的逻辑，那么转变就是衡量其成功的唯一方式。在巴迪欧的本体论中，那些重新配置情势的个体——例如通过坠入爱河——永远不会停止对这一事件的致敬。支配他们的情势的新逻辑无法在当下、在某一时刻被评估，因为它必须通过一个忠诚的过程在时间中展开。一旦程序性修辞提出一种新的逻辑，而主体开始质疑这种逻辑，那么对这种逻辑假装一无所知就不再可能。就像爱情和革命一样，程序性修辞通过为一种当下还无法想象的新的理解"搭建舞台"，用介入或干预实现说服。

与文学、诗歌和艺术一样，电子游戏未必能知道它们对具体玩家的影响。作为一种表达实践，程序性修辞与人文主义密切相关。人文学科最初与文科同延，后者构成了古典三艺和四艺的基础，正如前面在讨论多萝西·塞耶斯的中世纪古典主义时提到的。如今，我们更广泛地使用这一术语，通常指涉与人类文化相关的学科，如文学、历史、艺术、哲学和音乐。这些关于人类产物的领域生出话语——它们表达了我们的喜悦、愤怒、恐惧、困惑、情感和希望。人文学科试图深入挖掘特定情境中的人类体验，揭示其结构。像电子游戏这样的程序性媒介则通过围绕其内在过程展开论述，直指事物的核心。当我们开发电子游戏时，我们就是在对这些过程提出主张：我们庆祝哪些、忽视哪些、质疑哪些。当我们玩这些游戏时，我们审视这些主张，思考它们，将它们融入我们的生活，并将它们带入未来的经验中。当我们读书、观看电影、欣赏艺术、参与戏剧、聆听音乐、翻阅漫画——当然也包括玩电子游戏时——这些媒介都会影响并改变我们。它们影响着我们每个人成为怎样的人。每一本书、每一部电影、每一首歌、每一款游戏都留下印记，成为独特的灵感或嫌恶。对文化作品的人文主义研究方法，可以被视为对人类主体性的程序性建构的追溯——那些交织的逻辑、历史以及近期和过去的文化影响，驱动着我们直面新挑战的视角。正如其名称所示，人文学科帮助我们理解成为人类的意义，无论职业、经济或时事的偶然性如何。人文学科提供了对人类经验的洞察。这些洞察，是我们在各行各业、军队、政府、游戏引擎、中间件乃至其他一切失效时所需要的。这种知识帮助我们从心碎中恢复，理解悲剧的意义，看清背叛的本质。

最重要的是，这些观察会随着时间的推移发生。它们在某种程度上是发生在个体生命的历程中的。正如我们会去重新审视那些挑战我们理解世界方式的书、电影和艺术作品一样，我们也会出于同样的原因重新玩电子游戏——要么是为了重新忠于它们的程序性修辞，要么是基于新的经验修正我们与它们所提出的主张之间的关系。电子游戏的文化价值甚至超越了个体生命的纵向经验。它发生在许多生命、世代，乃至整个人类经验的时代进程中。我们今天开发和玩的电子游戏可能对现在的我们有意义，但它们也将这种意义延续、留给未来的在不同背景下体验这些作品的玩家们。意义，是在历史尺度上发生的。

我们必须承认程序性的说服力与表达力。过程影响着我们。它们催生我们的观念变化，而这些变化终将随着时间的推移重塑文化。作为电子游戏和其他计算产物的参与者，我们应该将程序性修辞视作一种新范式，用来审视、评议、解构和挑战世界。作为电子游戏的创作者和玩家，我们必须充分意识到自己所提出的程序性主张、为什么提出这些主张，以及希望通过向世界释出这些过程来构建何种社会结构。计算机只是载体，未来主义赛博幻景不过是表象，电子游戏绝非机器的表达式。它们，是人之为人的表达。而驱动游戏的逻辑则宣示着：我们是谁、我们的世界如何运作，以及，我们希望它成为怎样的世界。

译后记

当我终于完成《说服性游戏：电子游戏的表达力》翻译工作的那一刻，心中满是感慨。对自己而言，这不仅是一次不同语言的文字转换，是与作者思想的交互，更是一次深入探究电子游戏这一独特文化与技术交织下的产物的奇妙旅程。

这虽不是伊恩·博格斯特教授首部在国内翻译出版的著作，但本书作为他对于自己所推崇的核心概念——"说服性游戏"（persuasive game）和"程序性修辞"（procedural rhetoric）所进行的系统阐释，具有独特且重要的学术、文化和社会价值。书中对于电子游戏在政经、文化、教育等多个领域独特价值的论述，真正做到了阐释他为何认为电子游戏可以修补以书中三个领域为例的"当代文化中愈发破碎的"人类社会经验场域。本书告诉我们，游戏这种独特媒介拥有无须多言的强大力量——表达力，其更深层次即为说服力。这种力量让电子游戏不应该再仅仅被视作娱乐，而是成为一种具有文化和社会价值的计算产物。我认为，本书对于游戏这一程序性媒介的探讨超越了游戏学的范畴，使其称得上是一本在推动电子游戏产业发展之外，为文化传播和社会进步带来新的思考以至机遇的著作。

我在看到原著的目录上"政治""广告""教育"三个板块划分后，立刻决定要接下这本书的翻译任务。一方面，这三个领域对我来说非常熟悉。我拥有政治学科的教育背景，以及市场营销和教育方面的工作与实践经验，因此对于本书中游戏在这些领域的应用非常感兴趣。当然，也有希望重拾对于学生时代曾钻研学科的热爱，并且挑战自己语言能力边界的想法。另一方面，也希望这本书可以成为我与读者共同拥有的一扇通往新领域的窗户，去理解我们所处的社会中那些关于文化、科技、教育等领域的内容如何与当下时代无所不在的这种新型媒介相结合并发挥出一加一大于二的力量（或许，在阅读的过程中会如翻译中的我一样产生些许"啊哈！"的时刻）。

在这诸多想法的引领之下，作为游戏小白的我开启了这段自认为艰苦卓绝，但坚信勤能补拙的旅程。书中不仅充斥着游戏和计算领域的专有名词，还涉及丰富的人文社科乃至哲学理论。我在翻译的过程中，需要不断查阅资料，学习、研究不同领域的专业知识以及多元的文化背景。为找到最合适的表达方式，反复斟酌，修改措辞。一切的付出只为力求准确地传达原著所希望表达的意思，就像博格斯特教授笔下的一个电子游戏创作者或玩家在面对游戏时应该做到的那样。可以说，这本书是我站在众多前辈——资深研究者、游戏学家、哲学家等的肩膀上，汲取许多来自家人、朋友、同事和老师的建议反馈之后才得以完成的译作。借此机会由衷地感谢在本书翻译过程中给予我帮助、鼓励，并不吝指正和敦促的老师们、朋友们和家人们。当然，尤其想念在此过程中总是在确认我是否有好好吃饭休息的姥爷。

从千字的试译稿到现在整本书完成的过程中，我得以窥见作者对于电子游戏及其背后逻辑的深刻洞察。不仅学习了很多知识，也收获了很多启发。其中一点，就是更加深刻地理解了为什么会有许多关于不同传统或数字媒介产物"游戏化"的探讨存在。希望借由我的翻译，能够将本书中博格斯特教授的思考传递给更多的中文读者。如果能有越来越多的人从阅读中收获感悟，将是对我作为译者所能够做到的表达的最好鼓励。

写到这里，我清晰地记起曾读到的一位译者前辈之言："译作都是遗憾的产品。"深知这本书仍有许多可以改进之处，如果有更多时间或与更多学者专家抑或是作者探讨的机会，或可以找到更好的措辞、更恰当的翻译，因此静候大家的批评指正。最后，祝愿读到这里的各位，都能在这个愈发计算化、愈发"智能"的世界里，探索人之为人的表达，不拘载体、抛开表象，找到拥有自己所接受的驱动逻辑的"说服性游戏"。

丁幼晗

2025 年 4 月 2 日于北京

图书在版编目（CIP）数据

说服性游戏：电子游戏的表达力 /（美）伊恩·博格斯特著；丁幼晗译. -- 北京：中国国际广播出版社，2025. 4. --（游戏文化经典译丛）. -- ISBN 978-7-5078-5758-0

Ⅰ. C912.11

中国国家版本馆CIP数据核字第2025XK3238号

著作权合同登记号　01-2024-3409

说服性游戏：电子游戏的表达力

著　　者	［美］伊恩·博格斯特
译　　者	丁幼晗
责任编辑	尹春雪
校　　对	张　娜
版式设计	邢秀娟
装帧设计	周伟伟

出版发行	中国国际广播出版社有限公司 ［010-89508207（传真）］
社　　址	北京市丰台区榴乡路88号石榴中心1号楼2001
	邮编：100079
印　　刷	北京启航东方印刷有限公司

开　　本	889×1194　1/32
字　　数	470千字
印　　张	16
版　　次	2025 年 4 月 北京第一版
印　　次	2025 年 4 月 第一次印刷
定　　价	79.00元